管理数学基础

(第3版)

杜 纲 方 侃 孙晓晨 编著

天津大学出版社
TIANJIN UNIVERSITY PRESS

内容提要

本书是一本面向管理需求的数学基础教科书，系统简明地介绍了矩阵理论、泛函分析、凸分析、模糊数学、随机过程的基本理论、方法及其在管理中的应用。书中附有习题及参考答案，便于教学和自学。

本书可作为高等院校经济管理类及相关专业研究生或本科生高年级的教材，也可作为经济管理及工程技术人员的参考书。

图书在版编目(CIP)数据

管理数学基础 / 杜纲，方侃，孙晓晨编著. - - 3 版. - - 天津：天津大学出版社，2021.10

ISBN 978-7-5618-7067-9

Ⅰ. ①管… Ⅱ. ①杜… ②方… ③孙… Ⅲ. ①管理学-数学-教材 Ⅳ. ①C931.1

中国版本图书馆 CIP 数据核字(2021)第 211007 号

Guanli Shuxue Jichu(Di 3 Ban)

出版发行 天津大学出版社
地　　址 天津市卫津路 92 号天津大学内(邮编:300072)
电　　话 发行部:022-27403647
网　　址 www.tjupress.com.cn
印　　刷 廊坊市海涛印刷有限公司
经　　销 全国各地新华书店
开　　本 148mm×210mm
印　　张 11
字　　数 396 千
版　　次 2021 年 10 月第 3 版
印　　次 2021 年 10 月第 1 次
定　　价 30.00 元

前　言

一种科学，只有在成功地运用数学时，才算达到了真正完善的地步。

卡尔·马克思

随着现代科学技术和社会经济的不断发展，各个领域对管理的要求越来越高。管理作为一门科学，在向更高层次的发展过程中，必然要对它的重要理论基础——管理数学提出更高的需求。本书就是为适应这种需求，在作者多年为天津大学管理与经济学部研究生开设管理数学基础课程的基础上编写而成的。

管理数学是面向管理中定量决策问题和定量研究需求的数学理论与方法。从科学技术体系的角度可将管理数学类的各学科分支再划分为两大类别，即基础科学类别和技术科学类别。以目前我国各高等院校管理类专业本科层次普遍开设的管理数学类课程为例，基础科学类别中主要包括高等数学、线性代数、概率论等，技术科学类别中主要包括运筹学、应用统计学等。本书内容的主体部分定位于基础科学类别中的较高层次（主要指研究生层次），并区别于纯数学和工科数学，体现了管理的背景和在管理中的应用。

管理是一门绩效导向的学科，提升绩效是管理的核心概念。为提升绩效而进行的管理决策中，广泛存在优化、评价、预测、控制等需要定量描述的问题。这些问题的解决，以及相关科学研究，需要相应数学方法和数学基础理论的支撑。本书就是面向这些需求的一本基础科学层面的管理数学教科书。

本书第1版是天津大学第一批获资助出版的985系列研究生教材，并于2004年获得天津市第九届社会科学优秀成果三等奖。本次再版的第3版也得到天津大学研究生院研究生创新人才培养项目的资助。在本书的编写和出版过程中，得到了天津大学研究生院、管理与经济学部和天津大学出版社的支持；天津大学管理与经济学部的张世英教授、吴育华教授、加拿大温莎大学的王运通教授和天津大学数学学院的黄正海教授等对本书内容提出过宝贵的建议;第3版修订前,作者在天津大学管理与经济学部、研究生院、数学学院等单位进行过调研,均得到相关教师的支持和帮助。谨在此一并表示衷心的感谢。

本书第1版和第2版由杜纲编著,第3版修订工作由杜纲(第一章)、方侃(第二、三、四章)、孙晓晨(第五章)完成,杜纲和孙晓晨统稿。第3版在第2版基础上进一步修订的内容主要包括:第一章增加了方阵的特征值分解,更新了应用举例三;第二章增加了内积空间和应用举例二;第三章增加了广义凸函数和应用举例二;第四章更新了应用举例;第五章增加了二阶矩过程及均方分析和应用举例二;对全书内容包括习题进行了校阅和补充。

由于作者水平有限,缺点和错误在所难免,敬请读者给予批评指正。

作者

2021年10月于天津大学

目 录

第一章 矩阵理论 …… (1)

1.1 线性变换及其矩阵表示 …… (1)

1.1.1 线性空间上的线性变换 …… (1)

1.1.2 线性变换的矩阵表示 …… (3)

1.1.3 特征值与特征向量 …… (5)

1.1.4 相似矩阵 …… (8)

1.2 方阵在相似变换下的标准形 …… (10)

1.2.1 方阵的行列式因子、不变因子、初等因子 …… (10)

1.2.2 方阵相似的条件 …… (15)

1.2.3 方阵在相似变换下的若当标准形 …… (16)

1.2.4 方阵的特征值分解 …… (20)

1.2.5 方阵在相似变换下的有理标准形 …… (22)

1.3 方阵特征值的估计 …… (26)

1.3.1 特征值的估计 …… (27)

1.3.2 谱半径的估计 …… (32)

1.3.3 主特征值及主特征向量的估计 …… (33)

1.4 矩阵分析 …… (37)

1.4.1 矩阵序列 …… (37)

1.4.2 方阵幂级数 …… (38)

1.4.3 方阵函数 …… (43)

1.5 应用举例一:线性动态系统 …… (51)

1.5.1 线性动态系统及其状态空间表达式 …… (51)

1.5.2 线性定常系统的解 …… (52)

1.5.3 系统的能控性与能观性 …… (53)

1.5.4 经济控制论模型 …… (55)

1.6 应用举例二:层次分析法 …… (57)

1.6.1 问题的提出 …… (57)

1.6.2 基本原理 …… (58)

1.6.3 基本步骤 …… (59)

1.7　**应用举例三:主成分分析** …… (70)
1.7.1　多元总体和样本 …… (70)
1.7.2　主成分分析 …… (73)
习题 1 …… (78)

第二章　泛函分析 …… (85)
2.1　**距离空间与巴拿赫不动点定理** …… (85)
2.1.1　距离空间 …… (85)
2.1.2　距离空间中的点集 …… (89)
2.1.3　收敛、柯西列、完备性 …… (90)
2.1.4　连续映射 …… (92)
2.1.5　压缩映射与巴拿赫不动点定理 …… (94)
2.2　**线性赋范空间与有界线性泛函** …… (96)
2.2.1　线性赋范空间 …… (96)
2.2.2　有界线性算子 …… (100)
2.2.3　有界线性泛函与对偶空间 …… (104)
2.3　**内积空间** …… (107)
2.3.1　内积空间与希尔伯特空间 …… (107)
2.3.2　正交分解与投影定理 …… (110)
2.4　**泛函的极值** …… (114)
2.4.1　泛函的变分 …… (114)
2.4.2　泛函的极值 …… (115)
2.5　**应用举例一:最优控制** …… (117)
2.5.1　最优控制问题的一般提法 …… (117)
2.5.2　求解最优控制问题的变分法与最小值原理 …… (118)
2.6　**应用举例二:最小二乘法与最佳逼近** …… (122)
2.6.1　最小二乘法 …… (123)
2.6.2　最佳逼近 …… (126)
习题 2 …… (127)

第三章　凸分析 …… (131)
3.1　**凸集与凸集分离定理** …… (131)
3.1.1　凸集 …… (131)
3.1.2　凸集分离定理 …… (133)

3.1.3　福科什引理 …………………………………… (135)
3.2　凸函数与次微分 …………………………………… (136)
3.2.1　凸函数与凹函数 …………………………………… (136)
3.2.2　凸函数的次微分 …………………………………… (142)
3.3　凸函数的极值与凸规划 …………………………………… (148)
3.3.1　凸函数的极值 …………………………………… (148)
3.3.2　凸规划 …………………………………… (149)
3.3.3　共轭函数与对偶凸规划 …………………………………… (152)
3.4　凸集上的不动点定理 …………………………………… (155)
3.4.1　布劳威尔不动点定理 …………………………………… (156)
3.4.2　角谷静夫不动点定理 …………………………………… (156)
3.5　广义凸函数 …………………………………… (158)
3.5.1　拟凸函数 …………………………………… (158)
3.5.2　伪凸函数 …………………………………… (160)
3.6　应用举例一:数理经济 …………………………………… (161)
3.6.1　生产者的利润优化 …………………………………… (161)
3.6.2　经济的均衡 …………………………………… (163)
3.7　应用举例二:支持向量机 …………………………………… (168)
3.7.1　间隔与支持向量 …………………………………… (168)
3.7.2　对偶问题解法 …………………………………… (170)
习题3 …………………………………… (171)
第四章　模糊数学 …………………………………… (173)
4.1　模糊集 …………………………………… (173)
4.1.1　模糊现象与模糊集 …………………………………… (173)
4.1.2　模糊集的隶属函数 …………………………………… (174)
4.1.3　模糊集的运算 …………………………………… (182)
4.1.4　分解定理与扩张原理 …………………………………… (186)
4.1.5　凸模糊集与模糊数 …………………………………… (189)
4.1.6　可能性分布与模糊概率 …………………………………… (195)
4.2　模糊关系 …………………………………… (198)
4.2.1　模糊关系与模糊矩阵 …………………………………… (198)
4.2.2　模糊关系的运算与合成 …………………………………… (201)
4.2.3　模糊等价关系与传递闭包 …………………………………… (203)
4.3　模糊灰集与灰关系 …………………………………… (205)

4.3.1 模糊灰集 …… (205)
4.3.2 灰关系 …… (206)
4.4 **应用举例一:模糊多元分析** …… (206)
4.4.1 模糊聚类分析 …… (206)
4.4.2 模糊数量化方法 I …… (211)
4.4.3 模糊线性回归 …… (212)
4.5 **应用举例二:模糊评价与优化** …… (216)
4.5.1 模糊综合评价 …… (216)
4.5.2 模糊线性规划 …… (223)
习题 4 …… (233)

第五章 随机过程 …… (237)
5.1 **随机过程的一般概念** …… (237)
5.1.1 随机过程的直观背景与定义 …… (237)
5.1.2 有限维分布函数族与条件数学期望 …… (239)
5.1.3 几种重要的随机过程 …… (244)
5.2 **马尔可夫过程** …… (251)
5.2.1 马尔可夫过程的定义 …… (251)
5.2.2 马尔可夫链 …… (258)
5.2.3 可数状态的马尔可夫过程 …… (278)
5.3 **二阶矩过程及均方分析** …… (286)
5.3.1 二阶矩过程 …… (287)
5.3.2 均方极限和均方连续 …… (287)
5.3.3 均方导数 …… (289)
5.3.4 均方积分 …… (291)
5.4 **应用举例一:排队系统分析** …… (293)
5.4.1 排队问题描述 …… (293)
5.4.2 平稳分布求解 …… (294)
5.5 **应用举例二:随机微分方程** …… (296)
5.5.1 伊藤随机微分方程 …… (297)
5.5.2 伊藤随机微分方程在金融领域的应用 …… (299)
习题 5 …… (300)

习题解答 …… (302)
附录 预备知识 …… (326)

一、线性代数中的若干基本知识 ……………………………… (326)
1. 行列式 ……………………………… (326)
2. 矩阵 ……………………………… (327)
3. 线性方程组 ……………………………… (329)
二、微积分中的若干基本知识 ……………………………… (331)
1. 极限与连续 ……………………………… (331)
2. 导数与微分 ……………………………… (333)
3. 积分 ……………………………… (335)
4. 级数 ……………………………… (335)
三、概率论中的若干基本知识 ……………………………… (336)
1. 概率空间 ……………………………… (336)
2. 随机变量及其分布函数 ……………………………… (336)
3. 随机变量序列的收敛性 ……………………………… (338)
参考文献 ……………………………… (340)

第一章　矩阵理论

矩阵理论(matrix theory)是近代数学的重要组成部分,在经济管理和工程技术等许多领域中有着广泛的应用.特别是在信息技术高度发展的今天,它更成为各领域中处理大量有限维空间形式与数量关系的有力工具.本章介绍矩阵理论的一些基本内容及其应用.

1.1　线性变换及其矩阵表示

1.1.1　线性空间上的线性变换

定义1.1　设 X 是一个非空集合,K 是数域(K 为实数域 $\mathbf{R}$ 或复数域 $\mathbf{C}$),若定义 X 中二元素之间的加法运算以及数域 K 中的数与 X 中元素之间的数乘运算,并满足下列条件:

加法运算"+"满足:对任意 $x,y\in X$,$x+y\in X$,且

(1) $x+y=y+x$;

(2) 对任意 $z\in X$,$(x+y)+z=x+(y+z)$;

(3) 存在 $0\in X$,使得对一切 $x\in X$,有 $x+0=x$(0 称 X 的零元素);

(4) 对任意 $x\in X$,存在 $y\in X$,使 $x+y=0$(y 称 x 的负元素);

数乘运算"·"满足:对任意 $\alpha\in K$,$x\in X$,$\alpha x\in X$,且

(5) 对任意的 $\beta\in K$,$\alpha(\beta x)=(\alpha\beta)x$;

(6) $1\cdot x=x$;

(7) 对任意的 $y\in X$,$\alpha(x+y)=\alpha x+\alpha y$;

(8) 对任意的 $\beta\in K$,$(\alpha+\beta)x=\alpha x+\beta x$.

则称 X 为数域 K 上的**线性空间**. 当 K 是实数域 $\mathbf{R}$ 时,X 称为**实线性空间**;当 K 是复数域 $\mathbf{C}$ 时,X 称为**复线性空间**. X 上的加法运算和数乘运

算统称为**线性运算**.

例 1.1 容易验证,n 维向量的全体 $\mathbf{R}^n$,在通常定义的向量加法和实数与向量的数乘运算下构成实线性空间,常称为 n 维向量空间.

线性代数中,已在 $\mathbf{R}^n$ 中的向量间定义了线性组合、线性相关、线性无关以及等价等概念. 这些概念及有关性质只涉及线性运算. 因此,对一般线性空间中的元素,这些概念和性质仍然适用,有时(尤其在 $\mathbf{R}^n$ 中)也可把线性空间中的元素称为**向量**,线性空间称为**向量空间**. $\mathbf{R}^n$ 中的向量如无特别说明,一般可认为是列向量.

定义 1.2 如果线性空间 X 中有 n 个线性无关的元素 $\xi_1,\cdots,\xi_n$,且 X 中任一元素 x 都可以由它们线性表出,即

$$x = x_1\xi_1 + \cdots + x_n\xi_n,$$

则称 $\xi_1,\cdots,\xi_n$ 为 X 的一组**基**,基中所含元素的个数 n 称为 X 的**维数**,系数 $x_1,\cdots,x_n$ 称为 x 在这组基下的**坐标**,记为 $[x_1 \quad \cdots \quad x_n]$.

设 $[\xi_1 \quad \cdots \quad \xi_n]$ 和 $[\eta_1 \quad \cdots \quad \eta_n]$ 是线性空间 X 中的两组不同的基,则其中一组基可由另一组基线性表出,设

$$\begin{aligned} \xi_1 &= p_{11}\eta_1 + \cdots + p_{n1}\eta_n, \\ &\vdots \\ \xi_n &= p_{1n}\eta_1 + \cdots + p_{nn}\eta_n. \end{aligned}$$

即

$$[\xi_1 \quad \cdots \quad \xi_n] = [\eta_1 \quad \cdots \quad \eta_n]\begin{bmatrix} p_{11} & \cdots & p_{1n} \\ \vdots & & \vdots \\ p_{n1} & \cdots & p_{nn} \end{bmatrix},$$

记

$$\boldsymbol{P} = \begin{bmatrix} p_{11} & \cdots & p_{1n} \\ \vdots & & \vdots \\ p_{n1} & \cdots & p_{nn} \end{bmatrix},$$

称 $\boldsymbol{P}$ 为由基 $[\eta_1 \quad \cdots \quad \eta_n]$ 到基 $[\xi_1 \quad \cdots \quad \xi_n]$ 的**过渡矩阵**. 可以证明[1],过渡矩阵 $\boldsymbol{P}$ 是可逆的.

如果线性空间 X 的子集 Q 也构成线性空间,则称 Q 为 X 的一个线性子空间,简称**子空间**.

容易证明[1],线性空间 X 的子集 Q 是子空间的充要条件是:Q 对 X 中的线性运算封闭.

所谓一个集合对某种运算**封闭**,是指集合中任意元素经该运算后的结果仍属于此集合.

例 1.2　齐次线性方程组 $\boldsymbol{AX}=\boldsymbol{0}$的解集合 $Q=\{\boldsymbol{\eta}\in\mathbf{R}^n \mid \boldsymbol{A\eta}=\boldsymbol{0}\}$ 是 $\mathbf{R}^n$ 的子空间.

证: 首先,Q 是 $\mathbf{R}^n$ 的子集;其次,对于任意的 $\boldsymbol{\eta}_1,\boldsymbol{\eta}_2\in Q$,有

$$\boldsymbol{A}(\boldsymbol{\eta}_1+\boldsymbol{\eta}_2)=\boldsymbol{A\eta}_1+\boldsymbol{A\eta}_2=\boldsymbol{0},$$

所以 $\boldsymbol{\eta}_1+\boldsymbol{\eta}_2\in Q$,又对任意 $\alpha\in\mathbf{R}$,有

$$\boldsymbol{A}(\alpha\boldsymbol{\eta}_1)=\alpha\boldsymbol{A\eta}_1=\boldsymbol{0},$$

所以 $\alpha\boldsymbol{\eta}_1\in Q$. 即 Q 对 $\mathbf{R}^n$ 中的加法与数乘运算封闭,故 Q 是 $\mathbf{R}^n$ 的子空间.

定义 1.3　设 X,Y 是两个非空集合,若对每个 $x\in X$,都有唯一的 $y\in Y$ 与它对应,这种对应规律记为 T,称作从 X 到 Y 的一个**映射**,简记为 $T:X\to Y$. $y=Tx$ 称作 x 在映射 T 下的**像**,x 称为**原像**.

定义 1.4　设 X,Y 是 K 上的线性空间,若映射 $T:X\to Y$ 满足:对任意 $x_1,x_2\in X,\alpha,\beta\in K$,有

$$T(\alpha x_1+\beta x_2)=\alpha Tx_1+\beta Tx_2,$$

则称 T 是从 X 到 Y 的一个**线性映射**(或称为**线性算子**). 当 $Y=X$ 时,称 T 是 X 上的**线性变换**.

1.1.2　线性变换的矩阵表示

设 X 与 Y 的维数分别为 n 和 m,$\xi=[\xi_1 \quad \cdots \quad \xi_n]$ 和 $\eta=[\eta_1 \quad \cdots \quad \eta_m]$分别是 X 和 Y 中的一组基,$T:X\to Y$ 为线性映射,又设

$$\begin{gathered}T\xi_1=a_{11}\eta_1+\cdots+a_{m1}\eta_m,\\ \vdots\\ T\xi_n=a_{1n}\eta_1+\cdots+a_{mn}\eta_m,\end{gathered}$$

即

$$[T\xi_1 \quad \cdots \quad T\xi_n] = [\boldsymbol{\eta}_1 \quad \cdots \quad \boldsymbol{\eta}_m]\begin{bmatrix} a_{11} & \cdots & a_{1n} \\ \vdots & & \vdots \\ a_{m1} & \cdots & a_{mn} \end{bmatrix},$$

记

$$\boldsymbol{A} = \begin{bmatrix} a_{11} & \cdots & a_{1n} \\ \vdots & & \vdots \\ a_{m1} & \cdots & a_{mn} \end{bmatrix},$$

称 $\boldsymbol{A}$ 为线性映射 T 关于基 ξ,η 的一个**矩阵表示**(简称**矩阵**).

X 中任意元素 x 在 ξ 下的坐标记为 $\boldsymbol{x} = [x_1 \quad \cdots \quad x_n]^{\mathrm{T}}$(上标 T 表示转置),$Tx$ 在 η 下的坐标记为 $\boldsymbol{y} = [y_1 \quad \cdots \quad y_m]^{\mathrm{T}}$,则

$$\begin{aligned} Tx &= T(x_1\xi_1 + \cdots + x_n\xi_n) \\ &= x_1 T\xi_1 + \cdots + x_n T\xi_n \\ &= [T\xi_1 \quad \cdots \quad T\xi_n]\boldsymbol{x} \\ &= [\boldsymbol{\eta}_1 \quad \cdots \quad \boldsymbol{\eta}_m]\boldsymbol{A}\boldsymbol{x}. \end{aligned}$$

另一方面,有

$$\begin{aligned} Tx &= y_1\boldsymbol{\eta}_1 + \cdots + y_m\boldsymbol{\eta}_m \\ &= [\boldsymbol{\eta}_1 \quad \cdots \quad \boldsymbol{\eta}_m]\boldsymbol{y}. \end{aligned}$$

而 $[\boldsymbol{\eta}_1 \quad \cdots \quad \boldsymbol{\eta}_m]$ 是线性无关组,故有 $\boldsymbol{y} = \boldsymbol{A}\boldsymbol{x}$. 即 T 作用于 x 相当于用 T 的矩阵 $\boldsymbol{A}$ 左乘 $\boldsymbol{x}$.

例 1.3 设 T 是 n 维线性空间 X 上的变换,对于任意 $x \in X$,$Tx = mx$(m 是固定数). 则容易验证,T 是 X 上的一个线性变换(称为数乘变换). 试求 T 的矩阵.

解: 设 $\xi_1,\cdots,\xi_n$ 是 X 的一组基,则有

$$\begin{aligned} T\xi_1 &= m\xi_1 = m\xi_1 + 0\xi_2 + \cdots + 0\xi_n, \\ T\xi_2 &= m\xi_2 = 0\xi_1 + m\xi_2 + \cdots + 0\xi_n, \\ &\vdots \\ T\xi_n &= m\xi_n = 0\xi_1 + 0\xi_2 + \cdots + m\xi_n, \end{aligned}$$

于是 T 的矩阵为

$$A=\begin{bmatrix} m & 0 & \cdots & 0 \\ 0 & m & \cdots & 0 \\ \vdots & \vdots & & \vdots \\ 0 & 0 & \cdots & m \end{bmatrix}=m\boldsymbol{E},$$

其中 $\boldsymbol{E}$ 为 n 阶单位阵(单位阵通常记作 $\boldsymbol{E}$ 或 $\boldsymbol{I}$).

例 1.4　设 θ 为一已知角度,考虑以

$$\boldsymbol{P}=\begin{bmatrix} -\cos\theta & \sin\theta \\ \sin\theta & \cos\theta \end{bmatrix}$$

为矩阵的线性变换,易验证,$\boldsymbol{P}$ 中的列为彼此正交的单位向量(向量正交指乘积为0,单位向量指分量平方和的算术平方根为1),它们构成**标准正交基**,即 $\boldsymbol{P}$ 是**正交矩阵**. 称在标准正交基下矩阵为正交矩阵的线性变换为**正交变换**.

1.1.3　特征值与特征向量

由于线性变换 T 可以用其矩阵 $\boldsymbol{A}$ 表示,即 $T\boldsymbol{x}=\boldsymbol{A}\boldsymbol{x}$,因此,可以通过研究 $\boldsymbol{A}$ 的特征来了解 T 的特征.

定义 1.5　设 $\boldsymbol{A}$ 为 n 阶方阵,如果数 λ 与 n 维非零向量 $\boldsymbol{x}$,使等式

$$\boldsymbol{A}\boldsymbol{x}=\lambda\boldsymbol{x}$$

成立,则称数 λ 为方阵 $\boldsymbol{A}$ 的一个**特征值**,非零向量 $\boldsymbol{x}$ 称为 $\boldsymbol{A}$ 的相应于(属于)特征值 λ 的**特征向量**.

由定义不难看出,如果 $\boldsymbol{x}$ 是 $\boldsymbol{A}$ 的相应于 λ 的特征向量,那么对任意非零数 k,$k\boldsymbol{x}$ 也是相应于 λ 的特征向量;如果 $\boldsymbol{x}_1$ 和 $\boldsymbol{x}_2$ 都是 $\boldsymbol{A}$ 的相应于 λ 的特征向量,那么 $\boldsymbol{x}_1+\boldsymbol{x}_2$ 也是相应于 λ 的特征向量.

定义 1.5 中的式 $\boldsymbol{A}\boldsymbol{x}=\lambda\boldsymbol{x}$ 可以改写为

$$(\lambda\boldsymbol{E}-\boldsymbol{A})\boldsymbol{x}=\boldsymbol{0}.$$

这可看作是以 $\boldsymbol{x}$ 为变量的齐次线性方程组. 它有非零解的充要条件是系数行列式等于0,而 $\boldsymbol{x}$ 是特征向量为非零,故 λ 必满足

$$|\lambda\boldsymbol{E}-\boldsymbol{A}|=0.$$

称 $\lambda\boldsymbol{E}-\boldsymbol{A}$ 为 $\boldsymbol{A}$ 的**特征矩阵**,$|\lambda\boldsymbol{E}-\boldsymbol{A}|$ 为 $\boldsymbol{A}$ 的**特征多项式**,$|\lambda\boldsymbol{E}-\boldsymbol{A}|=0$ 为 $\boldsymbol{A}$ 的**特征方程**.

由上述分析可知,方阵 $\boldsymbol{A}$ 的特征值 λ 是 $\boldsymbol{A}$ 的特征方程的根(因此特征值又称**特征根**). $\boldsymbol{A}$ 的相应于 λ 的特征向量 $\boldsymbol{x}$ 是以 $\boldsymbol{A}$ 的特征矩阵为系数阵的齐次线性方程组的解.

例 1.5 求方阵

$$\boldsymbol{A}=\begin{bmatrix}-1 & 1 & 0\\ -4 & 3 & 0\\ 1 & 0 & 2\end{bmatrix}$$

的特征值与特征向量.

解: $\boldsymbol{A}$ 的特征方程为

$$|\lambda\boldsymbol{E}-\boldsymbol{A}|=\begin{vmatrix}\lambda+1 & -1 & 0\\ 4 & \lambda-3 & 0\\ -1 & 0 & \lambda-2\end{vmatrix}=(\lambda-2)(\lambda-1)^2=0,$$

求出 $\boldsymbol{A}$ 的特征值为

$$\lambda_1=2,\lambda_2=\lambda_3=1.$$

对 $\lambda_1=2$,解齐次线性方程组 $(2\boldsymbol{E}-\boldsymbol{A})\boldsymbol{x}=\boldsymbol{0}$,即

$$\begin{cases}3x_1-x_2=0\\ 4x_1-x_2=0,\\ -x_1\qquad=0\end{cases}$$

求出它的基础解系:

$$\boldsymbol{x}_1=\begin{bmatrix}0\\0\\1\end{bmatrix},$$

相应于特征值 $\lambda_1=2$ 的特征向量是 $k_1\boldsymbol{x}_1(k_1\neq 0)$.

对 $\lambda_2=\lambda_3=1$,解齐次线性方程组 $(\boldsymbol{E}-\boldsymbol{A})\boldsymbol{x}=\boldsymbol{0}$,即

$$\begin{cases}2x_1-x_2\qquad=0\\ 4x_1-2x_2\qquad=0,\\ -x_1\qquad-x_3=0\end{cases}$$

求出它的基础解系:

$$\boldsymbol{x}_2=\begin{bmatrix}1\\2\\-1\end{bmatrix},$$

相应于 $\lambda_2=\lambda_3=1$ 的特征向量是 $k_2\boldsymbol{x}_2(k_2\neq0)$.

例 1.6　求方阵

$$\boldsymbol{A}=\begin{bmatrix}-2&1&1\\0&2&0\\-4&1&3\end{bmatrix}$$

的特征值与特征向量.

解： $\boldsymbol{A}$ 的特征方程为

$$|\lambda\boldsymbol{E}-\boldsymbol{A}|=\begin{vmatrix}\lambda+2&-1&-1\\0&\lambda-2&0\\4&-1&\lambda-3\end{vmatrix}=(\lambda-2)^2(\lambda+1)=0,$$

求出 $\boldsymbol{A}$ 的特征值为

$$\lambda_1=\lambda_2=2,\lambda_3=-1.$$

对 $\lambda_1=\lambda_2=2$，解齐次线性方程组 $(2\boldsymbol{E}-\boldsymbol{A})\boldsymbol{x}=\boldsymbol{0}$，即

$$\begin{cases}4x_1-x_2-x_3=0\\4x_1-x_2-x_3=0\end{cases},$$

求出它的基础解系：

$$\boldsymbol{x}_1=\begin{bmatrix}0\\1\\-1\end{bmatrix},\boldsymbol{x}_2=\begin{bmatrix}1\\0\\4\end{bmatrix},$$

相应于 $\lambda_1=\lambda_2=2$ 的特征向量为 $k_1\boldsymbol{x}_1+k_2\boldsymbol{x}_2$（$k_1,k_2$ 不同时为零）.

对 $\lambda_3=-1$，解齐次线性方程组 $(-\boldsymbol{E}-\boldsymbol{A})\boldsymbol{x}=\boldsymbol{0}$，即

$$\begin{cases}x_1-x_2-x_3=0\\-3x_2=0,\\4x_1-x_2-4x_3=3\end{cases}$$

求出它的基础解系

$$\boldsymbol{x}_3=\begin{bmatrix}1\\0\\1\end{bmatrix},$$

相应于 $\lambda_3=-1$ 的特征向量为 $k_3\boldsymbol{x}_3(k_3\neq0)$.

定理 1.1　若 $\lambda_1,\cdots,\lambda_s$ 是方阵 $\boldsymbol{A}$ 的互异的特征值,$\boldsymbol{x}_1,\cdots,\boldsymbol{x}_s$ 是分别相应于它们的特征向量,则 $\boldsymbol{x}_1,\cdots,\boldsymbol{x}_s$ 线性无关.

证: 对 s 使用数学归纳法.

当 $s=1$ 时,因为任一非零向量线性无关,所以定理成立.

设对 $s-1$ 个互异的特征值定理成立,要证对 s 个互异的特征值定理也成立. 为此令

$$k_1\boldsymbol{x}_1+\cdots+k_{s-1}\boldsymbol{x}_{s-1}+k_s\boldsymbol{x}_s=\boldsymbol{0},\tag{1}$$

在上式两边同乘以 λ_s 得

$$k_1\lambda_s\boldsymbol{x}_1+\cdots+k_{s-1}\lambda_s\boldsymbol{x}_{s-1}+k_s\lambda_s\boldsymbol{x}_s=\boldsymbol{0},\tag{2}$$

因为 $\boldsymbol{A}\boldsymbol{x}_i=\lambda_i\boldsymbol{x}_i(i=1,\cdots,s)$,用 $\boldsymbol{A}$ 左乘(1)式得

$$k_1\lambda_1\boldsymbol{x}_1+\cdots+k_{s-1}\lambda_{s-1}\boldsymbol{x}_{s-1}+k_s\lambda_s\boldsymbol{x}_s=\boldsymbol{0},\tag{3}$$

将(3)、(2)二式两边分别相减得

$$k_1(\lambda_1-\lambda_s)\boldsymbol{x}_1+\cdots+k_{s-1}(\lambda_{s-1}-\lambda_s)\boldsymbol{x}_{s-1}=\boldsymbol{0}.$$

由于 $\boldsymbol{x}_1,\cdots,\boldsymbol{x}_{s-1}$ 线性无关,且 $\lambda_i\neq\lambda_s(i=1,\cdots,s-1)$,故必有 $k_1=\cdots=k_{s-1}=0$,从而 $k_s=0$,即 $\boldsymbol{x}_1,\cdots,\boldsymbol{x}_s$ 线性无关.

可类似定义 1.5 给出**线性变换 T 的特征值和特征向量**的概念,即满足 $T\boldsymbol{x}=\lambda\boldsymbol{x}$ 的数 λ 和非零向量 $\boldsymbol{x}$. 容易验证[1],它们与 T 的矩阵 $\boldsymbol{A}$ 的特征值和特征向量是一致的.

由子空间的定义不难验证,满足 $T\boldsymbol{x}=\lambda\boldsymbol{x}$ 的向量 $\boldsymbol{x}$ 的全体构成一个子空间,记为 X_λ,称为 T 的属于特征值 λ 的**特征子空间**.

1.1.4　相似矩阵

线性空间 X 上的线性变换 T 在 X 的不同基组下的表示矩阵是不同的. 那么这些矩阵之间有什么关系呢?

设 $[\xi_1\ \cdots\ \xi_n]$ 和 $[\eta_1\ \cdots\ \eta_n]$ 是线性空间 X 的两组不同的基,$[\xi_1\ \cdots\ \xi_n]=[\eta_1\ \cdots\ \eta_n]\boldsymbol{P}$,$\boldsymbol{P}$ 为过渡矩阵. T 是 X 上的线性变换,T

关于$[\xi_1 \quad \cdots \quad \xi_n]$的矩阵为$\boldsymbol{B}$,关于$[\eta_1 \quad \cdots \quad \eta_n]$的矩阵为$\boldsymbol{A}$,则

$$\begin{aligned}[\xi_1 \quad \cdots \quad \xi_n]\boldsymbol{B} &= T[\xi_1 \quad \cdots \quad \xi_n] \\ &= T[[\eta_1 \quad \cdots \quad \eta_n]\boldsymbol{P}] \\ &= T[\eta_1 \quad \cdots \quad \eta_n]\boldsymbol{P} \\ &= [\eta_1 \quad \cdots \quad \eta_n]\boldsymbol{AP} \\ &= [\xi_1 \quad \cdots \quad \xi_n]\boldsymbol{P}^{-1}\boldsymbol{AP},\end{aligned}$$

而$[\xi_1 \quad \cdots \quad \xi_n]$为线性无关组,因此

$$\boldsymbol{B} = \boldsymbol{P}^{-1}\boldsymbol{AP}.$$

定义 1.6　设$\boldsymbol{A},\boldsymbol{B}$均为$n$阶方阵,若存在$n$阶可逆阵$\boldsymbol{P}$,使

$$\boldsymbol{B} = \boldsymbol{P}^{-1}\boldsymbol{AP},$$

则称$\boldsymbol{A}$ **相似**于$\boldsymbol{B}$,记为$\boldsymbol{A} \sim \boldsymbol{B}$. 这时也可称$\boldsymbol{P}^{-1}\boldsymbol{AP}$为对$\boldsymbol{A}$施行**相似变换**,$\boldsymbol{P}$称为**相似变换阵**.

由前面的讨论和定义 1.6 可得下面的结论.

定理 1.2　设T是线性空间X上的线性变换,则T在X的两组不同基下的矩阵是相似的.

相似矩阵有若干重要性质,例如相似矩阵具有相同的行列式、相同的秩和相同的特征值等. 下面仅证明其中之一,其余留作练习.

定理 1.3　设方阵$\boldsymbol{A}$与$\boldsymbol{B}$相似,则$\boldsymbol{A}$与$\boldsymbol{B}$有相同的特征多项式,从而有相同的特征值.

证: 因为$\boldsymbol{A} \sim \boldsymbol{B}$,所以存在可逆阵$\boldsymbol{P}$,使得

$$\boldsymbol{B} = \boldsymbol{P}^{-1}\boldsymbol{AP}.$$

于是$\boldsymbol{A}$与$\boldsymbol{B}$的特征矩阵有如下关系:

$$\lambda\boldsymbol{E} - \boldsymbol{B} = \lambda\boldsymbol{E} - \boldsymbol{P}^{-1}\boldsymbol{AP} = \boldsymbol{P}^{-1}(\lambda\boldsymbol{E} - \boldsymbol{A})\boldsymbol{P},$$

等式两端取行列式,显然$|\boldsymbol{P}^{-1}| = \dfrac{1}{|\boldsymbol{P}|}$,于是

$$|\lambda\boldsymbol{E} - \boldsymbol{B}| = |\boldsymbol{P}^{-1}| \cdot |\lambda\boldsymbol{E} - \boldsymbol{A}| \cdot |\boldsymbol{P}| = |\lambda\boldsymbol{E} - \boldsymbol{A}|,$$

即$\boldsymbol{A}$与$\boldsymbol{B}$有相同的特征多项式,从而$\boldsymbol{A}$与$\boldsymbol{B}$有相同的特征值.

定理 1.3 表明,线性变换的矩阵的特征多项式与基的选择无关,它是直接由线性变换决定的.

推论 1.1　若方阵$\boldsymbol{A}$相似于对角阵

$$\boldsymbol{\Lambda}=\begin{bmatrix}\lambda_1 & & \\ & \ddots & \\ & & \lambda_n\end{bmatrix},$$

则 $\lambda_1,\cdots,\lambda_n$ 即 $\boldsymbol{A}$ 的 n 个特征值.

证: $\boldsymbol{\Lambda}$ 的特征多项式为 $|\lambda\boldsymbol{E}-\boldsymbol{\Lambda}|=(\lambda-\lambda_1)\cdots(\lambda-\lambda_n)$,故 $\lambda_1,\cdots,\lambda_n$ 是 $\boldsymbol{\Lambda}$ 的特征值,而 $\boldsymbol{A}\sim\boldsymbol{\Lambda}$. 由定理1.3,$\boldsymbol{A}$ 与 $\boldsymbol{\Lambda}$ 有相同的特征值,所以 $\lambda_1,\cdots,\lambda_n$ 是 $\boldsymbol{A}$ 的 n 个特征值.

1.2　方阵在相似变换下的标准形

在上一节中已经看到,线性变换在不同基下的矩阵是相似的,而方阵经过相似变换后有许多重要的特征,如秩、特征值等均不改变. 因此,希望能够找到方阵在相似变换下的最简形式,即标准形,以使得有关讨论或计算得以简化.

1.2.1　方阵的行列式因子、不变因子、初等因子

任意 n 阶方阵 $\boldsymbol{A}$ 的特征矩阵为 $\lambda\boldsymbol{E}-\boldsymbol{A}$,这是一个元素中含有变数 λ 的方阵,可称为 **λ-矩阵或多项式矩阵**.

1. 行列式因子

定义1.7　$\lambda\boldsymbol{E}-\boldsymbol{A}$ 中所有非零 k 级子行列式的首项(即最高次项)系数为1的最大公因式称为 $\lambda\boldsymbol{E}-\boldsymbol{A}$ 的(简称 $\boldsymbol{A}$ 的)**k 级行列式因子(因式)**,记为 $D_k(\lambda)\,(k=1,\cdots,n)$.

例1.7

$$\boldsymbol{A}=\begin{bmatrix}2&1&0\\0&2&1\\0&0&2\end{bmatrix},$$

求 $\boldsymbol{A}$ 的各级行列式因子.

解：

$$\lambda \boldsymbol{E}-\boldsymbol{A}=\begin{bmatrix}\lambda-2 & -1 & \\ & \lambda-2 & -1\\ & & \lambda-2\end{bmatrix},$$

考虑其所有的 3 级子式(只有一个)：

$$\begin{vmatrix}\lambda-2 & -1 & \\ & \lambda-2 & -1\\ & & \lambda-2\end{vmatrix}=(\lambda-2)^3,$$

所以 $D_3(\lambda)=(\lambda-2)^3$.

考虑其所有的 2 级子式，因为有一个 2 级子式 $\begin{vmatrix}-1 & 0\\ \lambda-2 & -1\end{vmatrix}=1$，所以 $D_2(\lambda)=1$.

考虑其所有的 1 级子式，因为 $\lambda \boldsymbol{E}-\boldsymbol{A}$ 中有元素 -1，所以 $D_1(\lambda)=1$.

2. 不变因子

首先，可以证明[1]下面的结论.

定理 1.4　$\lambda \boldsymbol{E}-\boldsymbol{A}$ 总可经初等变换化为

$$\begin{bmatrix}d_1(\lambda) & & \\ & \ddots & \\ & & d_n(\lambda)\end{bmatrix}$$

的形式(称为 $\lambda \boldsymbol{E}-\boldsymbol{A}$ 在**初等变换下的标准形**)，其中 $d_i(\lambda)$ 的首项系数为 1，且 $d_i(\lambda)\mid d_{i+1}(\lambda)$（即 $d_{i+1}(\lambda)$ 可被 $d_i(\lambda)$ 整除）$(i=1,\cdots,n)$.

例 1.8　$\boldsymbol{A}=\begin{bmatrix}1 & 1\\ 0 & -1\end{bmatrix}$，求 $\lambda \boldsymbol{E}-\boldsymbol{A}$ 在初等变换下的标准形.

解：

$$\lambda \boldsymbol{E}-\boldsymbol{A}=\begin{bmatrix}\lambda-1 & -1\\ 0 & \lambda+1\end{bmatrix}\to\begin{bmatrix}-1 & \lambda-1\\ \lambda+1 & 0\end{bmatrix}$$

$$\to\begin{bmatrix}-1 & \lambda-1\\ 0 & (\lambda-1)(\lambda+1)\end{bmatrix}$$

$$\rightarrow\begin{bmatrix}-1 & 0\\ 0 & (\lambda-1)(\lambda+1)\end{bmatrix}\rightarrow\begin{bmatrix}1 & 0\\ 0 & (\lambda-1)(\lambda+1)\end{bmatrix},$$

$$d_1(\lambda)=1, d_2(\lambda)=(\lambda-1)(\lambda+1).$$

可以证明[1],$\lambda\boldsymbol{E}-\boldsymbol{A}$ 在初等变换下的标准形中,对角元 $d_i(\lambda)(i=1,\cdots,n)$是不会因所采用初等变换的不同而改变的.

定义 1.8 设 $\lambda\boldsymbol{E}-\boldsymbol{A}$ 在初等变换下的标准形为

$$\begin{bmatrix}d_1(\lambda) & & \\ & \ddots & \\ & & d_n(\lambda)\end{bmatrix},$$

其中 $d_i(\lambda)$首项系数为 $1(i=1,\cdots,n)$,且 $d_1(\lambda)\mid d_2(\lambda)\mid\cdots\mid d_n(\lambda)$,称 $d_1(\lambda),\cdots,d_n(\lambda)$为 $\lambda\boldsymbol{E}-\boldsymbol{A}$ 的(简称 $\boldsymbol{A}$ 的)**不变因子**.

可以证明[1],$\lambda\boldsymbol{E}-\boldsymbol{A}$ 在初等变换下秩与行列式因子不变,由此不难得出不变因子与行列式因子间的关系:

$$d_1(\lambda)=D_1(\lambda),$$

$$d_k(\lambda)=\frac{D_k(\lambda)}{D_{k-1}(\lambda)}, k=2,\cdots,n.$$

例 1.9 在例 1.7 中,有

$$d_1(\lambda)=D_1(\lambda)=1, d_2(\lambda)=\frac{D_2(\lambda)}{D_1(\lambda)}=1,$$

$$d_3(\lambda)=\frac{D_3(\lambda)}{D_2(\lambda)}=\frac{(\lambda-2)^3}{1}=(\lambda-2)^3.$$

例 1.10

$$\boldsymbol{A}=\begin{bmatrix}0 & 1 & & \\ & 0 & 1 & \\ & & 0 & 1\\ -5 & -4 & -3 & -2\end{bmatrix},\text{求 }\boldsymbol{A}\text{ 的不变因子.}$$

解：

$$\lambda E-A=\begin{bmatrix}\lambda & -1 & & \\ & \lambda & -1 & \\ & & \lambda & -1 \\ 5 & 4 & 3 & \lambda+2\end{bmatrix},$$

$$D_4(\lambda)=\lambda\begin{vmatrix}\lambda & -1 & 0 \\ 0 & \lambda & -1 \\ 4 & 3 & \lambda+2\end{vmatrix}+\begin{vmatrix}0 & -1 & 0 \\ 0 & \lambda & -1 \\ 5 & 3 & \lambda+2\end{vmatrix}$$

$$=\lambda^4+2\lambda^3+3\lambda^2+4\lambda+5.$$

由于有一 3 级子式 $\begin{vmatrix}-1 & & \\ \lambda & -1 & \\ & \lambda & -1\end{vmatrix}=-1$，所以 $D_3(\lambda)=1$.

显然，$D_2(\lambda)=D_1(\lambda)=1$，于是有

$$d_1(\lambda)=D_1(\lambda)=1,$$

$$d_2(\lambda)=\frac{D_2(\lambda)}{D_1(\lambda)}=1,$$

$$d_3(\lambda)=\frac{D_3(\lambda)}{D_2(\lambda)}=1,$$

$$d_4(\lambda)=\frac{D_4(\lambda)}{D_3(\lambda)}=\lambda^4+2\lambda^3+3\lambda^2+4\lambda+5.$$

显然，A 的不变因子与行列式因子都是由 A 唯一决定的.

例 1.11

$$A=\begin{bmatrix}13 & 16 & 16 \\ -5 & -7 & -6 \\ -6 & -8 & -7\end{bmatrix}$$，求 A 的不变因子.

解：

$$\lambda E-A=\begin{bmatrix}\lambda-13 & -16 & -16 \\ 5 & \lambda+7 & 6 \\ 6 & 8 & \lambda+7\end{bmatrix}\to\begin{bmatrix}1 & 1-\lambda & \lambda+1 \\ 5 & \lambda+7 & 6 \\ \lambda-13 & -16 & -16\end{bmatrix}$$

$$
\rightarrow\begin{bmatrix}1 & 0 & 0\\ 0 & 6\lambda+2 & 5\lambda-1\\ 0 & \lambda^2-14\lambda-3 & \lambda^2-12\lambda+3\end{bmatrix}
$$

$$
\rightarrow\begin{bmatrix}1 & 0 & 0\\ 0 & \lambda+3 & 5\lambda-1\\ 0 & -2\lambda-6 & \lambda^2-12\lambda+3\end{bmatrix}\rightarrow\begin{bmatrix}1 & 0 & 0\\ 0 & \lambda+3 & 5\lambda-1\\ 0 & 0 & \lambda^2-2\lambda+1\end{bmatrix}
$$

$$
\rightarrow\begin{bmatrix}1 & 0 & 0\\ 0 & \lambda+3 & -16\\ 0 & 0 & (\lambda-1)^2\end{bmatrix}\rightarrow\begin{bmatrix}1 & 0 & 0\\ 0 & 1 & \lambda+3\\ 0 & \frac{1}{16}(\lambda-1)^2 & 0\end{bmatrix}
$$

$$
\rightarrow\begin{bmatrix}1 & 0 & 0\\ 0 & 1 & 0\\ 0 & 0 & \frac{1}{16}(\lambda-1)^2(\lambda+3)\end{bmatrix}\rightarrow\begin{bmatrix}1 & & \\ & 1 & \\ & & (\lambda+3)(\lambda-1)^2\end{bmatrix}.
$$

所以,$\boldsymbol{A}$ 的不变因子为 $d_1(\lambda)=d_2(\lambda)=1, d_3(\lambda)=(\lambda+3)(\lambda-1)^2$.

因为 $\lambda\boldsymbol{E}-\boldsymbol{A}$ 在初等变换下秩与行列式因子不变,所以,$\boldsymbol{A}$ 的特征多项式等于不变因子之积,即 $|\lambda\boldsymbol{E}-\boldsymbol{A}|=d_1(\lambda)\cdots d_n(\lambda)$.

3. 初等因子

定义 1.9 $\boldsymbol{A}$ 的不变因子 $d_k(\lambda)(k=1,\cdots,n)$ 在复数域可分解为一次因式的幂的积的形式:

$$
d_1(\lambda)=(\lambda-\lambda_1)^{k_{11}}(\lambda-\lambda_2)^{k_{12}}\cdots(\lambda-\lambda_s)^{k_{1s}},
$$

$$
\vdots
$$

$$
d_n(\lambda)=(\lambda-\lambda_1)^{k_{n1}}(\lambda-\lambda_2)^{k_{n2}}\cdots(\lambda-\lambda_s)^{k_{ns}},
$$

其中凡是幂次 $k_{ij}>0$ 的一次因式幂 $(\lambda-\lambda_j)^{k_{ij}}$ 均称为 $\boldsymbol{A}$ 的**初等因子(组)**$(i=1,\cdots,n; j=1,\cdots,s; \sum\limits_i\sum\limits_j k_{ij}=n)$.

例 1.12 求例 1.11 中 $\boldsymbol{A}$ 的初等因子.

解: 因为 $d_1(\lambda)=d_2(\lambda)=1, d_3(\lambda)=(\lambda+3)(\lambda-1)^2$,所以,$\boldsymbol{A}$ 的初等因子为:$\lambda+3, (\lambda-1)^2$.

例 1.13 有一 12 阶方阵 $\boldsymbol{A}$,已知其不变因子 $d_1=\cdots=d_9=1$,

$d_{10}=(\lambda-1)^2,d_{11}=(\lambda-1)^2(\lambda+1),d_{12}=(\lambda-1)^2(\lambda+1)(\lambda^2+1)^2$,求其初等因子.

解: $(\lambda^2+1)^2$ 不是一次因式幂,在复数域可分解为

$$(\lambda^2+1)^2=(\lambda+\mathrm{i})^2(\lambda-\mathrm{i})^2,$$

于是 $\boldsymbol{A}$ 的初等因子为:$(\lambda-1)^2,(\lambda-1)^2,(\lambda+1),(\lambda-1)^2,(\lambda+1),(\lambda+\mathrm{i})^2,(\lambda-\mathrm{i})^2$.

由上面的定义和例子可见,由不变因子可完全确定初等因子,可证反之亦然.

例 1.14　已知 4 阶方阵 $\boldsymbol{A}$ 的初等因子为 $\lambda,\lambda^2,\lambda+1$,求 $\boldsymbol{A}$ 的不变因子.

解: 由不变因子 $d_i(\lambda)|d_{i+1}(\lambda)$ 的特性可知

$$d_4(\lambda)=\lambda^2(\lambda+1),d_3(\lambda)=\lambda,d_2(\lambda)=1,d_1(\lambda)=1.$$

计算初等因子的一般步骤是先求行列式因子和不变因子,再分解得初等因子. 还可以证明[1]定理 1.5 的结论,由此也可求初等因子.

定理 1.5　设 $\lambda\boldsymbol{E}-\boldsymbol{A}$ 经初等变换化为下面的形式:

$$\begin{bmatrix} h_1(\lambda) & & \\ & \ddots & \\ & & h_n(\lambda) \end{bmatrix},$$

则 $h_1(\lambda),\cdots,h_n(\lambda)$ 分解出的全部一次因式幂(幂次≥1)就是 $\boldsymbol{A}$ 的初等因子.

注意这里虽然也要求化为对角阵,但不要求 $h_1(\lambda),\cdots,h_n(\lambda)$ 一个整除一个.

1.2.2　方阵相似的条件

可以证明[1]两个同阶方阵 $\boldsymbol{A}$ 与 $\boldsymbol{B}$ 相似的充要条件是它们的特征矩阵 $\lambda\boldsymbol{E}-\boldsymbol{A}$ 和 $\lambda\boldsymbol{E}-\boldsymbol{B}$ 等价,由此可推得方阵相似的条件如下.

定理 1.6　方阵 $\boldsymbol{A}$ 与 $\boldsymbol{B}$ 相似的充要条件是:$\boldsymbol{A}$ 与 $\boldsymbol{B}$ 有全同的不变因子.

由于初等因子和不变因子可以互相推出,不变因子和行列式因子也可以互相推出,因此可得以下推论.

推论 1.2　方阵 $\boldsymbol{A}$ 与 $\boldsymbol{B}$ 相似的充要条件是 $\boldsymbol{A}$ 与 $\boldsymbol{B}$ 有全同的初等因子(或行列式因子).

例 1.15　已知 $\boldsymbol{A}=\begin{bmatrix}2 & 1\\ 0 & -1\end{bmatrix}$,$\boldsymbol{B}=\begin{bmatrix}-1 & 0\\ 3 & 2\end{bmatrix}$,验证 $\boldsymbol{A}$ 与 $\boldsymbol{B}$ 相似.

证: $\boldsymbol{A}$ 的行列式因子为

$$D_2(\lambda)=\begin{vmatrix}\lambda-2 & -1\\ 0 & \lambda+1\end{vmatrix}=(\lambda-2)(\lambda+1),D_1(\lambda)=1,$$

$\boldsymbol{B}$ 的行列式因子为

$$D_2(\lambda)=\begin{vmatrix}\lambda+1 & 0\\ -3 & \lambda-2\end{vmatrix}=(\lambda+1)(\lambda-2),D_1(\lambda)=1.$$

$\boldsymbol{A}$ 与 $\boldsymbol{B}$ 有全同的行列式因子,故 $\boldsymbol{A}\sim\boldsymbol{B}$.

1.2.3　方阵在相似变换下的若当标准形

定理 1.7　设 n 阶方阵 $\boldsymbol{A}$ 的全部初等因子为:$(\lambda-\lambda_1)^{k_1},(\lambda-\lambda_2)^{k_2},\cdots,(\lambda-\lambda_s)^{k_s}$,$\sum\limits_{i=1}^{s}k_i=n$. 则 $\boldsymbol{A}$ 必相似于

$$\boldsymbol{J}=\begin{bmatrix}\boldsymbol{J}_1 & & \\ & \ddots & \\ & & \boldsymbol{J}_s\end{bmatrix},$$

其中

$$\boldsymbol{J}_i=\begin{bmatrix}\lambda_i & 1 & & \\ & \ddots & \ddots & \\ & & \ddots & 1\\ & & & \lambda_i\end{bmatrix}_{k_i\times k_i}\quad(i=1,\cdots,s).$$

证:

$$\lambda\boldsymbol{E}-\boldsymbol{J}=\begin{bmatrix}\lambda\boldsymbol{E}-\boldsymbol{J}_1 & & \\ & \ddots & \\ & & \lambda\boldsymbol{E}-\boldsymbol{J}_s\end{bmatrix},$$

其中

$$\lambda\boldsymbol{E}-\boldsymbol{J}_i=\begin{bmatrix}\lambda-\lambda_i & -1 & & \\ & \ddots & \ddots & \\ & & \ddots & -1 \\ & & & \lambda-\lambda_i\end{bmatrix}_{k_i\times k_i}\to\begin{bmatrix}1 & & & \\ & \ddots & & \\ & & 1 & \\ & & & (\lambda-\lambda_i)^{k_i}\end{bmatrix},$$

所以

$$\lambda\boldsymbol{E}-\boldsymbol{J}\to\begin{bmatrix}\begin{bmatrix}1 & & & \\ & \ddots & & \\ & & 1 & \\ & & & (\lambda-\lambda_1)^{k_1}\end{bmatrix} & & \\ & \ddots & \\ & & \begin{bmatrix}1 & & & \\ & \ddots & & \\ & & 1 & \\ & & & (\lambda-\lambda_s)^{k_s}\end{bmatrix}\end{bmatrix}.$$

由定理 1.5，$\boldsymbol{J}$ 的初等因子为$(\lambda-\lambda_1)^{k_1},\cdots,(\lambda-\lambda_s)^{k_s}$，与 $\boldsymbol{A}$ 的初等因子全同，由推论 1.2 得 $\boldsymbol{A}\sim\boldsymbol{J}$.

还可以证明[1]，除了 $\boldsymbol{J}$ 中诸 $\boldsymbol{J}_i$ 的排列次序之外，$\boldsymbol{J}$ 由 $\boldsymbol{A}$ 唯一确定.

称 $\boldsymbol{J}$ 为 $\boldsymbol{A}$ 在相似变换下的**若当**(Jordan)**标准形**，或称**若当法式**. $\boldsymbol{J}$ 中的对角块 $\boldsymbol{J}_i$ 称为相应于 λ_i 的一个 k_i 阶**若当块**.

由于 $\boldsymbol{J}$ 的特征多项式 $|\lambda\boldsymbol{E}-\boldsymbol{J}|=(\lambda-\lambda_1)^{k_1}\cdots(\lambda-\lambda_s)^{k_s}$，所以，$\lambda_i$ 实际上是 $\boldsymbol{J}$ 的(也是 $\boldsymbol{A}$ 的)一个特征值. $\lambda_1,\cdots,\lambda_s$ 中可以有重复，即同一个特征值 λ_i 可以对应于一个以上的若当块.

例 1.16　设 4 阶方阵 $\boldsymbol{A}$ 的特征矩阵 $\lambda\boldsymbol{E}-\boldsymbol{A}$ 经初等变换后化为对角阵

$$\begin{bmatrix}1 & & & \\ & 1 & & \\ & & (\lambda-1)(\lambda-1)^2 & \\ & & & (2\lambda+1)\end{bmatrix},$$

(1)写出 $\boldsymbol{A}$ 的全部初等因子；(2)写出 $\boldsymbol{A}$ 的若当标准形.

解:(1) $\boldsymbol{A}$ 的初等因子为:$(\lambda-1)^3,\left(\lambda+\frac{1}{2}\right)$;

(2) $\boldsymbol{A}$ 的若当标准形为

$$\boldsymbol{J}=\begin{bmatrix}1 & 1 & & \\ & 1 & 1 & \\ & & 1 & \\ & & & -\frac{1}{2}\end{bmatrix}.$$

例 1.17　求方阵

$$\boldsymbol{A}=\begin{bmatrix}-1 & 1 & 0\\ -4 & 3 & 0\\ 1 & 0 & 2\end{bmatrix}$$

的若当标准形,并求相似变换阵 $\boldsymbol{P}$.

解:先求出 $\boldsymbol{A}$ 的全部初等因子.

$$\lambda\boldsymbol{E}-\boldsymbol{A}=\begin{bmatrix}\lambda+1 & -1 & 0\\ 4 & \lambda-3 & 0\\ -1 & 0 & \lambda-2\end{bmatrix}$$

$$\rightarrow\begin{bmatrix}-1 & 0 & 0\\ \lambda-3 & (\lambda+1)(\lambda-3)+4 & 0\\ 0 & -1 & \lambda-2\end{bmatrix}$$

$$\rightarrow\begin{bmatrix}1 & 0 & 0\\ 0 & (\lambda-1)^2 & 0\\ 0 & -1 & (\lambda-2)\end{bmatrix}$$

$$\rightarrow\begin{bmatrix}1 & 0 & 0\\ 0 & (\lambda-1)^2 & (\lambda-2)(\lambda-1)^2\\ 0 & -1 & 0\end{bmatrix}$$

$$\rightarrow\begin{bmatrix}1 & & \\ & 1 & \\ & & (\lambda-2)(\lambda-1)^2\end{bmatrix}.$$

因此,$\boldsymbol{A}$ 的初等因子为:$\lambda-2,(\lambda-1)^2$. 于是有

$$\boldsymbol{A}\sim\boldsymbol{J}=\begin{bmatrix}2&&\\&1&1\\&&1\end{bmatrix}.$$

下面求相似变换阵 $\boldsymbol{P}$，使 $\boldsymbol{P}^{-1}\boldsymbol{AP}=\boldsymbol{J}$ 或 $\boldsymbol{AP}=\boldsymbol{PJ}$. 令 $\boldsymbol{P}=[\boldsymbol{P}_1\quad\boldsymbol{P}_2\quad\boldsymbol{P}_3]$，其中 $\boldsymbol{P}_j=[p_{1j}\quad p_{2j}\quad p_{3j}]^{\mathrm{T}}(j=1,2,3)$，则

$$[\boldsymbol{AP}_1\quad\boldsymbol{AP}_2\quad\boldsymbol{AP}_3]=[2\boldsymbol{P}_1\quad\boldsymbol{P}_2\quad\boldsymbol{P}_2+\boldsymbol{P}_3].$$

于是有

$$(2\boldsymbol{E}-\boldsymbol{A})\boldsymbol{P}_1=\boldsymbol{0},$$
$$(\boldsymbol{E}-\boldsymbol{A})\boldsymbol{P}_2=\boldsymbol{0},$$
$$(\boldsymbol{E}-\boldsymbol{A})\boldsymbol{P}_3=-\boldsymbol{P}_2.$$

先由前二方程解得

$\boldsymbol{P}_1=[0\quad0\quad1]^{\mathrm{T}}$，$\boldsymbol{P}_2=[1\quad2\quad-1]^{\mathrm{T}}$，再把 $\boldsymbol{P}_2$ 代入第三方程，系数增广阵为

$$[\boldsymbol{E}-\boldsymbol{A}\quad-\boldsymbol{P}_2]=\begin{bmatrix}2&-1&0&-1\\4&-2&0&-2\\-1&0&-1&1\end{bmatrix}$$
$$\to\begin{bmatrix}1&0&1&-1\\0&-1&-2&1\\0&-2&-4&2\end{bmatrix}\to\begin{bmatrix}1&0&1&-1\\0&-1&-2&1\\0&0&0&0\end{bmatrix}.$$

对应的方程组为

$$\begin{cases}p_{31}+p_{33}=-1\\p_{32}+2p_{33}=-1\end{cases},$$

解得其一解为 $\boldsymbol{P}_3=[-2\quad-3\quad1]^{\mathrm{T}}$，易验证：$\boldsymbol{P}_1,\boldsymbol{P}_2,\boldsymbol{P}_3$ 线性无关，故得相似变换阵

$$\boldsymbol{P}=\begin{bmatrix}0&1&-2\\0&2&-3\\1&-1&1\end{bmatrix}.$$

由定理 1.7 可立即得到以下几个推论.

推论 1.3　设 n 阶方阵 $\boldsymbol{A}$ 的初等因子均为一次式，即为 $(\lambda-\lambda_1),\cdots,(\lambda-\lambda_n)$，则 $\boldsymbol{A}$ 的若当标准形为对角阵：

$$J=\begin{bmatrix}\lambda_1 & & \\ & \ddots & \\ & & \lambda_n\end{bmatrix}.$$

不难看出这一结论反之也成立,因为显然 J 的初等因子均为一次式 $(\lambda-\lambda_1),\cdots,(\lambda-\lambda_n)$,而 $A\sim J$,所以 A 的初等因子与 J 的相同.

推论 1.4 n 阶方阵 A 的初等因子只有一个,即 $(\lambda-\lambda_1)^n$,则 A 的若当标准形只有一个若当块:

$$J=\begin{bmatrix}\lambda_1 & 1 & & \\ & \ddots & \ddots & \\ & & \ddots & 1 \\ & & & \lambda_1\end{bmatrix}.$$

这时不难看出,A 的不变因子为 $1,\cdots,1,(\lambda-\lambda_1)^n$.

推论 1.5 n 阶方阵 A 的初等因子中无重复因子,即 $(\lambda-\lambda_1)^{k_1},\cdots,(\lambda-\lambda_s)^{k_s}$ 中 $\lambda_i\neq\lambda_j,i\neq j$,则 A 的每个特征值只对应一个若当块.

这时不难看出,A 的不变因子为 $1,\cdots,1,d_n(\lambda)$.

不难证明[1],上面两个推论反之也成立.

定理 1.8 设 T 是 X 上的线性变换,则在 X 中必存在一组基,使 T 在这组基下的矩阵是若当形.

证: 在 X 中任取一组基 $\xi_1,\cdots,\xi_n$,设 T 在这组基下的矩阵为 A,由定理 1.7,存在可逆阵 P,使 $P^{-1}AP$ 为若当形. 则在由

$$[\eta_1 \ \cdots \ \eta_n]=[\xi_1 \ \cdots \ \xi_n]P$$

确定的基 $\eta_1,\cdots,\eta_n$ 下,T 的矩阵即 $P^{-1}AP$.

若当标准形的意义不仅在于使线性变换的描述简化,而且还可由此进一步讨论线性空间按线性变换进行的分解[1].

1.2.4 方阵的特征值分解

由推论 1.3,当方阵 A 的初等因子均为一次式时,A 必相似于对角阵,这时的对角元均为 A 的特征值,而相似变换阵必为由 A 的 n 个线性无关的特征向量作列而构成. 事实上,记变换阵 $P=[P_1 \ \cdots \ P_n]$,则

由于 $\boldsymbol{P}$ 可逆,故 $\boldsymbol{P}_1,\cdots,\boldsymbol{P}_n$ 线性无关,又设 $\boldsymbol{A}$ 相似于

$$\boldsymbol{\Lambda}=\begin{bmatrix}\lambda_1 & & \\ & \ddots & \\ & & \lambda_n\end{bmatrix},$$

其中 $\lambda_1,\cdots,\lambda_n$ 为 $\boldsymbol{A}$ 的特征值. 则由 $\boldsymbol{P}^{-1}\boldsymbol{AP}=\boldsymbol{\Lambda}$,有 $\boldsymbol{AP}=\boldsymbol{P\Lambda}$,或

$$\boldsymbol{A}[\boldsymbol{P}_1\ \ \cdots\ \ \boldsymbol{P}_n]=[\boldsymbol{P}_1\ \ \cdots\ \ \boldsymbol{P}_n]\begin{bmatrix}\lambda_1 & & \\ & \ddots & \\ & & \lambda_n\end{bmatrix},$$

可得 $\boldsymbol{AP}_i=\lambda_i\boldsymbol{P}_i$,即 $\boldsymbol{P}_i$ 是 $\boldsymbol{A}$ 的相应于 $\lambda_i(i=1,\cdots,n)$ 的特征向量.

反之,若 $\boldsymbol{A}$ 有 n 个线性无关的特征向量,由其作列构成的相似变换阵,必然将 $\boldsymbol{A}$ 变换成为以其特征值为对角元的对角阵. 特征值的次序与特征向量相对应.

进一步,当 $\boldsymbol{A}$ 为实对称方阵时,则可证明[1]其相应于不同特征值的特征向量是彼此正交的. 因此存在正交方阵 $\boldsymbol{P}$,使 $\boldsymbol{P}^{-1}\boldsymbol{AP}$ 成为对角阵[1],记为 $\boldsymbol{\Lambda}$. 由于 $\boldsymbol{P}$ 正交,$\boldsymbol{P}^{-1}=\boldsymbol{P}^{\mathrm{T}}$,从而有

$$\boldsymbol{P}^{\mathrm{T}}\boldsymbol{AP}=\boldsymbol{P}^{-1}\boldsymbol{AP}=\boldsymbol{\Lambda},$$

于是

$$\boldsymbol{A}=\boldsymbol{P\Lambda P}^{\mathrm{T}}.$$

即实对称方阵 $\boldsymbol{A}$ 可分解为对角形方阵与正交方阵的乘积,而对角阵的对角元即 $\boldsymbol{A}$ 的特征值,这称为 $\boldsymbol{A}$ 的**特征值分解**.

例如对于

$$\boldsymbol{A}=\begin{bmatrix}6.8 & 2.4\\ 2.4 & 8.2\end{bmatrix},\quad \boldsymbol{P}=\begin{bmatrix}0.6 & -0.8\\ 0.8 & 0.6\end{bmatrix},$$

可以验证 $\boldsymbol{P}$ 是正交阵,并且

$$\boldsymbol{P}^{\mathrm{T}}\boldsymbol{AP}=\begin{bmatrix}10 & \\ & 5\end{bmatrix}.$$

还可研究更一般的情形. 考虑任意实矩阵 $\boldsymbol{A}_{m\times n}$,可以证明[2]下面的定理.

定理 1.9 对于实矩阵 $\boldsymbol{A}_{m\times n}$,存在正交矩阵 $\boldsymbol{U}_{m\times n}$和 $\boldsymbol{V}_{n\times n}$,使得

$$\boldsymbol{U}^{\mathrm{T}}\boldsymbol{AV}=\mathrm{diag}(\sigma_1,\cdots,\sigma_p),p=\min\{m,n\}$$

其中 $\sigma_1 \geqslant \sigma_2 \geqslant \cdots \geqslant \sigma_p > 0$.

这里的符号 $\mathrm{diag}(\sigma_1, \cdots, \sigma_p)$ 可仍记为 $\boldsymbol{\Lambda}$，表示 $m \times n$ 实矩阵，其左或上方的 p 阶方子阵为以 $\sigma_1, \cdots, \sigma_p$ 为对角元的对角阵.

称 $\sigma_1, \cdots, \sigma_p$ 为 $\boldsymbol{A}$ 的**奇异值**，$\boldsymbol{U}$ 和 $\boldsymbol{V}$ 中的列分别称为相应奇异值的**左、右奇异向量**. 称

$$\boldsymbol{A} = \boldsymbol{U\Lambda V}^{\mathrm{T}}$$

为矩阵 $\boldsymbol{A}$ 的**奇异值分解**.

1.2.5　方阵在相似变换下的有理标准形

若当标准形具有简洁、特征突出等优点，但由于其对角元均为特征值，而实方阵也可能有复特征值，从而实方阵 $\boldsymbol{A}$ 的若当标准形可能是复阵. 有时需要在实数域中讨论问题，这时可考虑另一种标准形.

定义 1.10　给定多项式 $f(\lambda) = \lambda^n + a_{n-1}\lambda^{n-1} + \cdots + a_1\lambda + a_0$，由 $f(\lambda)$ 决定的 n 阶方阵

$$\boldsymbol{A} = \begin{bmatrix} 0 & 1 & & \\ & \ddots & \ddots & \\ & & \ddots & \ddots \\ & & 0 & 1 \\ -a_0 & -a_1 & \cdots & -a_{n-1} \end{bmatrix}$$

称为 $f(\lambda)$ 的**伴侣(相伴)方阵**.

例 1.18　写出下列 $f(\lambda)$ 的伴侣方阵：(1) $f(\lambda) = \lambda - 1$；(2) $f(\lambda) = \lambda^3 - 1$.

解：

(1) $\boldsymbol{A} = [1]$（以 1 为元素的 1 阶方阵）；　(2) $\boldsymbol{A} = \begin{bmatrix} 0 & 1 & \\ & 0 & 1 \\ 1 & 0 & 0 \end{bmatrix}$.

伴侣方阵具有下列性质.

性质 1.1　$f(\lambda)$ 的伴侣方阵 $\boldsymbol{A}$ 的不变因子为 $1, \cdots, 1, f(\lambda)$.

证： $\boldsymbol{A}$ 的 n 级行列式因子

$$D_n(\lambda)=|\lambda E-A|=\begin{vmatrix}\lambda & -1 & & \\ & \ddots & \ddots & \\ & & \lambda & -1 \\ a_0 & a_1 & \cdots & \lambda+a_{n-1}\end{vmatrix}$$

$$=(\lambda+a_{n-1})\begin{vmatrix}\lambda & -1 & & \\ & \ddots & \ddots & \\ & & \ddots & -1 \\ & & & \lambda\end{vmatrix}+$$

$$a_{n-2}(-1)^{2n-1}\begin{vmatrix}\lambda & -1 & & & \\ & \ddots & \ddots & & \\ & & \ddots & -1 & \\ & & & \lambda & 0 \\ & & & & -1\end{vmatrix}$$

$$+\cdots+a_0(-1)^{n+1}\begin{vmatrix}-1 & & & \\ \lambda & \ddots & & \\ & \ddots & \ddots & \\ & & \lambda & -1\end{vmatrix}$$

$$=\lambda^{n-1}(\lambda+a_{n-1})+a_{n-2}\lambda^{n-2}+\cdots+a_0$$

$$=\lambda^n+a_{n-1}\lambda^{n-1}+a_{n-2}\lambda^{n-2}+\cdots+a_0=f(\lambda).$$

而显然 $D_1(\lambda)=\cdots=D_{n-1}(\lambda)=1$,所以 A 的不变因子为

$$d_n(\lambda)=\frac{D_n(\lambda)}{D_{n-1}(\lambda)}=f(\lambda),d_1(\lambda)=D_1(\lambda)=1,$$

$$d_2(\lambda)=\cdots=d_{n-1}(\lambda)=1.$$

定理 1.10 设 n 阶方阵 A 的不变因子为 $1,\cdots,1,d_{n-l+1}(\lambda),\cdots,d_n(\lambda)$,则 A 必相似于 L:

$$L=\begin{bmatrix}L_1 & & \\ & \ddots & \\ & & L_l\end{bmatrix},$$

其中 L_i 是 $d_{n-l+i}(\lambda)$的伴侣方阵($i=1,\cdots,l$). L 称为 A 在相似变换下的**有理(自然)标准形**,也称**有理法式**.

证： 由性质 1.1,有

$$\lambda \boldsymbol{E}-\boldsymbol{L}=\begin{bmatrix}\lambda \boldsymbol{E}-\boldsymbol{L}_1 & & \\ & \ddots & \\ & & \lambda \boldsymbol{E}-\boldsymbol{L}_l\end{bmatrix}$$

$$\rightarrow\begin{bmatrix}\begin{bmatrix}1 & & & \\ & \ddots & & \\ & & 1 & \\ & & & d_{n-l+1}(\lambda)\end{bmatrix} & & \\ & \ddots & \\ & & \begin{bmatrix}1 & & & \\ & \ddots & & \\ & & 1 & \\ & & & d_n(\lambda)\end{bmatrix}\end{bmatrix}$$

$$\rightarrow\begin{bmatrix}1 & & & & \\ & \ddots & & & \\ & & 1 & & \\ & & & d_{n-l+1}(\lambda) & & \\ & & & & \ddots & \\ & & & & & d_n(\lambda)\end{bmatrix},$$

由于 $1,\cdots,1,d_{n-l+1}(\lambda),\cdots,d_n(\lambda)$ 是 $\boldsymbol{A}$ 的不变因子,必能一个除得尽一个,所以它们是 $\boldsymbol{L}$ 的不变因子. $\boldsymbol{A}$ 与 $\boldsymbol{L}$ 有全同的不变因子,由定理 1.6 得 $\boldsymbol{A}\sim\boldsymbol{L}$.

由定理 1.10 可立即得到以下推论.

推论 1.6　设 n 阶方阵 $\boldsymbol{A}$ 的不变因子是 $1,\cdots,1,d_n(\lambda)$,则 $\boldsymbol{A}$ 的有理标准形只有一块,即 $d_n(\lambda)$ 的伴侣方阵.

不难看出,推论 1.6 反之也成立. 事实上,若 $\boldsymbol{A}$ 的有理标准形只有一块,即 $d_n(\lambda)$ 的伴侣方阵,则由性质 1.1,$\boldsymbol{A}$ 的不变因子为 $1,\cdots,1,d_n(\lambda)$.

由推论 1.5 和推论 1.6 可得推论 1.7.

推论 1.7　方阵 A 的有理标准形只有一块的充要条件是 A 的若当标准形中每个特征值只对应一个若当块.

例 1.19　设 4 阶方阵 A 的特征矩阵 $\lambda E-A$ 经初等变换后化为如下形式：

$$\begin{bmatrix}1 & & & \\ & 1 & & \\ & & \lambda-1 & \\ & & & (\lambda-1)(\lambda^2+\lambda+1)\end{bmatrix}.$$

(1)写出 A 的全部不变因子；(2)写出 A 的有理标准形.

解：(1)A 的不变因子为：$1,1,\lambda-1,(\lambda-1)(\lambda^2+\lambda+1)=\lambda^3-1$；

(2)A 的有理标准形为

$$L=\begin{bmatrix}1 & & & \\ & 0 & 1 & \\ & & 0 & 1\\ & 1 & 0 & 0\end{bmatrix}.$$

例 1.20　设

$$A=\begin{bmatrix}0 & 0 & \frac{1}{4}\\ 0 & -1 & 0\\ -5 & 0 & 1\end{bmatrix},$$

分别求 A 的若当标准形和有理标准形.

解：先求 A 的若当标准形：

$$\lambda E-A=\begin{bmatrix}\lambda & 0 & -\frac{1}{4}\\ 0 & \lambda+1 & 0\\ 5 & 0 & \lambda-1\end{bmatrix}\to\begin{bmatrix}0 & 0 & -\frac{1}{5}\lambda(\lambda-1)-\frac{1}{4}\\ 0 & \lambda+1 & 0\\ 5 & 0 & \lambda-1\end{bmatrix}$$

$$\to\begin{bmatrix}0 & 0 & -\frac{1}{5}\lambda(\lambda-1)-\frac{1}{4}\\ 0 & \lambda+1 & 0\\ 5 & 0 & 0\end{bmatrix}$$

$$\rightarrow\begin{bmatrix}1 & 0 & 0 \\ 0 & \lambda+1 & 0 \\ 0 & 0 & \frac{1}{5}\lambda(\lambda-1)+\frac{1}{4}\end{bmatrix}$$

$$\rightarrow\begin{bmatrix}1 & & \\ & \lambda+1 & \\ & & \lambda(\lambda-1)+\frac{5}{4}\end{bmatrix}.$$

于是 $\boldsymbol{A}$ 的初等因子为

$$\lambda+1, \lambda-\frac{1+2\mathrm{i}}{2}, \lambda-\frac{1-2\mathrm{i}}{2},$$

从而 $\boldsymbol{A}$ 的若当标准形为

$$\boldsymbol{J}=\begin{bmatrix}-1 & & \\ & \frac{1+2\mathrm{i}}{2} & \\ & & \frac{1-2\mathrm{i}}{2}\end{bmatrix}.$$

由于 $\boldsymbol{J}$ 中每个特征值只对应 1 个若当块,由推论 1.7,$\boldsymbol{A}$ 的有理标准形只有一块,即对应于 $d_3(\lambda)$ 的一块. 而由推论 1.6,$\boldsymbol{A}$ 的不变因子必为 1,1,$d_3(\lambda)$,其中

$$d_3(\lambda)=(\lambda+1)\left[\frac{1}{5}\lambda(\lambda-1)+\frac{1}{4}\right]=\lambda^3+\frac{1}{4}\lambda+\frac{5}{4},$$

所以 $\boldsymbol{A}$ 的有理标准形为

$$\boldsymbol{L}=\begin{bmatrix}0 & 1 & 0 \\ 0 & 0 & 1 \\ -\frac{5}{4} & -\frac{1}{4} & 0\end{bmatrix}.$$

1.3 方阵特征值的估计

特征值是矩阵的一个重要指标,矩阵的理论和应用中很多问题都和特征值有关. 从几何意义上看,一个 n 阶方阵 $\boldsymbol{A}$ 的特征值 $\lambda_1, \cdots, \lambda_n$

对应于复平面上的 n 个点,要计算这些特征值可能比较困难. 另外,在许多应用问题中,并不需要精确计算出特征值,而只需估计出它们所在的范围或近似值就够了.

1.3.1　特征值的估计

特征值是特征多项式的根. 将特征多项式展开,有

$$|\boldsymbol{\lambda E}-\boldsymbol{A}|=\begin{vmatrix}\lambda-a_{11} & -a_{12} & \cdots & -a_{1n}\\ & \lambda-a_{22} & \cdots & a_{2n}\\ & & \ddots & \\ -a_{n1} & -a_{n2} & \cdots & \lambda-a_{nn}\end{vmatrix}=\lambda^{n}-\left(\sum_{i=1}^{n}a_{ii}\right)\lambda^{n-1}+\cdots;$$

另一方面

$$|\boldsymbol{\lambda E}-\boldsymbol{A}|=\lambda^{n}-\left(\sum_{i=1}^{n}\lambda_{i}\right)\lambda^{n-1}+\cdots.$$

比较 λ^{n-1}的系数

$$\sum_{i=1}^{n}\lambda_{i}=\sum_{i=1}^{n}a_{ii},$$

其中 λ_i 是 $\boldsymbol{A}$ 的特征值($i=1,\cdots,n$).

如果把 $\boldsymbol{A}$ 写为

$$\boldsymbol{A}=\boldsymbol{D}+\boldsymbol{B}=\begin{bmatrix}a_{11} & & \\ & \ddots & \\ & & a_{nn}\end{bmatrix}+\begin{bmatrix}0 & a_{12} & \cdots & a_{1n}\\ a_{21} & 0 & \cdots & a_{2n}\\ \vdots & \vdots & \ddots & \vdots\\ a_{n1} & a_{n2} & \cdots & 0\end{bmatrix},$$

构造 $\boldsymbol{A}$ 的扰动矩阵

$$\boldsymbol{A}(\varepsilon)=\boldsymbol{D}+\varepsilon\boldsymbol{B},$$

则 $\boldsymbol{A}(0)=\boldsymbol{D}$,$\boldsymbol{A}(1)=\boldsymbol{A}$. 因此,我们有理由猜测,当 ε 足够小时,$\boldsymbol{A}(\varepsilon)$ 的特征值将位于 $\boldsymbol{A}(0)$的特征值 $a_{11},\cdots,a_{nn}$的某些小邻域内. 盖尔圆就是刻画这些小邻域的一种方式.

定义 1.11　设 n 阶方阵 $\boldsymbol{A}=(a_{ij})_{n\times n}$,称集合

$$G_{i}(\boldsymbol{A})=\{\lambda\,|\,|\lambda-a_{ii}|\leqslant\sum_{j\neq i}|a_{ij}|\}$$

为 $\boldsymbol{A}$ 的第 $i(i=1,\cdots,n)$ 个**圆盘(盖尔圆)**.

例 1.21　求

$$\boldsymbol{A}=\begin{bmatrix}1 & -0.8\\ 0.5 & 0\end{bmatrix}$$

的圆盘.

解: $G_1(\boldsymbol{A})=\{\boldsymbol{\lambda}\mid|\boldsymbol{\lambda}-1|\leqslant 0.8\}$, $G_2(\boldsymbol{A})=\{\boldsymbol{\lambda}\mid|\boldsymbol{\lambda}|\leqslant 0.5\}$,如图 1.1所示.

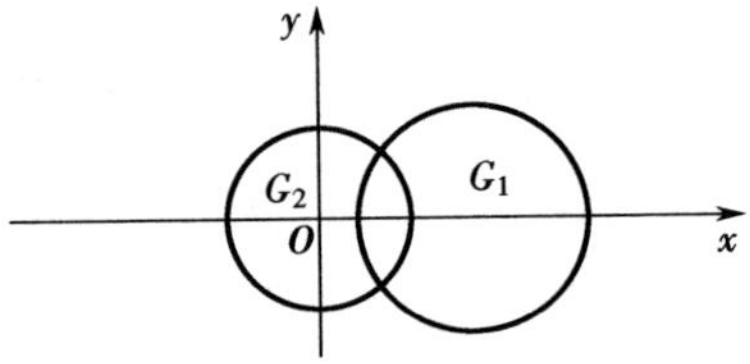

图 1.1　圆盘 G_1 和 G_2 的图示

定理 1.11　n 阶方阵 $\boldsymbol{A}$ 的 n 个特征值均落在 $\boldsymbol{A}$ 的 n 个圆盘的并集之内.

也就是说,$\boldsymbol{A}=(a_{ij})_{n\times n}$ 的每一个特征值均至少满足下列不等式之一:

$$|\boldsymbol{\lambda}-a_{ii}|\leqslant\sum_{j\neq i}|a_{ij}|\ (i=1,\cdots,n).$$

证: 设 $\boldsymbol{\lambda}$ 是 $\boldsymbol{A}$ 的任一特征值,$\boldsymbol{\xi}=[\xi_1\ \ \cdots\ \ \xi_n]^{\mathrm{T}}$ 是属于 $\boldsymbol{\lambda}$ 的特征向量. 令 $|\xi_{i_0}|=\max|\xi_i|$,则 $\xi_{i_0}\neq 0$. 由于 $\boldsymbol{A\xi}=\boldsymbol{\lambda\xi}$,所以

$$\sum_{j=1}^{n}a_{i_0j}\xi_j=\boldsymbol{\lambda}\xi_{i_0},$$

或写作

$$(\boldsymbol{\lambda}-a_{i_0i_0})\xi_{i_0}=\sum_{j\neq i_0}a_{i_0j}\xi_j,$$

于是

$$|\boldsymbol{\lambda}-a_{i_0i_0}|=\left|\sum_{j\neq i_0}a_{i_0j}\frac{\xi_j}{\xi_{i_0}}\right|\leqslant\sum_{j\neq i_0}|a_{i_0j}|\frac{|\xi_j|}{|\xi_{i_0}|}\leqslant\sum_{j\neq i_0}|a_{i_0j}|,$$

即 $\boldsymbol{\lambda}\in G_{i_0}(\boldsymbol{A})$,当然 $\boldsymbol{\lambda}$ 也属于 $\boldsymbol{A}$ 的 n 个圆盘 $G_i(\boldsymbol{A})\ (i=1,\cdots,n)$ 的并

集之内.

例 1.22　估计方阵

$$A=\begin{bmatrix}1 & 0.1 & 0.2 & 0.3\\0.5 & 3 & 0.1 & 0.2\\1 & 0.3 & -1 & 0.5\\0.2 & -0.3 & -0.1 & -4\end{bmatrix}$$

的特征值的范围.

解： $\boldsymbol{A}$ 的四个圆盘为

$$G_1=\{\lambda \mid |\lambda-1|\leqslant 0.1+0.2+0.3=0.6\},$$
$$G_2=\{\lambda \mid |\lambda-3|\leqslant 0.5+0.1+0.2=0.8\},$$
$$G_3=\{\lambda \mid |\lambda+1|\leqslant 1+0.3+0.5=1.8\},$$
$$G_4=\{\lambda \mid |\lambda+4|\leqslant 0.2+0.3+0.1=0.6\}.$$

如图 1.2 所示.

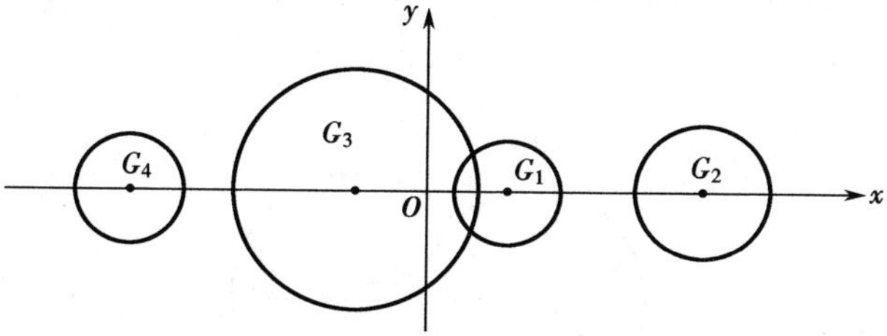

图 1.2　圆盘 $G_1 \sim G_4$ 的图示

于是，$\boldsymbol{A}$ 的全部特征值就在这四个圆盘并起来的区域之中.

在例 1.22 中，G_1 和 G_3 是交结在一起的，它们的并集是一个连通区域（所谓连通区域，是指其中的任意两点都可以用位于该区域中的一条折线连接起来）；交结在一起的圆盘所构成的最大连通区域称为一个**连通部分**. 孤立的一个圆盘就是一个连通部分. 例 1.22 中有三个连通部分，即 G_1 和 G_3 的并集是一个连通部分，G_2 和 G_4 各是一个连通部分.

定理 1.11 仅说明了方阵 $\boldsymbol{A}$ 的一切特征值都在它的全部圆盘的并集之内，而没有说明在哪个圆盘中有几个特征值. 为此可以证明[4]下面的定理.

定理 1.12　设 G 是由方阵 $\boldsymbol{A}$ 的 m 个圆盘组成的一个连通部分，则在 G 中必有且只有 $\boldsymbol{A}$ 的 m 个特征值(圆盘相重时重复计数,特征值相同时也重复计数).

由定理 1.12 可知,在例 1.22 中,G_2 和 G_4 中各有一个特征值,而 G_1 和 G_3 的连通部分中有两个特征值,这两个特征值可能分布在 G_1 和 G_3 中各一个,也可能都集中于某一个圆盘内,而另一个圆盘中没有特征值.

例 1.23　讨论方阵

$$\boldsymbol{A}=\begin{bmatrix}0 & -0.4\\ 0.9 & 1\end{bmatrix}$$

的特征值的分布范围.

解:

$$G_1=\{\lambda \mid |\lambda|\leqslant 0.4\},G_2=\{\lambda \mid |\lambda-1|\leqslant 0.9\},$$

如图 1.3 所示.

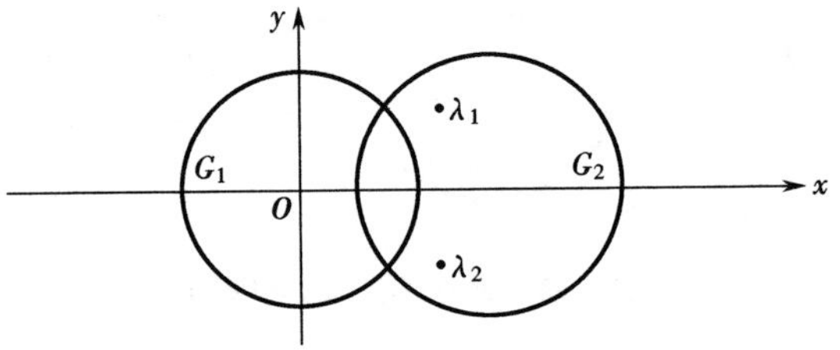

图 1.3　圆盘 G_1 和 G_2 与特征值的图示

由定理 1.12,$\boldsymbol{A}$ 的两个特征值落在由 G_1 和 G_2 构成的连通区域中,经计算可得 $\boldsymbol{A}$ 的两个特征值为

$$\lambda_1=\frac{1+\sqrt{0.44}\mathrm{i}}{2},\lambda_2=\frac{1-\sqrt{0.44}\mathrm{i}}{2}.$$

λ_1 与 λ_2 的模为 $|\lambda_1|=|\lambda_2|=0.6>0.4$. 可见 $\boldsymbol{A}$ 的两个特征值 λ_1,λ_2 不落在圆盘 G_1 内,而落在 G_2 内.

为了改善上述圆盘定理估计特征值的有效性,再给出下面的结论.

定理 1.13　设方阵 $A=(a_{ij})_{n\times n}$，$b_1,\cdots,b_n$ 是任意一组正实数，记

$$S_i=\left\{\lambda \mid |\lambda-a_{ii}|\leqslant\frac{1}{b_i}\sum_{j\neq i}|a_{ij}|b_j\right\}\ (i=1,\cdots,n),$$

则 A 的任意特征值均落在并集 $S=S_1\cup\cdots\cup S_n$ 之内.

证： 记矩阵

$$B=\begin{bmatrix} b_1 & & \\ & \ddots & \\ & & b_n \end{bmatrix},$$

因 $b_i>0(i=1,\cdots,n)$，B 可逆，且

$$B^{-1}=\begin{bmatrix} \frac{1}{b_1} & & \\ & \ddots & \\ & & \frac{1}{b_n} \end{bmatrix}.$$

记

$$D=B^{-1}AB=\begin{bmatrix} a_{11} & a_{12}\frac{b_2}{b_1} & \cdots & a_{1n}\frac{b_n}{b_1} \\ a_{21}\frac{b_1}{b_2} & a_{22} & \cdots & a_{2n}\frac{b_n}{b_2} \\ \vdots & \vdots & & \vdots \\ a_{n1}\frac{b_1}{b_n} & a_{n2}\frac{b_2}{b_n} & \cdots & a_{nn} \end{bmatrix},$$

则 $D\sim A$，故 D 与 A 有全同的特征值. 而由定理 1.11，D 的特征值均落在 D 的圆盘之并集 S 内，于是 A 的特征值也全落在 S 内.

例 1.24　估计方阵

$$A=\begin{bmatrix} 0.9 & 0.01 & 0.12 \\ 0.01 & 0.8 & 0.13 \\ 0.01 & 0.02 & 0.4 \end{bmatrix}$$

的特征值的分布范围.

解： A 的圆盘为

$$G_1=\{\lambda \mid |\lambda-0.9|\leqslant 0.13\},$$

$$G_2 = \{\lambda \mid |\lambda - 0.8| \leqslant 0.14\},$$
$$G_3 = \{\lambda \mid |\lambda - 0.4| \leqslant 0.03\},$$

易见,G_3 是一个孤立的连通部分,其中恰有 $\boldsymbol{A}$ 的一个特征值,而 G_1 和 G_2 构成一个连通部分,其中有 $\boldsymbol{A}$ 的两个特征值,如图 1.4 所示. 为了使估计更精确,取 $b_1 = 1, b_2 = 1, b_3 = \dfrac{1}{10}$,则由定理 1.13,$\boldsymbol{A}$ 的特征值均在

$$S_1 = \left\{\lambda \mid |\lambda - 0.9| \leqslant 0.01 + 0.12 \times \frac{1}{10} = 0.022\right\},$$

$$S_2 = \left\{\lambda \mid |\lambda - 0.8| \leqslant 0.01 + 0.13 \times \frac{1}{10} = 0.023\right\},$$

$$S_3 = \left\{\lambda \mid |\lambda - 0.4| \leqslant 0.01 \times 10 + 0.02 \times 10 = 0.3\right\}$$

的并集之中,而 S_1, S_2, S_3 都是孤立的,所以每个 $S_i(i = 1,2,3)$ 中恰有 $\boldsymbol{A}$ 的一个特征值. 于是可得 $\boldsymbol{A}$ 的 3 个特征值的范围如下:

$$|\lambda - 0.9| \leqslant 0.022,$$
$$|\lambda - 0.8| \leqslant 0.023,$$
$$|\lambda - 0.4| \leqslant 0.03.$$

如图 1.5 所示.

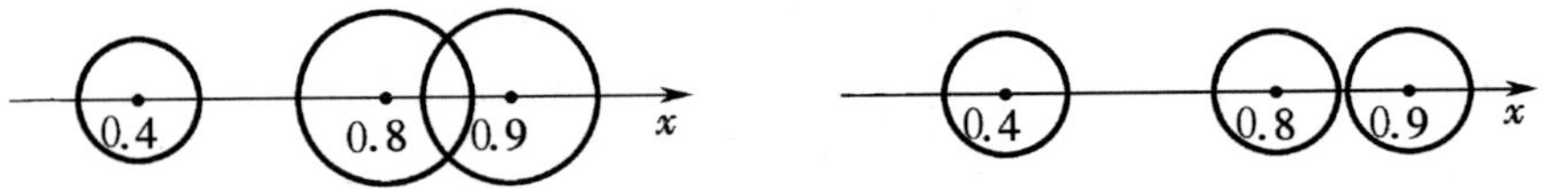

图 1.4　变换前的图示　　　**图 1.5　变换后的图示**

1.3.2　谱半径的估计

定义 1.12　称 n 阶方阵 $\boldsymbol{A}$ 的全体特征值 $\lambda_1, \cdots, \lambda_n$ 组成的集合为 $\boldsymbol{A}$ 的**谱**,称

$$\rho(\boldsymbol{A}) = \max\{|\lambda_1|, \cdots, |\lambda_n|\}$$

为 $\boldsymbol{A}$ 的**谱半径**.

作为定理 1.11 的推论,可以给出谱半径的估计.

推论 1.8　设 n 阶方阵 $\boldsymbol{A}=(a_{ij})_{n\times n}$，记 $v=\max\limits_{1\leqslant i\leqslant n}\sum\limits_{j=1}^{n}|a_{ij}|$，则 $\rho(\boldsymbol{A})\leqslant v$.

证：设 λ_0 是 $\boldsymbol{A}$ 的任一特征值，由定理 1.11，必存在一个 i，使得

$$|\lambda_0-a_{ii}|\leqslant\sum_{j\neq i}|a_{ij}|,$$

从而

$$|\lambda_0|\leqslant|a_{ii}|+\sum_{j\neq i}|a_{ij}|=\sum_{j=1}^{n}|a_{ij}|\leqslant v,$$

所以 $\rho(\boldsymbol{A})\leqslant v$.

由于 $\boldsymbol{A}$ 与 $\boldsymbol{A}^{\mathrm{T}}$ 有相同的特征值，若对 $\boldsymbol{A}^{\mathrm{T}}$ 应用推论 1.8，则有

$$\rho(\boldsymbol{A})\leqslant\max_{1\leqslant j\leqslant n}\sum_{i=1}^{n}|a_{ij}|=v'.$$

于是可得推论 1.9.

推论 1.9　$\rho(\boldsymbol{A})\leqslant\min\{v,v'\}$.

例 1.25　证明方阵

$$\boldsymbol{A}=\begin{bmatrix}\frac{2}{4}&\frac{1}{4}&\frac{1}{4}\\\frac{1}{5}&\frac{2}{5}&\frac{1}{5}\\\frac{1}{6}&\frac{1}{6}&\frac{3}{6}\end{bmatrix}$$

的谱半径 $\rho(\boldsymbol{A})<1$.

证：$\boldsymbol{A}$ 的行和最大值为 1，列和最大值为 $\frac{57}{60}$. 由推论 1.9，谱半径 $\rho(\boldsymbol{A})\leqslant\min\left\{1,\frac{57}{60}\right\}<1$.

1.3.3　主特征值及主特征向量的估计

定义 1.13　设 n 阶方阵 $\boldsymbol{A}$ 的特征值按模的大小排列为 $|\lambda_1|\geqslant|\lambda_2|\geqslant\cdots\geqslant|\lambda_n|$，称 λ_1 为 $\boldsymbol{A}$ 的**主特征值**（或**占优特征值**），相应于 λ_1 的特征向量称为 $\boldsymbol{A}$ 的**主特征向量**.

1. 幂法

如果 $\boldsymbol{A}$ 的 n 个特征值互异,设 $|\lambda_1| > |\lambda_2| > \cdots > |\lambda_n|$,则相应的 n 个特征向量 $\boldsymbol{x}_1, \cdots, \boldsymbol{x}_n$ 线性无关,任意向量 $\boldsymbol{x}_0 \in \mathbf{R}^n$ 可由其线性表出,即

$$\boldsymbol{x}_0 = \alpha_1 \boldsymbol{x}_1 + \cdots + \alpha_n \boldsymbol{x}_n.$$

两端左乘 $\boldsymbol{A}$,有

$$\begin{aligned}\boldsymbol{A}\boldsymbol{x}_0 &= \alpha_1 \boldsymbol{A}\boldsymbol{x}_1 + \cdots + \alpha_n \boldsymbol{A}\boldsymbol{x}_n \\ &= \alpha_1 \lambda_1 \boldsymbol{x}_1 + \cdots + \alpha_n \lambda_n \boldsymbol{x}_n.\end{aligned}$$

重复左乘 $\boldsymbol{A}$,可得

$$\begin{aligned}\boldsymbol{A}^m \boldsymbol{x}_0 &= \alpha_1 \lambda_1^m \boldsymbol{x}_1 + \cdots + \alpha_n \lambda_n^m \boldsymbol{x}_n \\ &= \lambda_1^m \left(\alpha_1 \boldsymbol{x}_1 + \frac{\lambda_2^m}{\lambda_1^m} \alpha_2 \boldsymbol{x}_2 + \cdots + \frac{\lambda_n^m}{\lambda_1^m} \alpha_n \boldsymbol{x}_n \right).\end{aligned}$$

设 $\alpha_1 \neq 0$,则易见,当 m 充分大时,上式中第一项成为主要的,从而

$$\boldsymbol{A}^m \boldsymbol{x}_0 \approx \lambda_1^m \alpha_1 \boldsymbol{x}_1 = \boldsymbol{x}^{(m)},$$

则

$$\boldsymbol{A}^{m+1} \boldsymbol{x}_0 \approx \lambda_1^{m+1} \alpha_1 \boldsymbol{x}_1 = \lambda_1 \boldsymbol{x}^{(m)} = \boldsymbol{x}^{(m+1)}.$$

这说明依次用 $\boldsymbol{A}$ 的乘幂去乘任意向量 $\boldsymbol{x}_0$,当幂次 $m+1$ 充分大时,其结果 $\boldsymbol{x}^{(m+1)}$ 与 $\boldsymbol{x}^{(m)}$ 之间的倍数即 λ_1 的近似值,而 $\boldsymbol{x}^{(m)}$ 即主特征向量的近似值. 这就得到一种求 $\boldsymbol{A}$ 的主特征值与主特征向量近似值的迭代算法,称为**幂法**. 由上述分析过程可知,幂法的收敛速度依赖于主特征值 λ_1 的占优强度,λ_1 与 λ_2 的模的差异越大时收敛越快.

例 1.26　用幂法计算矩阵

$$\boldsymbol{A} = \begin{bmatrix} 2 & -1 & 0 \\ -1 & 2 & -1 \\ 0 & -1 & 2 \end{bmatrix}$$

的主特征值与主特征向量.

解: 取 $\boldsymbol{x}_0 = [1 \quad 0 \quad 0]^{\mathrm{T}}$,计算结果如表 1.1 所示.

表 1.1　幂法迭代计算过程

m	$x_1^{(m)}$	$x_2^{(m)}$	$x_3^{(m)}$	$x_1^{(m)}/x_1^{(m-1)}$
0	1	0	0	
1	2	-1	0	2.00
2	5	-4	1	2.50
3	14	-14	6	2.80
4	42	-18	26	3.00
5	132	-164	100	3.14
6	428	-560	364	3.24
7	1 416	-1 912	1 288	3.31
8	4 744	-6 528	4 488	3.35
9	16 016	-22 288	15 504	3.37
10	54 320	-76 096	53 296	3.39
11	184 736	-259 808	182 688	3.40
12	629 280	-887 040	625 184	3.41
13	2 145 600	-3 028 544	2 137 408	3.41

从表中可以看出，当 $m=13$ 时，$x_1^{(m)}/x_1^{(m-1)}$ 已趋稳定，且当 $j=2,3$ 时，$x_j^{(m)}/x_j^{(m-1)}$ 都近似等于 3.41. 所以 $\lambda_1 \approx 3.41$，对应的特征向量为 $\boldsymbol{x}^{(13)}=[2\ 145\ 600 \quad -3\ 028\ 544 \quad 2\ 137\ 408]^{\mathrm{T}}$. 若把其最大分量取为 1，则主特征向量近似为 $[1 \quad -1.41 \quad 1]^{\mathrm{T}}$.

在实际的计算中，为了避免当 m 增大时 $\boldsymbol{x}^{(m)}$ 的分量绝对值过大，可在每一步用一个因子乘以 $\boldsymbol{x}^{(m)}$，使其最大分量为 1.

2. *正互反矩阵主特征值及主特征向量的近似算法*

定义 1.14　若矩阵 $\boldsymbol{A}=(a_{ij})_{n\times n}$ 满足：(1) $a_{ij}>0$，(2) $a_{ij}=\dfrac{1}{a_{ji}}$，则称 $\boldsymbol{A}$ 为**正互反矩阵**. 若 $\boldsymbol{A}$ 还满足：(3) $a_{ij}=a_{ik}\cdot a_{kj}\,(i,j,k=1,\cdots,n)$，则称 $\boldsymbol{A}$ 为**一致性正互反矩阵**，条件(3)称为**一致性**或**传递性**条件.

估计正互反矩阵主特征值（记为 $\lambda_{\max}$）和主特征向量（记为 $\boldsymbol{W}$）的近似计算方法除了可采用幂法外，当精度要求不高时，还可用更简便的方根法. 方根法的具体步骤如下[11]：

(1) 将 $\boldsymbol{A}$ 中的元素按行相乘，乘积记作 $M_i=\prod\limits_{j=1}^{n} a_{ij}\,(i=1,\cdots,n)$；

(2) 将这些乘积开 n 次方根，方根记作 $\bar{w}_i=\sqrt[n]{M_i}\,(i=1,\cdots,n)$；

(3)将方根组成的向量 $\overline{\boldsymbol{W}}=[\bar{w}_1\ \ \cdots\ \ \bar{w}_n]^{\mathrm{T}}$ 归一化,得 $\boldsymbol{W}=[w_1\ \ \cdots\ \ w_n]^{\mathrm{T}}$,其中 $w_i=\dfrac{\bar{w}_i}{\sum\limits_{i=1}^{n}\bar{w}_i}\ (i=1,\cdots,n)$,$\boldsymbol{W}$ 即主特征向量;

(4)计算主特征值

$$\lambda_{\max}=\sum_{i=1}^{n}\frac{(\boldsymbol{AW})_i}{(n\boldsymbol{W})_i},$$

其中$(\boldsymbol{AW})_i$ 表示 $\boldsymbol{AW}$ 的第 i 个分量,$(n\boldsymbol{W})_i$ 表示 $n\boldsymbol{W}$ 的第 i 个分量$(i=1,\cdots,n)$.

例 1.27　用方根法计算正互反矩阵

$$\boldsymbol{A}=\begin{bmatrix}1 & \frac{1}{5} & \frac{1}{3}\\ 5 & 1 & 3\\ 3 & \frac{1}{3} & 1\end{bmatrix}$$

的主特征值 $\lambda_{\max}$和主特征向量 $\boldsymbol{W}$.

解: $M_1=1\times\frac{1}{5}\times\frac{1}{3}=\frac{1}{15},\bar{w}_1=\sqrt[3]{\frac{1}{15}}=0.405,$

$M_2=5\times1\times3=15,\bar{w}_2=\sqrt[3]{15}=2.466,$

$M_3=3\times\frac{1}{3}\times1=1,\bar{w}_3=\sqrt[3]{1}=1,\ \sum\limits_{i=1}^{3}\bar{w}_i=3.871,$

$$w_1=\frac{0.405}{3.871}=0.105,w_2=\frac{2.466}{3.871}=0.637,w_3=\frac{1}{3.871}=0.258,$$

主特征向量 $\boldsymbol{W}=[0.105\ \ 0.637\ \ 0.258]^{\mathrm{T}}$.

$$\boldsymbol{AW}=\begin{bmatrix}1 & \frac{1}{5} & \frac{1}{3}\\ 5 & 1 & 3\\ 3 & \frac{1}{3} & 1\end{bmatrix}\begin{bmatrix}0.105\\0.637\\0.258\end{bmatrix}=\begin{bmatrix}0.318\\1.936\\0.783\end{bmatrix},$$

$$3\boldsymbol{W}=3\begin{bmatrix}0.105\\0.637\\0.258\end{bmatrix}=\begin{bmatrix}0.315\\1.911\\0.774\end{bmatrix},$$

主特征值

$$\lambda_{\max}=\frac{0.318}{0.315}+\frac{1.936}{1.911}+\frac{0.783}{0.774}=3.035.$$

1.4　矩阵分析

1.4.1　矩阵序列

定义 1.15　设 $\boldsymbol{A}_1,\cdots,\boldsymbol{A}_k,\cdots$ 是 $m\times n$ 阶矩阵的序列，其中 $\boldsymbol{A}_k=(a_{ij}^{(k)})_{m\times n}$. 若 $\lim\limits_{k\to\infty} a_{ij}^{(k)}=a_{ij}(i=1,\cdots,m;j=1,\cdots,n)$，则称矩阵序列 $\{\boldsymbol{A}_k\}$ **收敛**，$\boldsymbol{A}=(a_{ij})_{m\times n}$ 称为 $\{\boldsymbol{A}_k\}$ 的**极限**，记为 $\lim\limits_{k\to\infty}\boldsymbol{A}_k=\boldsymbol{A}$.

例 1.28　设

$$\boldsymbol{A}_k=\begin{bmatrix}\left(1+\dfrac{1}{k}\right)^k & \dfrac{1+k}{k}\\ \ln\left(1+\dfrac{1}{k}\right) & 1\\ \dfrac{\sin k}{k} & \sqrt[k]{k}\end{bmatrix},$$

求 $\lim\limits_{k\to\infty}\boldsymbol{A}_k$.

解： 对 $\boldsymbol{A}_k$ 中每个元素取极限(令 $k\to\infty$)，则得到

$$\lim_{k\to\infty}\boldsymbol{A}_k=\boldsymbol{A}=\begin{bmatrix}\mathrm{e} & 1\\ 0 & 1\\ 0 & 1\end{bmatrix}.$$

由矩阵序列极限的定义可知，它不过是将若干个数列放在一起来考虑它们的极限. 由数列极限及矩阵乘法的运算法则，不难得到下面的性质.

性质 1.2　设 $\boldsymbol{A}_k$ 为 $m\times s$ 阶矩阵，$\boldsymbol{B}_k$ 为 $s\times n$ 阶矩阵，$\lim\limits_{k\to\infty}\boldsymbol{A}_k=\boldsymbol{A}$，$\lim\limits_{k\to\infty}\boldsymbol{B}_k=\boldsymbol{B}$，则有 $\lim\limits_{k\to\infty}\boldsymbol{A}_k\boldsymbol{B}_k=\boldsymbol{AB}$.

推论 1.10　若 $\lim\limits_{k\to\infty}\boldsymbol{A}_k=\boldsymbol{A}$，则 $\lim\limits_{k\to\infty}\boldsymbol{P}^{-1}\boldsymbol{A}_k\boldsymbol{P}=\boldsymbol{P}^{-1}\boldsymbol{AP}$.

1.4.2 方阵幂级数

1. 幂收敛

考虑一种特殊的矩阵序列 $\boldsymbol{A},\boldsymbol{A}^2,\cdots,\boldsymbol{A}^k,\cdots$.

定义 1.16 设 $\boldsymbol{A}$ 为 n 阶方阵,若 $\boldsymbol{A},\boldsymbol{A}^2,\cdots,\boldsymbol{A}^k,\cdots$收敛,则称 $\boldsymbol{A}$ **幂收敛**.

下面讨论方阵幂收敛的条件.

设 $\boldsymbol{P}^{-1}\boldsymbol{AP}=\boldsymbol{J}$,其中 $\boldsymbol{J}$ 是 $\boldsymbol{A}$ 的若当标准形,设

$$\boldsymbol{J}=\begin{bmatrix}\boldsymbol{J}_1 & & \\ & \ddots & \\ & & \boldsymbol{J}_s\end{bmatrix}.$$

由于 $\boldsymbol{P}^{-1}\boldsymbol{A}^k\boldsymbol{P}=(\boldsymbol{P}^{-1}\boldsymbol{AP})^k=\boldsymbol{J}^k$,若 $\boldsymbol{J}^k$ 收敛于 $\boldsymbol{J}_0$,则

$$\lim_{k\to\infty}\boldsymbol{J}^k=\lim_{k\to\infty}(\boldsymbol{P}^{-1}\boldsymbol{AP})^k=\boldsymbol{P}^{-1}\lim_{k\to\infty}\boldsymbol{A}^k\boldsymbol{P}=\boldsymbol{J}_0.$$

所以

$$\lim_{k\to\infty}\boldsymbol{A}^k=\boldsymbol{PJ}_0\boldsymbol{P}^{-1}.$$

于是 $\boldsymbol{A}$ 的幂收敛问题等价于其若当标准形 $\boldsymbol{J}$ 的幂收敛问题. 又

$$\boldsymbol{J}^k=\begin{bmatrix}\boldsymbol{J}_1^k & & \\ & \ddots & \\ & & \boldsymbol{J}_s^k\end{bmatrix},$$

因此,对 $\boldsymbol{J}$ 的幂收敛的讨论,可以转化为对其若当块 $\boldsymbol{J}_i$ 的讨论($i=1,\cdots,s$).

考虑 m 阶若当块

$$\boldsymbol{J}_{(m)}(\lambda)=\begin{bmatrix}\lambda & 1 & & \\ & \ddots & \ddots & \\ & & \ddots & 1\\ & & & \lambda\end{bmatrix}=\lambda\begin{bmatrix}1 & & \\ & \ddots & \\ & & 1\end{bmatrix}+\begin{bmatrix}0 & 1 & & \\ & \ddots & \ddots & \\ & & \ddots & 1\\ & & & 0\end{bmatrix}=\lambda\boldsymbol{E}+\boldsymbol{N},$$

其中 $\boldsymbol{N}$ 为 m 阶幂零阵(即 N 的 m 次幂为零阵).

$$\begin{aligned}\boldsymbol{J}_{(m)}^k(\lambda)&=(\lambda\boldsymbol{E}+\boldsymbol{N})^k\\&=\lambda^k\boldsymbol{E}+\mathrm{C}_k^1\lambda^{k-1}\boldsymbol{N}+\mathrm{C}_k^2\lambda^{k-2}\boldsymbol{N}^2+\cdots+\mathrm{C}_k^{k-1}\lambda\boldsymbol{N}^{k-1}+\boldsymbol{N}^k,\end{aligned}$$

当 k 充分大($k \geqslant m$)时,$\boldsymbol{N}^k = \boldsymbol{0}$. 所以

$$\boldsymbol{J}_{(m)}^k(\lambda) = \lambda^k \boldsymbol{E} + C_k^1 \lambda^{k-1} \boldsymbol{N} + \cdots + C_k^{m-1} \lambda^{k-m+1} \boldsymbol{N}^{m-1}$$

$$= \begin{bmatrix} \lambda^k & C_k^1 \lambda^{k-1} & \cdots & C_k^{m-1} \lambda^{k-m+1} \\ & \ddots & \ddots & \vdots \\ & & \ddots & C_k^1 \lambda^{k-1} \\ & & & \lambda^k \end{bmatrix},$$

对其中对角元 λ^k,当 $|\lambda| < 1$ 或 $\lambda = 1$ 时,$\lim\limits_{k\to\infty} \lambda^k$ 存在. 对于其他元素,一般记 $u_k = C_k^j \lambda^{k-j}$. 考虑级数 $\sum u_k$:

$$\left|\frac{u_{k+1}}{u_k}\right| = \left|\frac{C_{k+1}^j \lambda^{k+1-j}}{C_k^j \lambda^{k-j}}\right| = \frac{\dfrac{(k+1)!}{j!\ (k+1-j)!}}{\dfrac{k!}{j!\ (k-j)!}} |\lambda|$$

$$\to |\lambda|, \quad k \to \infty,$$

由级数收敛判定定理[18],当 $|\lambda| < 1$ 时,$\sum u_k$ 收敛,从而由级数收敛必要条件[18],有 $u_k \to 0 (k \to \infty)$. 当 $\lambda = 1$ 时,若 $m > 1$,则

$$u_k = C_k^j = \frac{k!}{j!\ (k-j)!} \to \infty, \quad k \to \infty,$$

$\sum u_k$ 发散. 只有当 $m = 1$ 时,才收敛.

综合以上讨论,便可得到下面的结论.

定理 1.14　m 阶若当块 $\boldsymbol{J}_{(m)}(\lambda)$ 幂收敛的充要条件是:(1)$|\lambda| < 1$,或者(2)$\lambda = 1$,且 $m = 1$.

定理 1.15　方阵 $\boldsymbol{A}$ 幂收敛的充要条件是:$\boldsymbol{A}$ 的任一特征值 λ 满足 $|\lambda| \leqslant 1$,若 $|\lambda| = 1$,应是 $\lambda = 1$,且对应的若当块为一阶若当块.

例 1.29　判断矩阵

$$\boldsymbol{A} = \begin{bmatrix} 0.8 & 0.3 \\ 0.1 & 0.5 \end{bmatrix}$$

的幂收敛性.

解:

$$|\lambda \boldsymbol{E} - \boldsymbol{A}| = \begin{vmatrix} \lambda - 0.8 & -0.3 \\ -0.1 & \lambda - 0.5 \end{vmatrix} = \lambda^2 - 1.3\lambda + 0.37,$$

特征值为

$$\lambda = \frac{1}{2}(1.3 \pm \sqrt{1.69 - 1.48}) = \frac{1}{2}(1.3 \pm \sqrt{0.21}),$$

显然

$$|\lambda| < 1.$$

所以 $\boldsymbol{A}$ 为幂收敛.

2. 方阵幂级数

定义 1.17 设 $\boldsymbol{A}$ 为 n 阶方阵,称 $\sum\limits_{k=0}^{\infty} a_k \boldsymbol{A}^k$ 为关于 $\boldsymbol{A}$ 的**方阵幂级数**. 记 $\boldsymbol{A}_N = \sum\limits_{k=0}^{N} a_k \boldsymbol{A}^k$,若 $\lim\limits_{N\to\infty} \boldsymbol{A}_N = \boldsymbol{S}$,称方阵幂级数 $\sum\limits_{k=0}^{\infty} a_k \boldsymbol{A}^k$ 收敛,其和为 $\boldsymbol{S}$,记为 $\boldsymbol{S} = \sum\limits_{k=0}^{\infty} a_k \boldsymbol{A}^k$.

类似于定理 1.14 和定理 1.15 的推导,可以证明以下关于方阵幂级数的基本定理:拉格朗日-西斯维而特(Lagrange-Sylvester)定理(定理 1.16).

事实上,设 $\boldsymbol{A}$ 的若当标准形为 $\boldsymbol{J}$,即

$$\boldsymbol{P}^{-1}\boldsymbol{A}\boldsymbol{P} = \boldsymbol{J} = \begin{bmatrix} \boldsymbol{J}_1 & & \\ & \ddots & \\ & & \boldsymbol{J}_s \end{bmatrix},$$

则

$$\boldsymbol{A}^k = \boldsymbol{P}\boldsymbol{J}^k\boldsymbol{P}^{-1} = \boldsymbol{P}\begin{bmatrix} \boldsymbol{J}_1^k & & \\ & \ddots & \\ & & \boldsymbol{J}_s^k \end{bmatrix}\boldsymbol{P}^{-1},$$

因此

$$\sum_{k=0}^{\infty} a_k \boldsymbol{A}^k = \boldsymbol{P}\left(\sum_{k=0}^{\infty} a_k \begin{bmatrix} \boldsymbol{J}_1^k & & \\ & \ddots & \\ & & \boldsymbol{J}_s^k \end{bmatrix}\right)\boldsymbol{P}^{-1}$$

$$=\boldsymbol{P}\begin{bmatrix}\sum_{k=0}^{\infty}a_k\boldsymbol{J}_1^k & & \\ & \ddots & \\ & & \sum_{k=0}^{\infty}a_k\boldsymbol{J}_s^k\end{bmatrix}\boldsymbol{P}^{-1},$$

所以 $\sum_{k=0}^{\infty}a_k\boldsymbol{A}^k$ 的收敛性可化为 $\sum_{k=0}^{\infty}\boldsymbol{J}_i^k$ 的收敛性来讨论($i=1,\cdots,s$). 而可以推得

$$\sum_{k=0}^{\infty}a_k\boldsymbol{J}_i^k=\begin{bmatrix}\sum_{k=0}^{\infty}a_k\lambda_i^k & \sum_{k=0}^{\infty}a_k\mathrm{C}_k^1\lambda_i^{k-1} & \cdots & \sum_{k=0}^{\infty}a_k\mathrm{C}_k^{k_i-1}\lambda_i^{k-k_i+1}\\ & \ddots & \ddots & \vdots\\ & & \ddots & \sum_{k=0}^{\infty}a_k\mathrm{C}_k^1\lambda_i^{k-1}\\ & & & \sum_{k=0}^{\infty}a_k\lambda_i^k\end{bmatrix},$$

若 $\sum_{k=0}^{\infty}a_kx^k$ 收敛半径为 R,则可由 $|\lambda_i|<R$ 是否成立判断 $\sum_{k=0}^{\infty}a_k\mathrm{C}_k^j\lambda_i^{k-j}$ 的收敛性($j=0,1,\cdots,k_i-1,i=1,\cdots,s$).

定理 1.16　设 $\boldsymbol{A}$ 为 n 阶方阵,$f(x)=\sum_{k=0}^{\infty}a_kx^k$ 的收敛半径为 R,则:(1)当 $\boldsymbol{A}$ 的谱半径 $\rho(\boldsymbol{A})<R$ 时,方阵幂级数 $f(\boldsymbol{A})=\sum_{k=0}^{\infty}a_k\boldsymbol{A}^k$ 收敛;(2)$\boldsymbol{A}$ 的若当标准形为

$$\boldsymbol{J}=\boldsymbol{P}^{-1}\boldsymbol{A}\boldsymbol{P}=\begin{bmatrix}\boldsymbol{J}_1 & & \\ & \ddots & \\ & & \boldsymbol{J}_s\end{bmatrix},$$

其中 $\boldsymbol{J}_i$ 为相应于特征值 λ_i 的 $k_i(i=1,\cdots,s)$ 阶若当块,则

$$f(\boldsymbol{A}) = \sum_{k=0}^{\infty} a_k \boldsymbol{A}^k = \boldsymbol{P}\begin{bmatrix} \boldsymbol{J}_{f_1} & & \\ & \ddots & \\ & & \boldsymbol{J}_{f_s} \end{bmatrix}\boldsymbol{P}^{-1},$$

其中 $\boldsymbol{J}_{f_i}$ 表示与 $\boldsymbol{J}_i$ 相应的对角块,

$$\boldsymbol{J}_{f_i} = \begin{bmatrix} f(\boldsymbol{\lambda}_i) & f'(\boldsymbol{\lambda}_i) & \frac{1}{2!}f''(\boldsymbol{\lambda}_i) & \cdots & \frac{1}{(k_i-1)!}f^{(k_i-1)}(\boldsymbol{\lambda}_i) \\ & \ddots & \ddots & \ddots & \vdots \\ & & \ddots & \ddots & \frac{1}{2!}f''(\boldsymbol{\lambda}_i) \\ & & & \ddots & f'(\boldsymbol{\lambda}_i) \\ & & & & f(\boldsymbol{\lambda}_i) \end{bmatrix},$$

其中 $f'(\boldsymbol{\lambda}_i), f''(\boldsymbol{\lambda}_i), \cdots, f^{(k_i-1)}(\boldsymbol{\lambda}_i)$ 表示 $f(x)$ 的 1 阶,2 阶,$\cdots$,(k_i-1) 阶导数在 $\boldsymbol{\lambda}_i$ 的值.

例 1.30 设 $f(x) = \sum_{n=0}^{\infty}\left(\frac{x}{6}\right)^n$,求 $f(\boldsymbol{J})$,其中

$$\boldsymbol{J} = \begin{bmatrix} 3 & 1 & & \\ & 3 & 1 & \\ & & 3 & 1 \\ & & & 3 \end{bmatrix}.$$

解: $f(x)$ 是几何级数,其和为 $\left(1-\frac{x}{6}\right)^{-1}$,收敛半径为 6. 而 $\boldsymbol{J}$ 的特征值 $\lambda = 3$ 均在收敛域 $|\lambda| < 6$ 内. 因此,$f(\boldsymbol{J}) = \sum_{n=0}^{\infty}\left(\frac{\boldsymbol{J}}{6}\right)^n$ 收敛. 为求 $f(\boldsymbol{J})$ 的和,先求出 $f(x)$ 的 1 至 3 阶导数.

$$f'(x) = \frac{1}{6}\left(1-\frac{x}{6}\right)^{-2},$$

$$f''(x) = \frac{1}{18}\left(1-\frac{x}{6}\right)^{-3},$$

$$f'''(x) = \frac{1}{36}\left(1-\frac{x}{6}\right)^{-4}.$$

用 $x=3$ 代入，得

$$f(3)=2,f'(3)=\frac{2}{3},f''(3)=\frac{4}{9},f'''(3)=\frac{4}{9}.$$

因此

$$f(\boldsymbol{J})=\begin{bmatrix}2 & \frac{2}{3} & \frac{2}{9} & \frac{2}{27}\\ & 2 & \frac{2}{3} & \frac{2}{9}\\ & & 2 & \frac{2}{3}\\ & & & 2\end{bmatrix}.$$

1.4.3　方阵函数

根据定理 1.16，可由幂级数定义方阵函数. 下面给出一些重要的方阵函数. 在微积分中已知，函数 e^x，$\sin x$ 和 $\cos x$ 按幂级数展开为

$$e^x=1+x+\frac{x^2}{2!}+\frac{x^3}{3!}+\cdots=\sum_{k=0}^{\infty}\frac{x^k}{k!},$$

$$\sin x=x-\frac{1}{3!}x^3+\frac{1}{5!}x^5-\frac{1}{7!}x^7+\cdots=\sum_{k=1}^{\infty}\frac{(-1)^{k-1}}{(2k-1)!}x^{2k-1},$$

$$\cos x=1-\frac{1}{2!}x^2+\frac{1}{4!}x^4-\frac{1}{6!}x^6+\cdots=\sum_{k=0}^{\infty}\frac{(-1)^k}{(2k)!}x^{2k},$$

且在整个复平面上都成立.

于是，由定理 1.16，对任意方阵 $\boldsymbol{A}$（不管其特征值为何），方阵的幂级数

$$\boldsymbol{E}+\boldsymbol{A}+\frac{1}{2!}\boldsymbol{A}^2+\cdots=\sum_{k=0}^{\infty}\frac{1}{k!}\boldsymbol{A}^k,$$

$$\boldsymbol{A}-\frac{1}{3!}\boldsymbol{A}^3+\frac{1}{5!}\boldsymbol{A}^5-\cdots=\sum_{k=1}^{\infty}\frac{(-1)^{k-1}}{(2k-1)!}\boldsymbol{A}^{2k-1},$$

$$\boldsymbol{E}-\frac{1}{2!}\boldsymbol{A}^2+\frac{1}{4!}\boldsymbol{A}^4-\cdots=\sum_{k=0}^{\infty}\frac{(-1)^k}{(2k)!}\boldsymbol{A}^{2k}$$

都是收敛的.

定义 1.18　设 $\boldsymbol{A}$ 为 n 阶方阵，$e^{\boldsymbol{A}} = \sum_{k=0}^{\infty} \frac{1}{k!}\boldsymbol{A}^k$，$\sin \boldsymbol{A} = \sum_{k=1}^{\infty} \frac{(-1)^{k-1}}{(2k-1)!}\boldsymbol{A}^{2k-1}$，$\cos \boldsymbol{A} = \sum_{k=0}^{\infty} \frac{(-1)^k}{(2k)!}\boldsymbol{A}^{2k}$ 分别称为 $\boldsymbol{A}$ 的**指数函数、正弦函数、余弦函数**.

根据定理 1.16，不难得出方阵函数的计算步骤：

(1)求 $\boldsymbol{A}$ 的若当标准形

$$\boldsymbol{J} = \begin{bmatrix} \boldsymbol{J}_1 & & \\ & \ddots & \\ & & \boldsymbol{J}_s \end{bmatrix}$$

及其相似变换阵 $\boldsymbol{P}$.

(2)求

$$f(\boldsymbol{A}) = \boldsymbol{P}\begin{bmatrix} \boldsymbol{J}_{f_1} & & \\ & \ddots & \\ & & \boldsymbol{J}_{f_s} \end{bmatrix}\boldsymbol{P}^{-1},$$

其中

$$\boldsymbol{J}_{f_i} = \begin{bmatrix} f(\lambda_i) & f'(\lambda_i) & \cdots & \frac{1}{(k_i-1)!}f^{(k_i-1)}(\lambda_i) \\ & \ddots & \ddots & \vdots \\ & & \ddots & f'(\lambda_i) \\ & & & f(\lambda_i) \end{bmatrix}.$$

例 1.31　设 $\boldsymbol{A} = \begin{bmatrix} 0 & 1 \\ 0 & -2 \end{bmatrix}$，求 $e^{\boldsymbol{A}}$，$\sin \boldsymbol{A}$，$\cos \boldsymbol{A}$.

解：

$$|\lambda \boldsymbol{E} - \boldsymbol{A}| = \begin{vmatrix} \lambda & -1 \\ 0 & \lambda+2 \end{vmatrix} = \lambda(\lambda+2).$$

可得 $\boldsymbol{A}$ 的特征值为 $\lambda_1 = 0, \lambda_2 = -2$. $\boldsymbol{A}$ 有 2 个互异的特征值，所以 $\boldsymbol{A}$ 的若当标准形是对角阵，相似变换阵由 $\boldsymbol{A}$ 的 2 个线性无关的特征向量作列构成.

对于 $\lambda_1=0,(0\boldsymbol{E}-\boldsymbol{A})=-\boldsymbol{A}=\begin{bmatrix}0&-1\\0&2\end{bmatrix}\to\begin{bmatrix}0&-1\\0&0\end{bmatrix}$，由 $-x_2=0$，得

$$\boldsymbol{x}=\begin{bmatrix}c\\0\end{bmatrix}=c\begin{bmatrix}1\\0\end{bmatrix},\text{取 } \boldsymbol{P}_1=\begin{bmatrix}1\\0\end{bmatrix}.$$

对于 $\lambda_2=-2,(-2\boldsymbol{E}-\boldsymbol{A})=\begin{bmatrix}-2&-1\\0&0\end{bmatrix}\to\begin{bmatrix}2&1\\0&0\end{bmatrix}$，由 $2x_1+x_2=0$，得

$$\boldsymbol{x}=\begin{bmatrix}-\frac{1}{2}c\\c\end{bmatrix}=c\begin{bmatrix}-\frac{1}{2}\\1\end{bmatrix},\text{取 } \boldsymbol{P}_2=\begin{bmatrix}1\\-2\end{bmatrix}.$$

则 $\boldsymbol{P}_1,\boldsymbol{P}_2$ 线性无关，令变换阵

$$\boldsymbol{P}=[\boldsymbol{P}_1\quad\boldsymbol{P}_2]=\begin{bmatrix}1&1\\0&-2\end{bmatrix},$$

则 $|\boldsymbol{P}|=-2$，

$$\boldsymbol{P}^{-1}=\begin{bmatrix}1&\frac{1}{2}\\0&-\frac{1}{2}\end{bmatrix}.$$

于是

$$\mathrm{e}^{\boldsymbol{A}}=\boldsymbol{P}\begin{bmatrix}\mathrm{e}^0&\\&\mathrm{e}^{-2}\end{bmatrix}\boldsymbol{P}^{-1}=\begin{bmatrix}1&\frac{1}{2}(1-\mathrm{e}^{-2})\\0&\mathrm{e}^{-2}\end{bmatrix};$$

$$\sin\boldsymbol{A}=\boldsymbol{P}\begin{bmatrix}\sin 0&\\&\sin(-2)\end{bmatrix}\boldsymbol{P}^{-1}=\begin{bmatrix}0&\frac{1}{2}\sin 2\\0&-\sin 2\end{bmatrix};$$

$$\cos\boldsymbol{A}=\boldsymbol{P}\begin{bmatrix}\cos 0&\\&\cos(-2)\end{bmatrix}\boldsymbol{P}^{-1}=\begin{bmatrix}1&\frac{1}{2}(1-\cos 2)\\0&\cos 2\end{bmatrix}.$$

例 1.32　设

$$A=\begin{bmatrix}0&1&0\\0&0&1\\2&3&0\end{bmatrix},$$

求 e^{A}.

解:

$$(\lambda E-A)=\begin{bmatrix}\lambda&-1&0\\0&\lambda&-1\\-2&-3&\lambda\end{bmatrix},$$

其 3 级行列式因子是 $D_3(\lambda)=|\lambda E-A|=(\lambda-2)(\lambda+1)^2$,
而有一 2 阶子式

$$\begin{vmatrix}-1&0\\\lambda&-1\end{vmatrix}=1,$$

故 $D_2(\lambda)=D_1(\lambda)=1$,所以 A 的不变因子为

$$d_1(\lambda)=d_2(\lambda)=1,d_3(\lambda)=(\lambda-2)(\lambda+1)^2.$$

A 的初等因子为 $\lambda-2,(\lambda+1)^2$. 所以 A 的若当标准形为

$$J=\begin{bmatrix}2&&\\&-1&1\\&&-1\end{bmatrix}.$$

下面求相似变换阵 P. 令 $P=[P_1\quad P_2\quad P_3]$,由于 $P^{-1}AP=J$,即 $AP=PJ$,所以有 $[AP_1\quad AP_2\quad AP_3]=[2P_1\quad -P_2\quad P_2-P_3]$,可得

$$\begin{cases}(2E-A)P_1=\mathbf{0}\\(-E-A)P_2=\mathbf{0}\\(-E-A)P_3=-P_2\end{cases}.$$

先由前两个方程解得

$$P_1=\begin{bmatrix}1\\2\\4\end{bmatrix},P_2=\begin{bmatrix}1\\-1\\1\end{bmatrix}.$$

再把 P_2 代入第三个方程,解得

$$P_3=\begin{bmatrix}1\\0\\-1\end{bmatrix}.$$

易验证，P_1,P_2,P_3 线性无关，于是取

$$\begin{aligned}P&=[P_1\quad P_2\quad P_3]\\&=\begin{bmatrix}1&1&1\\2&-1&0\\4&1&-1\end{bmatrix},\end{aligned}$$

可以求得

$$P^{-1}=\begin{bmatrix}\frac{1}{9}&\frac{2}{9}&\frac{1}{9}\\\frac{2}{9}&-\frac{5}{9}&\frac{2}{9}\\\frac{2}{3}&\frac{1}{3}&-\frac{1}{3}\end{bmatrix},$$

于是

$$e^{A}=P\begin{bmatrix}e^{2}&&\\&e^{-1}&e^{-1}\\&&e^{-1}\end{bmatrix}P^{-1}.$$

实际中遇到的方阵函数，有时不是常数阵 A 的方阵函数 $f(A)$，而是带参变数 t 的方阵函数 $f(At)$，如 e^{At}. 这时计算 $f(At)$ 可直接引用定理 1.16.

推论 1.11　设 n 阶方阵 A 的若当标准形为

$$P^{-1}AP=\begin{bmatrix}J_1&&\\&\ddots&\\&&J_s\end{bmatrix},$$

其中

$$\boldsymbol{J}_i=\begin{bmatrix}\lambda_i & 1 & & \\ & \ddots & \ddots & \\ & & \ddots & 1 \\ & & & \lambda_i\end{bmatrix}_{k_i\times k_i},$$

则

$$f(\boldsymbol{A}t)=\boldsymbol{P}\begin{bmatrix}\boldsymbol{J}_{f_{t1}} & & \\ & \ddots & \\ & & \boldsymbol{J}_{f_{ts}}\end{bmatrix}\boldsymbol{P}^{-1},$$

其中 $\boldsymbol{J}_{f_{ti}}$ 为相应于 $\boldsymbol{J}_i$ 的对角块,

$$J_{f_{ti}}=\begin{bmatrix}f(\lambda_i t) & f'(\lambda_i t) & \cdots & \frac{1}{(k_i-1)!}f^{(k_i-1)}(\lambda_i t) \\ & \ddots & \ddots & \vdots \\ & & \ddots & f'(\lambda_i t) \\ & & & f(\lambda_i t)\end{bmatrix}\quad(i=1,\cdots,s).$$

这时要注意,$f'(\lambda_i t)$ 是复合函数 $f(tx)$ 关于 x 的导数,等于 $tf'(t\lambda_i)$. 例如对于例 1.32 中的方阵 $\boldsymbol{A}$,有

$$\mathrm{e}^{\boldsymbol{A}t}=\boldsymbol{P}\begin{bmatrix}\mathrm{e}^{2t} & & \\ & \mathrm{e}^{-t} & t\mathrm{e}^{-t} \\ & & \mathrm{e}^{-t}\end{bmatrix}\boldsymbol{P}^{-1}.$$

例 1.33　已知 $\boldsymbol{A}$ 的若当形

$$\boldsymbol{J}=\boldsymbol{P}^{-1}\boldsymbol{A}\boldsymbol{P}=\begin{bmatrix}-1 & & & & & \\ & 2 & 1 & & & \\ & & 2 & & & \\ & & & -3 & 1 & \\ & & & & -3 & 1 \\ & & & & & -3\end{bmatrix},$$

求 $\mathrm{e}^{\boldsymbol{A}}$ 和 $\mathrm{e}^{\boldsymbol{A}t}$.

解:

$$
\mathrm{e}^{A}=P\begin{bmatrix}
\mathrm{e}^{-1} & & & & & \\
& \mathrm{e}^{2} & \mathrm{e}^{2} & & & \\
& & \mathrm{e}^{2} & & & \\
& & & \mathrm{e}^{-3} & \mathrm{e}^{-3} & \frac{1}{2}\mathrm{e}^{-3} \\
& & & & \mathrm{e}^{-3} & \mathrm{e}^{-3} \\
& & & & & \mathrm{e}^{-3}
\end{bmatrix}P^{-1},
$$

$$
\mathrm{e}^{At}=P\begin{bmatrix}
\mathrm{e}^{-t} & & & & & \\
& \mathrm{e}^{2t} & t\mathrm{e}^{2t} & & & \\
& & \mathrm{e}^{2t} & & & \\
& & & \mathrm{e}^{-3t} & t\mathrm{e}^{-3t} & \frac{t^2}{2}\mathrm{e}^{-3t} \\
& & & & \mathrm{e}^{-3t} & t\mathrm{e}^{-3t} \\
& & & & & \mathrm{e}^{-3t}
\end{bmatrix}P^{-1}.
$$

在实际应用中,有时还需要求 $f(\boldsymbol{A}t)$ 关于 t 的导数或积分. 为此,先给出含有 t 的方阵 $\boldsymbol{A}(t)$ 的导数和积分的定义.

定义 1.19　设 $\boldsymbol{A}(t)=(a_{ij}(t))_{n\times n}$,若每个 $a_{ij}(t)$ 均在 $t=t_0$ 处连续,则称 $\boldsymbol{A}(t)$ 在 $t=t_0$ 处**连续**;若每个 $a_{ij}(t)$ 均在 $t=t_0$ 处可导,则称 $\boldsymbol{A}(t)$ 在 $t=t_0$ 处**可导**,且 $\boldsymbol{A}(t)$ 在 t 的**导数**仍为方阵,定义为

$$
\begin{aligned}
\boldsymbol{A}'(t)&=\lim_{\Delta t\to 0}\frac{\boldsymbol{A}(t+\Delta t)-\boldsymbol{A}(t)}{\Delta t}\\
&=\left(\lim_{\Delta t\to 0}\frac{a_{ij}(t+\Delta t)-a_{ij}(t)}{\Delta t}\right)_{n\times n}=(a_{ij}'(t))_{n\times n};
\end{aligned}
$$

同样,$\boldsymbol{A}(t)$ 在区间 $[a,b]$ 上的**定积分**也仍为方阵,定义为

$$
\int_a^b \boldsymbol{A}(t)\,\mathrm{d}t=\left(\int_a^b a_{ij}(t)\,\mathrm{d}t\right)_{n\times n}.
$$

由上面的定义立即可知,微积分的很多运算法则都可以直接应用于方阵函数. 例如:

(1) $\displaystyle\int_{t_1}^{t_2}(\alpha\boldsymbol{A}(t)+\beta\boldsymbol{B}(t))\,\mathrm{d}t=\alpha\int_{t_1}^{t_2}\boldsymbol{A}(t)\,\mathrm{d}t+\beta\int_{t_1}^{t_2}\boldsymbol{B}(t)\,\mathrm{d}t$;

(2) $\int_{t_1}^{t_2} \boldsymbol{A}\boldsymbol{B}(t)\mathrm{d}t = \boldsymbol{A}\int_{t_1}^{t_2} \boldsymbol{B}(t)\mathrm{d}t$(其中 $\boldsymbol{A}$ 为常数阵);

$\int_{t_1}^{t_2} \boldsymbol{A}(t)\boldsymbol{B}\mathrm{d}t = [\int_{t_1}^{t_2} \boldsymbol{A}(t)\mathrm{d}t]\boldsymbol{B}$(其中 $\boldsymbol{B}$ 为常数阵).

下面求 $\mathrm{e}^{\boldsymbol{A}t}$ 的导数和积分.

$$\begin{aligned}\frac{\mathrm{d}}{\mathrm{d}t}\mathrm{e}^{\boldsymbol{A}t} &= \lim_{\Delta t\to 0}\frac{1}{\Delta t}[\mathrm{e}^{\boldsymbol{A}(t+\Delta t)} - \mathrm{e}^{\boldsymbol{A}t}] \\ &= \lim_{\Delta t\to 0}\frac{1}{\Delta t}\left[\boldsymbol{A} + \boldsymbol{A}^2 t + \cdots + \frac{1}{(k-1)!}\boldsymbol{A}^k t^{k-1} + \cdots\right]\Delta t \\ &= \boldsymbol{A}\left[\boldsymbol{E} + \boldsymbol{A}t + \cdots + \frac{1}{(k-1)!}\boldsymbol{A}^{k-1} t^{k-1} + \cdots\right] \\ &= \boldsymbol{A}\mathrm{e}^{\boldsymbol{A}t}.\end{aligned}$$

$$\begin{aligned}\boldsymbol{A}\int_0^t \mathrm{e}^{\boldsymbol{A}u}\mathrm{d}u &= \boldsymbol{A}\left[\int_0^t \boldsymbol{E}\mathrm{d}u + \int_0^t \boldsymbol{A}u\mathrm{d}u + \cdots + \int_0^t \frac{1}{k!}\boldsymbol{A}^k u^k \mathrm{d}u + \cdots\right] \\ &= \boldsymbol{A}\left[t\boldsymbol{E} + \frac{1}{2}\boldsymbol{A}t^2 + \cdots + \frac{1}{(k+1)!}\boldsymbol{A}^k t^{k+1} + \cdots\right] \\ &= \mathrm{e}^{\boldsymbol{A}t} - \boldsymbol{E}.\end{aligned}$$

所以当 $\boldsymbol{A}$ 可逆时,有

$$\int_0^t \mathrm{e}^{\boldsymbol{A}u}\mathrm{d}u = \boldsymbol{A}^{-1}(\mathrm{e}^{\boldsymbol{A}t} - \boldsymbol{E}) = (\mathrm{e}^{\boldsymbol{A}t} - \boldsymbol{E})\boldsymbol{A}^{-1}.$$

例 1.34 对于例 1.31 中的方阵 $\boldsymbol{A}$,求 $\mathrm{e}^{\boldsymbol{A}t}, \frac{\mathrm{d}}{\mathrm{d}t}\mathrm{e}^{\boldsymbol{A}t}, \boldsymbol{A}\int_0^t \mathrm{e}^{\boldsymbol{A}u}\mathrm{d}u$.

解: $\mathrm{e}^{\boldsymbol{A}t} = \boldsymbol{P}\begin{bmatrix}\mathrm{e}^0 & \\ & \mathrm{e}^{-2t}\end{bmatrix}\boldsymbol{P}^{-1} = \begin{bmatrix}1 & \frac{1}{2}(1-\mathrm{e}^{-2t}) \\ 0 & \mathrm{e}^{-2t}\end{bmatrix}$,

$$\frac{\mathrm{d}}{\mathrm{d}t}\mathrm{e}^{\boldsymbol{A}t} = \boldsymbol{A}\mathrm{e}^{\boldsymbol{A}t} = \begin{bmatrix}0 & 1 \\ 0 & -2\end{bmatrix}\begin{bmatrix}1 & \frac{1}{2}(1-\mathrm{e}^{-2t}) \\ 0 & \mathrm{e}^{-2t}\end{bmatrix} = \begin{bmatrix}0 & \mathrm{e}^{-2t} \\ 0 & -2\mathrm{e}^{-2t}\end{bmatrix},$$

$$\boldsymbol{A}\int_0^t \mathrm{e}^{\boldsymbol{A}u}\mathrm{d}u = \mathrm{e}^{\boldsymbol{A}t} - \boldsymbol{E} = \begin{bmatrix}0 & \frac{1}{2}(1-\mathrm{e}^{2t}) \\ 0 & \mathrm{e}^{-2t}-1\end{bmatrix}.$$

1.5　应用举例一:线性动态系统

线性动态系统是社会经济系统中常见的重要形式,本节将作为矩阵理论中方阵函数和标准形等知识的应用来介绍线性动态系统的一些基本概念和方法.

1.5.1　线性动态系统及其状态空间表达式

系统,是由相互关联、相互作用的组成部分结合而成的具有特定功能的有机整体,可分为静态与动态、开放与封闭、线性与非线性等类型.

动态系统,是指具有随时间而变化的特性的系统.对动态系统的描述,依时间可分为连续和离散两种情形,用微分方程(如 $\dot{\boldsymbol{x}}(t)=\boldsymbol{Ax}(t)$,其中 $\dot{\boldsymbol{x}}(t)$ 表示 $\boldsymbol{x}(t)$ 的各分量对 t 求导后的向量)或差分方程(如 $\boldsymbol{x}(k+1)=\boldsymbol{Ax}(k)$)表示.

线性动态系统,是指可用线性微(差)分方程描述的动态系统,主要考虑时间为连续的情况.

能够确定系统运动状态的最少个数的一组变量,称为**状态变量**,记为 $\boldsymbol{x}_1(t),\cdots,\boldsymbol{x}_n(t)$,$\boldsymbol{x}(t)=[\boldsymbol{x}_1(t)\ \ \cdots\ \ \boldsymbol{x}_n(t)]^{\mathrm{T}}$ 称为状态向量.以状态变量为基底的 n 维空间,称为**状态空间**.

由系统状态变量构成的一阶微分方程组 $\dot{\boldsymbol{x}}=\boldsymbol{Ax}+\boldsymbol{b}u$($\dot{\boldsymbol{x}}=[x_1'(t)\ \ \cdots\ \ x_n'(t)]^{\mathrm{T}}$)称为系统的**状态方程**,其中 $\boldsymbol{x}_{n\times 1}$ 为状态向量,$\boldsymbol{A}_{n\times n}$ 为状态系数阵,$\boldsymbol{b}_{n\times 1}$ 为输入系数向量(当 r 个输入时,$\boldsymbol{b}$ 为 $n\times r$ 矩阵),u 为输入变量(当 r 个输入时,$\boldsymbol{u}$ 为 $r\times 1$ 向量).

输出与状态向量间的关系式 $\boldsymbol{y}=\boldsymbol{Cx}+\boldsymbol{d}u$ 称为**输出方程**,其中 $\boldsymbol{y}_{m\times 1}$ 为输出向量(当 $m=1$ 为单输出),$\boldsymbol{C}_{m\times n}$ 为输出系数矩阵,$\boldsymbol{d}_{m\times 1}$ 为输入系数向量.

状态方程和输出方程合起来构成的对系统动态的完整描述,即

$$\begin{cases}\dot{\boldsymbol{x}}=\boldsymbol{Ax}+\boldsymbol{b}u\\ \boldsymbol{y}=\boldsymbol{Cx}+\boldsymbol{d}u\end{cases}$$

称为系统的**状态空间表达式**.当系数 $\boldsymbol{A}$、$\boldsymbol{b}$、$\boldsymbol{C}$、$\boldsymbol{d}$ 与 t 无关时,称系统为

定常(时不变)系统,否则称为**时变系统**.

1.5.2 线性定常系统的解

求解线性动态系统状态空间表达式,主要是求解状态方程. 下面给出线性定常系统解的一般公式.

1. 齐次解

设系统状态方程为 $\dot{\boldsymbol{x}}=\boldsymbol{A}\boldsymbol{x}$,若初始时刻 t_0 时的状态给定为 $\boldsymbol{x}(t_0)=\boldsymbol{x}_0$,则 $\dot{\boldsymbol{x}}=\boldsymbol{A}\boldsymbol{x}$ 有唯一确定的解:

$$\boldsymbol{x}(t)=\mathrm{e}^{\boldsymbol{A}(t-t_0)}\boldsymbol{x}_0,t\geqslant t_0.$$

2. 非齐次解

设系统状态方程为 $\dot{\boldsymbol{x}}=\boldsymbol{A}\boldsymbol{x}+\boldsymbol{b}u$,则相应于初始时刻 t_0 的解为

$$\boldsymbol{x}(t)=\mathrm{e}^{\boldsymbol{A}(t-t_0)}\boldsymbol{x}(t_0)+\int_{t_0}^{t}\mathrm{e}^{\boldsymbol{A}(t-\tau)}\boldsymbol{b}u(\tau)\mathrm{d}\tau.$$

例 1.35 求下列系统在单位阶跃函数($u=1$)作用下的解,$\boldsymbol{x}(0)=\begin{bmatrix}1\\0\end{bmatrix}$,$\dot{\boldsymbol{x}}=\begin{bmatrix}0&1\\-2&-3\end{bmatrix}\boldsymbol{x}+\begin{bmatrix}0\\1\end{bmatrix}u$.

解: $|\lambda\boldsymbol{E}-\boldsymbol{A}|=\begin{vmatrix}\lambda&-1\\2&\lambda+3\end{vmatrix}=\lambda(\lambda+3)+2=(\lambda+1)(\lambda+2)$,

$\boldsymbol{A}$ 的特征值 $\lambda_1=-1,\lambda_2=-2$.

对于 $\lambda_1=-1$,求得相应特征向量为 $\boldsymbol{P}_1=[-1\quad 1]^{\mathrm{T}}$,对于 $\lambda_2=-2$,求得相应特征向量为 $\boldsymbol{P}_2=[-1\quad 2]^{\mathrm{T}}$,相似变换阵

$$\boldsymbol{P}=\begin{bmatrix}-1&-1\\1&2\end{bmatrix},\boldsymbol{P}^{-1}=\begin{bmatrix}-2&-1\\1&1\end{bmatrix}.$$

$$\mathrm{e}^{\boldsymbol{A}t}=\boldsymbol{P}\begin{bmatrix}\mathrm{e}^{-t}&\\&\mathrm{e}^{-2t}\end{bmatrix}\boldsymbol{P}^{-1}$$

$$=\begin{bmatrix}2\mathrm{e}^{-t}-\mathrm{e}^{-2t}&\mathrm{e}^{-t}-\mathrm{e}^{-2t}\\-2\mathrm{e}^{-t}+2\mathrm{e}^{-2t}&-\mathrm{e}^{-t}+2\mathrm{e}^{-2t}\end{bmatrix},$$

$$\int_0^t\mathrm{e}^{\boldsymbol{A}(t-\tau)}\begin{bmatrix}0\\1\end{bmatrix}\mathrm{d}\tau=\int_0^t\begin{bmatrix}\mathrm{e}^{-(t-\tau)}-\mathrm{e}^{-2(t-\tau)}\\-\mathrm{e}^{-(t-\tau)}+2\mathrm{e}^{-2(t-\tau)}\end{bmatrix}\mathrm{d}\tau$$

$$=\begin{bmatrix}\frac{1}{2}-e^{-t}+\frac{1}{2}e^{-2t}\\ e^{-t}-e^{-2t}\end{bmatrix}.$$

所以,状态方程的解

$$\boldsymbol{x}(t)=e^{\boldsymbol{A}t}\boldsymbol{x}(0)+\int_0^t e^{\boldsymbol{A}(t-\tau)}\begin{bmatrix}0\\1\end{bmatrix}d\tau$$

$$=\begin{bmatrix}2e^{-t}-e^{-2t}\\ -2e^{-t}+2e^{-2t}\end{bmatrix}+\begin{bmatrix}\frac{1}{2}-e^{-t}+\frac{1}{2}e^{-2t}\\ e^{-t}-e^{-2t}\end{bmatrix}$$

$$=\begin{bmatrix}-\frac{1}{2}e^{-2t}+e^{-t}+\frac{1}{2}\\ e^{-2t}-e^{-t}\end{bmatrix}.$$

1.5.3　系统的能控性与能观性

1. 能控性

定义 1.20　若存在一个无约束的控制向量 $\boldsymbol{u}(t)$,能在有限时间 $[t_0,t_f]$ 内将系统某一初始状态 $\boldsymbol{x}(t_0)$ 驱动到任意终端状态 $\boldsymbol{x}(t_f)$,则称此状态是**能控**的. 若系统的所有状态 $\boldsymbol{x}(t_0)$ 都能控(即对任意 t_0,$\boldsymbol{x}(t_0)$ 都能控),则称系统是状态**完全能控**的,简称系统是能控的.

设状态方程为 $\dot{\boldsymbol{x}}=\boldsymbol{Ax}+\boldsymbol{b}u$,$\boldsymbol{A}$ 的若当标准形 $\boldsymbol{J}=\boldsymbol{P}^{-1}\boldsymbol{AP}$,令 $\boldsymbol{x}=\boldsymbol{Pz}$,则 $\boldsymbol{P}\dot{\boldsymbol{z}}=\boldsymbol{APz}+\boldsymbol{b}u$,两边左乘 $\boldsymbol{P}^{-1}$,则得 $\dot{\boldsymbol{z}}=\boldsymbol{Jz}+\boldsymbol{P}^{-1}\boldsymbol{b}u$. 可以证明[9],经此变换后能控性不改变,并有下面的能控性判据.

定理 1.17　设状态系数阵 $\boldsymbol{A}$ 的若当标准形为 $\boldsymbol{J}=\boldsymbol{P}^{-1}\boldsymbol{AP}$,则系统可控的充要条件是 $\boldsymbol{J}$ 中的每个特征值只对应一个若当块,且 $\boldsymbol{P}^{-1}\boldsymbol{b}$ 中对应于每个若当块的部分中最后一个分量非零.

注意,定理 1.17 只是对单输入情形而言的,若是多输入情形,则充要条件为 $\boldsymbol{P}^{-1}\boldsymbol{b}$ 中对应于每个若当块的部分中最后一行向量线性无关.

例 1.36　判断下列系统的能控性:

(1) $\begin{bmatrix} \dot{x}_1 \\ \dot{x}_2 \\ \dot{x}_3 \end{bmatrix} = \begin{bmatrix} \lambda_1 & 1 & \\ & \lambda_1 & \\ & & \lambda_2 \end{bmatrix} \begin{bmatrix} x_1 \\ x_2 \\ x_3 \end{bmatrix} + \begin{bmatrix} 0 \\ b_2 \\ b_3 \end{bmatrix} u$;

(2) $\dot{\boldsymbol{x}} = \begin{bmatrix} -4 & 5 \\ 1 & 0 \end{bmatrix} \boldsymbol{x} + \begin{bmatrix} -5 \\ 1 \end{bmatrix} u$.

解: (1)$\boldsymbol{A}$ 已是若当标准形,由定理 1.17,当 $b_2 b_3 \neq 0$ 时,系统能控,否则不能控.

(2) $|\lambda \boldsymbol{E} - \boldsymbol{A}| = \begin{vmatrix} \lambda - 4 & -5 \\ -1 & \lambda \end{vmatrix} = \lambda^2 + 4\lambda - 5 = (\lambda + 5)(\lambda - 1)$,

$\boldsymbol{A}$ 的特征值为 $\lambda_1 = -5, \lambda_2 = 1$. 再求相应的特征向量,构成相似变换阵

$$\boldsymbol{P} = \begin{bmatrix} -5 & 1 \\ 1 & 1 \end{bmatrix}, \boldsymbol{P}^{-1} = \begin{bmatrix} -\frac{1}{6} & \frac{1}{6} \\ \frac{1}{6} & \frac{5}{6} \end{bmatrix},$$

$$\boldsymbol{P}^{-1} \boldsymbol{b} = \begin{bmatrix} -\frac{1}{6} & \frac{1}{6} \\ \frac{1}{6} & \frac{5}{6} \end{bmatrix} \begin{bmatrix} -5 \\ 1 \end{bmatrix} = \begin{bmatrix} 1 \\ 0 \end{bmatrix}.$$

由于 $\boldsymbol{A}$ 有 2 个互异的特征值,即其若当标准形为对角阵,因此,只有当 $\boldsymbol{P}^{-1}\boldsymbol{b}$ 中无零元时,系统才能控. 而本例中 $\boldsymbol{P}^{-1}\boldsymbol{b}$ 中有零元,故系统不能控.

2. 能观性

定义 1.21 设输入 $\boldsymbol{u}(t)$ 已知(可设 $\boldsymbol{u} \equiv \boldsymbol{0}$). 若由时间区间 $[t_0, t_f]$ 内的输出 $\boldsymbol{y}(t_f)$ 可唯一确定状态初值 $\boldsymbol{x}(t_0)$,则称该 $\boldsymbol{x}(t_0)$ 在 $[t_0, t_f]$ 上是**能观**的;若系统在 t_0 的所有初始状态都能观(即对任意 t_f 相应的 $\boldsymbol{x}(t_0)$ 都能观),则称系统是状态**完全能观**的,简称系统是能观的.

设状态表达式为 $\dot{\boldsymbol{x}} = \boldsymbol{A}\boldsymbol{x}, \boldsymbol{y} = \boldsymbol{C}\boldsymbol{x}$,$\boldsymbol{A}$ 的若当标准形为 $\boldsymbol{J} = \boldsymbol{P}^{-1}\boldsymbol{A}\boldsymbol{P}$,令 $\boldsymbol{x} = \boldsymbol{P}\boldsymbol{z}$,则状态表达式变为 $\dot{\boldsymbol{z}} = \boldsymbol{J}\boldsymbol{z}, \boldsymbol{y} = \boldsymbol{C}\boldsymbol{P}\boldsymbol{z}$. 可以证明[9]在此变换下不改变能观性,并有能观性判据如下.

定理 1.18 设状态系数阵 $\boldsymbol{A}$ 的若当标准形为 $\boldsymbol{J} = \boldsymbol{P}^{-1}\boldsymbol{A}\boldsymbol{P}$,且 $\boldsymbol{J}$ 中

每个特征值只对应一个若当块,则系统能观的充要条件是,CP 中对应于每个若当块的部分中第一列元素不全为零.

若 J 中有 2 个以上若当块对应同一特征值,则需 CP 中相应的部分中第一列向量线性无关.

例 1.37　在例 1.36(2) 中,设 $Y = Cx = \begin{bmatrix} 1 & 0 \\ -1 & 1 \end{bmatrix} x$,判断系统的能观性.

解:

$$CP = \begin{bmatrix} 1 & 0 \\ -1 & 1 \end{bmatrix} \begin{bmatrix} -5 & 1 \\ 1 & 1 \end{bmatrix} = \begin{bmatrix} -5 & 1 \\ 6 & 0 \end{bmatrix},$$

CP 中没有全为零的列,故该系统是能观的.

1.5.4　经济控制论模型

描述经济系统特性的数学表达式称作**经济数学模型**. 如果经济数学模型是以状态空间模型的形式出现,则可称之为**经济控制论模型**.

有些经济数学模型在建模时并不是以状态空间的形式出现的. 为了应用控制论方法求解,可先根据系统输入、输出描述,写出它所对应的状态空间形式,称作对这些模型进行**实现**. 在线性经济控制论模型中,常采用的一种实现方式是**观察器型典范实现**. 下面以一个离散时间的简单例子来介绍这种实现方式.

设系统的输入 - 输出模型表达式为

$$\begin{aligned} & y(k) + a_1 y(k-1) + a_2 y(k-2) + a_3 y(k-3) \\ & = b_0 u(k) + b_1 u(k-1) + b_2 u(k-2) + b_3 u(k-3), \end{aligned}$$

记状态向量为 $\boldsymbol{x} = [x_1 \quad x_2 \quad x_3]^{\mathrm{T}}$,则模型的观察器型典范实现为

$$\boldsymbol{x}(k+1) = \begin{bmatrix} -a_1 & 1 & 0 \\ -a_2 & 0 & 1 \\ -a_3 & 0 & 0 \end{bmatrix} \boldsymbol{x}(k) + \begin{bmatrix} b_1 \\ b_2 \\ b_3 \end{bmatrix} u(k),$$

$$y(k) = [1 \quad 0 \quad 0] \boldsymbol{x}(k) + b_0 u(k).$$

可以证明[10],这种实现方式能够保证系统是能观的.

例 1.38　简化型计量经济模型(即所有方程的解释变量均为外生变量或前期变量,而因变量为内生变量的模型).

$$y(k)=\sum_{i=1}^{m}a_iy(k-i)+\sum_{j=0}^{m}b_ju(k-j),$$

其中 $y(k-i)$ 为前期变量,$u(k-j)$ 为外生变量($i=1,\cdots,m;j=0,\cdots,m$),求模型的观察器型实现.

解: 令 $\boldsymbol{x}=[x_1\quad\cdots\quad x_m]^{\mathrm{T}}$,则模型的观察器型实现为

$$\boldsymbol{x}(k+1)=\boldsymbol{A}\boldsymbol{x}(k)+\boldsymbol{B}u(k),$$
$$y(k)=\boldsymbol{C}\boldsymbol{x}(k)+b_0u(k).$$

其中

$$\boldsymbol{A}=\begin{bmatrix}a_1 & 1 & & \\ \vdots & & \ddots & \\ & \ddots & & \\ a_{m-1} & & & 1\\ a_m & 0 & \cdots & 0\end{bmatrix},\boldsymbol{B}=\begin{bmatrix}b_1\\ \vdots\\ b_m\end{bmatrix},\boldsymbol{C}=[\boldsymbol{E}\quad \boldsymbol{0}].$$

例 1.39(扩大再生产的状态空间模型)　扩大再生产是由新增的生产能力所形成的,数学表达式为

$$y(k+1)=y(k)+z(k).$$

这里以变量 y 表示产出,等式右边的 $y(k)$ 体现了简单再生产,$z(k)$ 体现了扩大再生产,$z(k)$ 是由逐年投资所形成的. 设所讨论行业的建设项目周期为 s,则 $z(k)$ 可表示为

$$z(k)=b_0(k)u(k)+b_1(k)u(k-1)+\cdots+b_s(k)u(k-s).$$

其中 $u(k-i)(i=0,1,\cdots,s)$ 表示第 $(k-i)$ 年开始上马的投资项目的总新增能力,$b_j(k)(j=0,1,\cdots,s)$ 是第 $(k-j)$ 年上马的项目在第 k 年所形成的生产能力占总新增能力的比重. 假设所研究的系统的投资项目均为同一类型,且具有同一模式,则新增能力比重仅与 j 有关,而与 k 无关,可用 b_j 表示,即成为定常系数模型. 再生产模型如下:

$$y(k+1)=y(k)+b_0u(k)+b_1u(k-1)+\cdots+b_su(k-s).$$

由观察器型实现方式可得其状态空间模型为

$$
\boldsymbol{x}(k+1)=\begin{bmatrix}1&1&&\\0&0&\ddots&\\\vdots&\vdots&\ddots&1\\0&0&\cdots&0\end{bmatrix}\boldsymbol{x}(k)+\begin{bmatrix}b_1\\\vdots\\b_s\end{bmatrix}u(k),
$$

$$
y(k)=[1\quad 0\quad \cdots\quad 0]\boldsymbol{x}(k)+b_0u(k).
$$

1.6　应用举例二:层次分析法

层次分析法在管理决策与评价中有着广泛应用.本节将作为矩阵理论中特征值与特征向量及其估计等知识的应用来介绍层次分析法的基本原理与方法.

1.6.1　问题的提出

实际中经常遇到这样一类多准则决策问题:依据多个准则对多个方案或指标按重要程度排序,或求它们的权重.

例 1.40　某厂在扩大企业自主权后,有一笔企业留成利润要由厂领导决定如何使用.可供选择的方案有:作为奖金发给职工;扩建职工食堂、托儿所等集体福利设施;举办职工业余技术学校和短训班;建立图书馆、职工俱乐部和业余文工队;引进新技术设备,进行企业技术改造.从调动职工劳动生产积极性、提高职工的文化技术水平、改善职工物质文化生活状况来看,这些方案各有合理因素.怎样对这些方案进行优劣性评价,或者说如何按照优劣顺序把这 5 种方案排列起来,以便从中选择一种方案使企业留成利润得到合理的使用,达到促进企业发展的目的.

问题的复杂性体现在两方面:一是准则有多个,每个方案都有可能在这个准则上很好,而在那个准则上不好;二是方案较多,对每一准则而言,很难一下子说出它们的排序.

由于若知道了方案的权重也就知道了它们的排序,因此排序问题可化为求权重问题.层次分析法(the analytic hierarchy process,简称 AHP)就是解决这类问题的有效方法.

1.6.2　基本原理

为了说明 AHP 的基本原理,先来分析一个简单的事实.

假定已知 n 块石头的重量总和为 1,每块石头的重量分别为 w_1, $w_2,\cdots,w_n$. 比较它们之间的重量,很容易得到 n 块石头重量相互之间的比较(判断)矩阵:

$$\boldsymbol{A}=\begin{bmatrix}\dfrac{w_1}{w_1} & \dfrac{w_1}{w_2} & \cdots & \dfrac{w_1}{w_n}\\ \dfrac{w_2}{w_1} & \dfrac{w_2}{w_2} & \cdots & \dfrac{w_2}{w_n}\\ \vdots & \vdots & & \vdots\\ \dfrac{w_n}{w_1} & \dfrac{w_n}{w_2} & \cdots & \dfrac{w_n}{w_n}\end{bmatrix}=(a_{ij})_{n\times n}.$$

显然,$\boldsymbol{A}$ 满足

$$a_{ij}>0,\ a_{ij}=\frac{1}{a_{ji}},\ a_{ij}=a_{ik}\cdot a_{kj}(i,j,k=1,\cdots,n),$$

即 $\boldsymbol{A}$ 是一致性正互反矩阵,记 $\boldsymbol{W}=[w_1\ \ \cdots\ \ w_n]^{\mathrm{T}}$,则

$$\boldsymbol{AW}=\begin{bmatrix}\dfrac{w_1}{w_1} & \dfrac{w_1}{w_2} & \cdots & \dfrac{w_1}{w_n}\\ \dfrac{w_2}{w_1} & \dfrac{w_2}{w_2} & \cdots & \dfrac{w_2}{w_n}\\ \vdots & \vdots & & \vdots\\ \dfrac{w_n}{w_1} & \dfrac{w_n}{w_2} & \cdots & \dfrac{w_n}{w_n}\end{bmatrix}\begin{bmatrix}w_1\\ w_2\\ \vdots\\ w_n\end{bmatrix}=\begin{bmatrix}nw_1\\ nw_2\\ \vdots\\ nw_n\end{bmatrix}=n\boldsymbol{W}.$$

即 n 是 $\boldsymbol{A}$ 的一个特征值,以 n 块石头重量为分量的向量 $\boldsymbol{W}$ 是 $\boldsymbol{A}$ 的相应于 n 的特征向量.

可以证明[11],一致性正互反矩阵的主特征值为 n,其余特征值均为 0.

但人们可能会提出一个相反的问题,若对石头相互之间的重量进行比较得到判断矩阵之后,是否可以导出石头的重量(假定这些石头的重量总和为 1)? 答案是肯定的,在判断矩阵 $\boldsymbol{A}$ 具有完全一致性条件

下，可以通过计算 $\boldsymbol{A}$ 的主特征向量来求出归一化特征向量 $\boldsymbol{W}$，从而得到 n 块石头的重量. 同样，对于复杂的社会、经济、科研管理等复杂问题，通过建立层次分析结构模型，构造出相应的判断矩阵，应用数学上解矩阵特征值和特征向量的方法即可确定出相应各种方案、措施、成果等的优劣性或重要性的排序权重，以供决策、评价等.

使用 AHP，判断矩阵的一致性是十分重要的. 可以证明[11]，n 阶判断矩阵的最大特征值 $\lambda_{\max}$ 为单根，且

$$\lambda_{\max} \geqslant n.$$

当判断矩阵具有完全一致性时，$\lambda_{\max}=n$. 且除 $\lambda_{\max}=n$ 外，其余特征值均为零. 在判断矩阵具有满意的一致性前提下，它的最大特征值稍大于矩阵阶数 n，且其余特征值接近于零. 这样基于层次分析方法得出的结论才基本合理. 但是由于客观事物的复杂性和人们认识上的多样性，以及可能产生的片面性，要求每一判断都有完全的一致性是不可能的，特别是对因素多、规模大的问题更是如此. 因此为了保证应用 AHP 得到的结论基本合理，还需要对构造的判断矩阵进行一致性检验.

1.6.3 基本步骤

层次分析法的基本步骤可分为 4 步，即建立问题的层次递阶结构、确定比较判断矩阵、层次单排序和层次总排序.

1. 建立问题的层次递阶结构

根据对问题的初步分析，将所包含的因素分组，每一组作为一个层次，按照最高层、若干有关的中间层和最低层的形式排列. 例如，对于决策问题，通常可以划分为最高层、中间层和最低层。

最高层表示解决问题的目的，即 AHP 所要达到的目的.

中间层表示采用某种措施或政策来实现预定目标所涉及的中间环节，一般又分为策略层、约束层、准则层等.

最低层表示解决问题的措施或政策等.

同时标明上一层次与下一层次元素之间的联系。如果某个元素与下一层次所有元素均有联系，那么称这个元素与下一层次存在完全层次关系或完全相关关系. 经常存在不完全的层次关系，即某个元素仅与

下一层次的部分元素有联系,层次之间可以建立子层次. 子层次从属于主层次的某个元素,它的元素与下一层次的元素有联系,但不形成独立层次. 层次结构可用结构图表示.

1) 完全相关性结构

完全相关性结构的特点是上一级的每一元素与下一级的全部元素都是相关的. 例如,欲在图 1.6 中某部门进行投资,有三种投资方案可供选择(图中第三层),而对任意一种方案,投资者均要用上一层(图中第二层)的风险程度、资金利润率和转产难易程度等评价准则来评价. 因为无论是哪个投资方案都会涉及上述三个问题.

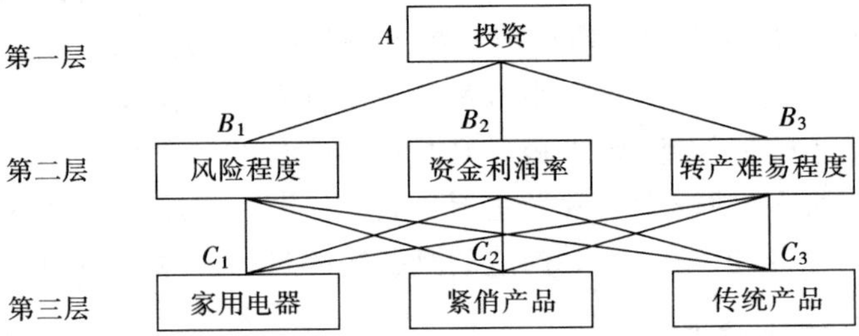

图 1.6 完全相关性结构

2) 完全独立性结构

此种结构的特点是上一级元素都有各自独立的、完全不相同的下级元素. 图 1.7 所示即为完全独立性结构. 图中,第二层元素“防止事故发生”的下一层元素为 $C_1 \sim C_3$;“减少事故损失”的下一层元素为 $C_4 \sim C_6$ 等.

3) 混合结构

混合结构是一种既非完全相关又非完全独立的结构,如图 1.8 所示.

2. 确定比较判断矩阵

AHP 的信息基础主要是人们对每一层次各个元素的相互重要性给出的判断. 这些判断用数值表示出来,写成矩阵形式即所谓**比较判断矩阵**(简称**判断矩阵**). 判断矩阵是 AHP 计算的出发点,构造判断矩阵是运用 AHP 的关键一步.

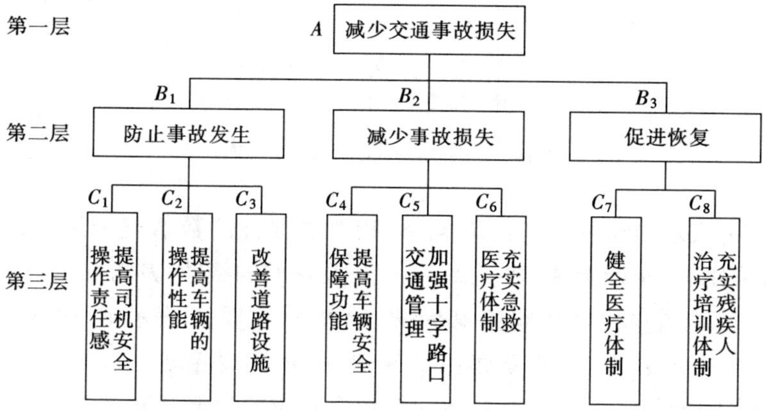

图 1.7　完全独立性结构

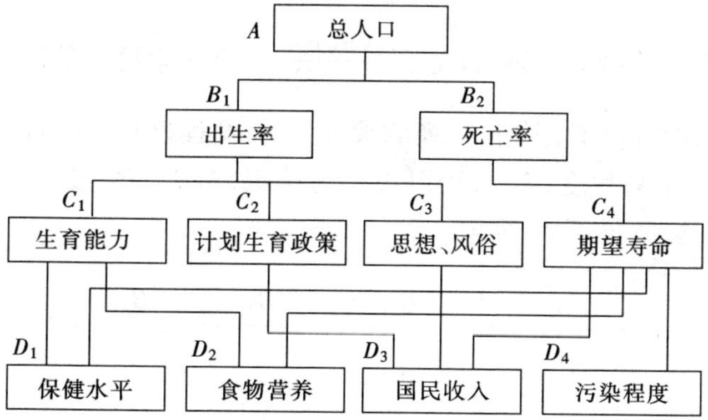

图 1.8　混合结构

判断矩阵表示针对上一层次某元素，本层次有关元素之间相对重要性的状况．假定 A 层次中元素 A_k 与下一层次 $B_1, B_2, \cdots, B_n$ 有联系，构造的判断矩阵取下面形式：

A_k	B_1	B_2	$\cdots$	B_n
B_1	b_{11}	b_{12}	$\cdots$	b_{1n}
B_2	b_{21}	b_{22}	$\cdots$	b_{2n}
$\vdots$	$\vdots$	$\vdots$		$\vdots$
B_n	b_{n1}	b_{n2}	$\cdots$	b_{nn}

其中,b_{ij}表示对于 A_k 而言,B_i 对 B_j 相对重要性的数值表现形式,通常 b_{ij}可采用 1 ~9 **标度法**,取 1,2,3,…,9 及它们的倒数. 其含义为:1 表示 B_i 与 B_j 两者重要性相同;3 表示 B_i 比 B_j 稍重要;5 表示 B_i 比 B_j 明显重要;7 表示 B_i 比 B_j 很重要;9 表示 B_i 比 B_j 极端重要.
它们之间的数 2,4,6,8 及各数的倒数有相应的类似意义.

显然,对于判断矩阵有

$$b_{ii}=1,\qquad b_{ij}=\frac{1}{b_{ji}}\ (i,j=1,2,\cdots,n),$$

因此,对于 n 阶判断矩阵,仅需要对$\frac{n(n-1)}{2}$个元素给出数值.

例如,A 为投资,其下一级的要素为风险程度(B_1)、资金利润率(B_2)、转产难易程度(B_3),则以投资为准则,对 B_1,B_2 及 B_3 进行两两比较后,可建立如下判断矩阵 $\boldsymbol{B}$:

A	B_1	B_2	B_3
B_1	1	$\frac{1}{3}$	2
B_2	3	1	5
B_3	$\frac{1}{2}$	$\frac{1}{5}$	1

上述判断矩阵表明,在投资时,投资风险程度比转产难易程度略微重要一些,而资金利润率又比风险程度稍重要,而比转产难易程度明显重要等等.

3. 层次单排序(计算相对权重及检验)

所谓**层次单排序**是指,根据判断矩阵计算对于上一层某元素而言本层次与之有联系的元素重要性次序的权值. 它是对层次所有元素针对上一层次而言的重要性进行排序的基础.

层次单排序可以归结为计算判断矩阵的特征值和特征向量问题,即对判断矩阵 $\boldsymbol{B}$,计算满足

$$\boldsymbol{BW}=\lambda_{\max}\boldsymbol{W}$$

的特征值与特征向量. 式中,$\lambda_{\max}$ 为 $\boldsymbol{B}$ 的最大特征值,$\boldsymbol{W}$ 为相应于 $\lambda_{\max}$ 的归一化特征向量. 把 $\boldsymbol{W}$ 的分量 w_i 作为对应元素单排序的权值,计算方法可采用本章 1.4 中介绍的方根法.

例 1.41　计算判断矩阵 $\boldsymbol{B}$ 的相应于 $\lambda_{\max}$ 的特征向量 $\boldsymbol{W}$,判断矩阵

$$\boldsymbol{B}=\begin{bmatrix} 1 & \frac{1}{3} & 2 \\ 3 & 1 & 5 \\ \frac{1}{2} & \frac{1}{5} & 1 \end{bmatrix}.$$

解: 可求得 $\overline{\boldsymbol{W}}=[\bar{w}_1 \quad \bar{w}_2 \quad \bar{w}_3]^{\mathrm{T}}$ 如下:

$$\bar{w}_1=\sqrt[3]{1\times\frac{1}{3}\times 2}=0.874,$$

$$\bar{w}_2=\sqrt[3]{3\times 1\times 5}=2.466,$$

$$\bar{w}_3=\sqrt[3]{\frac{1}{2}\times\frac{1}{5}\times 1}=0.464,$$

接着,进行归一化处理:

$$0.874+2.466+0.464=3.804,$$

$$w_1=\frac{0.874}{3.804}=0.230,$$

$$w_2=\frac{2.466}{3.804}=0.648,$$

$$w_3=\frac{0.464}{3.804}=0.122,$$

得到 $\boldsymbol{W}=[0.230\quad 0.648\quad 0.122]^{T}$.

为检验判断矩阵的一致性,需要计算它的**一致性指标** $C.I.$,所用公式为

$$C.I.=\frac{\lambda_{\max}-n}{n-1}.$$

当判断矩阵具有完全一致性时,$C.I.=0$,反之亦然.

此外,还需要判断矩阵的**平均随机一致性指标** $R.I.$. 下面给出 1 ~ 10 阶矩阵的 $R.I.$ 值:

阶数	1	2	3	4	5	6	7	8	9	10
$R.I.$	0.00	0.00	0.52	0.89	1.12	1.25	1.35	1.42	1.46	1.49

注意,对于 1 阶和 2 阶判断矩阵,$R.I.$ 只是形式上的. 按照对判断矩阵所下的定义,1 阶、2 阶判断矩阵总是完全一致的. 当阶数大于 2 时,判断矩阵的一致性指标 $C.I.$ 与同阶平均随机一致性指标 $R.I.$ 之比称为判断矩阵的**随机一致性比例**,记为 $C.R.$,当

$$C.R.=\frac{C.I.}{R.I.}<0.10$$

时,认为判断矩阵有满意的一致性,否则需要调整判断矩阵,使之具有满意的一致性.

例 1.42　检验判断矩阵 $\boldsymbol{B}$ 的一致性. 矩阵

$$\boldsymbol{B}=\begin{bmatrix}1 & \frac{1}{3} & 2\\ 3 & 1 & 5\\ \frac{1}{2} & \frac{1}{5} & 1\end{bmatrix}.$$

解: 例 1.41 中已计算得 $\boldsymbol{W}$ 为

$$\boldsymbol{W}=[0.230\quad 0.648\quad 0.122]^{T},$$

则

$$
\boldsymbol{BW}=\begin{bmatrix}1 & \frac{1}{3} & 2\\ 3 & 1 & 5\\ \frac{1}{2} & \frac{1}{5} & 1\end{bmatrix}\begin{bmatrix}0.230\\ 0.648\\ 0.122\end{bmatrix}=\begin{bmatrix}0.690\\ 1.948\\ 0.367\end{bmatrix},
$$

$$
3\boldsymbol{W}=\begin{bmatrix}0.690\\ 1.944\\ 0.366\end{bmatrix},
$$

所以

$$
\lambda_{\max}=\frac{0.690}{0.690}+\frac{1.948}{1.944}+\frac{0.367}{0.366}=3.005,
$$

$$
C.I.=\frac{\lambda_{\max}-n}{n-1}=\frac{3.005-3}{3-1}=0.003, C.R.=\frac{0.003}{0.52}=0.006<0.100,
$$

一致性检验通过.

故所得的 $\boldsymbol{W}=[0.230\quad 0.648\quad 0.122]^{\mathrm{T}}$ 即相对重要度向量是可以被接受的.

4. *层次总排序(计算综合权重及检验)*

利用同一层次中所有层次单排序的结果,就可以计算针对上一层次而言本层次所有元素重要性的权值,这就是**层次总排序**. 层次总排序需要从上到下逐层顺序进行. 对于最高层次,层次单排序即为总排序. 假定上一层次所有元素 $A_1,A_2,\cdots,A_m$ 的层次总排序已完成,得到的权值分别为 $a_1,a_2,\cdots,a_m$,与 a_i 对应的本层次元素 $B_1,B_2,\cdots,B_n$ 单排序的结果为

$$
[b_1^i\quad b_2^i\quad \cdots\quad b_n^i]^{\mathrm{T}}.
$$

这里,若 B_j 与 A_i 无联系,则 $b_j^i=0$,层次总排序表如表 1.2.

表 1.2　层次总排序

层次 B	层次 A				B 层次总排序
	A_1 a_1	A_2 a_2	$\cdots$ $\cdots$	A_m a_m	
B_1	b_1^1	b_1^2	$\cdots$	b_1^m	$\sum_{i=1}^{m} a_i b_1^i$
B_2	b_2^1	b_2^2	$\cdots$	b_2^m	$\sum_{i=1}^{m} a_i b_2^i$
$\vdots$	$\vdots$	$\vdots$		$\vdots$	$\vdots$
B_n	b_n^1	b_n^2	$\cdots$	b_n^m	$\sum_{i=1}^{m} a_i b_n^i$

易见

$$\sum_{j=1}^{n} \sum_{i=1}^{m} a_i b_j^i = 1.$$

为评价层次总排序的计算结果的一致性,需要计算与层次单排序类似的检验量,即:$C.\,I.$ 为层次总排序一致性指标;$R.\,I.$ 为层次总排序随机一致性指标;$C.\,R.$ 为层次总排序随机一致性比例. 其公式分别为

$$C.\,I. = \sum_{i=1}^{n} a_i C.\,I._i ,$$

其中 $C.\,I._i$ 为与 a_i 对应的 B 层次中判断矩阵的一致性指标.

$$R.\,I. = \sum_{i=1}^{m} a_i R.\,I._i ,$$

其中 $R.\,I._i$ 为与 a_i 对应的 B 层次中判断矩阵的随机一致性指标.

$$C.\,R. = \frac{C.\,I.}{R.\,I.},$$

同样当

$$C.\,R. < 0.10$$

时,认为层次总排序的计算结果具有满意的一致性,否则需要对本层次的各判断矩阵进行调整,使层次总排序具有满意的一致性.

例 1.43　设如图 1.6 所示的投资方案选择问题的各判断矩阵及其单排序如下:

A	B_1	B_2	B_3	W	$C.I.$	$R.I.$
B_1	1	$\frac{1}{3}$	2	0.230		
B_2	3	1	5	0.648	0.004	0.52
B_3	$\frac{1}{2}$	$\frac{1}{5}$	1	0.122		

B_1	C_1	C_2	C_3	W	$C.I.$	$R.I.$
C_1	1	$\frac{1}{3}$	$\frac{1}{5}$	0.105		
C_2	3	1	$\frac{1}{3}$	0.258	0.022	0.52
C_3	5	3	1	0.637		

B_2	C_1	C_2	C_3	W	$C.I.$	$R.I.$
C_1	1	2	7	0.592		
C_2	$\frac{1}{2}$	1	5	0.333	0.008	0.52
C_3	$\frac{1}{7}$	$\frac{1}{5}$	1	0.075		

B_3	C_1	C_2	C_3	W	$C.I.$	$R.I.$
C_1	1	$\frac{1}{3}$	$\frac{1}{7}$	0.081		
C_2	3	1	$\frac{1}{5}$	0.188	0.035	0.52
C_3	7	5	1	0.731		

经计算，上述随机一致性比例 $C.R.$ 都在允许范围内，故所有的相对权重都是可以接受的. 计算 C 层的总排序如表 1.3 所示.

表 1.3　综合权重

C 层	B 层			C 层总排序 W
	B_1 0.230	B_2 0.648	B_3 0.122	
C_1	$0.230\times0.105=0.024$	$0.648\times0.592=0.384$	$0.122\times0.081=0.010$	0.418
C_2	$0.230\times0.258=0.059$	$0.648\times0.333=0.216$	$0.122\times0.188=0.023$	0.298
C_3	$0.230\times0.637=0.147$	$0.648\times0.075=0.049$	$0.122\times0.731=0.089$	0.284

计算总排序的一致性检验指标：

$$C.I.=0.230\times0.022+0.648\times0.008+0.122\times0.035=0.015,$$

$$R.I.=0.230\times0.52+0.648\times0.52+0.122\times0.52=0.52,$$

$$C.R.=\frac{0.015}{0.52}=0.03<0.10,$$

总排序一致性检验通过.

由表 1.3 所示可知，C_1 即生产家用电器方案的综合重要度：

$$0.230\times0.105+0.648\times0.592+0.122\times0.081=0.418$$

为最大，故投资采用生产家用电器方案为宜.

例 1.44　解决例 1.40 中的企业留成利润合理分配问题.

解： 对问题建立层次结构，如图 1.9.

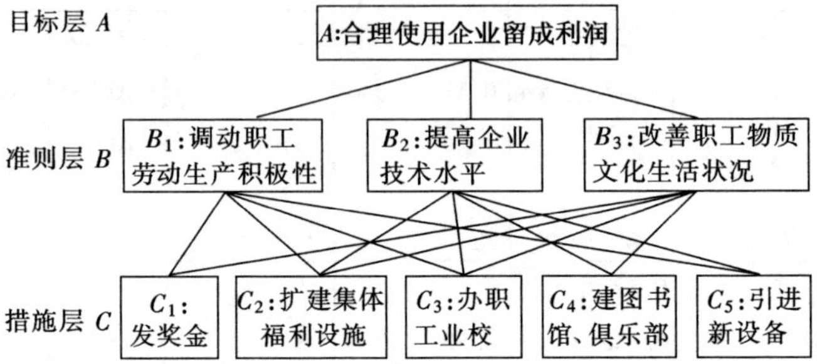

图 1.9 层次结构

构造的各判断矩阵如下.

(1) 判断矩阵 $\boldsymbol{A}$-$\boldsymbol{B}$:

A	B_1	B_2	B_3
B_1	1	$\frac{1}{5}$	$\frac{1}{3}$
B_2	5	1	3
B_3	3	$\frac{1}{3}$	1

(2) 判断矩阵 $\boldsymbol{B}_1$-$\boldsymbol{C}$:

B_1	C_1	C_2	C_3	C_4	C_5
C_1	1	2	3	4	7
C_2	$\frac{1}{2}$	1	3	2	5
C_3	$\frac{1}{3}$	$\frac{1}{3}$	1	$\frac{1}{2}$	2
C_4	$\frac{1}{4}$	$\frac{1}{2}$	2	1	3
C_5	$\frac{1}{7}$	$\frac{1}{5}$	$\frac{1}{2}$	$\frac{1}{3}$	1

(3) 判断矩阵 $\boldsymbol{B}_2$-$\boldsymbol{C}$:

B_2	C_2	C_3	C_4	C_5
C_2	1	$\frac{1}{7}$	$\frac{1}{3}$	$\frac{1}{5}$
C_3	7	1	5	3
C_4	3	$\frac{1}{5}$	1	$\frac{1}{3}$
C_5	5	$\frac{1}{3}$	3	1

（4）判断矩阵 $\boldsymbol{B}_3\text{-}\boldsymbol{C}$：

B_3	C_1	C_2	C_3	C_4
C_1	1	1	3	3
C_2	1	1	3	3
C_3	$\frac{1}{3}$	$\frac{1}{3}$	1	1
C_4	$\frac{1}{3}$	$\frac{1}{3}$	1	1

经计算层次单排序结果为

对判断矩阵 $\boldsymbol{A}\text{-}\boldsymbol{B}$，有

$$\boldsymbol{W}=\begin{bmatrix}0.105\\0.637\\0.258\end{bmatrix},\quad \begin{aligned}&\lambda_{\max}=3.038, C.I.=0.019,\\&C.R.=0.033<0.10;\end{aligned}$$

对判断矩阵 $\boldsymbol{B}_1\text{-}\boldsymbol{C}$，有

$$\boldsymbol{W}=\begin{bmatrix}0.491\\0.232\\0.092\\0.138\\0.046\end{bmatrix},\quad \begin{aligned}&\lambda_{\max}=5.126, C.I.=0.032,\\&C.R.=0.028<0.10;\end{aligned}$$

对判断矩阵 $\boldsymbol{B}_2\text{-}\boldsymbol{C}$，有

$$\boldsymbol{W}=\begin{bmatrix}0.055\\0.564\\0.118\\0.263\end{bmatrix},\quad \begin{aligned}&\lambda_{\max}=4.117, C.I.=0.039,\\&C.R.=0.043<0.10;\end{aligned}$$

对判断矩阵 $\boldsymbol{B}_3\text{-}\boldsymbol{C}$，有

$$\boldsymbol{W}=\begin{bmatrix}0.406\\0.406\\0.094\\0.094\end{bmatrix},\quad \begin{aligned}&\lambda_{\max}=4, C.I.=0,\\&C.R.=0.\end{aligned}$$

层次总排序计算结果为

表 1.4 层次总排序结果

层次 C	层次 B			层次 C 总排序结果	C 层总排序一致性检验
	B_1 0.105	B_2 0.637	B_3 0.258		
C_1	0.491	0	0.406	0.157	
C_2	0.232	0.055	0.406	0.164	$C.I.=0.028$
C_3	0.092	0.564	0.094	0.393	$R.I.=0.914$
C_4	0.138	0.118	0.094	0.113	$C.R.=0.031$
C_5	0.046	0.263	0	0.172	

结果表明,对于合理使用企业留成利润来说,所提出的5种措施优先次序为:C_3—开办职工业余技校和短训班,权值为0.393;C_5—引进新技术设备,进行企业技术改造,权值为0.172;C_2—扩建职工食堂、托儿所等集体福利设施,权值为0.164;C_1—作为奖金发给职工,权值为0.157;C_4—建立图书馆、职工俱乐部和业余文工队,权值为0.113.

1.7 应用举例三:主成分分析

主成分分析是多元统计分析中的重要内容,在数据分析与降维等很多领域有广泛应用.本节将作为矩阵理论中特征值分解等知识的应用来介绍主成分分析的基本原理与方法.

1.7.1 多元总体和样本

1. 多元总体

在一元统计学中已知,总体就是所研究对象的全体.比如研究某厂灯泡的寿命(只考虑寿命一个指标),则该厂全体灯泡的寿命集合就是总体.显然,总体是一个随机变量,记为 x.常用的总体数字特征为平均值 Ex 和方差 Dx.

现若考虑灯泡的多个指标,如寿命、亮度、可靠性等.设共考察 p 个指标,则该厂全体灯泡的 p 个指标值就构成一个 p 元总体.p 元总体是一个 p 维随机向量

$$\boldsymbol{x}=[x_1 \quad \cdots \quad x_p]^{\mathrm{T}},$$

其中每个分量都是随机变量，x_1 表示寿命，x_2 表示亮度等等. 常需考虑的 p 元总体参数为**平均向量** $E\boldsymbol{x}$ 和**协方差矩阵** $D\boldsymbol{x}$：

$$E\boldsymbol{x}=\begin{bmatrix} Ex_1 \\ \vdots \\ Ex_p \end{bmatrix},\quad D\boldsymbol{x}=\begin{bmatrix} \sigma_{11} \cdots \sigma_{1p} \\ \vdots \qquad \vdots \\ \sigma_{p1} \cdots \sigma_{pp} \end{bmatrix},$$

其中 $\sigma_{ij}=\mathrm{cov}(x_i,x_j)$ 为 x_i 与 x_j 的协方差，对角元 σ_{ii} 即 Dx_i.

2. 多元样本

与一元统计学一样，常需从样本观测值出发去估计和推断总体特征.

一元样本是一个 n 维数据向量 $\boldsymbol{x}=[x_1 \quad \cdots \quad x_n]^{\mathrm{T}}$. 常用的统计量有

$$\bar{x}=\frac{1}{n}\sum_{i=1}^{n} x_i\text{（样本均值）},$$

$$s^2=\frac{1}{n}\sum_{i=1}^{n} (x_i-\bar{x})^2\text{（样本方差）}.$$

p **元样本**是一个 $p\times n$ 阶数据矩阵

$$\boldsymbol{x}=\begin{bmatrix} x_{11} & \cdots & x_{1n} \\ \vdots & & \vdots \\ x_{p1} & \cdots & x_{pn} \end{bmatrix},$$

矩阵中的第 i 行是来自 p 元总体第 i 分量 x_i（是一个一元总体）的一元样本；矩阵中的第 j 列表示第 j 次抽样的 p 个指标值，称第 j 号**样品**. 作为一元样本数字特征的直接推广，可以定义多元样本的**数字特征**（向量或矩阵），常用数字特征及有关符号定义如下.

（1） 样本平均值（向量）

$$\bar{\boldsymbol{x}}=\begin{bmatrix} \bar{x}_1 \\ \vdots \\ \bar{x}_p \end{bmatrix}=\begin{bmatrix} \frac{1}{n}\sum_{j=1}^{n} x_{1j} \\ \vdots \\ \frac{1}{n}\sum_{j=1}^{n} x_{pj} \end{bmatrix}.$$

(2) 标准化数据(矩阵)

$$\tilde{\boldsymbol{x}}=\begin{bmatrix}\dfrac{x_{11}-\bar{x}_1}{s_1} & \cdots & \dfrac{x_{1n}-\bar{x}_1}{s_1}\\ \vdots & & \vdots\\ \dfrac{x_{p1}-\bar{x}_p}{s_p} & \cdots & \dfrac{x_{pn}-\bar{x}_p}{s_p}\end{bmatrix},$$

其中 $s_i^2=\dfrac{1}{n}\sum\limits_{j=1}^{n}(x_{ij}-\bar{x}_i)^2$ 为样本 $\boldsymbol{x}$ 中第 $i(i=1,\cdots,p)$ 行的样本方差.

(3) 样本协方差(矩阵)

$$\boldsymbol{S}=\begin{bmatrix}s_{11} & \cdots & s_{1p}\\ \vdots & & \vdots\\ s_{p1} & \cdots & s_{pp}\end{bmatrix}$$

$$=\frac{1}{n}\begin{bmatrix}\sum\limits_{j=1}^{n}(x_{1j}-\bar{x}_1)^2 & \cdots & \sum\limits_{j=1}^{n}(x_{1j}-\bar{x}_1)(x_{pj}-\bar{x}_p)\\ \vdots & & \vdots\\ \sum\limits_{j=1}^{n}(x_{pj}-\bar{x}_p)(x_{1j}-\bar{x}_1) & \cdots & \sum\limits_{j=1}^{n}(x_{pj}-\bar{x}_p)^2\end{bmatrix},$$

不难验证,$\boldsymbol{S}$ 是非负定矩阵.

(4) 样本相关矩阵 $\boldsymbol{R}$

$$\boldsymbol{R}=\begin{bmatrix}r_{11} & \cdots & r_{1p}\\ \vdots & & \vdots\\ r_{p1} & \cdots & r_{pp}\end{bmatrix}=\begin{bmatrix}1 & \dfrac{s_{12}}{\sqrt{s_{11}s_{22}}} & \cdots & \dfrac{s_{1p}}{\sqrt{s_{11}s_{pp}}}\\ \dfrac{s_{21}}{\sqrt{s_{22}s_{11}}} & 1 & \cdots & \dfrac{s_{2p}}{\sqrt{s_{22}s_{pp}}}\\ \vdots & & & \vdots\\ \dfrac{s_{p1}}{\sqrt{s_{pp}s_{11}}} & \cdots & \cdots & 1\end{bmatrix},$$

$\boldsymbol{R}$ 也是非负定矩阵.

1.7.2 主成分分析

主成分分析(principal-component analysis,可简称 PCA)是将多个指标化为少数指标的一种统计方法. 具体讲就是把所观测的 p 个一般彼此相关的指标化为 $m(<p)$ 个彼此不相关的综合指标,且能反映出原 p 个指标的绝大部分信息.

1. 主成分的概念

数学期望为0的 p 维变量 $\boldsymbol{x}$ 的**主成分**是指综合变量 $\boldsymbol{y}$,满足下述两个条件.

(1) $\boldsymbol{y}$ 是由 $\boldsymbol{x}$ 经正交变换 $\boldsymbol{U}$ 得来的,即 $\boldsymbol{y}=\boldsymbol{Ux}$,其中 $\boldsymbol{U}=(u_{ij})_{p\times p}$ 为正交矩阵,写成分量形式,即

$$y_1=u_{11}x_1+\cdots+u_{1p}x_p,$$
$$\vdots$$
$$y_p=u_{p1}x_1+\cdots+u_{pp}x_p,$$

其中 u_{ij}满足:$\sum\limits_{j=1}^{p}u_{ij}^2=1,\ \sum\limits_{j=1}^{p}u_{ij}u_{kj}=0(i,k=1,\cdots,p$ 且 $i\neq k)$.

(2) 在所有形如上式的正交变换中,选取这样的正交变换:使 y_1 具有最大方差;y_2 与 y_1 不相关且在所有与 y_1 不相关的随机变量中,y_2 具有最大方差;y_3 与 y_1,y_2 不相关且在所有与 y_1,y_2 不相关的变量中,y_3 具有最大方差,如此等等.

这样得到的 $\boldsymbol{y}$ 的各分量 $y_1,y_2,\cdots,y_p$ 分别称为 $\boldsymbol{x}$ 的第一、第二、……、第 p 主成分.

现以二元总体为例说明主成分的几何意义. 设总体 $\boldsymbol{x}=(x_1,x_2)$ 是二元正态分布,则其样本点大致分布在一个椭圆内(图 1.10).

正交变换 $\boldsymbol{U}$ 相当于把 x 坐标系旋转至(y_1,y_2)的位置. y_1,y_2 即 x 的第一、第二主成分.

2. 主成分的求法

由主成分的概念可知,求 $\boldsymbol{x}$ 的主成分 $\boldsymbol{y}$,关键是求正交变换 $\boldsymbol{U}$.

由于 $\boldsymbol{y}=[y_1\ \ \cdots\ \ y_p]^{\mathrm{T}}$ 的各分量彼此不相关,所以 $\boldsymbol{y}$ 的协方差矩阵是一对角阵:

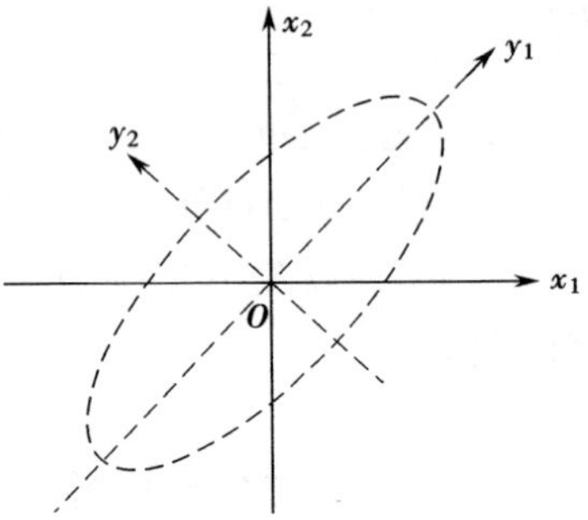

图 1.10　主成分的几何意义

$$Dy=\begin{bmatrix}\lambda_1 & & \\ & \ddots & \\ & & \lambda_p\end{bmatrix}=\boldsymbol{\Lambda},$$

其中 $\lambda_i=Dy_i(i=1,\cdots,p)$，且 $\lambda_1\geqslant\lambda_2\geqslant\cdots\geqslant\lambda_p$.

另一方面，$D\boldsymbol{y}=D(\boldsymbol{Ux})=\boldsymbol{U}(D\boldsymbol{x})\boldsymbol{U}^{\mathrm{T}}$，故有

$$(D\boldsymbol{x})\boldsymbol{U}^{\mathrm{T}}=\boldsymbol{U}^{\mathrm{T}}\boldsymbol{\Lambda},$$

说明 $\boldsymbol{\Lambda}$ 中的 $\lambda_1,\cdots,\lambda_p$ 是 $D\boldsymbol{x}$ 的特征值，$\boldsymbol{U}$ 的第 j 行是相应于 λ_j 的单位特征向量，这实际上是 $D\boldsymbol{x}$ 的特征值分解. 因此，从 $D\boldsymbol{x}$ 出发就可以求出 $\boldsymbol{U}$.

应用中往往无法得到总体协方差 $D\boldsymbol{x}$，因而只能用样本协方差 $\boldsymbol{S}_x$ 代替. 由 $\boldsymbol{S}_x$ 出发求得的主成分称为 $\boldsymbol{x}$ 的**样本主成分**，计算步骤如下.

(1) 求 $\boldsymbol{S}_x$ 的特征值并按递降排列：$\lambda_1\geqslant\lambda_2\geqslant\cdots\geqslant\lambda_p$.

(2) 求 $\boldsymbol{S}_x$ 的相应于 $\lambda_1,\cdots,\lambda_p$ 的特征向量 $\boldsymbol{u}_1,\cdots,\boldsymbol{u}_p$，将其正交化后组成变换阵 $\boldsymbol{U}$.

将一组线性无关向量 $\boldsymbol{\alpha}_1,\cdots,\boldsymbol{\alpha}_n$ 正交化为 $\boldsymbol{\beta}_1,\cdots,\boldsymbol{\beta}_n$ 的 Gram-Schmidt 公式[6]：

$$\boldsymbol{\beta}_1=\boldsymbol{\alpha}_1,\ \boldsymbol{\beta}_j=\boldsymbol{\alpha}_j-\sum_{k=1}^{j-1}\frac{\boldsymbol{\alpha}_j^{\mathrm{T}}\boldsymbol{\beta}_k}{\boldsymbol{\beta}_k^{\mathrm{T}}\boldsymbol{\beta}_k}\boldsymbol{\beta}_k(j=1,\cdots,n).$$

(3) 计算 $\boldsymbol{y}=\boldsymbol{Ux}$ 即为所求.

3. 贡献率与因子负荷量

定义第 j 主成分 y_j 的**贡献率**

$$\eta_j=\frac{\lambda_j}{\lambda_1+\cdots+\lambda_p}(j=1,\cdots,p),$$

它表示 y_j 的方差 λ_j 占总方差的百分比. 在实际应用中,当前 m 个主成分的**累积贡献率**

$$\sum_{j=1}^{m}\eta_j>85\%$$

时,就可将后 $p-m$ 个主成分舍去,舍去的信息量小于 15%.

为了反映原变量 $\boldsymbol{x}$ 与主成分变量 $\boldsymbol{y}$ 之间的关系,还可以计算因子负荷量. 称相关系数 $\rho(y_k,x_j)$ 为第 j 因子在第 k 主成分上的负荷量,简称因子负荷量. 其样本估计值为

$$r(y_k,x_j)=\frac{\sqrt{\lambda_k}u_{kj}}{\sqrt{s_{jj}}}.$$

4. 主成分分析的步骤

主成分分析是从原始数据(或中心化数据)出发,寻找正交矩阵 $\boldsymbol{U}$ 和主成分 $\boldsymbol{y}$,这样做的结果与 $\boldsymbol{x}$ 的测量单位有关. 为了消除量纲的影响,经常先把观测数据标准化,即从标准化数据 $\tilde{\boldsymbol{x}}$ 出发. 这时 $\boldsymbol{D}\boldsymbol{x}=\boldsymbol{R}$,用 $\boldsymbol{R}$ 代替上述计算步骤中的 $\boldsymbol{S}_x$,且注意到此时的 $\lambda_1+\cdots+\lambda_p=p$,$r_{jj}=1$ 即可. 这时的主成分分析也称为 **R 分析**.

以例 1.45 为例,总结 R 分析的计算步骤.

例 1.45 作为研究杨树性状的一部分,测定 20 株杨树树叶,每个叶片测定 4 个变量.

(1) 列出样本观测数据矩阵 $\boldsymbol{x}$.

变量名称及测量值列于表 1.5(部分数据略,可参见[12]).

表 1.5 杨树叶片样本观测数据

变量	样本号				平均值	方差	标准差
	1	2	…	20	$\bar{x}_j$	s_{jj}	s_j
叶长 x_1	108	90	…	155	122.15	457.93	21.39

续表

变量	样本号				平均值	方差	标准差
	1	2	…	20	$\bar{x}_j$	s_{jj}	s_j
$\frac{2}{3}$处宽 x_2	95	95	…	60	73.45	205.75	14.34
$\frac{1}{3}$处宽 x_3	118	117	…	100	104.15	290.83	17.05
$\frac{1}{2}$处宽 x_4	110	110	…	83	90.10	265.79	16.30

(2) 计算样本相关矩阵 $\boldsymbol{R}$.

杨树叶片各变量相关系数的计算结果如表 1.6,可由计算机算出.

表 1.6　杨树叶片各变量相关系数

变量	x_1	x_2	x_3	x_4
x_1	1	-0.335 5	0.014 3	-0.173 3
x_2	-0.335 5	1	0.886 6	0.957 7
x_3	0.014 3	0.886 6	1	0.979 7
x_4	-0.173 3	0.957 7	0.970 7	1

(3) 计算相关矩阵 $\boldsymbol{R}$ 的特征值与特征向量,求出正交矩阵 $\boldsymbol{U}$.

杨树叶片特征向量及特征值也可由计算机算出,本例计算结果如表 1.7 所示.

表 1.7　杨树叶片特征向量及特征值

变量	主成分			
	y_1	y_2	y_3	y_4
x_1	0.148 5	0.954 4	0.251 6	-0.061 2
x_2	-0.573 5	-0.098 4	0.773 3	0.251 9
x_3	-0.557 7	0.269 5	-0.558 9	0.551 3
x_4	-0.581 4	0.082 4	-0.162 4	-0.793 0
特征值	2.920	1.024	0.049	0.007
贡献率	0.730	0.256	0.012	0.002
累积贡献率	0.730	0.986	0.998	1.000

注:表的上半部分中每一列为相应特征值的单位特征向量,一起构成 $\boldsymbol{U}^{\mathrm{T}}$.

(4) 计算贡献率及累积贡献率,确定使用的主成分个数,建立主成分方程.

本例计算结果见表 1.7. 由表可见,前两个主成分的累积贡献率已达 98.6% . 若舍去其余主成分,损失信息量仅为 1.4% ,因此决定取前两个主成分,主成分方程为

$$
\begin{aligned}
y_i &= u_{i1}\tilde{x}_1 + u_{i2}\tilde{x}_2 + u_{i3}\tilde{x}_3 + u_{i4}\tilde{x}_4 \\
&= u_{i1}\frac{x_1-\bar{x}_1}{s_1} + u_{i2}\frac{x_2-\bar{x}_2}{s_2} + u_{i3}\frac{x_3-\bar{x}_3}{s_3} + u_{i4}\frac{x_4-\bar{x}_4}{s_4}
\end{aligned}
$$

其中 $i=1,2$, u_{ij} 是表 1.7 中第 i 列第 j 个元素,代入具体数据后第一个方程为

$$
\begin{aligned}
y_1 = {} & 0.148\,5\,\frac{x_1-122.15}{21.399} - 0.573\,5\,\frac{x_2-73.45}{14.344} \\
& -0.557\,7\,\frac{x_3-104.15}{17.054} - 0.581\,4\,\frac{x_4-90.10}{16.303},
\end{aligned}
$$

整理得

$$y_1 = 0.006\,94x_1 - 0.039\,98x_2 - 0.032\,70x_3 - 0.035\,66x_4 + 8.708.$$

同样可得第二个方程

$$y_2 = 0.044\,60x_1 - 0.006\,86x_2 + 0.015\,80x_3 + 0.005\,05x_4 - 7.065.$$

(5) 解释各主成分意义.

本例中,第一主成分 y_1 主要与 x_2,x_3,x_4 有关(因对 x_1 的系数较小),是表示"叶宽"的综合因子;第二主成分 y_2 主要由 x_1 决定,是表示"叶长"的综合因子,说明杨树叶片的主要差异为叶宽,其次为叶长.

(6) 计算各样品的主成分坐标 $\boldsymbol{y}$,在前两个主成分坐标上作出样本排序图.

在本例中,将 20 个样品观测值代入主成分方程,算出相应主成分坐标(略),并作出样本排序图($\frac{1}{2}$分量坐标图)如图 1.11.

由图可以看出,全部叶片可以大致分成二组,由图中虚线隔开. 事实上,1 至 10 号样品取自树种 P. gelrica,11 至 20 号样品取自树种 P·

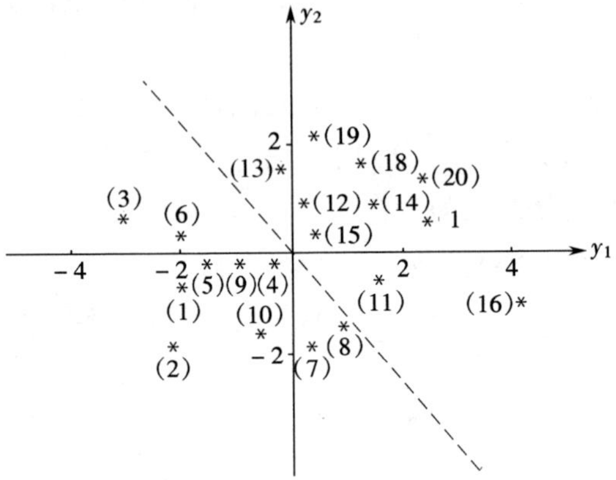

图 1.11　$\frac{1}{2}$分量坐标图

T×T,如果仅仅考虑原始数据是很难作出这种区分的.

(7) 计算因子负荷量表.

计算本例的因子负荷量如表 1.8,具体计算以表中 $r(y_1,x_2)$ 为例.

$$r(y_1,x_2)=\sqrt{\lambda_1}u_{12}=\sqrt{2.920}\times(-0.5735)=-0.980.$$

因子负荷量表的作用与特征向量表的作用类似.

表 1.8　因子负荷量

变量	主成分	
	y_2	y_1
x_1	0.254	0.966
x_2	-0.980	-0.100
x_3	-0.953	0.273
x_4	-0.993	0.083

习　题　1

1.1　判别下列集合对于所指定运算是否构成 **R** 上的线性空间?

(1) n 阶实对称矩阵的全体,对于矩阵的加法和实数与矩阵的乘法;

（2）次数等于 $m(m\geqslant1)$ 的实系数多项式的全体，对于多项式的加法和数与多项式的乘法.

1.2　在线性空间 $\mathbf{R}^n$ 中，分量满足下列条件的向量的全体能否构成 $\mathbf{R}^n$ 的子空间？

（1）分量之和等于零的向量的全体；

（2）分量之和等于 1 的向量的全体.

1.3　在 $\mathbf{R}^4$ 中取定两组基：

$$\begin{cases}\boldsymbol{e}_1=[1\quad 0\quad 0\quad 0]^{\mathrm{T}}\\ \boldsymbol{e}_2=[0\quad 1\quad 0\quad 0]^{\mathrm{T}}\\ \boldsymbol{e}_3=[0\quad 0\quad 1\quad 0]^{\mathrm{T}}\\ \boldsymbol{e}_4=[0\quad 0\quad 0\quad 1]^{\mathrm{T}}\end{cases},\quad \begin{cases}\boldsymbol{a}_1=[2\quad 1\quad -1\quad 1]^{\mathrm{T}}\\ \boldsymbol{a}_2=[0\quad 3\quad 1\quad 0]^{\mathrm{T}}\\ \boldsymbol{a}_3=[5\quad 3\quad 2\quad 1]^{\mathrm{T}}\\ \boldsymbol{a}_4=[6\quad 6\quad 1\quad 3]^{\mathrm{T}}\end{cases}.$$

（1）求由前一组基到后一组基的过渡矩阵；

（2）求向量 $\boldsymbol{x}=[x_1\quad x_2\quad x_3\quad x_4]^{\mathrm{T}}$ 在后一组基下的坐标；

（3）求在两组基下有相同坐标的向量.

1.4　判别下列变换中哪些是线性变换？

（1）在 $\mathbf{R}^3$ 中，$T(x_1,x_2,x_3)=[x_1^2\quad x_1+x_2\quad x_3]$；

（2）在由闭区间 $[a,b]$ 上全体连续实函数构成的线性空间 $C[a,b]$ 中，对任意的 $f(x)\in C[a,b]$，规定：

$$T(f(x))=\int_a^x f(t)\,\mathrm{d}t,a\leqslant x\leqslant b.$$

1.5　给定 $\mathbf{R}^3$ 中的两组基：

$\boldsymbol{x}_1=[1\quad 0\quad 1]^{\mathrm{T}},\boldsymbol{x}_2=[2\quad 1\quad 0]^{\mathrm{T}},\boldsymbol{x}_3=[1\quad 1\quad 1]^{\mathrm{T}}.$

$\boldsymbol{x}_1'=[1\quad 2\quad -1]^{\mathrm{T}},\boldsymbol{x}_2'=[2\quad 2\quad -1]^{\mathrm{T}},\boldsymbol{x}_3'=[2\quad -1\quad -1]^{\mathrm{T}}.$

定义线性变换

$T\boldsymbol{x}_i=\boldsymbol{x}_i',i=1,2,3,$

（1）写出由基 $\boldsymbol{x}_1,\boldsymbol{x}_2,\boldsymbol{x}_3$ 到基 $\boldsymbol{x}_1',\boldsymbol{x}_2',\boldsymbol{x}_3'$ 的过渡矩阵；

（2）写出 T 在基 $\boldsymbol{x}_1,\boldsymbol{x}_2,\boldsymbol{x}_3$ 下的矩阵；

（3）写出 T 在基 $\boldsymbol{x}_1',\boldsymbol{x}_2',\boldsymbol{x}_3'$ 下的矩阵.

1.6　设 $\boldsymbol{A}=\begin{bmatrix}1&2&2\\2&1&2\\2&2&1\end{bmatrix}$，求 $\boldsymbol{A}$ 的特征值与特征向量.

1.7　设 n 阶方阵 $\boldsymbol{A}$ 与 $\boldsymbol{B}$ 相似，证明：（1）$\boldsymbol{A}$ 与 $\boldsymbol{B}$ 有相同的行列式；（2）$\boldsymbol{A}$ 与 $\boldsymbol{B}$ 有相同的秩.

1.8　求下列方阵 $\boldsymbol{A}$ 的行列式因子和不变因子：

(1) $\boldsymbol{A}=\begin{bmatrix}-2 & 1 & \\ & -2 & 1\\ & & -2\end{bmatrix}$；　(2) $\boldsymbol{A}=\begin{bmatrix}3 & 2 & 1\\ 0 & 4 & 0\\ -1 & 2 & 5\end{bmatrix}$.

1.9　求下列方阵 $\boldsymbol{A}$ 的若当标准形：

(1) $\boldsymbol{A}=\begin{bmatrix}1 & 2 & 0\\ 0 & 2 & 0\\ -2 & -1 & -1\end{bmatrix}$；　(2) $\boldsymbol{A}=\begin{bmatrix}1 & 2 & 3 & 4\\ 0 & 1 & 2 & 3\\ 0 & 0 & 1 & 2\\ 0 & 0 & 0 & 1\end{bmatrix}$；

(3) $\boldsymbol{A}=\begin{bmatrix}1 & -3 & 0 & 3\\ -2 & 6 & 0 & 13\\ 0 & -3 & 1 & 3\\ -1 & 2 & 0 & 8\end{bmatrix}$.

1.10　设

(1) $\boldsymbol{A}=\begin{bmatrix}2 & -1 & -1\\ 2 & -1 & -2\\ -1 & 1 & 2\end{bmatrix}$；　(2) $\boldsymbol{A}=\begin{bmatrix}1 & 2 & 0\\ 0 & 2 & 0\\ -2 & -1 & 1\end{bmatrix}$.

求 $\boldsymbol{A}$ 的若当标准形及相似变换阵 $\boldsymbol{P}$.

1.11　设

$$\boldsymbol{A}=\begin{bmatrix}1 & 4 & 2\\ 0 & -3 & 4\\ 0 & 4 & 3\end{bmatrix},$$

利用 $\boldsymbol{A}$ 的若当标准形 $\boldsymbol{J}$，求 $\boldsymbol{A}^5$.

1.12　求下列方阵 $\boldsymbol{A}$ 的有理标准形：

(1) $\boldsymbol{A}=\begin{bmatrix}0 & 1 & 1\\ 1 & 0 & 1\\ 1 & 1 & 0\end{bmatrix}$；　(2) $\boldsymbol{A}=\begin{bmatrix}-a & -b & -1 & 0\\ b & -a & 0 & -1\\ 0 & 0 & -a & -b\\ 0 & 0 & b & -a\end{bmatrix}$.

1.13　设

$$\boldsymbol{A}=\begin{bmatrix}0 & 3 & 3\\ -1 & 8 & 6\\ 2 & -14 & -10\end{bmatrix},$$

分别求 $\boldsymbol{A}$ 的若当标准形和有理标准形.

1.14　下列方阵中，哪些与对角阵相似？在可以化为对角阵时，所需的变换阵是什么？

(1) $\boldsymbol{A}=\begin{bmatrix}0 & a\\ -a & 0\end{bmatrix}$；(2) $\boldsymbol{B}=\begin{bmatrix}0 & 0 & 1\\ 0 & 1 & 0\\ 1 & 0 & 0\end{bmatrix}$；(3) $\boldsymbol{C}=\begin{bmatrix}1 & 3 & 1 & 2\\ 0 & -1 & 1 & 3\\ 0 & 0 & 2 & 5\\ 0 & 0 & 0 & 2\end{bmatrix}$.

1.15　已知方阵 $\boldsymbol{A}$ 的不变因子是 $1,1,1,(\lambda^2+1),(\lambda+1)(\lambda^2+1)$.

(1) 写出 $\boldsymbol{A}$ 的全部初等因子；

(2) 写出 $\boldsymbol{A}$ 的若当标准形；

(3) 写出 $\boldsymbol{A}$ 的有理标准形.

1.16　已知方阵 $\boldsymbol{A}$ 的若当标准形为

$$\boldsymbol{J}=\begin{bmatrix}1 & 1 & & & \\ & 1 & & & \\ & & 2 & & \\ & & & 2 & 1\\ & & & & 2\end{bmatrix},$$

求 $\boldsymbol{A}$ 的有理标准形 $\boldsymbol{L}$.

1.17　估计方阵

$$\boldsymbol{A}=\begin{bmatrix}1 & 0.1 & -0.2 & -0.3\\ 0.5 & 3 & 0.1 & 0.2\\ 1 & 0.3 & -1 & 0.5\\ 0.2 & 0.3 & 0.1 & -4\end{bmatrix}$$

的特征值的分布范围，并在复平面上作出示意图.

1.18　估计方阵

$$\boldsymbol{A}=\begin{bmatrix}\mathrm{i} & 0.03 & 0.4\\ 0.02 & 0 & 1\\ 0.001 & 0.05 & 2\end{bmatrix}$$

的特征值的分布范围，并选择一组适当的正实数 b_1,b_2,b_3，利用定理 1.13 对 $\boldsymbol{A}$ 的特征值作更精确的估计(要求 $\boldsymbol{A}$ 的圆盘互不相交).

1.19　证明：方阵

$$A=\begin{bmatrix}\frac{1}{4} & \frac{1}{4} & \frac{1}{4} & \frac{1}{4}\\ \frac{1}{5} & \frac{2}{5} & \frac{1}{5} & \frac{1}{5}\\ \frac{1}{6} & \frac{1}{6} & \frac{3}{6} & \frac{1}{6}\\ \frac{1}{7} & \frac{1}{7} & \frac{1}{7} & \frac{3}{7}\end{bmatrix}$$

的谱半径 $\rho(\boldsymbol{A})<1$.

1.20　设

$$\boldsymbol{A}=\begin{bmatrix}1 & 3\\ 2 & 2\end{bmatrix},$$

用幂法计算 $\boldsymbol{A}$ 的主特征值与主特征向量,取 $\boldsymbol{x}_0=\begin{bmatrix}1 & \frac{1}{2}\end{bmatrix}^{\mathrm{T}}$,迭代 6 次.

1.21　用方根法求 $\boldsymbol{A}=\begin{bmatrix}1 & 3 & \frac{1}{5}\\ \frac{1}{3} & 1 & 4\\ 5 & \frac{1}{4} & 1\end{bmatrix}$ 的主特征值 $\lambda_{\max}$ 与主特征向量 $\boldsymbol{W}$.

1.22　设

$$\boldsymbol{A}_k=\begin{bmatrix}\frac{1}{k^2} & \frac{k^2+k}{k^2+1}\\ 2 & \left(1-\frac{2}{k}\right)^k\end{bmatrix},$$

求 $\lim\limits_{k\to\infty}\boldsymbol{A}_k$.

1.23　举出一个 2×2 阶的方阵序列,该序列中的每一个矩阵都可逆,但其极限是不可逆的.

1.24　判断下面方阵的幂收敛性:

(1) $\boldsymbol{A}=\begin{bmatrix}0.6 & 0.2\\ 0.1 & 0.4\end{bmatrix}$;　(2) $\boldsymbol{A}=\begin{bmatrix}-0.6 & 1 & 0.8\\ 0 & 0.2 & 0\\ -1.6 & 1 & 0.8\end{bmatrix}$.

1.25　设 $\boldsymbol{A}=\begin{bmatrix}0 & c & c\\ c & 0 & c\\ c & c & 0\end{bmatrix}$,讨论 c 取何值时 $\boldsymbol{A}$ 幂收敛,即求出使 $\boldsymbol{A}$ 幂收敛的 c

的取值范围.

1.26　证明：若方阵 $\boldsymbol{A}$ 的谱半径 $\rho(\boldsymbol{A})<1$，则(1) 方阵幂级数 $\sum_{k=0}^{\infty}\boldsymbol{A}^k$ 收敛；(2) $\sum_{k=0}^{\infty}\boldsymbol{A}^k=(\boldsymbol{E}-\boldsymbol{A})^{-1}$.

1.27　设 $\boldsymbol{A}=\begin{bmatrix}2 & -\frac{1}{2}\\ 2 & 0\end{bmatrix}$，求 $\sum_{k=0}^{\infty}\frac{\boldsymbol{A}^k}{2^k}$.

1.28　设 $\boldsymbol{A}=\begin{bmatrix}2 & 0 & 0\\ 1 & 1 & 1\\ 1 & -1 & 3\end{bmatrix}$，若 $\boldsymbol{B}=\frac{1}{3}\boldsymbol{A}$，求 $\lim\limits_{k\to\infty}\boldsymbol{B}^k$.

1.29　设 $\boldsymbol{A}=\begin{bmatrix}4 & -1\\ 1 & 2\end{bmatrix}$，求 $\mathrm{e}^{\boldsymbol{A}}$，$\sin\boldsymbol{A}$，$\cos\boldsymbol{A}$.

1.30　设函数矩阵

$$\boldsymbol{A}(t)=\begin{bmatrix}\cos t & \sin t\\ -\sin t & \cos t\end{bmatrix},$$

求 $\frac{\mathrm{d}}{\mathrm{d}t}\boldsymbol{A}(t)$ 和 $\int_0^{\pi}\boldsymbol{A}(t)\,\mathrm{d}t$.

1.31　对下列方阵 $\boldsymbol{A}$，求 $\mathrm{e}^{\boldsymbol{A}t}$.

(1) $\boldsymbol{A}=\begin{bmatrix}0 & 1\\ -2 & -3\end{bmatrix}$；　(2) $\boldsymbol{A}=\begin{bmatrix}0 & 1 & 0\\ 0 & 0 & 1\\ -6 & -11 & -6\end{bmatrix}$；

(3) $\boldsymbol{A}=\begin{bmatrix}3 & & & \\ & -2 & 1 & \\ & & -2 & 1\\ & & & -2\end{bmatrix}$.

1.32　求下列状态方程的解：

$\begin{cases}\dot{\boldsymbol{x}}=\boldsymbol{A}\boldsymbol{x},\\ \boldsymbol{x}(0)=[0\quad 1]^{\mathrm{T}},\end{cases}$ 其中 $\boldsymbol{A}=\begin{bmatrix}0 & 1\\ -2 & -3\end{bmatrix}$.

1.33　求下列状态空间表达式的解：

$$\dot{\boldsymbol{x}}=\begin{bmatrix}0 & 1\\ 0 & 0\end{bmatrix}\boldsymbol{x}+\begin{bmatrix}0\\ 1\end{bmatrix}u,\ y=[1\quad 0]\boldsymbol{x}.$$

初始状态 $\boldsymbol{x}(0)=[1\quad 1]^{\mathrm{T}}$，输入 $u(t)$ 是单位阶跃函数($u=1$).

1.34　判断下列系统的能控性与能观性：

$$\dot{x}=\begin{bmatrix}-3 & 1\\ 1 & -3\end{bmatrix}x+\begin{bmatrix}1\\1\end{bmatrix}u,y=\begin{bmatrix}1 & 1\\ 1 & -1\end{bmatrix}x.$$

1.35　设某管理系统的输入输出方程为

$$y(k)=2y(k-1)+5y(k-2)+6y(k-3)+u(k),$$

写出该系统的状态空间表达式.

1.36　在图1.7中,设已构建了各比较判断矩阵如下:

A	B_1	B_2	B_3
B_1	1	3	5
B_2	$\frac{1}{3}$	1	3
B_3	$\frac{1}{5}$	$\frac{1}{3}$	1

B_1	C_1	C_2	C_3
C_1	1	2	$\frac{1}{3}$
C_2	$\frac{1}{2}$	1	$\frac{1}{4}$
C_3	3	4	1

B_2	C_4	C_5	C_6
C_4	1	$\frac{1}{2}$	3
C_5	2	1	5
C_6	$\frac{1}{3}$	$\frac{1}{5}$	1

B_3	C_7	C_8
C_7	1	3
C_8	$\frac{1}{3}$	1

求C层各因素的总排序(综合权重).

1.37　设在项目评价中考察4个指标,即项目先进性x_1、项目经济效益x_2、项目完成的可行性x_3和项目社会效益x_4. 现观测了$n=20$个项目的样本数据(略),算得有关数据如表1.9:

表1.9　有关数据

变量	主成分				样本均值	标准差
	y_1	y_2	y_3	y_4	$\bar{x}_i$	S_i
x_1	0.710	0.182	−0.147	−0.664	22.735	8.704
x_2	0.782	−0.241	0.111	0.661	10.505	3.628
x_3	0.025	0.836	−0.423	0.349	2.535	0.782
x_4	0.042	0.459	0.889	−0.026	6.650	0.449
特征值	1.676	1.146	0.960	0.218		

表中前4列为相应特征值的特征向量.(1)试求各主成分的贡献率与累积贡献率;(2)确定主成分的取舍(以90%为界)和所取主成分方程,并解释主成分的含义.

第二章 泛函分析

泛函分析(functional analysis)是20世纪初才逐渐形成的一个较新的数学分支. 它以其高度的统一性和广泛的应用性在数学领域中占有重要的地位. 泛函分析的研究内容主要是一些抽象空间的属性及空间与空间的相互联系(算子)的特征. 本章将介绍泛函分析的一些基本概念、方法及应用.

2.1 距离空间与巴拿赫不动点定理

在数学中,通常把赋予某些数学结构的集合称为空间. 例如,能引进线性运算的集合称为线性空间. 在线性空间中,并未讨论元素间的分析性质,如极限、任意逼近. 如果一个集合能引入"任意逼近"的概念,就称之为"**拓扑空间**",这当然在直观上看需要定义元素间的距离. 距离空间就是最基本的一种拓扑空间.

2.1.1 距离空间

由初等数学知,实数集 $\mathbf{R}$(有时为明确起见也可记为 $\mathbf{R}^1$)中两实数(相应于数轴上两点)x 和 y 间的距离可用这两数差的绝对值 $|x-y|$ 计算. 显然,距离 $|x-y|$ 满足下列特性:① 非负性,$|x-y|\geqslant 0$,且 $|x-y|=0$ 的充要条件是 $x=y$;② 对称性,$|x-y|=|y-x|$;③ 三角不等式,$|x-y|\leqslant|x-z|+|z-y|$,$z\in\mathbf{R}$. 对于任意非空集合 X,也可以一般地定义两元素间的距离.

定义 2.1 设 X 为非空集合,若对于 X 中任意两个元素 x 和 y 均有一个实数与之对应,此实数记为 $d(x,y)$,它满足:

(1) 非负性,$d(x,y)\geqslant 0$,且 $d(x,y)=0$ 的充要条件是 $x=y$;

(2) 对称性,$d(x,y)=d(y,x)$;

(3) 三角不等式,$d(x,y)\leqslant d(x,z)+d(z,y)$,其中 z 也是 X 中的任意元素.

则称 $d(x,y)$ 为 x 和 y 的**距离(度量)**,称 X 是以 d 为距离的**距离空间(度量空间)**,可简记为(X,d).

显然,实数集 $\mathbf{R}$ 关于距离 $d(x,y)=|x-y|$ 构成距离空间.

例 2.1 证明 n 维向量空间 $\mathbf{R}^n$ 关于

$$d(\boldsymbol{x},\boldsymbol{y})=\sqrt{\sum_{i=1}^{n}(x_i-y_i)^2}$$

构成距离空间.

证: $d(\boldsymbol{x},\boldsymbol{y})$ 显然满足定义 2.1 中的(1)、(2),只证满足(3). 根据柯西-许瓦兹(Cauchy-Schwarz)不等式[18]:

$$\left(\sum_{i=1}^{n}a_ib_i\right)^2\leqslant\sum_{i=1}^{n}a_i^2\sum_{i=1}^{n}b_i^2,\text{令 } a_i=x_i-z_i,b_i=z_i-y_i,$$

即

$$\begin{aligned}
d(\boldsymbol{x},\boldsymbol{y})&=\sqrt{\sum_{i=1}^{n}(x_i-y_i)^2}=\sqrt{\sum_{i=1}^{n}(a_i+b_i)^2}\\
&=\sqrt{\sum_{i=1}^{n}a_i^2+2\sum_{i=1}^{n}a_ib_i+\sum_{i=1}^{n}b_i^2}\\
&\leqslant\sqrt{\sum_{i=1}^{n}a_i^2+2\sqrt{\sum_{i=1}^{n}a_i^2}\sqrt{\sum_{i=1}^{n}b_i^2}+\sum_{i=1}^{n}b_i^2}\\
&=\sqrt{\left(\sqrt{\sum_{i=1}^{n}a_i^2}+\sqrt{\sum_{i=1}^{n}b_i^2}\right)^2}\\
&=\sqrt{\sum_{i=1}^{n}(x_i-z_i)^2}+\sqrt{\sum_{i=1}^{n}(z_i-y_i)^2}\\
&=d(\boldsymbol{x},\boldsymbol{z})+d(\boldsymbol{z},\boldsymbol{y}).
\end{aligned}$$

所以 $d(\boldsymbol{x},\boldsymbol{y})$ 是距离(称为**欧氏距离**),从而$(\mathbf{R}^n,d)$是距离空间.

$(\mathbf{R}^n,d)$是很常见的一种距离空间,经济管理中很多实际问题可化为 $\mathbf{R}^n$ 中的情形来解决.

例 2.2 某企业(称为 A 公司)对自己的企业能力进行分析与评

价，并与强于自己的两个竞争对手 B 与 C 对比. 评价结果采用 5 分制表示，如表 2.1. 试计算 A 与 B、C 的综合差距.

表 2.1　企业能力评分

能力	公司		
	A 公司	竞争对手 B	竞争对手 C
市场渗透能力	4	4	5
生产能力	4	4	5
科研开发能力	3	5	4
财务能力	3	4	4
人力资源管理能力	2	5	3
高层决策与管理能力	4	5	4

解：每个公司的各项能力得分均构成一 $\mathbf{R}^6$ 中的向量，分别记为 $\boldsymbol{x}_A,\boldsymbol{x}_B,\boldsymbol{x}_C$. 可采用欧氏距离来计算公司 A 与 B、C 的综合差距：

$$\begin{aligned}&\mathrm{d}(\boldsymbol{x}_A,\boldsymbol{x}_B)\\&=\sqrt{(4-4)^2+(4-4)^2+(3-5)^2+(3-4)^2+(2-5)^2+(4-5)^2}\\&=\sqrt{15}=3.87,\end{aligned}$$

$$\begin{aligned}&\mathrm{d}(\boldsymbol{x}_A,\boldsymbol{x}_C)\\&=\sqrt{(4-5)^2+(4-5)^2+(3-4)^2+(3-4)^2+(2-3)^2+(4-4)^2}\\&=\sqrt{5}=2.24,\end{aligned}$$

即 A 与 B 的综合差距为 3.87 分，与 C 的综合差距为 2.24 分.

向量空间中除了通常采用的欧氏距离外，还可以定义其他形式的距离. 以数据挖掘领域一类重要的方法——**聚类分析**为例进行介绍. 聚类分析是根据事物自身的特性对被聚类的对象进行类别划分的统计分析方法，它的目的是根据某种相似度度量将样本数据集划分成若干个不同的子集，从而使同一个子集中的数据对象彼此相似，而不同子集中的数据对象则彼此不同. 在聚类中，可以将样本集合看成是向量空间中点的集合，而样本之间的相似度可以用空间中点之间的距离来度量.

常见的样本间的距离有明科夫斯基(Minkowski)距离、欧氏距离、马氏距离等. **明科夫斯基距离**的定义如下：$X=\{\boldsymbol{x}_1,\boldsymbol{x}_2,\cdots,\boldsymbol{x}_n\}$ 是 m 维

向量空间中的样本集合,其中样本 $\boldsymbol{x}_i = [x_{i1}\ x_{i2} \cdots\ x_{im}]$ 和 $\boldsymbol{x}_j = [x_{j1}\ x_{j2} \cdots\ x_{jm}]$ 之间的明科夫斯基距离定义为

$$d(\boldsymbol{x}_i, \boldsymbol{x}_j) = \left(\sum_{k=1}^{m} |x_{ik} - x_{jk}|^p\right)^{\frac{1}{p}}, p \geqslant 1.$$

特别地,当 $p = 1$ 时,上述距离称为**曼哈顿**(Manhattan)**距离**,即 $d(\boldsymbol{x}_i, \boldsymbol{x}_j) = \sum_{k=1}^{m} |x_{ik} - x_{jk}|$;当 $p = 2$ 时,上述距离即为欧氏距离;当 $p = +\infty$ 时,上述距离称为**切比雪夫**(Chebyshev)**距离**,其取值为各个维度上坐标数值差的最大值,即 $d(\boldsymbol{x}_i, \boldsymbol{x}_j) = \max\limits_k |x_{ik} - x_{jk}|$.

在使用上述距离时应首先对数据进行适当变换,消除相关性和量纲的影响,因为用标准化数据与用原始数据算出的相应距离是不同的.为消除量纲和特征相关性的影响,避免导致分类错误,有时也采用**马氏距离**,其定义如下:给定一个样本集合 $X = (x_{ij})_{n \times m}$,其协方差矩阵为 $\boldsymbol{S}$,样本 $\boldsymbol{x}_i = [x_{i1}\ x_{i2} \cdots\ x_{im}]$ 和 $\boldsymbol{x}_j = [x_{j1}\ x_{j2} \cdots\ x_{jm}]$ 之间的马氏距离定义为

$$d(\boldsymbol{x}_i, \boldsymbol{x}_j) = [(\boldsymbol{x}_i - \boldsymbol{x}_j)^{\mathrm{T}} \boldsymbol{S}^{-1} (\boldsymbol{x}_i - \boldsymbol{x}_j)]^{\frac{1}{2}}.$$

特别地,当样本各分量相互独立,且方差为1时,上述距离即为欧氏距离.

不难验证,上述所定义的不同距离都满足定义2.1的三个条件,从而构成不同的距离空间.具体的证明过程留给读者思考.

例 2.3 证明 $[a,b]$ 上连续函数的全体 $C[a,b]$ 关于 $d(x,y) = \max\limits_{a \leqslant t \leqslant b} |x(t) - y(t)|$ 构成距离空间.

证: $d(x,y)$ 显然满足定义2.1中的(1)、(2),只证满足(3).对于任意 $x(t), y(t), z(t) \in C[a,b]$,有

$$\begin{aligned} |x(t) - y(t)| &\leqslant |x(t) - z(t)| + |z(t) - y(t)| \\ &\leqslant \max_{a \leqslant t \leqslant b} |x(t) - z(t)| + \max_{a \leqslant t \leqslant b} |z(t) - y(t)|. \end{aligned}$$

对任意 $t \in [a,b]$ 均成立,特别,对左式取 max 也成立,于是有

$$d(x,y) \leqslant d(x,z) + d(z,y),$$

即 $d(x,y)$ 是距离,从而 $(C[a,b], d)$ 是距离空间.

例 2.4 设 X 是一个非空集合,X 中任意二元素 x 与 y 的距离定义

为

$$d(x,y)=\begin{cases}0, & \text{若 } x=y,\\ 1, & \text{若 } x\neq y.\end{cases}$$

则容易验证 d 是 X 上的距离. 此距离称为 X 上的**离散距离**,(X,d) 称为**离散距离空间**.

2.1.2　距离空间中的点集

考虑距离空间 (X,d),类似于微积分中的开区间、闭区间、邻域、有界和聚点等基本概念,可以给出下列距离空间中的一些基本概念.

定义 2.2　设 $x_0\in X, r>0$,称 $B(x_0,r)=\{x\in X\mid d(x,x_0)<r\}$ 为 X 中的**球形邻域(开球)**,x_0 称为 $B(x_0,r)$ 的**中心**,r 称为**半径**. 设 $M\subset X$,若对任意 $x\in M$,有球形邻域 $B(x,r)\subset M$,则称 M 为 X 中的**开集**,M 中的点 x 称为 M 的**内点**. 设 $K\subset X$,若 K 的余集 $X-K$ 是 X 中的开集,则称 K 为 X 中的**闭集**. 若对任意 $x,y\in M\subset X$,存在 $C>0$,使得 $d(x,y)\leqslant C$,则称 M 是**有界**的.

例 2.5　在 $\mathbf{R}^1$(即实数域 $\mathbf{R}$)中,任意一点 x_0 的球形邻域 $B(x_0,r)$ 就是以 x_0 为中心、以 r 为半径的邻域. 邻域本身是一个开集. 任意开区间以及任意多个开区间的并都是开集. 任意闭区间以及有限多个闭区间的并都是闭集. 显然,整个实直线 $\mathbf{R}^1$ 是开集,又由于开集是“不含不是内点的点”的集合,所以空集 $\varnothing$ 也是开集. 于是 $\mathbf{R}^1$ 和 $\varnothing$ 既是开集,又是闭集.

一般地,任意距离空间 X 及空集 $\varnothing$ 都可认为既是开集,又是闭集.

例 2.6　考虑例 2.4 中的离散距离空间 (X,d),对任意 $x_0\in X$,当 $0<r\leqslant 1$ 时,则有 $B(x_0,d)=\{x_0\}$,而当 $r>1$ 时,$B(x_0,r)=X$. 由于对任 $x,y\in X$,$d(x,y)\leqslant 1$,故离散距离空间 (X,d) 是有界的.

定义 2.3　设 $M\subset X, x\in X$,若 x 的任意球形邻域 $B(x,r)$ 中均有异于 x 的 M 中的点,则称 x 为 M 的**聚点**;称 M 的聚点的全体 $M'=\{x\in X\mid x \text{ 为 } M \text{ 的聚点}\}$ 为 M 的**导集**;称 $\overline{M}=M\cup M'$ 为 M 的**闭包**.

例 2.7　考虑 $\mathbf{R}^1$ 中的区间 $(a,b]$,求 $(a,b]$ 的导集与闭包.

解：显然$(a,b]$中的每一点都是$(a,b]$的聚点，a 也是，所以$(a,b]$的导集为$[a,b]$，$(a,b]$的闭包为$(a,b]\cup[a,b]=[a,b]$.

性质 2.1 X 中的子集 M 为闭集的充要条件是 $\bar{M}=M$.

证：若 M 是闭集，则 M 的余集 $X-M$ 是开集. 于是对任意 $x\in(X-M)$，有 $r>0$，使得 $B(x,r)\subset X-M$，即 $M\cap B(x,r)=\varnothing$，故 $x\notin M'$. 这就证明了 $M'\subset M$，于是 $\bar{M}=M\cup M'=M$.

反之，若 $\bar{M}=M$，对于任意 $x\in(X-M)$，由于 $x\notin M=\bar{M}$，故 $x\notin M'$，于是存在 $r>0$，使 $B(x,r)\subset(X-M)$，即 $X-M$ 是开集，所以 M 是闭集.

例 2.8 考虑 X 中的单点集 $M=\{x_0\}$，求 M'和 $\bar{M}$. M 是开集还是闭集?

解：显然，$M'=\varnothing$，$\bar{M}=M\cup M'=\{x_0\}=M$，由性质 2.1，$M$ 是闭集. 但由于 x_0 的任意球形邻域 $B(x_0,r)=\{x_0\}\subset M$，故 M 又是开集.

2.1.3 收敛、柯西列、完备性

仍考虑距离空间(X,d).

定义 2.4 设点列$\{x_n\}\subset X$，若有 $x\in X$，使$\lim\limits_{n\to\infty}d(x_n,x)=0$，则称$\{x_n\}$**收敛**于 x，记 $\lim\limits_{n\to\infty}x_n=x$，$x$ 称为$\{x_n\}$的**极限**.

定义 2.5 设点列$\{x_n\}\subset X$，若$\{x_n\}$满足 $d(x_n,x_m)\to 0$，当 $n,m\to\infty$，则称$\{x_n\}$是 X 中的**柯西列**(**基本列**).

性质 2.2 若点列$\{x_n\}$收敛，则$\{x_n\}$是柯西列.

证：设 $\lim\limits_{n\to\infty}x_n=x$，则 $d(x_n,x_m)\leqslant d(x_n,x)+d(x,x_m)\to 0$，当 $n,m\to\infty$，即$\{x_n\}$是柯西列.

注意，性质 2.2 反之不成立，因为柯西列的聚点可能不属于 X.

例 2.9 设 Q 为全体有理数的集合，点列$\{x_n\}=\left\{\left(1+\dfrac{1}{n}\right)^n\right\}\subset Q$，且 $\lim\limits_{n\to\infty}x_n=\mathrm{e}$，显然$\{x_n\}$是 Q 中的柯西列，但由于 $\mathrm{e}\notin Q$，故$\{x_n\}$不在 Q 中收敛.

例 2.10 考虑$\left[0,\dfrac{1}{2}\right]$上的多项式的全体 $P\left[0,\dfrac{1}{2}\right]$(可以看作

$C\left[0,\frac{1}{2}\right]$的子空间;其上的距离也为$\max\limits_{0\leqslant t\leqslant\frac{1}{2}}|x(t)-y(t)|$),点列$\{x_n\}=\{1+x+\cdots+x^n\}$是$P\left[0,\frac{1}{2}\right]$中的柯西列,但$\lim\limits_{n\to\infty}(1+x+\cdots+x^n)=\frac{1}{1-x}$不是多项式,故$\{x_n\}$在$P\left[0,\frac{1}{2}\right]$中不收敛.

定义 2.6　设$M\subset X$,若M中的任意点列均有收敛子列,且其极限也在M中,则称M是X中的**紧集**.

性质 2.3　X中的子集M是紧集的充要条件是M是有界闭集.

证: 若M是紧集,则由定义 2.6,$M'\subset M$,即M为闭集. 反设M无界,则M中必存在无界点列$\{x_n\}$,使$d(x_n,x_0)>n$,其中x_0为M中一个固定元素. 由于收敛点列必有界,故$\{x_n\}$中不可能存在收敛子列,这与M为紧集矛盾.

反之,若M为有界闭集,也可证明[17]其为紧集.

定义 2.7　若X中任意柯西列均收敛,则称(X,d)是**完备**的距离空间.

例 2.11　$\mathbf{R}^n$按通常定义的距离是完备的.

证: $\mathbf{R}^n$中的距离按通常定义(即欧氏距离)为

$$d(\boldsymbol{x},\boldsymbol{y})=\sqrt{\sum_{i=1}^{n}(x_i-y_i)^2},$$

其中$\boldsymbol{x}=[x_1\ \cdots\ x_n]^{\mathrm{T}},\boldsymbol{y}=[y_1\ \cdots\ y_n]^{\mathrm{T}}\in\mathbf{R}^n$. 设$\{\boldsymbol{x}_k\}$是$\mathbf{R}^n$中的任意柯西列,$\boldsymbol{x}_k=[x_1^{(k)}\ \cdots\ x_n^{(k)}]^{\mathrm{T}}$,则$d(\boldsymbol{x}_k,\boldsymbol{x}_m)\to 0$,当$k,m\to\infty$,而$d(\boldsymbol{x}_k,\boldsymbol{x}_m)=\sqrt{\sum_{i=1}^{n}(x_i^{(k)}-x_i^{(m)})^2}$,故对每个固定的$i(i=1,\cdots,n)$,有$|x_i^{(k)}-x_i^{(m)}|\to 0$. 当$k,m\to\infty$,即$\{x_i^{(k)}\}$是$\mathbf{R}^1$中的柯西列. 由微积分中的柯西收敛准则[13],$\mathbf{R}^1$是完备的,即存在$x_i\in\mathbf{R}^1$,使得$\lim\limits_{k\to\infty}x_i^{(k)}=x_i$ $(i=1,\cdots,n)$. 令$\boldsymbol{x}=[x_1\ \cdots\ x_n]^{\mathrm{T}}\in\mathbf{R}^n$,则$d(\boldsymbol{x}_k,\boldsymbol{x})=\sqrt{\sum_{i=1}^{n}(x_i^{(k)}-x_i)^2}\to 0,k\to\infty$,即$\{\boldsymbol{x}_k\}$收敛于$\boldsymbol{x}$. 所以$\mathbf{R}^n$是完备的.

例 2.12　$C[a,b]$按通常定义的距离是完备的.

证: $C[a,b]$中的距离按通常定义为

$$\max_{a\leqslant t\leqslant b}|x(t)-y(t)|.$$

其中 $x(t),y(t)\in C[a,b]$. 设$\{x_n(t)\}$是$C[a,b]$中的柯西列,即$\max_{a\leqslant t\leqslant b}|x_n(t)-x_m(t)|\to 0$,当 $n,m\to\infty$,从而对每一个 $t\in[a,b]$, $|x_n(t)-x_m(t)|\to 0$,当$n,m\to\infty$. 由微积分中判断函数列一致收敛的柯西定理[13],存在 $x(t)\in C[a,b]$,使$\lim\limits_{n\to\infty}x_n(t)=x(t)$,即$C[a,b]$是完备的.

在$C[a,b]$上定义 $d(x,y)=\int_a^b|x(t)-y(t)|\mathrm{d}t$,不难验证$d(x,y)$是距离(习题2.1). 但可以证明[17],$C[a,b]$关于$d(x,y)$不是完备的,可见一个距离空间的完备性与所定义的距离有关.

定理2.1 设(X,d)是完备的距离空间,$M\subset X$. 则子空间(M,d)完备的充要条件是,M是X中的闭集.

证: 若M完备,对任意 $x\in\overline{M}$,总可找到M中的点列$\{x_n\}$,使$\lim\limits_{n\to\infty}x_n=x$. 事实上,因为 $x\in\overline{M}$,对任意 n,$M\cap B\left(x,\frac{1}{n}\right)\neq\varnothing$,可取 $x_n\in M\cap B\left(x,\frac{1}{n}\right)$,而$M$完备,所以 $x\in M$,故 $\overline{M}\subset M$,即M是闭的.

反之,设$\{x_n\}\subset M$是柯西列,由于X是完备的,故存在 $x\in X$,使$\lim\limits_{n\to\infty}x_n=x$,而$M$是闭的,故 $x\in M$,即M是完备的.

例2.9和例2.10中,$\mathbf{R}^1$的子空间Q及$C[a,b]$的子空间$P[a,b]$都不是完备的,由定理2.1,Q和$P[a,b]$都不是闭的.

2.1.4 连续映射

定义2.8 设(X,d)和$(Y,\bar{d})$是距离空间,映射 $T:X\to Y$, $x_0\in X$. 若当$d(x,x_0)\to 0$时,有$\bar{d}(T(x),T(x_0))\to 0$,则称$T$在$x_0$连续,若$T$在$X$中的每一点都连续,则称$T$是$X$上的**连续映射**.

T在x_0连续的定义也可用ε-δ语言来叙述:设(X,d)和$(Y,\bar{d})$是距离空间,映射 $T:X\to Y$, $x_0\in X$,若对于任意的 $\varepsilon>0$,存在 $\delta>0$,当

$d(x,x_0)<\delta$ 时，有 $\bar{d}(T(x),T(x_0))<\varepsilon$，则称 T 在 x_0 连续.

微积分中已讨论过的(一元)连续函数，是当 $X=Y=\mathbf{R}^1$ 时连续映射的特例. 类似于连续函数的性质，可以证明[6]关于连续映射有下面的结论.

定理 2.2 设(X,d)和$(Y,\bar{d})$是距离空间，映射 $T:X\to Y$，T 在 $x_0\in X$ 连续的充要条件是，对任意点列$\{x_n\}\subset X$，$\lim\limits_{n\to\infty}x_n=x_0$，则在 Y 中有 $\lim\limits_{n\to\infty}T(x_n)=T(x_0)$.

还可以证明下列关于连续映射的等价命题. 为此先说明逆映射的概念.

定义 2.9 设映射 $T:X\to Y$，若对于任意 $x_1,x_2\in X,x_1\neq x_2$，在 Y 中必有 $T(x_1)\neq T(x_2)$，则称 T 为一个**单射(一对一映射)**，由此可确定一个由 Y 到 X 的映射，称为 T 的**逆映射**，记为 T^{-1}.

定理 2.3 设(X,d)和$(Y,\bar{d})$是距离空间，映射 $T:X\to Y$，则下列条件等价：①T 在 X 上连续；②对任意开集 $G\subset Y$，$T^{-1}(G)$是 X 中的开集；③对任意闭集 $F\subset Y$，$T^{-1}(F)$是 X 中的闭集；④对任意 $M\subset X$，$T(\bar{M})\subset\overline{T(M)}$.

证： ①⇒②. 设 $x_0\in T^{-1}(G)$，则 $T(x_0)\in G$，而 G 为开集，故有 $\varepsilon>0$，使 $B(T(x_0),\varepsilon)\subset G$. 由于 T 在 x_0 连续，存在 $\delta>0$. 当 $d(x,x_0)<\delta$ 时，$\bar{d}(T(x),T(x_0))<\varepsilon$，即当 $x\in B(x_0,\delta)$时，有 $T(x)\in B(T(x_0),\varepsilon)$. 所以 $B(x_0,\delta)\subset T^{-1}(G)$. 由 x_0 的任意性，$T^{-1}(G)$为开集.

②⇒③. 因为 F 是 Y 中的闭集，所以 $Y-F$ 是开集，由②，$T^{-1}(Y-F)$是 X 中的开集. 而 $X=T^{-1}(Y-F)\cup T^{-1}(F)$，于是$T^{-1}(F)=X-T^{-1}(Y-F)$为闭集.

③⇒④. 对任意 $M\subset X$，$M\subset T^{-1}(\overline{T(M)})$，而$\overline{T(M)}$闭，由③，$T^{-1}(\overline{T(M)})$闭，故 $\bar{M}\subset T^{-1}(\overline{T(M)})$，所以 $T(\bar{M})\subset\overline{T(M)}$.

④⇒①. 反设有 x_0 使 T 在 x_0 不连续，即有 $\varepsilon_0>0,\delta_n\to0,x_n\in B(x_0,\delta_n)$，但 $T(x_n)\notin B(T(x_0),\varepsilon_0)$. 取 $M=\{x_n\}(n=1,2,\cdots)$，$\bar{M}=\{x_0,x_n\}$，则 $T(x_0)\in T(\bar{M})$，但 $T(x_0)\notin\overline{T(M)}$，与④矛盾.

2.1.5 压缩映射与巴拿赫不动点定理

定义 2.10 设(X,d)是距离空间,映射 $T:X\to X$. 若存在一个常数 $\alpha\in[0,1)$,使得对任意 $x,y\in X$,有

$$d(T(x),T(y))\leqslant\alpha d(x,y),$$

则称 T 为 X 上的**压缩映射**.

当 $d(x,y)\neq0$,定义 2.10 中的不等式也可以写为$\dfrac{d(T(x),T(y))}{d(x,y)}\leqslant\alpha<1$,直观上看,$x$ 与 y 经过 T 的作用后距离变小了.

性质 2.4 压缩映射是连续映射.

证: 对任意 $x\in X$,以及任意 $x_n\to x$,有

$$d(T(x_n),T(x))\leqslant\alpha d(x_n,x)\to0,n\to\infty,$$

即 $T(x_n)\to T(x)$,由定理 2.2,T 在 x 连续,又由 x 的任意性,T 是 X 上的连续映射.

定理 2.4 设(X,d)是完备的距离空间,$T:X\to X$ 是压缩映射,则 T 有唯一的不动点,即存在唯一的 $x\in X$,使 $T(x)=x$.

证: 任取 $x_0\in X$,构造点列:$x_1=T(x_0),x_2=T(x_1)=T^2(x_0)\cdots$,$x_{n+1}=T(x_n)=T^{n+1}(x_0),\cdots$. 则因为 T 是压缩映射,即存在 $\alpha\in[0,1)$,使对任意 $x,y\in X$,有 $d(T(x),T(y))\leqslant\alpha d(x,y)$,所以 $d(x_{m+1},x_m)=d(T(x_m),T(x_{m-1}))\leqslant\alpha d(x_m,x_{m-1})=\alpha d(T(x_{m-1}),T(x_{m-2}))\leqslant\alpha^2 d(x_{m-1},x_{m-2})\leqslant\cdots\leqslant\alpha^m d(x_0,x_1)$.

对任意 $n>m$,由三角不等式,$d(x_n,x_m)\leqslant d(x_m,x_{m+1})+\cdots+d(x_{n-1},x_n)\leqslant(\alpha^m+\alpha^{m+1}+\cdots+\alpha^{n-1})d(x_0,x_1)=\alpha^m\dfrac{1-\alpha^{n-m}}{1-\alpha}d(x_0,x_1)\leqslant\dfrac{\alpha^m}{1-\alpha}d(x_0,x_1)\to0$,当 $m\to\infty$,即$\{x_n\}$是柯西列. 而 X 完备,所以有 $x\in X$,使$\lim\limits_{n\to\infty}x_n=x$. $d(x,T(x))\leqslant d(x,x_m)+d(x_m,T(x))\leqslant d(x,x_m)+\alpha d(x_{m-1},x)\to0,m\to\infty$,故 $d(x,T(x))=0$,所以 $T(x)=x$.

若有 $\bar{x}\in X$,使 $T(\bar{x})=\bar{x}$,则 $d(x,\bar{x})=d(T(x),T(\bar{x}))\leqslant\alpha d(x,\bar{x})$,于是 $0\leqslant(1-\alpha)d(x,\bar{x})\leqslant0$,所以 $d(x,\bar{x})=0$,或 $x=\bar{x}$,即不动点 x 是唯

一的.

定理 2.4 也称为**巴拿赫**(Banach)**不动点定理**或**压缩映射定理**. 值得注意的是,定理中 X 的完备性及 T 为压缩映射的条件都是必要的. 例如,$\mathbf{R}^1$ 中的开区间(0,1),按两点的绝对值定义的距离是不完备的. 若映射 $T:(0,1)\to(0,1)$ 定义为 $T(x)=\frac{1}{2}x, x\in(0,1)$,则 T 是压缩映射,但是 T 没有不动点.

下面讨论定理 2.4 在求解线性方程组 $\boldsymbol{Ax}+\boldsymbol{b}=\boldsymbol{x}$ 上的应用. 方程组中 $\boldsymbol{x},\boldsymbol{b}\in\mathbf{R}^n$,$\boldsymbol{A}$ 为 n 阶方阵. 这种形式的方程组有很多实际背景,例如投入产出分析中的基本方程组——分配方程组就是这种形式.

首先可以验证 $\mathbf{R}^n$ 在距离 $d(\boldsymbol{x},\boldsymbol{y})=\max\limits_{1\leqslant i\leqslant n}|x_i-y_i|$ 下是完备的(习题 2.4). 对于 $\boldsymbol{x}\in\mathbf{R}^n$,定义 $T:\mathbf{R}^n\to\mathbf{R}^n$, $T(\boldsymbol{x})=\boldsymbol{Ax}+\boldsymbol{b}$,则 $d(T(\boldsymbol{x}),T(\boldsymbol{y}))$

$$=d(\boldsymbol{Ax}+\boldsymbol{b},\boldsymbol{Ay}+\boldsymbol{b})=\max_{1\leqslant i\leqslant n}\left|\sum_{j=1}^{n}a_{ij}(x_j-y_j)\right|\leqslant\max_{1\leqslant i\leqslant n}\sum_{j=1}^{n}|a_{ij}|\max_{1\leqslant j\leqslant n}|x_j-y_j|$$

$=\max\limits_{1\leqslant i\leqslant n}\sum\limits_{j=1}^{n}|a_{ij}|d(\boldsymbol{x},\boldsymbol{y})$. 当 $\alpha=\max\limits_{1\leqslant i\leqslant n}\sum\limits_{j=1}^{n}|a_{ij}|<1$ 时,T 是压缩映射,由定理 2.4,T 有唯一的不动点 $\boldsymbol{x}$,即方程组有唯一解. 而且由定理 2.4 的证明可知,这唯一解 $\boldsymbol{x}$ 是从任意点 $\boldsymbol{x}_0\in\mathbf{R}^n$ 出发的迭代序列 $\{\boldsymbol{x}_m\}$ 的极限,这里 $\boldsymbol{x}_m=\boldsymbol{Ax}_{m-1}+\boldsymbol{b}$ $(m=1,2,\cdots)$. 于是可得下面的结论.

推论 2.1　若 n 阶线性方程组 $\boldsymbol{Ax}+\boldsymbol{b}=\boldsymbol{x}$ 的系数阵 $\boldsymbol{A}=(a_{ij})_{n\times n}$ 满足 $\sum\limits_{j=1}^{n}|a_{ij}|\leqslant\alpha<1(i=1,\cdots,n)$,则方程组有唯一解 $\boldsymbol{x}$,并且解 $\boldsymbol{x}$ 是从任意一点 $\boldsymbol{x}_0\in\mathbf{R}^n$ 出发的迭代序列 $\{\boldsymbol{x}_m\}$ 的极限,这里 $\boldsymbol{x}_m=\boldsymbol{Ax}_{m-1}+\boldsymbol{b}$ $(m=1,2,\cdots)$.

例 2.13　判断线性方程组 $\boldsymbol{x}=\boldsymbol{Ax}+\boldsymbol{b}$ 是否有唯一解,其中

$$\boldsymbol{A}=\begin{bmatrix}0.25 & 0.7\\ 0.087\,5 & 0.225\end{bmatrix}.$$

解:

$$\sum_{j=1}^{2} |a_{1j}| = 0.25 + 0.7 = 0.95 < 1,$$

$$\sum_{j=1}^{2} |a_{2j}| = 0.0875 + 0.225 = 0.3125 < 1,$$

所以由推论 2.1,方程组有唯一解.

2.2 线性赋范空间与有界线性泛函

线性代数中介绍的线性空间及有关概念,主要是对线性空间的代数结构进行讨论. 现在在线性空间中再引进拓扑结构,赋予"范数"的概念,便得到线性赋范空间.

2.2.1 线性赋范空间

初等数学中介绍了实数绝对值的概念. 任意实数 x 的绝对值 $|x|$ 的几何意义即 x 与 0 间的距离,也可以看作以 x 为终点的矢量的"长度". 绝对值显然满足下列特性:① $|x| \geqslant 0$,且 $|x| = 0$ 的充要条件是 $x = 0$;② $|\alpha x| = |\alpha| \cdot |x|, \alpha \in \mathbf{R}^1$;③ $|x + y| \leqslant |x| + |y|, y \in \mathbf{R}^1$. 绝对值是 $\mathbf{R}^1$ 中范数的简单例子. 对于任意的线性空间 X,也可以一般地定义其元素的范数的概念.

定义 2.11 设 X 是线性空间,若 X 中的每一个元素 x 都对应一个实数 $\|x\|$,并满足:

(1) $\|x\| \geqslant 0$,且 $\|x\| = 0$ 的充要条件是 $x = 0$;

(2) $\|\alpha x\| = |\alpha| \cdot \|x\|$,任意 $\alpha \in \mathbf{R}^1$;

(3) $\|x + y\| \leqslant \|x\| + \|y\|$,任意 $x, y \in X$.

则称 $\|x\|$ 为 x 的**范数**,X 称按范数 $\|\cdot\|$ 的**线性赋范空间**,简称**赋范空间**. 记为 $(X, \|\cdot\|)$.

显然,全体实数构成的线性空间 $\mathbf{R}^1$ 按范数 $\|\cdot\| = |\cdot|$(即绝对值)构成赋范空间.

例 2.14 在 $\mathbf{R}^n$ 上定义 $\|\boldsymbol{x}\| = \sqrt{\sum_{i=1}^{n} x_i^2}$,其中 $\boldsymbol{x} = [x_1 \quad \cdots \quad x_n]^{\mathrm{T}}$

$\in \mathbf{R}^n$,显然,$\|\boldsymbol{x}\|$满足定义 2.11 中的(1)、(2),又对任意 $\boldsymbol{x},\boldsymbol{y}\in \mathbf{R}^n$,由柯西不等式有

$$\|\boldsymbol{x}+\boldsymbol{y}\| = \sqrt{\sum_{i=1}^{n}(x_i+y_i)^2} \leqslant \sqrt{\sum_{i=1}^{n}x_i^2} + \sqrt{\sum_{i=1}^{n}y_i^2} = \|\boldsymbol{x}\| + \|\boldsymbol{y}\|.$$

即$\|\boldsymbol{x}\|$满足(3),所以$\|\cdot\|$是范数,$(\mathbf{R}^n,\|\cdot\|)$是赋范空间.

由例 2.1 可知,$\|\boldsymbol{x}\|$即向量 $\boldsymbol{x}$ 与零向量 $\mathbf{0}$ 间的距离.

例 2.15　考虑 $C[a,b]$,易证其在通常的函数加法与数乘运算下构成线性空间. 定义①(通常定义)$\|x(t)\| = \max\limits_{a\leqslant t\leqslant b}|x(t)|$;②$\|x(t)\| = \left\{\int_a^b |x(t)|^p \mathrm{d}t\right\}^{\frac{1}{p}}$,则这两种定义的$\|x(t)\|$均是范数.

事实上,这两种定义的$\|x(t)\|$显然满足定义 2.11 中的(1)、(2),只证满足(3). 首先,

$$\begin{aligned}\max_{a\leqslant t\leqslant b}|x(t)+y(t)| &\leqslant \max_{a\leqslant t\leqslant b}(|x(t)|+|y(t)|)\\ &\leqslant \max_{a\leqslant t\leqslant b}|x(t)| + \max_{a\leqslant t\leqslant b}|y(t)|.\end{aligned}$$

其次,由明科夫斯基不等式[18],

$$\left\{\int_a^b |x(t)+y(t)|^p \mathrm{d}t\right\}^{\frac{1}{p}} \leqslant \left\{\int_a^b |x(t)|^p \mathrm{d}t\right\}^{\frac{1}{p}} + \left\{\int_a^b |y(t)|^p \mathrm{d}t\right\}^{\frac{1}{p}}.$$

所以上述两种定义的$\|x(t)\|$均是范数,从而 $C[a,b]$ 在这两种范数下均构成赋范空间.

第一章中介绍了矩阵理论的相关知识. 事实上,可以将一个 $m\times n$ 矩阵看成是 mn 维的向量,因此也可将向量的范数加以推广,从而定义矩阵的范数.

定义 2.12　设 K 是实数域或复数域,$K^{m\times n}$为所有 $m\times n$ 矩阵所构成的向量空间. 若对 $K^{m\times n}$中的每一个元素 $\boldsymbol{A}$,都对应一个实数$\|\boldsymbol{A}\|$,并满足:

(1)　$\|\boldsymbol{A}\|\geqslant 0$,且$\|\boldsymbol{A}\|=0$ 的充要条件是 $\boldsymbol{A}=\boldsymbol{O}_{m\times n}$;

(2)　$\|\alpha\boldsymbol{A}\| = |\alpha|\cdot\|\boldsymbol{A}\|$,对任意的 $\alpha\in K$;

(3)　$\|\boldsymbol{A}+\boldsymbol{B}\|\leqslant\|\boldsymbol{A}\|+\|\boldsymbol{B}\|$,对任意的 $\boldsymbol{A},\boldsymbol{B}\in K^{m\times n}$.

则称$\|\boldsymbol{A}\|$为 $\boldsymbol{A}$ 在矩阵空间 $K^{m\times n}$上的**矩阵范数**. 此外,对于定义在

$K^{n\times n}$空间上的方阵,通常情况下对于矩阵范数的定义还加上如下相容性条件:

(4) $\|\boldsymbol{AB}\| \leqslant \|\boldsymbol{A}\| \cdot \|\boldsymbol{B}\|$.

满足以上设定的矩阵范数可以有多种. 常见的矩阵范数主要包括 1-范数、2-范数、∞-范数和 F-范数,它们的定义分别为:

$\|\boldsymbol{A}\|_1 = \max\limits_{\|\boldsymbol{x}\|\neq 0} \dfrac{\|\boldsymbol{Ax}\|_1}{\|\boldsymbol{x}\|_1} = \max\limits_{j} \sum\limits_{i=1}^{m} |a_{ij}|$,即求列元素绝对值之和的最大值,称为 $\boldsymbol{A}$ 的 1-**范数**,或称为**列范数**;

$\|\boldsymbol{A}\|_2 = \max\limits_{\|\boldsymbol{x}\|\neq 0} \dfrac{\|\boldsymbol{Ax}\|_2}{\|\boldsymbol{x}\|_2} = \sqrt{\lambda_{\max}(\boldsymbol{A}^*\boldsymbol{A})}$,其中 $\boldsymbol{A}^*$ 代表 $\boldsymbol{A}$ 的共轭转置, 因此其所诱导的矩阵范数就是 2-**范数**,或称为**谱范数**;

$\|\boldsymbol{A}\|_\infty = \max\limits_{\|\boldsymbol{x}\|\neq 0} \dfrac{\|\boldsymbol{Ax}\|_\infty}{\|\boldsymbol{x}\|_\infty} = \max\limits_{i} \sum\limits_{j=1}^{n} |a_{ij}|$,即求行元素绝对值之和的最大值,称为 $\boldsymbol{A}$ 的∞-**范数**,或称为**行范数**;

$\|\boldsymbol{A}\|_{\mathrm{F}} = \sqrt{\sum\limits_{j=1}^{n} \sum\limits_{i=1}^{m} |a_{ij}|^2} = \sqrt{\mathrm{tr}(\boldsymbol{A}^*\boldsymbol{A})} = \sqrt{\sum\limits_{i=1}^{\min\{m,n\}} \sigma_i^2}$,其中 σ_i 是 $\boldsymbol{A}$ 的奇异值,称为 $\boldsymbol{A}$ 的**弗罗贝尼乌斯(Frobenius)范数**,简称 F-**范数**.

性质 2.5 在赋范空间$(X, \|\cdot\|)$上定义 $d(x,y) = \|x-y\|$,对任 $x,y \in X$,则(X,d)是距离空间.

证: 只需证 $d(x,y)$是距离.

(1) $d(x,y) = \|x-y\| \geqslant 0$,且 $d(x,y)=0$ 等价于 $\|x-y\|=0$,即 $x=y$;

(2) $d(x,y) = \|x-y\| = \|-(y-x)\| = |-1| \cdot \|y-x\| = d(y,x)$;

(3) $d(x,y) = \|x-z+z-y\| \leqslant \|x-z\| + \|z-y\| = d(x,z) + d(z,y)$.

由定义 2.1 可知,$d(x,y)$是距离.

可见,由范数能够导出一个距离,从而任一赋范空间在其范数导出的距离下构成距离空间,也可以说赋范空间是一种特殊的距离空间. 因此,距离空间中的一些概念和性质也适用于赋范空间.

例如相应于距离空间中“收敛”的概念中 $d(x_n,x)\to 0, x\in X$,在赋范空间中即 $\|x_n-x\|\to 0, x\in X$;“柯西列”概念中 $d(x_n,x_m)\to 0$,在赋范空间中即 $\|x_n-x_m\|\to 0$. “完备性”的概念与距离空间相同,即若赋范空间中的任意柯西列都收敛,则称该赋范空间是完备的.

定义 2.13　完备的线性赋范空间称为**巴拿赫空间**,简称 **B-空间**.

在讨论线性空间时,主要考虑空间维数为有限的情形,如 $\mathbf{R}^n$. 而在讨论线性赋范空间时,还要考虑空间维数为无限的情形,如 $C[a,b]$. 以下将看到,有限维与无穷维赋范空间有一些不同的特性.

引理 2.1[16]　设 $\{x_1,\cdots,x_n\}$ 是赋范空间 X(任意维)中的一个线性无关组,则对任意一组数 $\alpha_1,\cdots,\alpha_n$,必存在常数 $C>0$,使得

$$\|\alpha_1x_1+\cdots+\alpha_nx_n\|\geqslant C(|\alpha_1|+\cdots+|\alpha_n|).$$

定理 2.5　有限维赋范空间是 B-空间.

证:设 $(X,\|\cdot\|)$ 为 n 维赋范空间,$[x_1\ \ \cdots\ \ x_n]$ 是 X 中的一组基. 任取 X 中的柯西列 $\{y_m\}$,设 $y_m=\sum\limits_{i=1}^{n}\alpha_i^{(m)}x_i$,则由引理 2.1 有

$$\begin{aligned}0\leftarrow\|y_k-y_m\|&=\Big\|\sum_{i=1}^{n}(\alpha_i^{(k)}-\alpha_i^{(m)})x_i\Big\|\geqslant C\Big(\sum_{i=1}^{n}|\alpha_i^{(k)}-\alpha_i^{(m)}|\Big)\\&\geqslant C|\alpha_i^{(k)}-\alpha_i^{(m)}|\quad(i=1,\cdots,n).\end{aligned}$$

所以 $\{\alpha_i^{(m)}\}$ 是 $\mathbf{R}^1$ 中的柯西列,而 $\mathbf{R}^1$ 完备,故存在 $\alpha_i\in\mathbf{R}^1$,使 $\lim\limits_{m\to\infty}\alpha_i^{(m)}=\alpha_i(i=1,\cdots,n)$. 令 $y=\sum\limits_{i=1}^{n}\alpha_ix_i\in X$,则

$$\|y_m-y\|=\Big\|\sum_{i=1}^{n}(\alpha_i^{(m)}-\alpha_i)x_i\Big\|\leqslant\max|\alpha_i-\alpha_i^{(m)}|\sum_{i=1}^{n}\|x_i\|\to 0,$$

当 $m\to\infty$. 即 $\{y_m\}$ 收敛.

定理 2.5 说明,无论其中的范数定义为何,任意有限维赋范空间均是 B-空间. 例如 $\mathbf{R}^n$ 中范数可定义为 $\|\boldsymbol{x}\|=\sqrt{\sum\limits_{j=1}^{n}x_j^2}$,也可定义为 $\|\boldsymbol{x}\|=\max\limits_{1\leqslant i\leqslant n}|x_i|$,其中 $\boldsymbol{x}=[x_1\ \ \cdots\ \ x_n]^{\mathrm{T}}$,$\mathbf{R}^n$ 无论在哪一种范数下均为 B-空间,即 $\mathbf{R}^n$ 在两种范数下的柯西列的收敛性相同. 一般地,任意有

限维赋范空间中的不同范数都是等价的. 所谓 X 中两个不同的范数 $\|\cdot\|$ 和 $\|\cdot\|_0$ 等价是指,存在数 $a,b>0$,使对任意 $x\in X$,有 $a\|x\|_0\leqslant\|x\|\leqslant b\|x\|_0$. 关于等价性的进一步内容,可参见文献[10]. 但是无穷维赋范空间中依不同范数的收敛性却未必相同.

例 2.16 由例 2.12,$C[a,b]$ 按通常定义的范数 $\|x(t)\|=\max\limits_{a\leqslant t\leqslant b}|x(t)|$ 是 B-空间. 但是按另一种范数 $\|x(t)\|=\int_a^b|x(t)|\mathrm{d}t$ 不是 B-空间[12].

例 2.17 多项式空间 $P[a,b]$ 是 $C[a,b]$ 的子空间,在通常定义的范数下构成赋范空间. 取 n 次多项式序列 $\left\{P_n(t)=\sum\limits_{k=0}^{n}\dfrac{t^k}{k!}\right\}$,则 $\{P_n(t)\}$ 是柯西列,但 $\lim\limits_{n\to\infty}P_n(t)=\mathrm{e}^t\notin P[a,b]$,故 $P[a,b]$ 不是 B-空间.

例 2.17 说明一个完备赋范空间的子空间可能是不完备的.

定理 2.6 设 $(X,\|\cdot\|)$ 是 B-空间,Y 是 X 的子空间,则 $(Y,\|\cdot\|)$ 是 B-空间的充要条件是,Y 是 X 的闭子空间.

证:若 $(Y,\|\cdot\|)$ 是 B-空间,则 $Y'\subset Y$,所以 Y 闭. 若 Y 闭,则 $Y'\subset Y$,即 Y 完备,又 Y 是子空间,所以 $(Y,\|\cdot\|)$ 是 B-空间.

例 2.18 设 $C[a,b]$ 中的范数按通常定义,$Y=\{x(t)\in C[a,b]\mid x(a)=x(b)\}$,证明 Y 按该范数是 B-空间.

证:首先,$C[a,b]$ 按通常定义的范数构成 B-空间. 其次,Y 是 $C[a,b]$ 的子空间. 事实上,对任 $x_1(t),x_2(t)\in Y$,记 $y(t)=x_1(t)+x_2(t)$,则 $y(t)\in C[a,b]$,$y(a)=x_1(a)+x_2(a)=x_1(b)+x_2(b)=y(b)$,即 $y(t)\in Y$,记 $z(t)=\alpha x_1(t)$,则 $z(t)\in C[a,b]$,且 $z(a)=\alpha x_1(a)=\alpha x_1(b)=z(b)$,即 $z(t)\in Y$. 最后,对任意 $y\in Y'$,有 $y_n\in Y$,$y_n\to y$,则易证 $y\in C[a,b]$,又 $y_n(a)\to y(a)$,$y_n(b)\to y(b)$,所以 $y(a)=y(b)$,即 $y\in Y$. 从而 $Y'\subset Y$,所以 Y 闭,由定理 2.6,Y 在通常定义的范数下是 B-空间.

2.2.2 有界线性算子

第一章中已给出过线性映射的概念,本章称线性算子. 所谓**线性算**

子,是指一个映射 $T:X\to Y$,其中 X 和 Y 是实线性空间,T 满足线性性,即对任意 $\alpha,\beta\in\mathbf{R}^1$,$x_1,x_2\in X$,有 $T(\alpha x_1+\beta x_2)=\alpha T(x_1)+\beta T(x_2)$. 这里要说明的是,$T$ 的定义域 $D(T)$ 可以不是整个 X,但必须是 X 中的一个子空间. 同样,T 的值域 $R(T)$ 也不一定是整个 Y. 关于线性算子,容易证明下面的简单性质.

性质 2.6　设 $T:X\to Y$ 是线性算子,则 T 的值域 $R(T)$ 是 Y 中的子空间.

证: 对任 $y_1,y_2\in R(T)$,设 $y_1=Tx_1$,$y_2=Tx_2$,$x_1,x_2\in D(T)$,对任 $\alpha,\beta\in\mathbf{R}^1$,$\alpha y_1+\beta y_2=\alpha Tx_1+\beta Tx_2=T(\alpha x_1+\beta x_2)\in R(T)$. 所以 $R(T)$ 是 Y 中的子空间.

既然 $R(T)$ 是 Y 的子空间,其中必有零元 0. 0 所对应的 $D(T)$ 中元素的全体记为 $N(T)=\{x\in D(T)\mid Tx=0\}$,称为 T 的**零空间**. 可以证明,$N(T)$ 是 $D(T)$ 中的子空间(习题 2. 11).

性质 2.7　设 $T:X\to Y$ 是线性算子,则 T 的逆算子 T^{-1} 存在的充要条件是:若 $Tx=0$,则 $x=0$.

证: 若 T^{-1} 存在,即若 $Tx_1=Tx_2$,必有 $x_1=x_2$,而若 $Tx=0$,又 $T0=0$,所以 $x=0$. 反之,对任 $x_1\neq x_2$,必有 $Tx_1\neq Tx_2$,否则,$Tx_1=Tx_2$,即 $Tx_1-Tx_2=T(x_1-x_2)=0$,$x_1-x_2=0$,这与 $x_1\neq x_2$ 矛盾.

下面在线性赋范空间中,进一步讨论线性算子的一些重要性质.

定义 2.14　设 $(X,\|\cdot\|_1)$ 和 $(Y,\|\cdot\|_2)$ 是线性赋范空间,$T:X\to Y$ 是线性算子,若存在常数 $C>0$,使对任 $x\in X$,有 $\|Tx\|_2\leqslant C\|x\|_1$,则称算子 T 是**有界**的.

有时为了书写简便,将 X 与 Y 中的范数都记为 $\|\cdot\|$,但应注意加以区别.

线性算子的有界性与函数的有界性的含义是不同的. 有界函数是指其值域为有界集的函数,而有界线性算子是指把 X 中任有界集映射成 Y 中有界集的线性算子.

若 T 为有界线性算子,即对任 $x\in X$,$\|Tx\|\leqslant C\|x\|$,则当 $\|x\|\neq0$,有 $\dfrac{\|Tx\|}{\|x\|}\leqslant C$,所以 $\sup\limits_{x\neq0}\dfrac{\|Tx\|}{\|x\|}$ 存在,其中 sup 为**上确界**符号,上确

界即最小上界.

定义 2.15 设 T 是赋范空间 X 到 Y 的有界线性算子,称

$$\|T\| = \sup_{x\neq 0}\frac{\|Tx\|}{\|x\|}$$

为**算子 T 的范数**.

性质 2.8 设 T 是赋范空间 X 到 Y 的有界线性算子,则:

(1) $\|Tx\| \leqslant \|T\|\|x\|$;

(2) $\|T\| = \sup\limits_{\|x\|=1}\|Tx\|$.

证:(1) 若 $x=0$,显然,有 $\|Tx\| = \|T\|\|x\|$. 设 $x\neq 0$,则 $\frac{\|Tx\|}{\|x\|} \leqslant \sup\limits_{x\neq 0}\frac{\|Tx\|}{\|x\|} = \|T\|$,所以 $\|Tx\| \leqslant \|T\|\|x\|$.

(2) 设 $x\neq 0$,令 $y=\frac{x}{\|x\|}$,则 $\|y\| = 1$,所以,有

$$\|T\| = \sup_{x\neq 0}\frac{\|Tx\|}{\|x\|} = \sup_{\|y\|=1}\|Ty\|.$$

例 2.19 单位算子 $I:X\to X$,对任 $x\in X$,$Ix=x$,显然 I 是线性算子. $\|Ix\| = \|x\|$,由性质 2.8(1),$\|I\| = 1$,I 为有界线性算子.

例 2.20 积分算子 $F:C[a,b]\to C[a,b]$,$F(x)=\int_a^t x(\tau)\mathrm{d}\tau$,显然,$F$ 为线性算子,而 $\|F\| = \sup\limits_{\|x\|=1}\|Fx\| = \sup\limits_{\|x\|=1}\max\limits_t\left|\int_a^t x(\tau)\mathrm{d}\tau\right| \leqslant \sup\limits_{\|x\|=1}\max\limits_t\int_a^t\|x\|\mathrm{d}\tau = b-a$,所以 F 是有界线性算子.

例 2.21 微分算子 $T:C[a,b]\to C[a,b]$,$D(T)$ 为 $C[a,b]$ 中的一阶可微函数全体,记为 $C^1[a,b]$. 易证 T 为线性算子. 但是 T 无界. 事实上,取 $x_n=t^n\in C^1[0,1]$,$\|x_n\| = \max\limits_{0\leqslant t\leqslant 1}|t_n|=1$,$Tx_n=nt^{n-1}$,$\|Tx_n\| = \max\limits_{0\leqslant t\leqslant 1}|nt^{n-1}|=n$,所以,$\|T\| = \sup\limits_{\|x_n\|=1}\|Tx_n\| \geqslant \|Tx_n\| = n\to\infty$,当 $n\to\infty$.

上面的例子说明,在一般的赋范空间中确实存在无界的线性算子. 而在有限维赋范空间中,任何线性算子都是有界的.

定理 2.7 有限维赋范空间上的任一线性算子都是有界的.

证：设 X 为 n 维线性空间，$[x_1 \quad \cdots \quad x_n]$ 是 X 中的一组基. 对任意 $x \in X, x = \alpha_1 x_1 + \cdots + \alpha_n x_n$，定义 $\| x \| = \sum_{i=1}^{n} |\alpha_i|$，则可证 $\| \cdot \|$ 是范数. 对 X 上的任意线性算子 T，有

$$\| Tx \| = \| \sum_{i=1}^{n} \alpha_i Tx_i \| \leqslant \sum_{i=1}^{n} |\alpha_i| \| Tx_i \|$$

$$\leqslant \max_{1 \leqslant i \leqslant n} \| Tx_i \| \sum_{i=1}^{n} |\alpha_i| = \max_{1 \leqslant i \leqslant n} \| Tx_i \| \| x \|.$$

令 $C = \max_{1 \leqslant i \leqslant n} \| Tx_i \|$，则 $\| Tx \| \leqslant C \| x \|$，即 T 有界，由 T 的任意性，定理得证.

上一节中给出了距离空间上连续算子的概念，在赋范空间中按范数导出的距离来叙述连续算子的概念为：称赋范空间 X 到 Y 的算子 T 在 $x_0 \in D(T) \subset X$ 连续，若当 $\| x - x_0 \| \to 0$ 时，有 $\| Tx - Tx_0 \| \to 0$. 若 T 在 $D(T)$ 中每点都连续，则称 T 在 $D(T)$ 上连续. 可以证明[17]，在赋范空间中，算子连续与有界是等价的.

定理 2.8 设 T 为赋范空间 X 到 Y 的线性算子，则

(1) T 在 $D(T)$ 上连续的充要条件是 T 在 $D(T)$ 上有界；

(2) 若 T 在某一点 $x_0 \in D(T)$ 连续，则 T 在 $D(T)$ 上连续.

例 2.22 设 T 是赋范空间 X 到 Y 的有界线性算子，求证：T 的零空间 $N(T)$ 是 $D(T)$ 中的闭子空间.

证：$N(T) = T^{-1}(\{0\})$，而单点集 $\{0\}$ 是 Y 中的闭集，T 是有界线性算子，所以是连续的，因此 $N(T)$ 为 $D(T)$ 中的闭集. 又因线性算子的零空间 $N(T)$ 是子空间，所以 $N(T)$ 为 $D(T)$ 中的闭子空间.

考虑赋范空间 X 到 Y 的有界线性算子的全体，记为 $B(X,Y) = \{T | T: X \to Y$ 是有界线性算子$\}$，称为 X 到 Y 的**有界线性算子空间**. 在 $B(X,Y)$ 上定义算子加和数乘为：$(T_1 + T_2)x = T_1 x + T_2 x, (\alpha T)x = \alpha Tx$，则易证 $B(X,Y)$ 是线性空间. 进一步还可证明性质 2.9.

性质 2.9 线性空间 $B(X,Y)$ 在算子范数 $\| T \| = \sup_{x \neq 0} \frac{\| Tx \|}{\| x \|}$ 下是赋范空间.

证：只证 $\| T \|$ 满足三角不等式. 对任 $T_1, T_2 \in B(X,Y)$，

$$\begin{aligned}\| T_1 + T_2 \| &= \sup_{\|x\|=1} \| (T_1 + T_2)x \| = \sup_{\|x\|=1} \| T_1x + T_2x \| \\ &\leqslant \sup_{\|x\|=1} (\| T_1x \| + \| T_2x \|) \\ &\leqslant \sup_{\|x\|=1} \| T_1x \| + \sup_{\|x\|=1} \| T_2x \| = \| T_1 \| + \| T_2 \| ,\end{aligned}$$

所以 $\| T \|$ 是范数,从而 $B(X,Y)$ 是赋范空间.

定理 2.9 若 Y 是 B-空间,则 $B(X,Y)$ 是 B-空间.

证:设 $\{T_m\}$ 是 $B(X,Y)$ 中的任意柯西列,则 $\| T_n - T_m \| \to 0$. 当 n, $m\to\infty$,即对任意 $\varepsilon>0$,当 n、m 充分大,有 $\| T_n - T_m \| \leqslant \varepsilon$,所以对任 $x \in X$, $\| T_nx - T_mx \| \leqslant \| T_n - T_m \| \| x \| \leqslant \varepsilon \| x \|$. 即 $\{T_m(x)\}$ 是 Y 中的柯西列,而 Y 是完备的,故存在 $y \in Y$,使 $\lim\limits_{m\to\infty} T_mx = y$. 这就确定了一个算子 $T:X\to Y, Tx = \lim\limits_{m\to\infty} T_mx$.

对任 $\alpha,\beta \in \mathbf{R}^1$, $x_1, x_2 \in X$. $T(\alpha x_1 + \beta x_2) = \lim\limits_{m\to\infty} T_m(\alpha x_1 + \beta x_2) = \lim\limits_{m\to\infty} (\alpha T_mx_1 + \beta T_mx_2) = \alpha Tx_1 + \beta Tx_2$,即 T 是线性的. 又

$$\begin{aligned}\| (T_n - T)x \| &= \| T_nx - Tx \| = \| T_nx - \lim_{m\to\infty} T_mx \| \\ &= \lim_{m\to\infty} \| T_nx - T_mx \| \leqslant \varepsilon \| x \| \text{(当 } n,m \text{ 充分大)}.\end{aligned}$$

说明 $T_n - T$ 是有界算子,而 T_n 有界,故 $T = T_n - (T_n - T)$ 也是有界的,即 $T \in B(X,Y)$.

同时, $\| T_n - T \| = \sup\limits_{\|x\|=1} \| (T_n - T)x \| \leqslant \sup\limits_{\|x\|=1} \varepsilon \| x \| = \varepsilon$,说明 $T_n \to T$. 所以 $B(X,Y)$ 是 B-空间.

2.2.3 有界线性泛函与对偶空间

算子 $f:X\to Y$,若 Y 为数域(实数域 $\mathbf{R}^1$ 或复数域 $\mathbf{C}^1$),则称 f 为泛函. 当 $Y = \mathbf{R}^1$ 且 f 为线性算子,则称 f 为**实线性泛函**. 作为线性算子的特例,线性泛函的有关概念和性质如下.

设$(X, \| \cdot \|)$是($\mathbf{R}^1$ 上的)线性赋范空间,$f:X\to\mathbf{R}^1$ 是线性泛函,若存在常数 $C>0$,使对任何 $x \in X$,有

$$|f(x)| \leqslant C \| x \| ,$$

则称 f 为**有界的线性泛函**.

泛函 f 的范数定义为 $\| f \| = \sup\limits_{x\neq0} \dfrac{|f(x)|}{\| x \|} = \sup\limits_{\|x\|=1} |f(x)|$.

性质 2.10　设$(X, \|\cdot\|)$是赋范空间，$f: X\to \mathbf{R}^1$ 是有界线性泛函，则对任 $x\in X$，$|f(x)|\leqslant \|f\|\|x\|$.

性质 2.11　设$(X, \|\cdot\|)$是赋范空间，$f: X\to \mathbf{R}^1$ 是线性泛函，则 f 在 X 上连续的充要条件是 f 在 X 上有界.

例 2.23　在 $\mathbf{R}^3$ 中取一固定点 $\boldsymbol{a}=[a_1\quad a_2\quad a_3]$，定义泛函 $f: \mathbf{R}^3\to \mathbf{R}^1$，使得对每一个 $\boldsymbol{x}=[x_1\quad x_2\quad x_3]\in \mathbf{R}^3$，$f(\boldsymbol{x})=x_1a_1+x_2a_2+x_3a_3$. 验证 f 是 $\mathbf{R}^3$ 上的有界线性泛函.

证：对任 $\boldsymbol{x},\boldsymbol{y}\in \mathbf{R}^3$，$\alpha,\beta\in \mathbf{R}^1$，

$$\begin{aligned}f(\alpha\boldsymbol{x}+\beta\boldsymbol{y})&=(\alpha x_1+\beta y_1)a_1+(\alpha x_2+\beta y_2)a_2+(\alpha x_3+\beta y_3)a_3\\&=\alpha(x_1a_1+x_2a_2+x_3a_3)+\beta(y_1a_1+y_2a_2+y_3a_3)\\&=\alpha f(\boldsymbol{x})+\beta f(\boldsymbol{y}),\end{aligned}$$

所以 f 是线性泛函. 又由柯西-许瓦兹不等式，

$$|f(\boldsymbol{x})|=\left|\sum_{i=1}^{3}a_ix_i\right|\leqslant\sqrt{\sum_{i=1}^{3}a_i^2}\cdot\sqrt{\sum_{i=1}^{3}x_i^2}=\|\boldsymbol{a}\|\|\boldsymbol{x}\|,$$

所以 f 是有界的.

考虑 X 上的有界线性泛函的全体，它显然是有界线性算子空间 $B(X,Y)$ 的特例.

定义 2.16　设$(X, \|\cdot\|)$是线性赋范空间，X 上的有界线性泛函的全体 $B(X,\mathbf{R}^1)$ 称为 X 的**对偶(共轭)空间**，记作 X^*.

作为 $B(X,Y)$ 的特例，X^* 上的范数也按通常定义为

$$\|f\|=\sup_{x\neq 0}\frac{|f(x)|}{\|x\|}=\sup_{\|x\|=1}|f(x)|.$$

其中 $f\in X^*$. 则由性质 2.9，X^* 在 $\|f\|$ 下构成赋范空间.

由于 $\mathbf{R}^1$ 是完备的，由定理 2.9 可得下面的结论.

推论 2.2　赋范空间 X 的对偶空间 X^* 是 B-空间.

定义 2.17　设 T 是赋范空间 X 到 Y 的可逆线性算子，$R(T)=Y$，若对任 $x\in X$，有 $\|Tx\|=\|x\|$，则称 T 为 X 到 Y 上的**等距同构映射**. 若存在 X 到 Y 上的等距同构映射，则称 X 与 Y 是**等距同构**的.

例 2.24　考虑 $\mathbf{R}^n$ 的共轭空间$(\mathbf{R}^n)^*$.

任$f \in (\mathbf{R}^n)^*$,$\boldsymbol{x} = [x_1 \quad \cdots \quad x_n]^{\mathrm{T}} \in \mathbf{R}^n$,$\boldsymbol{x} = \sum_{i=1}^{n} x_i \boldsymbol{e}_i$,其中$\boldsymbol{e}_i$为$\mathbf{R}^n$中的坐标向量,即第$i(i = 1, \cdots, n)$个分量为1,其余全为0的向量. 由于$f$是$\mathbf{R}^n$上的有界线性泛函,故

$$f(\boldsymbol{x}) = f\left(\sum_{i=1}^{n} x_i \boldsymbol{e}_i\right) = \sum_{i=1}^{n} x_i f(\boldsymbol{e}_i),$$

令$a_i = f(\boldsymbol{e}_i)(i = 1, \cdots, n)$,则$\boldsymbol{a} = [a_1 \quad \cdots \quad a_n] \in \mathbf{R}^n$,且$\boldsymbol{a}$由$f$唯一确定.

反之,对任$\boldsymbol{a} = [a_1 \quad \cdots \quad a_n] \in \mathbf{R}^n$,定义$f(\boldsymbol{x}) = \sum_{i=1}^{n} x_i a_i$,则$f$是$\mathbf{R}^n$上的一个有界线性泛函. 事实上,线性性是显然的,有界性是因为

$$|f(\boldsymbol{x})| = \left|\sum_{i=1}^{n} x_i a_i\right| \leqslant \sqrt{\sum_{i=1}^{n} x_i^2} \cdot \sqrt{\sum_{i=1}^{n} a_i^2} = \|\boldsymbol{x}\| \|\boldsymbol{a}\|.$$

上述讨论说明$(\mathbf{R}^n)^*$中的任一元素f均与$\mathbf{R}^n$中一个元素$\boldsymbol{a}$一一对应. 由于$|f(\boldsymbol{x})| \leqslant \|\boldsymbol{x}\| \|\boldsymbol{a}\|$,故$\|f\| \leqslant \|\boldsymbol{a}\|$,又当取$\boldsymbol{x} = \boldsymbol{a}$时有$|f(\boldsymbol{a})| = \|\boldsymbol{a}\|^2$,故$\|f\| \geqslant \|\boldsymbol{a}\|$,于是有$\|f\| = \|\boldsymbol{a}\|$. 这说明,映射$f \to a$是$(\mathbf{R}^n)^*$到$\mathbf{R}^n$的等距同构映射,所以$(\mathbf{R}^n)^*$与$\mathbf{R}^n$是等距同构的,或者说在等距同构意义下,$\mathbf{R}^n$与其对偶空间$(\mathbf{R}^n)^*$是相同的.

X^*的**对偶空间**$(X^*)^*$称为X的**二次对偶空间**,记为X^{**}. 对于任意的$f \in X^*$,$x \in X$,记

$$f(x) = \langle f, x \rangle,$$

对此表达式可有两方面理解:若固定f让x在X中变动,则此式中f是X上的有界线性泛函;若固定x让f在X^*中变动,则此式中x可看作X^*上的有界线性泛函,使得$f \to x$.

如果一个赋范空间X的二次对偶空间X^{**}(在同构意义下)等于X,则称X是**代数自反的**,简称**自反**的. 例2.24表明,$\mathbf{R}^n$是自反的. 一般地,可以证明[16]下面的结论.

定理2.10 任何有限维赋范空间都是自反的.

2.3　内积空间

上一节介绍的线性赋范空间,通过在线性空间中赋予范数,而使得元素大小或长度可以度量,从而可引入有界性等概念;同时由于由范数可导出距离,而使得收敛及完备性等在距离空间中定义的概念在赋范空间中仍适用.本节将进一步在线性空间中引入"内积",从而可使夹角、正交、投影等几何概念的引入及相关讨论可以进行.

2.3.1　内积空间与希尔伯特空间

线性代数中已经给出了向量内积的概念. $\mathbf{R}^n$ 中两个向量 $\boldsymbol{x}$ 与 $\boldsymbol{y}$ 的内积 $(\boldsymbol{x},\boldsymbol{y})$ 即其乘积:

$$(\boldsymbol{x},\boldsymbol{y})=x_1y_1+\cdots+x_ny_n.$$

由此可定义 $\boldsymbol{x}$ 与 $\boldsymbol{y}$ 的长度 $\|\boldsymbol{x}\|$ 与 $\|\boldsymbol{y}\|$,以及 $\boldsymbol{x}$ 与 $\boldsymbol{y}$ 的夹角 θ:

$$\|\boldsymbol{x}\|=\sqrt{(\boldsymbol{x},\boldsymbol{x})}=\sqrt{\sum_{i=1}^{n}x_i^2}\ \text{(同样有}\ \|\boldsymbol{y}\|\text{)},$$

$$\theta=\cos^{-1}\frac{(\boldsymbol{x},\boldsymbol{y})}{\|\boldsymbol{x}\|\cdot\|\boldsymbol{y}\|}.$$

$\mathbf{R}^n$ 中定义了内积可称为**欧氏空间**,仍记为 $\mathbf{R}^n$. 如果 $\boldsymbol{x}$ 与 $\boldsymbol{y}$ 为复向量,即 $\boldsymbol{x},\boldsymbol{y}\in\mathbf{C}^n$,则其内积为

$$(\boldsymbol{x},\boldsymbol{y})=\boldsymbol{x}_1\bar{\boldsymbol{y}}_1+\cdots+\boldsymbol{x}_n\bar{\boldsymbol{y}}_n.$$

其中 $\bar{\boldsymbol{y}}_1,\cdots,\bar{\boldsymbol{y}}_n$ 表示 $y_1,\cdots,y_n$ 的共轭数. 可以总结上述向量内积的特性并一般化至任意线性空间.

定义 2.18　设 K 是实数域或复数域,X 是 K 上的线性空间,如果对于任意 $x,y\in X$,都对应着 K 中的一个数 (x,y),并满足如下性质:

(1) 共轭对称性,$(x,y)=\overline{(y,x)}$;

(2) 对第一变元的线性,$(\alpha x+\beta y,z)=\alpha(x,z)+\beta(y,z)$,对任何的 $x,y,z\in X,\alpha,\beta\in K$ 成立;

(3) 非负性,$(x,x)\geqslant 0$,且等号成立的充要条件是 $x=0$.

则称 $(\cdot,\cdot)$ 为 X 中的**内积**,称 X 为**内积空间**,并记做 $(X,(\cdot,\cdot))$.

显然,上述内积概念是有限维欧氏空间上相应概念的推广. 一般情况下,内积空间总是假设为复空间. 容易验证,n 维实线性空间 $\mathbf{R}^n$ 按照内积定义$(\boldsymbol{x},\boldsymbol{y}) = \sum_{i=1}^{n} x_i y_i$ 构成内积空间,n 维复线性空间 $\mathbf{C}^n$ 按照内积定义$(\boldsymbol{x},\boldsymbol{y}) = \sum_{i=1}^{n} x_i \bar{y}_i$ 也构成内积空间.

另外,从性质(1)和(2),可以得到内积的如下性质:

(4)对第二变元的共轭线性,即$(z,\alpha x+\beta y)=\bar{\alpha}(z,x)+\bar{\beta}(z,y)$.

类似于 n 维实线性空间 $\mathbf{R}^n$,可以由内积导出范数. 在此之前,先证明一个重要的不等式,即柯西-许瓦兹不等式仍然成立.

引理 2.2　设$(X,(\cdot,\cdot))$是内积空间,则对任意的 $x,y\in X$,有

$$|(x,y)|^2\leqslant(x,x)(y,y).$$

证:对任意的实数 $\boldsymbol{\lambda}$,由内积的非负性有

$$0\leqslant(x+\boldsymbol{\lambda} y,x+\boldsymbol{\lambda} y)=(x,x)+2\mathrm{Re}[\bar{\boldsymbol{\lambda}}(x,y)]+|\boldsymbol{\lambda}|^2(y,y),$$

其中 Re[ ]表示取括号内该数的实部. 当 $y=0$ 时,引理显然成立. 现在设 $y\neq0$,则$(y,y)>0$. 此外,当 $\boldsymbol{\lambda}=-\dfrac{(x,y)}{(y,y)}$时,上式右边项取到最小值,因此可以得到

$$(x,x)-2\frac{|(x,y)|^2}{(y,y)}+\frac{|(x,y)|^2}{(y,y)^2}(y,y)\geqslant0,$$

引理得证.

基于柯西-许瓦兹不等式,可以得到如下结论.

定理 2.11　设$(X,(\cdot,\cdot))$是内积空间,定义 $\|x\|=\sqrt{(x,x)}$,则 $\|\cdot\|$ 是一个范数,$(X,(\cdot,\cdot))$构成相应的线性赋范空间.

证:显然,范数的前两条性质可由内积的定义直接得到,因此只需证明 $\|\cdot\|$ 满足三角不等式. 由定义,

$$\|x+y\|^2=\|x\|^2+2\mathrm{Re}(x,y)+\|y\|^2.$$

由柯西-许瓦兹不等式,得到

$$|\mathrm{Re}(x,y)|\leqslant|(x,y)|\leqslant\|x\|\|y\|.$$

因此,可知

$$\|x+y\|^2 \leqslant \|x\|^2 + 2\|x\|\|y\| + \|y\|^2 = (\|x\| + \|y\|)^2,$$

定理得证.

为简便起见,称上述范数是**由内积导出的范数**,如无特殊说明,接下来遇到的关于内积空间中的极限、收敛等概念都是基于上述范数所引出的距离而言.

定理 2.12　设$(X,(\cdot,\cdot))$是内积空间,则内积(x,y)是$X \times X$上关于范数$\|\cdot\|$的连续函数,即当$x_n \to x_0, y_n \to y_0$时有$(x_n,y_n) \to (x_0,y_0)$.

证:由于x_n, y_n收敛可知$\|x_n\|$和$\|y_n\|$有界,不妨用M表示它们的一个上界,则

$$\begin{aligned} |(x_n,y_n)-(x_0,y_0)| &\leqslant |(x_n,y_n)-(x_0,y_n)| + |(x_0,y_n)-(x_0,y_0)| \\ &\leqslant \|x_n - x_0\| \, \|y_n\| + \|x_0\| \, \|y_n - y_0\| \\ &\leqslant M\|x_n - x_0\| + \|x_0\| \, \|y_n - y_0\| \to 0 (n \to \infty). \end{aligned}$$

引理 2.3　设X是一个内积空间,$\|\cdot\|$是由内积导出的范数,则对任何$x,y \in X$,如下**平行四边形公式**必然成立:

$$\|x+y\|^2 + \|x-y\|^2 = 2(\|x\|^2 + \|y\|^2).$$

证:通过直接计算即可得证.

由定理 2.11,内积空间必然是线性赋范空间,反之则未必成立. 例如,假设$l^p(1 \leqslant p < \infty)$是由满足条件$\sum\limits_{n=1}^{\infty} |x_n|^p < \infty$的数列$\{x_n\}$全体所组成的线性空间,其范数定义为

$$\|x\| = \left(\sum_{i=1}^{\infty} |x_i|^p\right)^{\frac{1}{p}},$$

则可以验证l^p是 B-空间,然而当我们令$x = \{1,1,0,\cdots\} \in l^p$, $y = \{1,-1,0,\cdots\} \in l^p$,可以发现

$$\|x\| = \|y\| = 2^{\frac{1}{p}}, \|x+y\| = \|x-y\| = 2,$$

当$p \neq 2$时,l^p上的范数不满足平行四边形公式,从而这个范数不能由内积得到.

那么,在什么条件下线性赋范空间可以引入一个内积$(\cdot,\cdot)$使得$(x,x)^{\frac{1}{2}} = \|x\|$呢?

定理 2.13　设 X 是一个线性赋范空间,其范数为 $\|\cdot\|$. 如果对 X 中任何元素 x,y,范数都满足平行四边形公式,那么必然可以在 X 中定义内积$(\cdot,\cdot)$,使得 $\|\cdot\|$ 就是由内积$(\cdot,\cdot)$导出的范数.

证:容易验证,当 X 是实线性赋范空间时,如果范数 $\|\cdot\|$ 确实是由内积导出的,则我们可得

$$(x,y)=\frac{1}{4}(\|x+y\|^2-\|x-y\|^2).$$

当 X 是复线性赋范空间时,我们可得

$$(x,y)=\frac{1}{4}(\|x+y\|^2-\|x-y\|^2+\mathrm{i}\|x+\mathrm{i}y\|^2-\mathrm{i}\|x-\mathrm{i}y\|^2).$$

上述两个等式常被称为**极化恒等式**. 基于上述等式,不难验证$(\cdot,\cdot)$确实是内积. 具体的证明过程留给读者思考.

定义 2.19　完备的内积空间称为**希尔伯特(Hilbert)空间**.

从上述定义可以看出,希尔伯特空间将有限维欧氏空间加以推广,使之不局限于实数和有限维度的情况,同时又不失完备性.

例 2.25　$\mathbf{R}^n$ 和 $\mathbf{C}^n$ 都是希尔伯特空间.

例 2.26　若定义 l^2 的内积为 $(x,y)=\sum_{i=1}^{\infty}x_i\bar{y}_i$,其中

$$x=\{x_1,x_2,\cdots,x_n,\cdots\}\in l^2,y=\{y_1,y_2,\cdots,y_n,\cdots\}\in l^2,$$

则 l^2 是希尔伯特空间.

2.3.2　正交分解与投影定理

定义 2.20　如果内积空间 X 中两个元素 x,y 有 $(x,y)=0$,则称 x 与 y **正交**,记作 $x\perp y$. 设 M 是 X 的非空子集,若对任意的 $y\in M$ 都有 $x\perp y$,则称 x 与 M 正交,记作 $x\perp M$. 此外,我们称集合 $\{x\in X|x\perp M\}$ 为 M 的**正交补**,记作 $M^{\perp}$. 设 M 和 N 是 X 的两个子集,如果对任何的 $x\in M$ 和 $y\in N$ 都有 $x\perp y$,则称 M 与 N 正交,记作 $M\perp N$.

由正交的定义,可以直接推出:

性质 2.12　设 X 是内积空间,M 是 X 的一个非空子集,则

(1)若 $x\perp y$,则 $y\perp x$ 也成立;

(2) $x \perp X$ 的充要条件是 $x=0$;

(3) 若 $M \subset N$,则 $M^{\perp} \supset N^{\perp}$;

(4) 如果 $0 \in M$,则 $M \cap M^{\perp} = \{0\}$;

(5) 若 $x \perp y_i (i=1,2)$,则 $x \perp \lambda_1 y_1 + \lambda_2 y_2$(任意 $\lambda_1, \lambda_2 \in K$);

(6) 若 $x \perp y$,则 $\| x+y \|^2 = \| x \|^2 + \| y \|^2$;

(7) 若 $x \perp y_n$,且 $y_n \to y (n \to \infty)$,则 $x \perp y$;

(8) $M^{\perp}$ 是 X 的一个闭线性子空间.

定义 2.21　设 M_1, M_2 是内积空间 X 的两个线性子空间,如果 $M_1 \perp M_2$,则称 $M = \{x_1 + x_2 | x_1 \in M_1, x_2 \in M_2\}$ 为 M_1 与 M_2 的**正交和**,记作 $M_1 \oplus M_2$.

定理 2.14　设内积空间 X 可以分解成 M_1 与 M_2 的**线性和**:

$$X = M_1 + M_2 = \{x_1 + x_2 | x_1 \in M_1, x_2 \in M_2\},$$

则它为正交和的充要条件是 $M_1 = M_2^{\perp}, M_2 = M_1^{\perp}$.

证:(必要性)设 $X = M_1 \oplus M_2$,则由定义 2.21,我们有 $M_1 \perp M_2$. 因此,对于任何 $x_1 \in M_1$,有 $x_1 \perp M_2$,即 $x_1 \in M_2^{\perp}$,故 $M_1 = M_2^{\perp}$. 类似可证 $M_2 = M_1^{\perp}$.

(充分性)设 $M_1 = M_2^{\perp}, M_2 = M_1^{\perp}$ 成立. 已知 X 已经分解成 M_1 与 M_2 的线性和,要证 $X = M_1 \oplus M_2$,只需证明 $M_1 \perp M_2$. 由给定条件,显然成立.

定义 2.22　设 M 是内积空间 X 的线性子空间,$x \in X$,如果有 $x_0 \in M, x_1 \perp M$ 使得

$$x = x_0 + x_1,$$

则称 x_0 是 x 在 M 上的**投影**.

定理 2.15　设 M 是内积空间 X 的线性子空间,$x \in X$,若 x_0 是 x 在 M 上的投影,则

$$\| x - x_0 \| = \inf_{y \in M} \| x - y \|,$$

且 x_0 是 M 中使上式成立的唯一元素(其中 inf 表示**下确界**,即最大下界).

证:因为 x_0 是 x 在 M 上的投影,所以 $x_0 \in M, x - x_0 \perp M$. 对于任何 $y \in M$,我们有 $x - y = (x - x_0) + (x_0 - y)$. 显然,$x_0 - y \in M$,因此 $x - x_0$

$\perp x_0 - y$,由性质 2.12(6),我们得到

$$\|x-y\|^2 = \|x-x_0\|^2 + \|x_0-y\|^2 \geqslant \|x-x_0\|^2,$$

显然上式等号只有在 $x_0 = y$ 时才成立. 因此命题得证.

由定理 2.15,为了用 M 中的元素 y 逼近 x,当且仅当 y 取 x 中的投影 x_0 时,其逼近的程度最好. 然而,给定内积空间 X 的任意元素 x 以及任意线性子空间 M,x 在 M 上的投影不一定存在. 而由定理 2.15,可知若 x 在 M 上有投影,则投影必然唯一. 因此,在什么条件下 x 在 M 上必然有投影,从而使内积空间 X 可以分解成 M 与 $M^{\perp}$ 的正交和呢?

引理 2.4(变分引理)　设 M 是内积空间 X 中一个闭线性子空间,$x \in X$,记

$$d = d(x,M) = \inf_{y\in M} \|x-y\|,$$

则必有唯一的 $x_0 \in M$,使得 $\|x-x_0\| = d$.

证:由距离下确界的定义,我们知道必定存在 M 中的点列 $\{x_n\}$ 使得

$$\lim_{n\to\infty} \|x_n - x\| = d.$$

下面证明 $\{x_n\}$ 是柯西列. 由平行四边形公式,我们得到

$$2\left\|\frac{x_m-x_n}{2}\right\|^2 = \|x_m-x\|^2 + \|x_n-x\|^2 - 2\left\|\frac{x_m+x_n}{2}-x\right\|^2.$$

因为 M 是闭线性子空间,有 $\frac{x_m+x_n}{2} \in M$,所以 $\left\|\frac{x_m+x_n}{2}-x\right\| \geqslant d.$

因此

$$0 \leqslant 2\left\|\frac{x_m-x_n}{2}\right\|^2 = \|x_m-x\|^2 + \|x_n-x\|^2 - 2d^2,$$

令 $m,n\to\infty$,则有

$$\lim_{m,n\to\infty} \|x_m - x_n\| = 0,$$

因此,$\{x_n\}$ 是柯西列.

因为 M 是完备的,所以存在 $x_0 \in M$,使得 $x_n \to x_0$. 这时

$$\|x-x_0\| = \lim_{n\to\infty} \|x-x_m\| = d.$$

显然,这样的 x_0 必唯一. 否则,设存在 $y_0 \in M$,使得 $\|x-y_0\| = d$.

则点列$\{x_0,y_0,x_0,y_0,\cdots\}$也是柯西列，这说明$x_0=y_0$，命题得证.

引理 2.5　设M是内积空间X中的线性子空间，$x\in X,x_0\in M$，若$\|x-x_0\|=d(x,M)=d$，则$x-x_0\perp M$，即$x-x_0\in M^{\perp}$.

证：任取$z\in M,z\neq 0$，对任意数λ，显然$x_0+\lambda z\in M$，因此

$$d^2\leqslant\|x-x_0-\lambda z\|^2=\|x-x_0\|^2-2\mathrm{Re}(\bar{\lambda}(x-x_0),z)+|\lambda|^2\ \|z\|^2.$$

我们知道当$\lambda=\dfrac{(x-x_0,z)}{\|z\|^2}$时，上式取得最小值，此时

$$\begin{aligned}d^2&\leqslant\|x-x_0\|^2-2\frac{|(x-x_0,z)|^2}{\|z\|^2}+\frac{|(x-x_0,z)|^2}{\|z\|^2}\\&=\|x-x_0\|^2-\frac{|(x-x_0,z)|^2}{\|z\|^2},\end{aligned}$$

因为$\|x-x_0\|=d$，我们得到$(x-x_0,z)=0$. 命题得证.

定理 2.16（投影定理）　设M是内积空间X中完备的线性子空间，则对任意的$x\in X$，x在M上的投影唯一地存在. 也就是说存在$x_0\in M,x_1\perp M$使得$x=x_0+x_1$，且这种分解是唯一的. 特别地，当$x\in M$时，$x=x_0$.

证：由引理 2.4 有$x_0\in M$使得$\|x-x_0\|=d$. 由引理 2.5 可得$x-x_0\perp M$. 因此，记$x_1=x-x_0$，此时x_0,x_1满足定理的要求，即x_0就是x在M上的投影.

现在证明唯一性. 设x可以另外分解为$x=x_0'+x_1'$，其中$x_0'\in M$，$x_1'\perp M$，则我们有

$$x_0+x_1=x_0'+x_1'\Rightarrow x_0-x_0'=x_1'-x_1.$$

由于$x_0-x_0'\in M,x_1'-x_1\in M^{\perp}$，因此必有$x_0-x_0'=0,x_1'-x_1=0$. 特别地，当$x\in M$时，$\|x-x_0\|=\inf\limits_{y\in M}\|x-y\|=0$，所以$x=x_0$. 命题得证.

推论 2.3　设M是内积空间X中完备的线性子空间，而且$M\neq X$，则$M^{\perp}$中有非零元素.

证：由于$M\neq X$，取$x\in X-M$. 记x在M上的投影为x_0，则$x-x_0\perp M$，即$x-x_0\in M^{\perp}$. 由于$x\notin M,x_0\in M$，所以$x-x_0\neq 0$.

2.4 泛函的极值

2.4.1 泛函的变分

定义 2.23 设 X 为线性赋范空间,$x_0 \in X$,$f(x)$是在 x_0 及其球形邻域内有定义的泛函. 若对于任意 $h \in X$,极限

$$\lim_{t\to 0}\frac{f(x_0+th)-f(x_0)}{t}$$

存在,记为 $\delta f(x_0,h)$,则称之为泛函 f 在点 x_0 处的关于增量 h 的**一阶变分**.

若令 $\varphi(t)=f(x_0+th)$,这是一个普通的一元(关于 t 的)函数,则有

$$\begin{aligned}\varphi'(0)&=\lim_{t\to 0}\frac{\varphi(t)-\varphi(0)}{t-0}\\&=\lim_{t\to 0}\frac{f(x_0+th)-f(x_0)}{t}=\delta f(x_0,h).\end{aligned}$$

于是可得计算一阶变分的一个公式:

$$\delta f(x_0,h)=\frac{\mathrm{d}}{\mathrm{d}t}f(x_0+th)\mid_{t=0}.$$

例 2.27 设 $f:\mathbf{R}^n\to\mathbf{R}^1$,$f(\boldsymbol{x})=f(x_1,\cdots,x_n)$为一个 n 元函数,f 有连续的一阶偏导数. 求 $\delta f(\boldsymbol{x}_0,h)$,$\boldsymbol{x}_0=[x_1^0\ \ \cdots\ \ x_n^0]^{\mathrm{T}}$,$\boldsymbol{h}=[h_1\ \ \cdots\ \ h_n]^{\mathrm{T}}\in\mathbf{R}^n$.

解: $\delta f(\boldsymbol{x}_0,\boldsymbol{h})=\dfrac{\mathrm{d}}{\mathrm{d}t}f(\boldsymbol{x}_0+t\boldsymbol{h})\mid_{t=0}=\dfrac{\mathrm{d}}{\mathrm{d}t}f(x_1^0+th_1,\cdots,x_n^0+th_n)\mid_{t=0}=$

$$\left.\frac{\partial f}{\partial x_1}\right|_{x_0}h_1+\cdots+\left.\frac{\partial f}{\partial x_n}\right|_{x_0}h_n=\left.\left[\frac{\partial f}{\partial x_1}\ \ \cdots\ \ \frac{\partial f}{\partial x_n}\right]\right|_{x_0}\begin{bmatrix}h_1\\ \vdots\\ h_n\end{bmatrix}$$

$$=(\nabla f(\boldsymbol{x}_0),\boldsymbol{h}).$$

例 2.27 说明普通 n 元函数 f 关于 $\boldsymbol{h}$ 的变分,即 f 在 $\boldsymbol{x}_0$ 的梯度与 $\boldsymbol{h}$

的内积. 易见,$\delta f(\boldsymbol{x}_0,\boldsymbol{h})$是关于 $\boldsymbol{h}$ 的有界线性泛函.

例 2.28　设 $X=C[0,1]$,$f:X\to\mathbf{R}^1$,$f(x)=\int_0^1 L(x(t),t)\,\mathrm{d}t$,其中二元函数 $L(x,t)$有关于 x 的连续偏导数. 求 $\delta f(x,h)$,$x,h\in X$.

解:
$$\delta f(x,h)=\frac{\mathrm{d}}{\mathrm{d}\alpha}\int_0^1 L(x(t)+\alpha h(t),t)\,\mathrm{d}t\,|_{\alpha=0}$$
$$=\int_0^1\frac{\partial L(x,t)}{\partial x}h(t)\,\mathrm{d}t.$$

例 2.29　设 X 为二次连续可导函数的全体为 $C^2[a,b]$,其上的泛函 $J(x)=\int_a^b L(x(t),\dot{x}(t),t)\,\mathrm{d}t$,其中 L 为关于$(x,\dot{x},t)$的二次连续可导函数,求 $\delta J(x,h)$,$x,h\in X$.

解:
$$\delta J(x,h)=\frac{\mathrm{d}}{\mathrm{d}\alpha}\int_a^b L(x+\alpha h,(x\dot{+}\alpha h),t)\,\mathrm{d}t\,|_{\alpha=0}$$
$$=\int_a^b\left(\frac{\partial L(x,\dot{x},t)}{\partial x}h+\frac{\partial L(x,\dot{x},t)}{\partial \dot{x}}\dot{h}\right)\mathrm{d}t.$$

将其中后一项分部积分,得
$$\int_a^b\frac{\partial L}{\partial x}h\,\mathrm{d}t+\frac{\partial L}{\partial \dot{x}}h\bigg|_a^b-\int_a^b h\frac{\mathrm{d}}{\mathrm{d}t}\left(\frac{\partial L}{\partial \dot{x}}\right)\mathrm{d}t=\int_a^b\left(\frac{\partial L}{\partial x}-\frac{\mathrm{d}}{\mathrm{d}t}\frac{\partial L}{\partial \dot{x}}\right)h\,\mathrm{d}t+\frac{\partial L}{\partial \dot{x}}h\bigg|_a^b.$$
其中 $(x\dot{+}\alpha h)$表示对括号内的整个式子求关于 t 的导数.

2.4.2　泛函的极值

定义 2.24　设 X 为 B-空间,f 是 X 上的泛函,若存在 $x_0\in D(f)$的球形邻域 $B(x_0,r)$,使对任 $x\in B(x_0,r)$,有 $f(x_0)\leqslant f(x)$,则称 x_0 为 f 的(局部)**极小点**,$f(x_0)$称为 f 的(局部)**极小值**.

类似可定义**极大点**和**极大值**,若在定义 2.24 的不等式中严格不等号成立,则成为“**严格**”**极值**.

定理 2.17　设 B-空间 X 上的泛函 f 在 x_0 达到极值,且在 x_0 处具有一阶变分 $\delta f(x_0,h)$,则 $\delta f(x_0,h)\equiv 0$,对任何 $h\in X$.

证:对任意 $h\in X$,考虑函数 $\varphi(t)=f(x_0+th)$. 因为 f 在 x_0 达极值,即 $\varphi(t)$在 $t=0$ 处达极值,所以由一元函数极值必要条件[13]有

$$\varphi'(t)|_{t=0}=\delta f(x_0,h)=0.$$

推论 2.4　设 J 是定义在 $C^2[a,b]$ 的子集 $D(J)=\{x(t)\in C^2[a,b]\,|\,x(a)=x_0,x(b)=x_f\}$ 上的泛函,即

$$J(x)=\int_a^b L(x(t),\dot{x}(t),t)\,\mathrm{d}t,$$

其中 L 二次连续可微,x_0 是 $J(x)$ 的极值点,则 x_0 应满足方程

$$\frac{\partial L}{\partial x}-\frac{\mathrm{d}}{\mathrm{d}t}\frac{\partial L}{\partial \dot{x}}=0.$$

证:由例 2.29,对任何 $h\in X$,有

$$\delta J(x,h)=\int_a^b\left(\frac{\partial L}{\partial x}-\frac{\mathrm{d}}{\mathrm{d}t}\frac{\partial L}{\partial \dot{x}}\right)h\,\mathrm{d}t+\frac{\partial L}{\partial \dot{x}}h\bigg|_a^b,$$

由定理 2.17,J 的极值点 x_0 应满足 $\delta J(x_0,h)=0$. 又为保证 $x+h\in D(J)$,应有 $h(a)=h(b)=0$,即

$$\frac{\partial L}{\partial \dot{x}}h\bigg|_a^b=0.$$

所以

$$\delta J(x_0,h)=\int_a^b\left(\frac{\partial L}{\partial x}-\frac{\mathrm{d}}{\mathrm{d}t}\frac{\partial L}{\partial \dot{x}}\right)h\,\mathrm{d}t=0,$$

由 h 的任意性,只有 x_0 满足:

$$\frac{\partial L}{\partial x}-\frac{\mathrm{d}}{\mathrm{d}t}\frac{\partial L}{\partial \dot{x}}=0.$$

称此方程为**欧拉-拉格朗日方程**.

例 2.30　已知 $x(0)=0,x\left(\frac{\pi}{2}\right)=1$,求 $x^*(t)$ 使 $J(x)=\int_0^{\frac{\pi}{2}}(\dot{x}^2-x^2)\,\mathrm{d}t$ 达极小.

解:$L=\dot{x}^2-x^2,\dfrac{\partial L}{\partial x}=-2x,\dfrac{\partial L}{\partial \dot{x}}=2\dot{x}$,

$$\frac{\mathrm{d}}{\mathrm{d}t}\frac{\partial L}{\partial \dot{x}}=L_{\dot{x}\dot{x}}\ddot{x}=2\ddot{x}.$$

求解欧拉-拉格朗日方程

$$-2x-2\ddot{x}=0,$$

其相应的特征方程为

$$r^2+1=0,\text{解得 } r=\pm \mathrm{i}.$$

所以

$$x=C_1\cos t+C_2\sin t,$$

由边界条件得

$$C_1=0, C_2=1,$$

所以

$$x^*(t)=\sin t.$$

类似于微积分中函数的最大、最小值的概念,不难理解泛函 f 在 $D(f)$ 上的最大、最小值的含义. 同时类似于连续函数在闭区间上可取得最大、最小值的性质,可以证明[10]下面的结论.

性质 2.13 设 M 是赋范空间 X 中的紧子集,f 是在 M 上有定义的连续泛函,则 f 在 M 上可取得最大值、最小值.

例 2.31 考虑距离空间 (X,d),$x_0\in X$,则易证 $f(x)=d(x_0,x)$ 是 X 上的连续泛函,从而在 X 的任紧子集上可以取得最大值和最小值.

事实上,对任 $x\in X$,取 X 中的点列 $x_n\to x$,则

$$|f(x_n)-f(x)|=|d(x_0,x_n)-d(x_0,x)|\leqslant d(x_n,x)\to 0,$$

由定理 2.2,f 在 x 连续. 由 x 的任意性,f 在 X 上连续.

2.5 应用举例一:最优控制

最优控制是一种动态优化问题,是在给定的约束条件下,寻求一个控制,使给定的系统性能指标达到极大值(或极小值),本节将作为泛函分析中泛函极值求解的变分法和极值原理等知识的应用对最优控制进行简单介绍.

2.5.1 最优控制问题的一般提法

1. 问题的组成要素

(1) 受控系统的状态方程为

$$\begin{cases}\dot{\boldsymbol{x}}=f(\boldsymbol{x},\boldsymbol{u},t),\\ \boldsymbol{x}(t_0)=\boldsymbol{x}_0.\end{cases}$$

其中 $\boldsymbol{x}$ 为 n 维状态向量,$\boldsymbol{u}$ 为输入变量,t_0 为初始时刻. 当 $f=\boldsymbol{A}\boldsymbol{x}+\boldsymbol{b}\boldsymbol{u}$ 时,即为 1.5 中讨论的线性动态系统. 本节主要考虑单输入的情形.

(2) 系统的终态

$$\boldsymbol{x}(t_f)=\boldsymbol{x}_f.$$

(3) 度量控制效果好坏的性能指标 $J(u)$,也称成本函数.

(4) 容许控制集

$$\Omega=\{u(t)\mid u(t)\text{为分段连续的有界函数}\}.$$

2. 问题的一般提法

已给系统 $\dot{x}=f(\boldsymbol{x},u,t),\boldsymbol{x}(t_0)=\boldsymbol{x}_0,\boldsymbol{x}\in\mathbf{R}^n,u\in\mathbf{R}^1$. 求最优控制 u^*,满足

(1) $u^*\in\Omega$;

(2) u^* 使 $\boldsymbol{x}(t_0)$ 变为 $\boldsymbol{x}(t_f)$;

(3) u^* 使 $J(u)=\Phi[x(t_f),t_f]+\int_{t_0}^{t_f}L(\boldsymbol{x},u,t)\mathrm{d}t$ 达极小.

最优控制问题按照 J 的形式可分为三种类型:

(1) $J=\int_{t_0}^{t_f}L\mathrm{d}t$,称拉格朗日型;

(2) $J=\Phi[t_f,\boldsymbol{x}(t_f)]$,称终端型;

(3) $J=\Phi[t_f,\boldsymbol{x}(t_f)]+\int_{t_0}^{t_f}L\mathrm{d}t$,称博尔查(Bolza)型.

2.5.2 求解最优控制问题的变分法与最小值原理

只考虑拉格朗日型

$$\min J=\int_{t_0}^{t_f}L(\boldsymbol{x},u,t)\mathrm{d}t,$$

$$\dot{\boldsymbol{x}}=f(\boldsymbol{x},u,t),$$

$$\boldsymbol{x}(t_0)=\boldsymbol{x}_0.$$

这是有条件(有约束)的泛函极值问题. 类似于微分学中有约束极值问题的处理方法,引入拉格朗日乘子 $\boldsymbol{\lambda}$. 记

$$H=L+\boldsymbol{\lambda}^{\mathrm{T}}\boldsymbol{f},$$

称为**哈密顿(Hamilton)函数**,则

$$J=\int_{t_0}^{t_f}(H-\boldsymbol{\lambda}^T\dot{\boldsymbol{x}})\,\mathrm{d}t.$$

分别令 $J(\boldsymbol{x},u)$ 对 $\boldsymbol{x}$、u 的变分为 0,类似于欧拉-拉格朗日方程的推导,可得$(\boldsymbol{x}^*,u^*)$是 $J(\boldsymbol{x},u)$的极值点的必要条件是:

$$H_u=0,$$

$$H_x=-\dot{\boldsymbol{\lambda}},$$

$$H_\lambda=\dot{\boldsymbol{x}}.$$

称为**正则方程**或**哈密顿方程**.

例 2.32　求解最优控制问题

$$\min J=\frac{1}{2}\int_0^1 u^2\mathrm{d}t,$$

$$\dot{\boldsymbol{x}}=\begin{bmatrix}0&1\\0&0\end{bmatrix}\boldsymbol{x}+\begin{bmatrix}0\\1\end{bmatrix}u,$$

$$\boldsymbol{x}(0)=[1\quad 1]^{\mathrm{T}},\boldsymbol{x}(1)=[0\quad 0]^{\mathrm{T}}.$$

解: 由题意有

$$L=\frac{1}{2}u^2,\boldsymbol{f}=\begin{bmatrix}0&1\\0&0\end{bmatrix}\begin{bmatrix}x_1\\x_2\end{bmatrix}+\begin{bmatrix}0\\1\end{bmatrix}u=[x_2\quad u]^{\mathrm{T}}.$$

引入拉格朗日乘子 $\boldsymbol{\lambda}=[\lambda_1\quad\lambda_2]^{\mathrm{T}}$,则哈密顿函数为

$$H=L+\boldsymbol{\lambda}^T\boldsymbol{f}=\frac{1}{2}u^2+[\lambda_1\quad\lambda_2]\begin{bmatrix}x_2\\u\end{bmatrix}=\frac{1}{2}u^2+\lambda_1x_2+\lambda_2u.$$

由 J 取极值的必要条件

$$\begin{cases}H_x=-\dot{\boldsymbol{\lambda}},H_\lambda=\dot{\boldsymbol{x}},\\H_u=0,\end{cases}$$

即

$$\boldsymbol{H}_x=\begin{bmatrix}H_{x_1}\\H_{x_2}\end{bmatrix}=\begin{bmatrix}0\\\lambda_1\end{bmatrix}=-\begin{bmatrix}\dot{\lambda}_1\\\dot{\lambda}_2\end{bmatrix},$$

$$\boldsymbol{H}_\lambda=\begin{bmatrix}H_{\lambda_1}\\H_{\lambda_2}\end{bmatrix}=\begin{bmatrix}x_2\\u\end{bmatrix}=\begin{bmatrix}\dot{x}_1\\\dot{x}_2\end{bmatrix},H_u=u+\lambda_2=0.$$

由此可得

$$\dot{\lambda}_1 = 0, \dot{\lambda} = -\lambda_1, \dot{x}_1 = x_2, \dot{x}_2 = u, u = -\lambda_2,$$

于是有

$$\ddot{\lambda}_2 = 0, \lambda_2 = C_1 + C_2 t, \lambda_1 = -\dot{\lambda}_2 = -C_2,$$

$$\dot{x}_2 = u = -C_1 - C_2 t, x_2 = \int u \mathrm{d}t = C_3 - C_1 t - \frac{C_2}{2}t^2,$$

$$\dot{x}_1 = x_2 = C_3 - C_1 t - \frac{C_2}{2}t^2,$$

$$x_1 = \int x_2 \mathrm{d}t = C_4 + C_3 t - \frac{C_1}{2}t^2 - \frac{C_2}{6}t^3.$$

由边界条件

$$\boldsymbol{x}(0) = [1 \quad 1]^{\mathrm{T}} \text{ 得 } C_3 = C_4 = 1,$$

由边界条件

$$\boldsymbol{x}(1) = [0 \quad 0]^{\mathrm{T}} \text{ 得 } C_1 = 4, C_2 = -6.$$

所以,所求最优控制

$$u^* = -4 + 6t,$$

相应状态

$$\boldsymbol{x}^* = \begin{bmatrix} 1 + t - 2t^2 + t^3 \\ 1 - 4t + 3t^2 \end{bmatrix}.$$

用变分法解最优控制问题有一定的局限性,如当 u 的范围是闭区间时,由 $H_u = 0$ 可能求不出 u^*(u^* 可能在区间端点达到,于是,或不存在满足 $H_u = 0$ 的点,或由 $H_u = 0$ 解出的点不是 u^*). 因此,在变分法的基础上发展出目前应用较广的**庞特里雅金最小(大)值原理**:(u^*, x^*, λ^*)是最优控制问题

$$\min(\max) J = \int_{t_0}^{t_f} L(x, u, t)\mathrm{d}t,$$

$$\dot{x} = f(x, u, t),$$

$$x(t_0) = x_0, u \in \Omega$$

的解的必要条件是(u^*, x^*, t^*)满足:$H_x = -\dot{\lambda}, H_\lambda = \dot{x}, u^*$ 是 H 在 Ω 上的最小(大)值.

例 2.33　某基金会有 20 万元的基金存入银行,年利率为 10%,基金会计划将这笔钱用 60 年,到 60 年末只剩余 0.3 万元. 基金会每年至少从银行支取 1.5 万元,至多支取 4 万元. 问基金会每年从银行支取多少万元,能使基金会在 60 年中从银行取出的总钱数最多?

解: 设第 t 年的银行存款余额为 $x(t)$ 万元,从银行支取 $u(t)$ 万元,则依题意有

$$\max J = \int_0^{60} u(t)\,\mathrm{d}t,$$

$$\begin{cases} \dot{x} = 0.1x - u, \\ x(0) = 20, \\ x(60) = 0.3, \\ 1.5 \leqslant u \leqslant 4. \end{cases}$$

其中第一个约束条件的含义是,状态 x(存款余额)每年增加 $0.1x$,减少 u,故每年变化率 $\dot{x}$ 为 $0.1x - u$.

$$H = L + \lambda f = u + \lambda(0.1x - u) = 0.1\lambda x + (1-\lambda)u.$$

由最大值原理,(u^*, x^*, λ^*) 应满足的条件是

$$\begin{cases} H_x = -\dot{\lambda}, \\ H_\lambda = \dot{x}, \\ u^* \text{是 } H \text{ 的最大值}. \end{cases}$$

首先,由 $H_x = 0.1\lambda = -\dot{\lambda}$,解 $\dot{\lambda} + 0.1\lambda = 0$ 得

$$\lambda = C\mathrm{e}^{-0.1t}, C = \lambda(0).$$

其次,$H = 0.1\lambda x + (1-\lambda)u$ 是 u 的线性函数,$1.5 \leqslant u \leqslant 4$,现求使 H 最大的 u^*. 易见,当 u 的系数 $1-\lambda > 0$ 时,$u^* = 4$;当 $1-\lambda < 0$ 时,$u^* = 1.5$;当 $1-\lambda = 0$ 时,u^* 不能确定.

于是需考察 $1-\lambda = 1 - C\mathrm{e}^{-0.1t}$. 这是一条关于 t 的曲线,曲线形状取决于 C 的符号. 当 $C<0$,则 $1-\lambda>0$,但这时取 $u^*=4$ 不合题意,因这样取款,8 年后就没有了. 故只有 $C>0$. 当 $C>0$,曲线 $1-\lambda$ 有一零点 t^*,使

$$1 - \lambda(t^*) = 1 - \lambda(0)\mathrm{e}^{-0.1t^*} = 0,$$

或

$$\frac{\lambda(0)}{e^{-0.1t^*}}=1,$$

说明 $\lambda(0)=e^{0.1t^*}>0$,所以

$$u^*=\begin{cases}1.5, & 0\leqslant t<t^*,\\ 4, & t^*\leqslant t\leqslant 60.\end{cases}$$

最后,由 $H_\lambda=\dot{x}=0.1x-u$,即

$$\begin{cases}\dot{x}=0.1x-1.5, & 0\leqslant t<t^*,\\ x(0)=20,\end{cases}$$

及

$$\begin{cases}\dot{x}=0.1x-4, & t^*\leqslant t\leqslant 60,\\ x(60)=0.3,\end{cases}$$

可解出

$$x^*(t)=\begin{cases}15+5e^{0.1t}, & 0\leqslant t<t^*,\\ 40-39.7e^{-0.1t-6}, & t^*\leqslant t\leqslant 60.\end{cases}$$

由 $x^*(t)$ 的连续性,当 $t=t^*$ 时,有

$$15+5e^{0.1t^*}=40-39.7e^{-0.1t-6}$$

$$t^*\approx 15.9\approx 16(\text{年}),$$

所以

$$u^*=\begin{cases}1.5, & 0\leqslant t<16,\\ 4, & 16\leqslant t\leqslant 60,\end{cases}$$

$$J(u^*)=\int_0^{60}u^*(t)\,dt=\int_0^{16}1.5dt+\int_{16}^{60}4dt=200(\text{万元}).$$

即前16年每年支取1.5万元,后44年每年支取4万元,60年中从银行共支取的最大总钱数为200万元.

2.6 应用举例二:最小二乘法与最佳逼近

最小二乘法和最佳逼近是数据拟合优化和处理中的常用方法,在经济管理和工程设计等很多领域有广泛应用.本节将作为泛函分析中内积空间和投影定理等知识的应用,介绍最小二乘法和最佳逼近的原

理及方法.

2.6.1 最小二乘法

在实践中,经常会遇到利用一组观测数据来估计某些未知参数的问题. 然而由于观测者、测量仪器以及外部条件等影响,观测值可能存在一些观测误差,因此往往需要做多余观测. 为更好地“拟合”各观测点,人们普遍采用最小二乘原理. 按照该原理的要求,应使各观测点到该拟合曲线的偏差的平方和达到最小,即:给定 $n+1$ 个变量 $x_0,x_1,\cdots,x_n$,在 m 次($m>n$)观察中每次的观察值对应为$[x_0^{(j)}\ x_1^{(j)}\cdots\ x_n^{(j)}]$,其中$j=1,2,\cdots,m$. 现在,要用变量 $x_1,\cdots,x_n$ 的线性组合近似拟合 $\boldsymbol{x}_0$ 的值,因此需要求出数 $\alpha_1,\alpha_2,\cdots,\alpha_n$ 使得 $x_0^{(j)}-\sum\limits_{v=1}^{n}\alpha_v x_v^{(j)}$ 的平方和尽可能地小,也就是

$$\sum_{j=1}^{m}\left(x_0^{(j)}-\sum_{v=1}^{n}\alpha_v x_v^{(j)}\right)^2=\inf_{\lambda_1,\cdots,\lambda_n}\sum_{j=1}^{m}\left(x_0^{(j)}-\sum_{v=1}^{n}\lambda_v x_v^{(j)}\right)^2.$$

上述问题可以抽象为如下问题:设 X 是内积空间,$\boldsymbol{x},\boldsymbol{x}_1,\cdots,\boldsymbol{x}_n$ 是 X 中 $n+1$ 个向量,问如何求出 $\alpha_1,\alpha_2,\cdots,\alpha_n$ 使得

$$\left\|\boldsymbol{x}-\sum_{v=1}^{n}\alpha_v\boldsymbol{x}_v\right\|=\inf_{\lambda_1,\cdots,\lambda_n}\left\|\boldsymbol{x}-\sum_{v=1}^{n}\lambda_v\boldsymbol{x}_v\right\|.$$

针对上述问题,不妨设 $\boldsymbol{x}_1,\cdots,\boldsymbol{x}_n$ 是线性无关的. 否则,可取出 k 个线性无关向量,使得其他向量都是这 k 个向量的线性组合. 令 M 是由 $\boldsymbol{x}_1,\cdots,\boldsymbol{x}_n$ 的线性组合全体所组成的 n 维线性空间. 由定理 2.5,我们知道 M 是完备的. 因此,由引理 2.4,必有 $\boldsymbol{x}_0=\sum\limits_{v=1}^{n}\alpha_v\boldsymbol{x}_v\in M$ 使得 $\|\boldsymbol{x}-\boldsymbol{x}_0\|$ 达到最小,由引理 2.5,可得

$$(\boldsymbol{x}-\boldsymbol{x}_0,\boldsymbol{y})=0,\boldsymbol{y}\in M,$$

这等价于

$$(\boldsymbol{x}-\boldsymbol{x}_0,\boldsymbol{x}_i)=0(i=1,2,\cdots,n),$$

将 $\boldsymbol{x}_0$ 代入,我们得到

$$\sum_{v=1}^{n}\alpha_v(\boldsymbol{x}_v,\boldsymbol{x}_i)=(\boldsymbol{x},\boldsymbol{x}_i)(i=1,2,\cdots,n).$$

由引理 2.4,达到最小的 $\hat{\alpha}_1,\hat{\alpha}_2,\cdots,\hat{\alpha}_n$ 是唯一的,因此上述代数方程组的解也是唯一的,其解即为

$$\hat{\boldsymbol{\alpha}}_v=\frac{\begin{vmatrix}(\boldsymbol{x}_1,\boldsymbol{x}_1)\cdots & (\boldsymbol{x},\boldsymbol{x}_1)\cdots & (\boldsymbol{x}_n,\boldsymbol{x}_1)\\(\boldsymbol{x}_1,\boldsymbol{x}_2)\cdots & (\boldsymbol{x},\boldsymbol{x}_2)\cdots & (\boldsymbol{x}_n,\boldsymbol{x}_2)\\ \vdots & \vdots & \vdots\\(\boldsymbol{x}_1,\boldsymbol{x}_n)\cdots & (\boldsymbol{x},\boldsymbol{x}_n)\cdots & (\boldsymbol{x}_n,\boldsymbol{x}_n)\end{vmatrix}}{\begin{vmatrix}(\boldsymbol{x}_1,\boldsymbol{x}_1)\cdots & (\boldsymbol{x}_v,\boldsymbol{x}_1)\cdots & (\boldsymbol{x}_n,\boldsymbol{x}_1)\\(\boldsymbol{x}_1,\boldsymbol{x}_2)\cdots & (\boldsymbol{x}_v,\boldsymbol{x}_2)\cdots & (\boldsymbol{x}_n,\boldsymbol{x}_2)\\ \vdots & \vdots & \vdots\\(\boldsymbol{x}_1,\boldsymbol{x}_n)\cdots & (\boldsymbol{x}_v,\boldsymbol{x}_n)\cdots & (\boldsymbol{x}_n,\boldsymbol{x}_n)\end{vmatrix}}\quad(v=1,2,\cdots,n).$$

不妨记 $a_{ij}=(\boldsymbol{x}_j,\boldsymbol{x}_i)$,$b_i=(\boldsymbol{x},\boldsymbol{x}_i)$,令 $\boldsymbol{A}=(a_{ij})_{n\times n}$,$\boldsymbol{b}=[b_1\quad b_2\quad\cdots\quad b_n]$,则上述问题等价于寻找向量 $\hat{\boldsymbol{\alpha}}=[\hat{\alpha}_1\ \hat{\alpha}_2\cdots\ \hat{\alpha}_n]\in\mathbf{R}^n$ 使得对于任意的 $\boldsymbol{\alpha}\in\mathbf{R}^n$,都有 $\|\boldsymbol{A}\hat{\boldsymbol{\alpha}}-\boldsymbol{b}\|\leqslant\|\boldsymbol{A}\boldsymbol{\alpha}-\boldsymbol{b}\|$.

定义 2.25　若 $\|\boldsymbol{A}\hat{\boldsymbol{\alpha}}-\boldsymbol{b}\|\leqslant\|\boldsymbol{A}\boldsymbol{\alpha}-\boldsymbol{b}\|$ 对任意的 $\boldsymbol{\alpha}\in\mathbf{R}^n$ 都成立,则称 $\hat{\boldsymbol{\alpha}}$ 为线性系统 $\boldsymbol{A}\boldsymbol{\alpha}=\boldsymbol{b}$ 的**最小二乘解,并称** $\varepsilon=\|\boldsymbol{A}\hat{\boldsymbol{\alpha}}-\boldsymbol{b}\|=\|\hat{\boldsymbol{b}}-\boldsymbol{b}\|$ 为对应的**最小二乘误差**.

需要注意的是,由于观测数据所存在的误差,线性系统 $\boldsymbol{A}\boldsymbol{\alpha}=\boldsymbol{b}$ 的解不一定存在.

不妨记 Col($\boldsymbol{A}$)为 $\boldsymbol{A}$ 中所有列组成的线性空间,从图 2.1 可以看到,$\boldsymbol{b}$ 与 $\boldsymbol{A}\hat{\boldsymbol{\alpha}}$ 的距离是 $\boldsymbol{b}$ 到 Col($\boldsymbol{A}$)的最短距离.

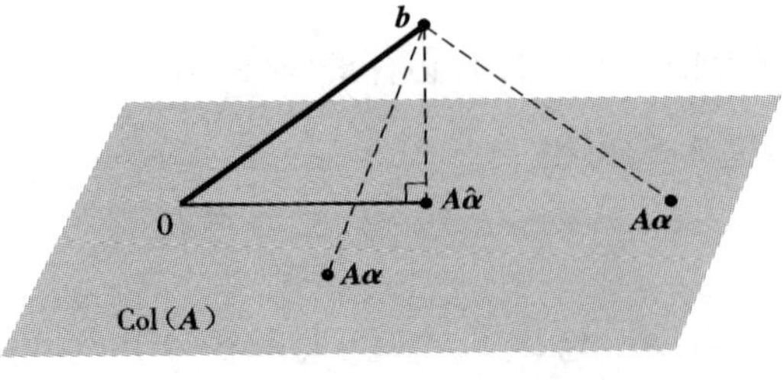

图 2.1　$\boldsymbol{b}$ 到 Col($\boldsymbol{A}$)的最短距离

特别地,令 $\boldsymbol{b}$ 在 Col($\boldsymbol{A}$)上的投影为 $\hat{\boldsymbol{b}}$,则由投影定理可知,$\boldsymbol{A}\boldsymbol{\alpha}=\hat{\boldsymbol{b}}$

至少存在一个解.

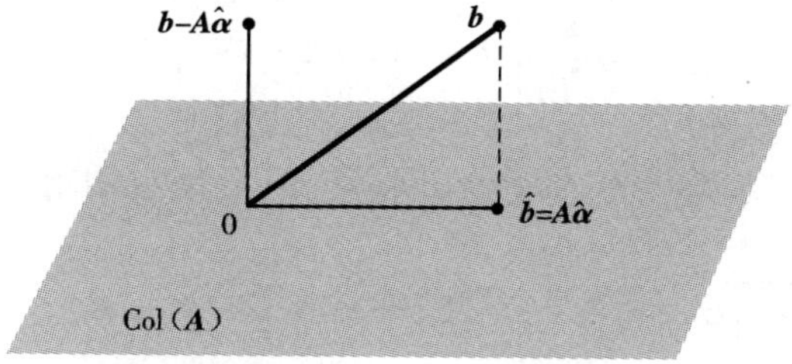

图 2.2　$\boldsymbol{b}$ 在 Col(A)上的投影

定理 2.18　线性系统 $\boldsymbol{A\alpha}=\boldsymbol{b}$ 的最小二乘解集 Λ 与下列线性系统的解集 Φ 相等：

$$\boldsymbol{A}^{\mathrm{T}}\boldsymbol{A\alpha}=\boldsymbol{A}^{\mathrm{T}}\boldsymbol{b}.$$

证：先证明 $\Lambda\subseteq\Phi$. 设 $\hat{\boldsymbol{\alpha}}$ 为线性系统 $\boldsymbol{A\alpha}=\boldsymbol{b}$ 的最小二乘解，即 $\hat{\boldsymbol{\alpha}}\in\Lambda$，则 $\boldsymbol{b}-\boldsymbol{A}\hat{\boldsymbol{\alpha}}$ 正交于 $\boldsymbol{A}$ 的任意列 $\boldsymbol{a}_j(j=1,2,\cdots,n)$，即 $\boldsymbol{a}_j^{\mathrm{T}}(\boldsymbol{b}-\boldsymbol{A}\hat{\boldsymbol{\alpha}})=0$ $(j=1,2,\cdots,n)$. 因此，$\boldsymbol{A}^{\mathrm{T}}(\boldsymbol{b}-\boldsymbol{A}\hat{\boldsymbol{\alpha}})=0$，从而 $\hat{\boldsymbol{\alpha}}\in\Phi$.

现在证明 $\Phi\subseteq\Lambda$. 设 $\hat{\boldsymbol{\alpha}}$ 为线性系统 $\boldsymbol{A}^{\mathrm{T}}\boldsymbol{A\alpha}=\boldsymbol{A}^{\mathrm{T}}\boldsymbol{b}$ 的解，即 $\hat{\boldsymbol{\alpha}}\in\Phi$，则 $\boldsymbol{A}^{\mathrm{T}}(\boldsymbol{b}-\boldsymbol{A}\hat{\boldsymbol{\alpha}})=0$，即 $\boldsymbol{b}-\boldsymbol{A}\hat{\boldsymbol{\alpha}}$ 正交于 $\boldsymbol{A}$ 的任意列 $\boldsymbol{a}_j(j=1,2,\cdots,n)$，从而也正交于由所有列组成的线性空间 Col($\boldsymbol{A}$). 由投影定理，$\boldsymbol{b}=\boldsymbol{A}\hat{\boldsymbol{\alpha}}+(\boldsymbol{b}-\boldsymbol{A}\hat{\boldsymbol{\alpha}})$ 是 $\boldsymbol{b}$ 在线性空间 Col($\boldsymbol{A}$) 的正交分解. 由正交分解的唯一性，$\boldsymbol{A}\hat{\boldsymbol{\alpha}}$ 必为 $\boldsymbol{b}$ 在线性空间 Col($\boldsymbol{A}$) 的投影 $\hat{\boldsymbol{b}}$，即 $\hat{\boldsymbol{b}}=\boldsymbol{A}\hat{\boldsymbol{\alpha}}$，因此 $\hat{\boldsymbol{\alpha}}$ 为线性系统 $\boldsymbol{A\alpha}=\boldsymbol{b}$ 的最小二乘解.

例 2.34　计算如下线性系统 $\boldsymbol{A\alpha}=\boldsymbol{b}$ 的最小二乘解，其中 $\boldsymbol{A}=\begin{bmatrix}8&0\\0&4\\2&2\end{bmatrix}$，$\boldsymbol{b}=\begin{bmatrix}4\\0\\22\end{bmatrix}$.

解：问题可转化为求解线性系统 $\boldsymbol{A}^{\mathrm{T}}\boldsymbol{A\alpha}=\boldsymbol{A}^{\mathrm{T}}\boldsymbol{b}$ 的解. 通过计算得到

$$\boldsymbol{A}^{\mathrm{T}}\boldsymbol{A}=\begin{bmatrix}68&4\\4&20\end{bmatrix},\boldsymbol{A}^{\mathrm{T}}\boldsymbol{b}=\begin{bmatrix}76\\44\end{bmatrix},$$

从而可以得到 $\hat{\boldsymbol{\alpha}}=\begin{bmatrix}1\\2\end{bmatrix}$.

可以看到

$$A\hat{\boldsymbol{\alpha}}=\begin{bmatrix}8\\8\\6\end{bmatrix}=\hat{\boldsymbol{b}}\neq\boldsymbol{b}=\begin{bmatrix}4\\0\\22\end{bmatrix},$$

即 $\hat{\boldsymbol{\alpha}}$ 是线性系统 $\boldsymbol{A\alpha}=\boldsymbol{b}$ 的最小二乘解,但不是它的解,其对应的最小二乘误差为

$$\varepsilon=\|[8\quad 8\quad 6]-[4\quad 0\quad 22]\|=\|[4\quad 8\quad -16]\|\approx 18.33.$$

2.6.2 最佳逼近

上一小节中介绍了如何利用最小二乘法构造函数来逼近一系列离散的数据点集. 本小节进一步研究如何利用函数空间 $C[a,b]$ 中的若干函数来逼近一个给定的较一般的函数. 下面给出一类比较常见的函数空间.

定义 2.26 记 $\Phi_n[a,b]$ 是 $[a,b]$ 上不超过 n 次的多项式函数全体组成的集合,则按照多项式的加法和数乘,其构成实数域上的线性空间,并被称为**代数多项式空间**.

对于函数逼近,魏尔斯特拉斯给出如下定理:

定理 2.19 设 $f(x)\in C[a,b]$,则对任意的 $\varepsilon>0$,总存在一个代数多项式 $p(x)$ 使得下列关系在 $[a,b]$ 上一致成立:

$$\|f(x)-p(x)\|_{\infty}<\varepsilon.$$

根据函数逼近的特性,伯恩斯坦在1912年构造出如下一类多项式函数,使其满足定理2.19的要求

$$B_n(f,x)=\sum_{k=0}^{n}f\left(\frac{k}{n}\right)\mathrm{C}_n^k x^k(1-x)^{n-k},$$

然而由于其收敛速度较慢,在现实中较少得到使用.

一般情况下,普遍采用一组线性无关的函数集合 $\varphi_1,\varphi_2,\cdots,\varphi_n$ 来求解它们的一个线性组合函数 $\varphi^*(x)$,并使其在某种意义下尽可能地逼近原函数 $f(x)$. 其中函数的线性无关定义如下:

定义 2.27 设 $\varphi_i(x)\in C[a,b]\,(i=1,\cdots,n)$,则该**函数族线性无**

关当且仅当 $c_i=0(i=1,\cdots,n)$ 时，才有 $\sum_{i=1}^{n} c_i\varphi_i(x)\equiv 0$ 对任意的 $x\in[a,b]$ 成立. 否则，称该**函数族线性相关**.

显然，$\varphi_i(x)=x^{i-1}(i=1,\cdots,n)$ 是线性无关的函数族.

考虑分析中最常用的一类函数 $L^2[a,b]$，其中任意元素函数 f 满足 $|f(x)|^p$ 在 $[a,b]$ 上是可积的，并按通常的加法与数乘规定运算，则其构成一个线性空间. 此外，若我们定义

$$\|f\|=\left(\int_a^b |f(x)|^p \mathrm{d}x\right)^{\frac{1}{p}},$$

则不难验证，$\|\cdot\|$ 是一个范数，且 $L^2[a,b]$ 构成一个 B－空间.

对于 $f\in L^2[a,b]$，$\varphi_i(x)=x^{i-1}(i=1,\cdots,n)$，我们希望求出一组数 $\alpha_1,\alpha_2,\cdots,\alpha_n$，使得

$$\left\|f-\sum_{v=1}^{n}\alpha_v x^{v-1}\right\|=\left(\int_a^b\left|f(x)-\sum_{v=1}^{n}\alpha_v x^{v-1}\right|^2\mathrm{d}x\right)^{\frac{1}{2}}$$

尽可能地小，也就是说，我们希望用一个最高次数为 $n-1$ 次的多项式 $p(x)$ 来逼近 $f(x)$，使其误差最小，并称误差达到最小的对应多项式为**按平方平均最佳逼近多项式**.

显然，上述问题本质上也可抽象为 2.6.1 节中求解 $\alpha_1,\alpha_2,\cdots,\alpha_n$ 的问题. 由投影定理可知，其解 $\hat{\alpha}_1,\hat{\alpha}_2,\cdots,\hat{\alpha}_n$ 必然存在且唯一. 特别地，若令 $a_{ij}=(\varphi_j,\varphi_i)=\int_a^b\varphi_j(x)\varphi_k(x)\mathrm{d}x$，$b_i=(f,\varphi_i)=\int_a^b f(x)\varphi_i(x)\mathrm{d}x$，则问题亦等价于寻找向量 $\hat{\boldsymbol{\alpha}}=[\hat{\alpha}_1\ \hat{\alpha}_2\cdots\ \hat{\alpha}_n]\in\mathbf{R}^n$ 使得对于任意的 $\boldsymbol{\alpha}\in\mathbf{R}^n$，都有 $\|\boldsymbol{A}\hat{\boldsymbol{\alpha}}-\boldsymbol{b}\|\leqslant\|\boldsymbol{A}\boldsymbol{\alpha}-\boldsymbol{b}\|$.

习　题　2

2.1　在 $C[a,b]$ 中，对任意两点 x,y，定义

$$d(x,y)=\int_a^b|x(t)-y(t)|\mathrm{d}t,$$

证明 $d(x,y)$ 是 $C[a,b]$ 上的距离.

2.2　在实数集 $\mathbf{R}^1$ 上定义 $d(x,y)=(x-y)^2$，问 $d(x,y)$ 是否是 $\mathbf{R}^1$ 上的距离?

2.3 证明在离散距离空间,任一子集既是开集又是闭集.

2.4 证明 $\mathbf{R}^n$ 在距离 $d(\boldsymbol{x},\boldsymbol{y})=\max\limits_{1\leqslant i\leqslant n}|x_i-y_i|$ 下是完备的.

2.5 证明离散距离空间是完备的.

2.6 设 $X=[1,+\infty)\subset\mathbf{R}^1$,$T:X\to X$,定义

$$Tx=\frac{x}{2}+\frac{1}{x},$$

求证:T 是压缩映射.

2.7 设有线性方程组

$$\begin{bmatrix}x_1\\x_2\\x_3\end{bmatrix}=\begin{bmatrix}\frac{1}{6}&-\frac{1}{6}&\frac{1}{5}\\\frac{1}{6}&\frac{1}{5}&\frac{1}{2}\\-\frac{1}{6}&\frac{1}{3}&-\frac{1}{3}\end{bmatrix}\begin{bmatrix}x_1\\x_2\\x_3\end{bmatrix}+\begin{bmatrix}4\\-1\\2\end{bmatrix}.$$

试应用巴拿赫不动点定理证明此方程组有唯一解.

2.8 在 $\mathbf{R}^n$ 中,对于 $\boldsymbol{x}=[x_1\ \ \cdots\ \ x_n]^{\mathrm{T}}\in\mathbf{R}^n$,定义

$$\|\boldsymbol{x}\|=\sum_{i=1}^{n}|x_i|,$$

证明 $\|\cdot\|$ 是 $\mathbf{R}^n$ 中的范数.

2.9 证明在线性赋范空间中成立

$$|\,\|x\|-\|y\|\,|\leqslant\|x-y\|.$$

2.10 考虑 $\mathbf{R}^2\to\mathbf{R}^2$ 的算子

$T_1:[x_1\ \ x_2]\to[x_1\ \ 0]$,

$T_2:[x_1\ \ x_2]\to[0\ \ x_2]$,

$T_3:[x_1\ \ x_2]\to[x_2\ \ x_1]$,

$T_4:[x_1\ \ x_2]\to[rx_1\ \ rx_2]$,

证明 T_1,T_2,T_3,T_4 是线性算子,并解释它们的几何意义.

2.11 证明线性算子 T 的零空间 $N(T)$ 是 $D(T)$ 中的子空间.

2.12 设 $T:D(T)\to Y$ 是线性算子,T^{-1} 存在,$\{x_1,\cdots,x_n\}$ 是 $D(T)$ 中的线性无关组,证明 $\{Tx_1,\cdots,Tx_n\}$ 也是 Y 中的线性无关组.

2.13 设 X 是距离空间,$T:X\to X$,如果当 $x\neq y$ 时,$d(Tx,Ty)<d(x,y)$,且 T 有一个不动点,证明这个不动点是唯一的.

2.14 由巴拿赫不动点定理的证明,若 (X,d) 是完备的距离空间,映射 $T:X\to X$ 是压缩映射,则可以从 X 中任意一点 x_0 出发,由 T 构造一个迭代序列 $\{x_n\}$,近似

计算 T 的不动点 x^*.

(1)写出这个迭代序列 $\{x_n\}$;

(2)证明这个迭代序列 $\{x_n\}$ 近似计算 x^* 的一个误差(上界)估计为

$$d(x^*,x_n)\leqslant\frac{\alpha^n}{1-\alpha}d(Tx_0,x_0),$$

其中 α 为 T 的压缩系数(即 $d(T(x),T(y))\leqslant\alpha d(x,y)$).

2.15　设 d 是向量空间 $X\neq\{\mathbf{0}\}$(X 为不包含 $\mathbf{0}$ 向量的 n 维向量集合)中的距离,它是由一范数导出的,而 d_1 定义为

$$d_1(\boldsymbol{x},\boldsymbol{x})=0,\quad d_1(\boldsymbol{x},\boldsymbol{y})=d(\boldsymbol{x},\boldsymbol{y})+1,\boldsymbol{x}\neq\boldsymbol{y}.$$

证明:(1) d_1 是距离;(2) d_1 不可能由范数导出.

2.16　设 $C[0,1]$ 上的范数为 $\|x\|=\max\limits_{0\leqslant t\leqslant 1}|x(t)|,x\in C[0,1]$. 定义算子 T: $C[0,1]\to C[0,1]$ 为 $Tx(t)=\mathrm{e}^t x(t)$,试证 T 是有界线性算子,并求 $\|T\|$.

2.17　在 $[a,b]$ 上取一固定点 t_0,定义泛函 $f:C[a,b]\to\mathbf{R}^1$,使得对每一个 $x\in C[a,b]$, $f(x)=x(t_0)$. 求证 f 是有界线性泛函,且 $\|f\|=1$.

2.18　在 $C[a,b]$ 上定义泛函

$$f(x)=\int_a^b x(t)\,\mathrm{d}t,\ x\in C[a,b],$$

求证 f 是有界线性泛函,且 $\|f\|=b-a$.

2.19　设 f 是 $\mathbf{R}^n$ 上的泛函, f 有连续一阶偏导数,证明 f 的一阶变分 $\delta f(\boldsymbol{x},\boldsymbol{h})$ 是关于 $\boldsymbol{h}$ 的有界线性泛函, $\boldsymbol{h}\in\mathbf{R}^n$.

2.20　证明:柯西-许瓦兹不等式等号成立的充要条件是 x 与 y 线性相关.

2.21　设 X 是内积空间, $u,v\in X$,若对任何的 $x\in X$ 都有 $(x,u)=(x,v)$,证明 $u=v$.

2.22　给出线性赋范空间的一些例子,其中它们的范数不能由内积导出.

2.23　举例说明内积空间不一定是希尔伯特空间.

2.24　求 $\boldsymbol{x}^*(t)$,使

$$J(\boldsymbol{x})=\int_0^{\frac{\pi}{2}}\left(\dot{\boldsymbol{x}}^{\mathrm{T}}\begin{bmatrix}2&0\\0&2\end{bmatrix}\dot{\boldsymbol{x}}+\boldsymbol{x}^{\mathrm{T}}\begin{bmatrix}0&2\\2&0\end{bmatrix}\boldsymbol{x}\right)\mathrm{d}t$$

达极小. 设 $\boldsymbol{x}(0)=[0\quad 0]^{\mathrm{T}},\boldsymbol{x}\left(\frac{\pi}{2}\right)=[1\quad -1]^{\mathrm{T}}$.

2.25　设有一阶系统

$$\dot{x}=-x+u,\quad x(0)=3,$$

试确定控制函数 $u(t)$,在 $t=2$ 时把系统转移到零态,并使目标泛函

$$J=\int_0^2 (1+u)^2 \mathrm{d}t$$

取得极小值.

2.26　求解最优控制问题

$$\min J=\frac{1}{2}\int_0^1 u^2 \mathrm{d}t,$$

$$\dot{\boldsymbol{x}}=\begin{bmatrix}0 & 0\\ 1 & 0\end{bmatrix}\boldsymbol{x}+\begin{bmatrix}1\\ 0\end{bmatrix}u,$$

$$\boldsymbol{x}(0)=[0\quad 0]^{\mathrm{T}},\boldsymbol{x}(1)=[1\quad 1]^{\mathrm{T}}.$$

2.27　(人才最优分配问题)设新培养出来的科学人才(硕士生、博士生等)要分配到教育和科技两类部门. 若分到教育部门的人才多,对培养更多的科学人才有利,但对眼前的科技工作不利. 反之,分给科技部门的人才多,对科技工作有利,对培养更多的人才不利. 因此存在一个最优分配比例,使对整个教育事业与科技事业都有利.

设 $x_1(t)$ 为 t 时刻教师人数,$x_2(t)$ 为 t 时刻科技人员人数,每个教师每年平均培养出来的科学人才数为 α(设为常数),每年从教育与科技部门自然减员率为 β(常数),$u(t)$ 为 t 时刻新培养出来的科学人才分配到教育部门的比例($0<u_0\leqslant u\leqslant u_1<1$),$\boldsymbol{x}(0)=[x_1^0\quad x_2^0]^{\mathrm{T}}$. 试建立使 T 年内科学人才数最大的最优控制模型(不解).

第三章　凸分析

凸分析(convex analysis)是 20 世纪 60 年代末期形成和发展起来的一个较新的数学分支. 其基本研究对象是凸集和凸函数. 在数学规划、最优控制、数理经济等许多方面有着广泛的应用. 本章介绍凸分析的一些基本内容及其应用. 本章的内容虽然主要在 $\mathbf{R}^n$ 中讨论,但所得的结果大部分均适用于一般(无穷维)B-空间.

3.1　凸集与凸集分离定理

3.1.1　凸集

定义 3.1　设集合 $C \subset \mathbf{R}^n$,$0 \leqslant \lambda \leqslant 1$,若 C 中任意两点 $\boldsymbol{x}$ 和 $\boldsymbol{y}$ 的凸组合 $\lambda \boldsymbol{x} + (1-\lambda)\boldsymbol{y} \in C$,则称 C 是一个**凸集**.

例 3.1　$\mathbf{R}^n$ 本身是一个凸集,因为 $\mathbf{R}^n$ 中任意两点的凸组合仍属于 $\mathbf{R}^n$. 空集 $\varnothing$ 也是凸集,因为 $\varnothing$ 中不存在其凸组合不属于 $\varnothing$ 的两点. $\mathbf{R}^n$ 中的任意子空间也是凸集,因为子空间对 $\mathbf{R}^n$ 中的线性运算封闭,当然其中任二点的凸组合仍在其中.

图 3.1 给出了 $\mathbf{R}^2$ 中凸集与非凸集的例子. 其中(a)与(b)是凸集,(c)与(d)不是凸集.

(a)　(b)　(c)　(d)

图 3.1　凸集与非凸集的例子

可以证明凸集的一些性质[21].

定理 3.1　集合 $K\subset \mathbf{R}^n$ 为凸集的充要条件是:对任意的正整数 $r\geqslant 2$,若点 $\boldsymbol{x}^1,\boldsymbol{x}^2,\cdots,\boldsymbol{x}^r\in K$,则必有 $\boldsymbol{\lambda}_1\boldsymbol{x}^1+\boldsymbol{\lambda}_2\boldsymbol{x}^2+\cdots+\boldsymbol{\lambda}_r\boldsymbol{x}^r\in K$,其中 $\boldsymbol{\lambda}_i\geqslant 0(i=1,2,\cdots,r)$ 且 $\sum\limits_{i=1}^{r}\lambda_i=1$.

定理 3.2　设 K_1,K_2 是凸集,则集合 $K_1+K_2=\{\boldsymbol{z}\mid\boldsymbol{z}=\boldsymbol{x}+\boldsymbol{y},\boldsymbol{x}\in K_1,\boldsymbol{y}\in K_2\}$ 也是凸集. 若 α 为任意实数,则 $\alpha K_1=\{\boldsymbol{z}\mid\boldsymbol{z}=\alpha\boldsymbol{x},\boldsymbol{x}\in K_1\}$ 也是凸集.

定理 3.3　有限个凸集的交集仍为凸集.

例 3.2　已知线性规划的可行域 $D=\{\boldsymbol{x}\in\mathbf{R}^n\mid\boldsymbol{A}\boldsymbol{x}\leqslant\boldsymbol{b},\boldsymbol{x}\geqslant\boldsymbol{0}\}$ 是凸集. 因为对任意 $\boldsymbol{x},\boldsymbol{y}\in D,\lambda\in[0,1]$,$\boldsymbol{A}(\lambda\boldsymbol{x}+(1-\lambda)\boldsymbol{y})=\lambda\boldsymbol{A}\boldsymbol{x}+(1-\lambda)\boldsymbol{A}\boldsymbol{y}\leqslant\lambda\boldsymbol{b}+(1-\lambda)\boldsymbol{b}=\boldsymbol{b}$,且 $\lambda\boldsymbol{x}+(1-\lambda)\boldsymbol{y}\geqslant\boldsymbol{0}$,即 $\lambda\boldsymbol{x}+(1-\lambda)\boldsymbol{y}\in D$. D 实际上是 $\mathbf{R}^n$ 中的一个凸多面体.

例 3.3　对任 $\boldsymbol{p}\in\mathbf{R}^n,\boldsymbol{p}\neq\boldsymbol{0},\alpha\in\mathbf{R}^1$,集合 $H=\{\boldsymbol{x}\in\mathbf{R}^n\mid\boldsymbol{p}^{\mathrm{T}}\boldsymbol{x}=\alpha\}$ 称为以 $\boldsymbol{p}$ 为法向量的**超平面**. 超平面 H 是 $\mathbf{R}^n$ 中的凸集,因为对任意 $\boldsymbol{x},\boldsymbol{y}\in H,\lambda\in[0,1]$,$\boldsymbol{p}^{\mathrm{T}}[\lambda\boldsymbol{x}+(1-\lambda)\boldsymbol{y}]=\lambda\boldsymbol{p}^{\mathrm{T}}\boldsymbol{x}+(1-\lambda)\boldsymbol{p}^{\mathrm{T}}\boldsymbol{y}=\lambda\alpha+(1-\lambda)\alpha=\alpha$,说明 $\lambda\boldsymbol{x}+(1-\lambda)\boldsymbol{y}\in H$.

超平面 H 将 $\mathbf{R}^n$ 分为两个闭半空间:$H^+=\{\boldsymbol{x}\in\mathbf{R}^n\mid\boldsymbol{p}^{\mathrm{T}}\boldsymbol{x}\geqslant\alpha\}$,$H^-=\{\boldsymbol{x}\in\mathbf{R}^n\mid\boldsymbol{p}^{\mathrm{T}}\boldsymbol{x}\leqslant\alpha\}$. 如果 $\mathbf{R}^n$ 的一个非空子集 M 属于由 H 所确定的两个闭半空间之一内,即 $M\subset H^+$ 或 $M\subset H^-$,而且 M 和 H 有公共交点,即 $M\cap H\neq\varnothing$,则称 H 为 M 的**承托超平面**.

定义 3.2　设集合 $K\subset\mathbf{R}^n$,若对任意的 $\boldsymbol{x},\boldsymbol{y}\in K$ 和正实数 $\boldsymbol{\lambda}_1,\boldsymbol{\lambda}_2$ 都有 $\boldsymbol{\lambda}_1\boldsymbol{x}+\boldsymbol{\lambda}_2\boldsymbol{y}\in K$,则称 K 为一个**凸锥**.

显然,凸锥是凸集.

例 3.4　考虑 $\mathbf{R}^n$ 中的子集 $\mathbf{R}^n_+=\{\boldsymbol{x}=[x_1\ \ \cdots\ \ x_n]^{\mathrm{T}}\in\mathbf{R}^n\mid x_i\geqslant 0\ (i=1,\cdots,n)\}$,即 $\mathbf{R}^n$ 中所有分量均非负的向量的全体. 则易见,$\mathbf{R}^n_+$ 是 $\mathbf{R}^n$ 中的一个凸锥.

在 $\mathbf{R}^n$ 中给定了一个凸锥 K,就可以对 $\mathbf{R}^n$ 中的向量引入**序**的概念:若 $\boldsymbol{x}\in K$,则称 $\boldsymbol{x}$ 为非负,记 $\boldsymbol{x}\geqslant\boldsymbol{0}$;若 $-\boldsymbol{x}\in K$,则记 $\boldsymbol{x}\leqslant\boldsymbol{0}$. 对任 $\boldsymbol{x},\boldsymbol{y}\in\mathbf{R}^n$,若 $\boldsymbol{x}-\boldsymbol{y}\in K$,则称 $\boldsymbol{x}$ 大于等于 $\boldsymbol{y}$,记为 $\boldsymbol{x}\geqslant\boldsymbol{y}$. 例如在 $\mathbf{R}^1$ 中由凸锥

$\mathbf{R}_+^1=[0,+\infty)$所确定的序关系，正是通常的实数大小关系.

3.1.2　凸集分离定理

定义 3.3　设 X 和 Y 是 $\mathbf{R}^n$ 中的两个非空集合，如果超平面 $H=\{\boldsymbol{x}\in\mathbf{R}^n \mid \boldsymbol{p}^{\mathrm{T}}\boldsymbol{x}=\alpha\}$ 满足：对任意 $\boldsymbol{x}\in X$，$\boldsymbol{p}^{\mathrm{T}}\boldsymbol{x}\leqslant\alpha$，对任意 $\boldsymbol{y}\in Y$，$\boldsymbol{p}^{\mathrm{T}}\boldsymbol{y}\geqslant\alpha$，则称 H 把 X 与 Y **分离**，若上述两个不等式均为严格的，则称 H 把 X 与 Y **严格分离**.

由第二章例 2.24 的讨论可知 $\mathbf{R}^n$ 中的任一向量 $\boldsymbol{p}$ 都对应于 $\mathbf{R}^n$ 上的一个有界线性泛函 x^*：$\boldsymbol{x}\to\boldsymbol{p}^{\mathrm{T}}\boldsymbol{x}$. 于是，超平面 $H=\{\boldsymbol{x}\in\mathbf{R}^n \mid \boldsymbol{p}^{\mathrm{T}}\boldsymbol{x}=\alpha\}$ 把集合 X 与 Y 分离，也可以说是泛函 x^* 把 X 与 Y 分离. 其含义是，对任意 $\boldsymbol{x}\in X$，$\boldsymbol{y}\in Y$，存在 $\alpha\in\mathbf{R}^1$，使

$$\langle x^*,\boldsymbol{x}\rangle\leqslant\alpha\leqslant\langle x^*,\boldsymbol{y}\rangle.$$

定理 3.4　设 X 是 $\mathbf{R}^n$ 的一个非空闭凸子集，$\mathbf{R}^n$ 中的点 $\boldsymbol{x}_0\notin X$. 则

(1) 存在 $\boldsymbol{a}\in X$，使对任意 $\boldsymbol{x}\in X$，有 $d(\boldsymbol{x}_0,\boldsymbol{a})\leqslant d(\boldsymbol{x}_0,\boldsymbol{x})$；

(2) 存在 $\boldsymbol{p}\in\mathbf{R}^n$，$\boldsymbol{p}\neq\boldsymbol{0}$，$\alpha\in\mathbf{R}^1$，使对任意 $\boldsymbol{x}\in X$，有 $\boldsymbol{p}^{\mathrm{T}}\boldsymbol{x}\geqslant\alpha$ 且 $\boldsymbol{p}^{\mathrm{T}}\boldsymbol{x}_0<\alpha$.

证：(1) 设 $\bar{B}(\boldsymbol{x}_0)$是以 $\boldsymbol{x}_0$ 为中心的闭球，且它与 X 相交. 记 $A=\bar{B}(x_0)\cap X$，则 $A\neq\varnothing$，且为有界闭集，从而是紧集. 由性质 2.13 和例 2.31，连续函数 $d(\boldsymbol{x}_0,\boldsymbol{x})$在 A 上可取得最小值，即存在 $\boldsymbol{a}\in A$，使对任意 $\boldsymbol{x}\in A$，有 $d(\boldsymbol{x}_0,\boldsymbol{a})\leqslant d(\boldsymbol{x}_0,\boldsymbol{x})$. 于是对 $\boldsymbol{x}\in X$，也有此不等式成立.

(2) 取 $\boldsymbol{p}=\boldsymbol{a}-\boldsymbol{x}_0$，$\alpha=\boldsymbol{p}^{\mathrm{T}}\boldsymbol{a}$，则

$$\begin{aligned}\boldsymbol{p}^{\mathrm{T}}\boldsymbol{x}_0&=(\boldsymbol{a}-\boldsymbol{x}_0)^{\mathrm{T}}\boldsymbol{x}_0=(\boldsymbol{a}-\boldsymbol{x}_0)^{\mathrm{T}}(\boldsymbol{x}_0-\boldsymbol{a})+(\boldsymbol{a}-\boldsymbol{x}_0)^{\mathrm{T}}\boldsymbol{a}\\&=-\|\boldsymbol{p}\|^2+\alpha\leqslant\alpha.\end{aligned}$$

由于 X 是凸集，所以对 $\boldsymbol{a}\in X$ 和任 $\boldsymbol{x}\in X$，$\lambda\in(0,1)$，有 $\boldsymbol{x}(\lambda)=(1-\lambda)\boldsymbol{a}+\lambda\boldsymbol{x}\in X$. 而 $d(\boldsymbol{x}_0,\boldsymbol{a})\leqslant d(\boldsymbol{x}_0,\boldsymbol{x}(\lambda))$，所以

$$\begin{aligned}\|\boldsymbol{a}-\boldsymbol{x}_0\|^2\leqslant\|\boldsymbol{x}(\lambda)-\boldsymbol{x}_0\|^2&=\|(1-\lambda)\boldsymbol{a}+\lambda\boldsymbol{x}-\boldsymbol{x}_0\|^2\\&=\|(1-\lambda)(\boldsymbol{a}-\boldsymbol{x}_0)+\lambda(\boldsymbol{x}-\boldsymbol{x}_0)\|^2\\&=(1-\lambda)^2\|\boldsymbol{a}-\boldsymbol{x}_0\|^2+2\lambda(1-\lambda)(\boldsymbol{a}-\boldsymbol{x}_0)^{\mathrm{T}}(\boldsymbol{x}-\boldsymbol{x}_0)\\&\quad+\lambda^2\|\boldsymbol{x}-\boldsymbol{x}_0\|^2.\end{aligned}$$

从而

$$0\leqslant\lambda(\lambda-2)\|\boldsymbol{a}-\boldsymbol{x}_0\|^2+2\lambda(1-\lambda)(\boldsymbol{a}-\boldsymbol{x}_0)^{\mathrm{T}}(\boldsymbol{x}-\boldsymbol{x}_0)+\lambda^2\|\boldsymbol{x}-\boldsymbol{x}_0\|^2,$$

两边同乘以$\frac{1}{\lambda}$($\frac{1}{\lambda}>0$),有

$$0\leqslant(\lambda-2)\|\boldsymbol{a}-\boldsymbol{x}_0\|^2+2(1-\lambda)(\boldsymbol{a}-\boldsymbol{x}_0)^{\mathrm{T}}(\boldsymbol{x}-\boldsymbol{x}_0)+\lambda\|\boldsymbol{x}-\boldsymbol{x}_0\|^2.$$

令 $\lambda\to0$,则有

$$0\leqslant-2\|\boldsymbol{a}-\boldsymbol{x}_0\|^2+2(\boldsymbol{a}-\boldsymbol{x}_0)^{\mathrm{T}}(\boldsymbol{x}-\boldsymbol{x}_0),$$

即

$$0\geqslant(\boldsymbol{a}-\boldsymbol{x}_0)^{\mathrm{T}}(\boldsymbol{a}-\boldsymbol{x}_0)-(\boldsymbol{a}-\boldsymbol{x}_0)^{\mathrm{T}}(\boldsymbol{x}-\boldsymbol{x}_0)=\alpha-\boldsymbol{p}^{\mathrm{T}}\boldsymbol{x},$$

所以

$$\boldsymbol{p}^{\mathrm{T}}\boldsymbol{x}\geqslant\alpha.$$

定理3.4表明,超平面$H=\{\boldsymbol{x}\in\mathbf{R}^n\mid\boldsymbol{p}^{\mathrm{T}}\boldsymbol{x}=\alpha\}$把$X$和$\boldsymbol{x}_0$分离.若$\boldsymbol{x}_0$等于原点$\mathbf{0}$,则有下面的结论.

推论3.1 设X是$\mathbf{R}^n$中的非空闭凸集,且X不包含原点.则存在$\boldsymbol{p}\in\mathbf{R}^n,\boldsymbol{p}\neq\mathbf{0},\alpha>0$,使对于任意$\boldsymbol{x}\in X$,有$\boldsymbol{p}^{\mathrm{T}}\boldsymbol{x}\geqslant\alpha$.

证:因为$\mathbf{0}\notin X$,由定理3.4(2),存在$\boldsymbol{p}\in\mathbf{R}^n,\boldsymbol{p}\neq\mathbf{0}$,和$\alpha\in\mathbf{R}^1$,使对任$\boldsymbol{x}\in X$,有$\boldsymbol{p}^{\mathrm{T}}\boldsymbol{x}\geqslant\alpha$,且$\boldsymbol{p}^{\mathrm{T}}\mathbf{0}<\alpha$,而$\boldsymbol{p}^{\mathrm{T}}\mathbf{0}=0$,所以$\alpha>0$.

定理3.5 设X是$\mathbf{R}^n$的一个非空凸集,$\mathbf{R}^n$中的点$\boldsymbol{x}_0\notin X$,则存在$\boldsymbol{p}\in\mathbf{R}^n,\boldsymbol{p}\neq\mathbf{0}$,使得对任$\boldsymbol{x}\in X$,有

$$\boldsymbol{p}^{\mathrm{T}}\boldsymbol{x}\geqslant\boldsymbol{p}^{\mathrm{T}}\boldsymbol{x}_0.$$

证:记$\bar{X}$为X的闭包.若$\boldsymbol{x}_0\notin\bar{X}$,则由定理3.4,易见有结论成立.

若$\boldsymbol{x}_0\in\bar{X}$,而$\boldsymbol{x}_0\notin X$,说明$\boldsymbol{x}_0\in\bar{X}-X$,易见这是一闭集.由于$\boldsymbol{x}_0\in X'$,必存在点列$\{\boldsymbol{x}_k\}\subset X,\boldsymbol{x}_k\to\boldsymbol{x}_0$,但$\boldsymbol{x}_k\notin\bar{X}-X$.由定理3.4,存在$\boldsymbol{p}^k\in\mathbf{R}^n,\boldsymbol{p}^k\neq\mathbf{0}$,使对任$\boldsymbol{x}\in\bar{X}-X$,有$(\boldsymbol{p}^k)^{\mathrm{T}}\boldsymbol{x}>(\boldsymbol{p}^k)^{\mathrm{T}}\boldsymbol{x}_k$.不妨设$\|\boldsymbol{p}^k\|=1$,由单位球面的紧性[15],存在$\boldsymbol{p}$,使$\boldsymbol{p}^k\to\boldsymbol{p}$,且$\|\boldsymbol{p}\|=1$.在$(\boldsymbol{p}^k)^{\mathrm{T}}\boldsymbol{x}>(\boldsymbol{p}^k)^{\mathrm{T}}\boldsymbol{x}_k$中令$k\to\infty$,则有$\boldsymbol{p}^{\mathrm{T}}\boldsymbol{x}\geqslant\boldsymbol{p}^{\mathrm{T}}\boldsymbol{x}_0$.

定理3.6 设X和Y都是$\mathbf{R}^n$中的非空凸集,且$X\cap Y=\varnothing$.则存在$\boldsymbol{p}\in\mathbf{R}^n,\boldsymbol{p}\neq\mathbf{0},\alpha\in\mathbf{R}^1$,使得对任意$\boldsymbol{x}\in X$和任意$\boldsymbol{y}\in Y$,有

$$\boldsymbol{p}^{\mathrm{T}}\boldsymbol{x}\geqslant\alpha,\boldsymbol{p}^{\mathrm{T}}\boldsymbol{y}\leqslant\alpha.$$

证:考虑$S=X+(-Y)=\{\boldsymbol{s}\mid\boldsymbol{s}=\boldsymbol{x}-\boldsymbol{y},\boldsymbol{x}\in X,\boldsymbol{y}\in Y\}$,则易见$S$

为凸集，且 $\mathbf{0}\notin S$. 由定理 3.5，存在 $\boldsymbol{p}\neq\mathbf{0}$，对任 $\boldsymbol{s}\in S$，有 $\boldsymbol{p}^{\mathrm{T}}\boldsymbol{s}\geqslant\boldsymbol{p}^{\mathrm{T}}\mathbf{0}=0$. 而 $\boldsymbol{s}=\boldsymbol{x}-\boldsymbol{y}$，其中 $\boldsymbol{x}\in X,\boldsymbol{y}\in Y$，于是 $\boldsymbol{p}^{\mathrm{T}}(\boldsymbol{x}-\boldsymbol{y})\geqslant 0$，即

$$\boldsymbol{p}^{\mathrm{T}}\boldsymbol{x}\geqslant\boldsymbol{p}^{\mathrm{T}}\boldsymbol{y}.$$

于是

$$\inf_{\boldsymbol{x}\in X}\boldsymbol{p}^{\mathrm{T}}\boldsymbol{x}\geqslant\sup_{\boldsymbol{y}\in Y}\boldsymbol{p}^{\mathrm{T}}\boldsymbol{y}.$$

取 $\alpha=\inf\limits_{\boldsymbol{x}\in X}\boldsymbol{p}^{\mathrm{T}}\boldsymbol{x}$，则有定理结论成立.

称定理 3.6 为**凸集分离定理**，它在凸分析和其他许多方面都有重要应用. 作为凸集分离定理的应用，下面证明一个在数学规划中有重要应用的基础性命题——福科什(Farkas)引理.

3.1.3 福科什引理

定理 3.7 考虑不等式组① $\boldsymbol{Ax}=\boldsymbol{b},\boldsymbol{x}\geqslant\mathbf{0}$；② $\boldsymbol{y}^{\mathrm{T}}\boldsymbol{A}\geqslant\mathbf{0},\boldsymbol{y}^{\mathrm{T}}\boldsymbol{b}<\mathbf{0}$. 若①有解，则②必无解；若①无解，则②必有解. 即不等式组①和②中有且仅有一个有解.

证： 若①有解，则②必无解. 否则，设①有解 $\boldsymbol{x}$，②也有解 $\boldsymbol{y}$，则有 $0\leqslant\boldsymbol{y}^{\mathrm{T}}\boldsymbol{Ax}=\boldsymbol{y}^{\mathrm{T}}\boldsymbol{b}<0$，矛盾.

若①无解，下面证明②必有解.

因为①无解，即不存在 $\boldsymbol{x}$ 满足：$\boldsymbol{Ax}=\boldsymbol{b},\boldsymbol{x}\geqslant\mathbf{0}$，或 $\boldsymbol{b}\notin C=\{\boldsymbol{Ax}\mid\boldsymbol{x}\geqslant 0\}$. 易证 C 是凸集，单点集 $\{\boldsymbol{b}\}$ 也是凸集，且 $C\cap\{\boldsymbol{b}\}=\varnothing$，由定理3.6，存在 $\boldsymbol{p}\neq\mathbf{0}$ 及 $\alpha\in\mathbf{R}^1$，使得对任 $\boldsymbol{x}\geqslant\mathbf{0}$ 和 $\boldsymbol{Ax}\in C$，有

$$\boldsymbol{p}^{\mathrm{T}}\boldsymbol{Ax}\geqslant\alpha\geqslant\boldsymbol{p}^{\mathrm{T}}\boldsymbol{b}.$$

由于①无解，上不等式中等号不能同时成立(否则有 $\boldsymbol{p}^{\mathrm{T}}(\boldsymbol{Ax}-\boldsymbol{b})=\mathbf{0}$，而 $\boldsymbol{p}^{\mathrm{T}}\neq\mathbf{0}$，矛盾.)，不妨设

$$\boldsymbol{p}^{\mathrm{T}}\boldsymbol{Ax}>\alpha\geqslant\boldsymbol{p}^{\mathrm{T}}\boldsymbol{b},$$

令 $\boldsymbol{x}=\mathbf{0}$，则 $\alpha<0$，所以 $\boldsymbol{p}^{\mathrm{T}}\boldsymbol{b}<\mathbf{0}$. 而由 $\boldsymbol{x}$ 的任意性，必有 $\boldsymbol{p}^{\mathrm{T}}\boldsymbol{A}\geqslant 0$，否则，设 $\boldsymbol{p}^{\mathrm{T}}\boldsymbol{A}$ 的第 $j(1\leqslant j\leqslant m)$ 分量小于 0，可取 $\boldsymbol{x}=[0\ \cdots\ 0\ x_j\ 0\ \cdots\ 0]^{\mathrm{T}}$，$x_j$ 是很大的正数，可使 $\boldsymbol{p}^{\mathrm{T}}\boldsymbol{Ax}<\alpha$，矛盾. 取 $\boldsymbol{y}=\boldsymbol{p}$，则 $\boldsymbol{y}$ 是②的解.

定理 3.7 称为**福科什引理**，利用它可以简洁证明[24]非线性规划中的 KKT 定理，还可以证明[24]线性规划中的对偶定理.

定理 3.8　考虑线性规划问题

$$(\mathrm{P})\quad \begin{aligned}&\min\ \boldsymbol{C}^{\mathrm{T}}\boldsymbol{x}\\ &\text{s.t.}\begin{cases}\boldsymbol{A}\boldsymbol{x}\geqslant\boldsymbol{b},\\ \boldsymbol{x}\geqslant\boldsymbol{0}.\end{cases}\end{aligned}\qquad (\mathrm{D})\quad \begin{aligned}&\max\ \boldsymbol{b}^{\mathrm{T}}\boldsymbol{y}\\ &\text{s.t.}\begin{cases}\boldsymbol{y}^{\mathrm{T}}\boldsymbol{A}\leqslant\boldsymbol{C}^{\mathrm{T}},\\ \boldsymbol{y}\geqslant\boldsymbol{0}.\end{cases}\end{aligned}$$

则下列四种情形有且仅有其一发生:

(1) (P)与(D)均有最优解 $\boldsymbol{x}$ 与 $\boldsymbol{y}$,且最优值相等,即 $\boldsymbol{C}^{\mathrm{T}}\boldsymbol{x}=\boldsymbol{y}^{\mathrm{T}}\boldsymbol{b}$;

(2) (P)无可行解,但(D)有可行解,且(D)无上界,即 $\boldsymbol{y}^{\mathrm{T}}\boldsymbol{b}\to+\infty$;

(3) (D)无可行解,但(P)有可行解,且(P)无下界,即 $\boldsymbol{C}^{\mathrm{T}}\boldsymbol{x}\to-\infty$;

(4) (P)与(D)均无可行解.

3.2　凸函数与次微分

3.2.1　凸函数与凹函数

定义 3.4　设 X 是 $\mathbf{R}^n$ 中的凸集,$f:X\to\mathbf{R}^1$,若对任意的 $\boldsymbol{x},\boldsymbol{y}\in X$,$\lambda\in[0,1]$,有

$$f(\lambda\boldsymbol{x}+(1-\lambda)\boldsymbol{y})\leqslant\lambda f(\boldsymbol{x})+(1-\lambda)f(\boldsymbol{y}),$$

则称 f 为 X 上的**凸函数**;若以上不等式中不等号是严格的,则称 f 为**严格凸函数**;若函数($-f$)是凸函数,则称 f 是**凹函数**;若 f 既是凸函数又是凹函数,则称 f 为**仿射函数**.

在微积分中接触过一些凸函数和凹函数的例子,并已知当 f 为可微函数时,判断 f 凸性的条件[18].

定理 3.9　(1) 设 X 是 $\mathbf{R}^n$ 中的开凸集,f 是 X 上的(一次)连续可微函数,则 f 是凸函数的充要条件是:对任 $\boldsymbol{x}_1,\boldsymbol{x}_2\in X$,有

$$f(\boldsymbol{x}_2)-f(\boldsymbol{x}_1)\geqslant\nabla f(\boldsymbol{x}_1)^{\mathrm{T}}(\boldsymbol{x}_2-\boldsymbol{x}_1).$$

其中 $\nabla f(\boldsymbol{x}_1)$ 为 f 在 $\boldsymbol{x}_1$ 的梯度.

(2) 设 X 是 $\mathbf{R}^n$ 中的开凸集,f 是 X 上的二次连续可微函数,则 f 是

X 上的凸(凹)函数的充要条件是,f 的海赛阵 $\boldsymbol{H}_f=\left(\dfrac{\partial^2 f}{\partial x_i \partial x_j}\right)_{n\times n}$ 在 X 上是半正(负)定的;当 $\boldsymbol{H}_f$ 为正(负)定的,则 f 为严格凸(凹)的.

证:(1)(充分性)对任意的 $\boldsymbol{x}_1,\boldsymbol{x}_2\in X$,有 $f(\boldsymbol{x}_2)\geqslant f(\boldsymbol{x}_1)+\nabla f(\boldsymbol{x}_1)^{\mathrm{T}}(\boldsymbol{x}_2-\boldsymbol{x}_1)$. 任取 $\lambda\in[0,1]$,令 $\boldsymbol{z}=\lambda\boldsymbol{x}_2+(1-\lambda)\boldsymbol{x}_1=\boldsymbol{x}_1+\lambda(\boldsymbol{x}_2-\boldsymbol{x}_1)$,则 $\boldsymbol{z}\in X$,从而

$$f(\boldsymbol{x}_1)\geqslant f(\boldsymbol{z})+\nabla f(\boldsymbol{z})^{\mathrm{T}}(\boldsymbol{x}_1-\boldsymbol{z})=f(\boldsymbol{z})-\lambda\nabla f(\boldsymbol{z})^{\mathrm{T}}(\boldsymbol{x}_1-\boldsymbol{x}_2),$$

$$f(\boldsymbol{x}_2)\geqslant f(\boldsymbol{z})+\nabla f(\boldsymbol{z})^{\mathrm{T}}(\boldsymbol{x}_2-\boldsymbol{z})=f(\boldsymbol{z})+(1-\lambda)\nabla f(\boldsymbol{z})^{\mathrm{T}}(\boldsymbol{x}_1-\boldsymbol{x}_2),$$

将第一式乘以$(1-\lambda)$,第二式乘以 λ,然后相加,得到

$$(1-\lambda)f(\boldsymbol{x}_1)+\lambda f(\boldsymbol{x}_2)\geqslant f(\boldsymbol{z})=f(\lambda\boldsymbol{x}_2+(1-\lambda)\boldsymbol{x}_1),$$

故 $f(\boldsymbol{x})$ 为凸函数.

(必要性)对任意的 $\boldsymbol{x}_1,\boldsymbol{x}_2\in X,\lambda\in(0,1)$,由于 f 是凸函数,故

$$f(\lambda\boldsymbol{x}_2+(1-\lambda)\boldsymbol{x}_1)\leqslant\lambda f(\boldsymbol{x}_2)+(1-\lambda)f(\boldsymbol{x}_1)=f(\boldsymbol{x}_1)+\lambda(f(\boldsymbol{x}_2)-f(\boldsymbol{x}_1)),$$

因此

$$\frac{f(\boldsymbol{x}_1+\lambda(\boldsymbol{x}_2-\boldsymbol{x}_1))-f(\boldsymbol{x}_1)}{\lambda}\leqslant f(\boldsymbol{x}_2)-f(\boldsymbol{x}_1).$$

当 $\lambda\to 0^+$,即得 $\nabla f(\boldsymbol{x}_1)^{\mathrm{T}}(\boldsymbol{x}_2-\boldsymbol{x}_1)\leqslant f(\boldsymbol{x}_2)-f(\boldsymbol{x}_1)$. 命题得证.

(2)(充分性)对任意的 $\boldsymbol{x},\boldsymbol{y}\in X$,由于 f 二阶连续可微,得到

$$f(\boldsymbol{x})=f(\boldsymbol{y})+\nabla f(\boldsymbol{y})^{\mathrm{T}}(\boldsymbol{x}-\boldsymbol{y})+\frac{1}{2}(\boldsymbol{x}-\boldsymbol{y})^{\mathrm{T}}\boldsymbol{H}_f(\boldsymbol{y}+\theta(\boldsymbol{x}-\boldsymbol{y}))(\boldsymbol{x}-\boldsymbol{y}),$$

其中 $\theta\in(0,1)$. 由于 X 是凸集,$\boldsymbol{y}+\theta(\boldsymbol{x}-\boldsymbol{y})\in X$. 由于海赛阵半正定,有

$$f(\boldsymbol{x})\geqslant f(\boldsymbol{y})+\nabla f(\boldsymbol{y})^{\mathrm{T}}(\boldsymbol{x}-\boldsymbol{y}),$$

因此,f 是凸函数.

(必要性)任取 $\boldsymbol{x}\in X,\boldsymbol{z}\in\mathbf{R}^n$,由于 X 是开集,存在 $\delta>0$,使得当 $\lambda\in(0,\delta)$ 时,$\boldsymbol{x}+\lambda\boldsymbol{z}\in X$. 由(1)可知,当 $f(\boldsymbol{x}+\lambda\boldsymbol{z})$ 在 $\boldsymbol{x}$ 处展开,可得

$$f(\boldsymbol{x}+\lambda\boldsymbol{z})=f(\boldsymbol{x})+\lambda\nabla f(\boldsymbol{x})^{\mathrm{T}}\boldsymbol{z}+\frac{\lambda^2}{2}\boldsymbol{z}^{\mathrm{T}}\boldsymbol{H}_f(\boldsymbol{x})\boldsymbol{z}+o(\lambda^2)\geqslant f(\boldsymbol{x})+\lambda\nabla f(\boldsymbol{x})^{\mathrm{T}}\boldsymbol{z},$$

因此,必然有 $\dfrac{\lambda^2}{2}\boldsymbol{z}^{\mathrm{T}}\boldsymbol{H}_f(\boldsymbol{x})\boldsymbol{z}+o(\lambda^2)\geqslant 0$,两边同时除以 λ^2 并令 $\lambda\to 0^+$ 可

得 $z^{T}H_f(x)z\geqslant 0$. 命题得证.

接下来证明当 H_f 是正定的,则 f 是严格凸的. 对任意的 $x,y\in X$, $x\neq y$,由于 H_f 是正定的,我们有

$$f(x)=f(y)+\nabla f(y)^{T}(x-y)+\frac{1}{2}(x-y)^{T}H_f(y+\theta(x-y))(x-y)$$
$$>f(y)+\nabla f(y)^{T}(x-y),$$

因此,f 是严格凸的.

在线性代数中已知判断一个方阵为正(半正)定或负(半负)定的条件是:若方阵 A 的各阶主子式均大于(大于等于)零,则 A 为正(半正)定的;若 A 的各奇数阶主子式均小于(小于等于)零且各偶数阶主子式均大于(大于等于)零,则 A 为负(半负)定的.

例 3.5　判断下列函数的凸性.

(1) $f=x_1^2+x_2^2$,　　$[x_1\quad x_2]^{T}\in\mathbf{R}^2$;

(2) $f=\ln(x_1+1)-x_2$,　　$[x_1\quad x_2]^{T}\in\mathbf{R}_+^2$;

(3) $f=2x_1+3x_2+1$,　　$[x_1\quad x_2]^{T}\in\mathbf{R}^2$.

解: (1) f 的海赛阵 $H_f=\begin{bmatrix}2&0\\0&2\end{bmatrix}$,其一阶主子式为 $2>0$,二阶主子式为 $4>0$,即 H_f 为正定的,故 f 为严格凸函数.

(2) $H_f=\begin{bmatrix}\frac{-1}{(x_1+1)^2}&\\&0\end{bmatrix}$,其一阶主子式 $\frac{-1}{(x_1+1)^2}<0$,二阶主子式为 0,即 H_f 为半负定,故 f 为凹函数.

(3) $H_f=\begin{bmatrix}0&0\\0&0\end{bmatrix}$,既是半正定又是半负定,从而 f 既是凸函数,又是凹函数,所以 f 是仿射函数.

当然,凸函数并不都是处处可微的,例如一元凸函数 $f(x)=|x|$(图3.2)在 $x=0$ 处不可微. 但它在0点的左、右导数 f'_- 和 f'_+ 都存在,从而是连续的. 一般地,可以证明[20]以下定理.

定理 3.10　设 f 是开区间 (a,b) 上的凸函数,则 f 在 (a,b) 上处处左、右可导,从而是连续的,并且其左、右导数 f'_- 和 f'_+ 满足:对任

$x_1, x_2 \in (a,b), x_1 < x_2$，有

$$f'_-(x_1) \leqslant f'_+(x_1) \leqslant \frac{f(x_2)-f(x_1)}{x_2-x_1} \leqslant f'_-(x_2) \leqslant f'_+(x_2).$$

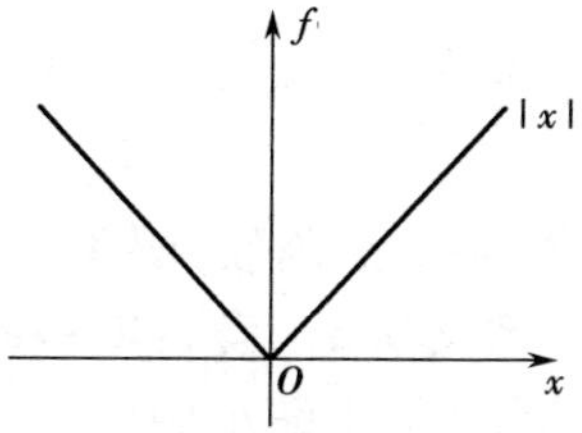

图 3.2　$f(x)=|x|$在$x=0$处不可微

对于定义于 $\mathbf{R}^n$ 中凸集 X 上的凸函数f，可以通过定义一个与之相应的f_1，将f的定义域延拓到整个 $\mathbf{R}^n$：

$$f_1(\boldsymbol{x}) = \begin{cases} f(\boldsymbol{x}), \boldsymbol{x} \in X, \\ +\infty, \boldsymbol{x} \notin X. \end{cases}$$

则f_1 是 $\mathbf{R}^n$ 上的凸函数. 因此，以后常只讨论定义于整个空间 $\mathbf{R}^n$ 上的凸函数.

定义 3.5　设$f:\mathbf{R}^n \to \mathbf{R}^1$，记 $\mathrm{dom}f = \{\boldsymbol{x} \in \mathbf{R}^n \mid f(\boldsymbol{x}) < +\infty\}$，称 dom$f$ 为f的**有效域**，并称$f(\boldsymbol{x})$不取 $-\infty$ 且 $\mathrm{dom}f \neq \varnothing$的凸函数$f$为**真凸函数**. 真凸函数实际上是真正有意义的凸函数. 如果f是凸函数但不是真凸函数，那么或者$f \equiv +\infty$，或者存在 $\boldsymbol{x}_0 \in \mathrm{dom}f$，使得 $f(\boldsymbol{x}_0) = -\infty$. 在例 3.5 中，(1)中的$f$和(2)中的$(-f)$均为真凸函数，而(3)中的$f$可取$-\infty$，故不是真凸函数.

例 3.6　函数

$$f(x) = \begin{cases} -\infty, & |x| < 1, \\ 0, & |x| = 1, \\ +\infty, & |x| > 1, \end{cases}$$

是非真凸函数.

定理 3.10 表明，一元凸函数在有定义的有限开区间上是处处连续的. 这一性质也可以推广到 $\mathbf{R}^n$ 中的凸函数. 记 dom$f$ 的内点集为 $\mathrm{int}(\mathrm{dom}f) = \mathrm{dom}f - (\overline{\mathrm{dom}f} - \mathrm{dom}f)$，则可证明[20]下面的结论.

定理 3.11　$\mathbf{R}^n$ 中的真凸函数f在 int(dom$f$)内连续.

即真凸函数在其有效域内部是处处连续的，不连续的点只可能是有效域的边界点.

例 3.7　函数

$$f(x)=\begin{cases}x^2-1, & x<1,\\ 2, & x=1,\\ +\infty, & x>1,\end{cases}$$

是 $\mathbf{R}^1$ 中的凸函数(图 3.3),它在 dom$f$ 的边界点 $x=1$ 处发生间断.

定义 3.6　设 $f:\mathbf{R}^n\to\mathbf{R}^1$,称集合 epi$f=\{[\boldsymbol{x}\quad\alpha]\in\mathbf{R}^{n+1}\mid f(\boldsymbol{x})\leqslant\alpha\}$ 为函数 f 的**上图**示例.

图 3.4 给出了两个凸函数的上图示例.

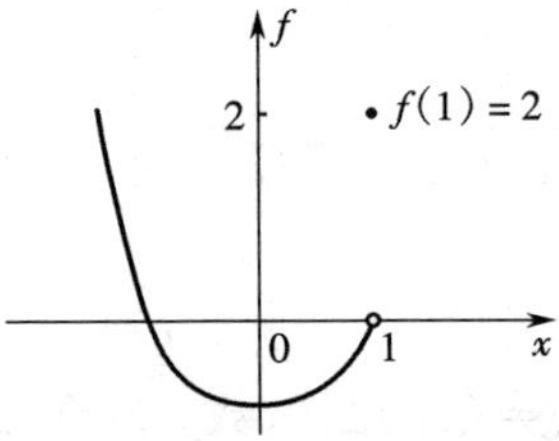

图 3.3　$f(x)$ **的图形**

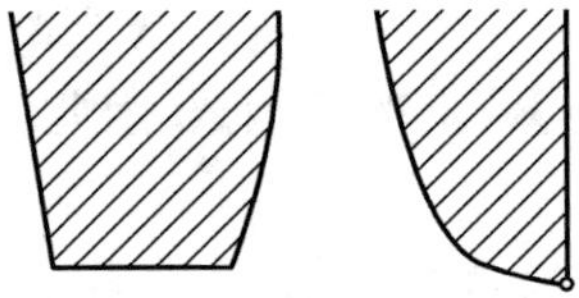

图 3.4　两个凸函数的上图示例

性质 3.1　设 $f:\mathbf{R}^n\to\mathbf{R}^1$,$f$ 是凸函数的充要条件是 epi$f$ 是 $\mathbf{R}^{n+1}$ 中的凸集.

证:对任 $[\boldsymbol{x}_1\quad\alpha_1]$,$[\boldsymbol{x}_2\quad\alpha_2]\in$ epi$f$,则 $\boldsymbol{x}_1,\boldsymbol{x}_2\in\mathbf{R}^n$,$f(\boldsymbol{x}_1)\leqslant\alpha_1$,$f(\boldsymbol{x}_2)\leqslant\alpha_2$,于是对任 $\lambda\in[0,1]$,有

$$f(\lambda\boldsymbol{x}_1+(1-\lambda)\boldsymbol{x}_2)\leqslant\lambda f(\boldsymbol{x}_1)+(1-\lambda)f(\boldsymbol{x}_2)\leqslant\lambda\boldsymbol{\alpha}_1+(1-\lambda)\boldsymbol{\alpha}_2,$$

即 $\lambda[\boldsymbol{x}_1\quad\boldsymbol{\alpha}_1]+(1-\lambda)[\boldsymbol{x}_2\quad\boldsymbol{\alpha}_2]\in$ epi$f$,故 epi$f$ 是凸集.

反之,若 epi$f$ 为凸集,则对于任何 $\boldsymbol{x}_1,\boldsymbol{x}_2\in\mathbf{R}^n$,有 $[\boldsymbol{x}_1\quad f(\boldsymbol{x}_1)]$,$[\boldsymbol{x}_2\quad f(\boldsymbol{x}_2)]\in$ epi$f$,因此

$$f(\lambda\boldsymbol{x}_1+(1-\lambda)\boldsymbol{x}_2)\leqslant\lambda f(\boldsymbol{x}_1)+(1-\lambda)f(\boldsymbol{x}_2),$$

即 f 是凸函数.

应用性质 3.1,可证明下面的性质.

性质 3.2　设 f 是 $\mathbf{R}^n$ 上的凸函数,则 dom$f$ 是凸集.

证:设 $\boldsymbol{x}_1,\boldsymbol{x}_2\in$ dom$f$,则 $f(\boldsymbol{x}_1)<+\infty$,$f(\boldsymbol{x}_2)<+\infty$,故存在 $\alpha_1,\alpha_2\in\mathbf{R}^1$,使 $[\boldsymbol{x}_1\quad\alpha_1]$,$[\boldsymbol{x}_2\quad\alpha_2]\in$ epi$f$. 而由性质 3.1,epi$f$ 是凸集,于是对任 $\lambda\in[0,1]$,有

$$\lambda[\boldsymbol{x}_1 \quad \alpha_1]+(1-\lambda)[\boldsymbol{x}_2 \quad \alpha_2]\in \mathrm{epi}f,$$

即 $f(\lambda\boldsymbol{x}_1+(1-\lambda)\boldsymbol{x}_2)\leqslant\lambda\alpha_1+(1-\lambda)\alpha_2$. 这表明 $f(\lambda\boldsymbol{x}_1+(1-\lambda)\boldsymbol{x}_2)<+\infty$，故 $\lambda\boldsymbol{x}_1+(1-\lambda)\boldsymbol{x}_2\in \mathrm{dom}f$，所以 $\mathrm{dom}f$ 是凸集.

由 $\mathrm{epi}f$ 的定义和性质 3.1 可知，每一个凸函数 f 都可以对应于一个与之有关的凸集 $\mathrm{epi}f$. 反之，任一个凸集 $C\subset\mathbf{R}^n$，也可以定义一个与之有关的凸函数. 下面给出两个这样的例子.

例 3.8　设 C 为 $\mathbf{R}^n$ 中的凸集，定义

$$\delta(\boldsymbol{x}|C)=\begin{cases}0, & \boldsymbol{x}\in C,\\ +\infty, & \boldsymbol{x}\notin C,\end{cases}$$

则 $\delta(\boldsymbol{x}|C)$ 是 $\mathbf{R}^n$ 中的凸函数. 称 $\delta(\boldsymbol{x}|C)$ 为 C 的**示性函数**.

例 3.9　设 C 为 $\mathbf{R}^n$ 中的凸集，定义

$$\delta^*(\boldsymbol{x}^*|C)=\sup_{\boldsymbol{x}\in C}(\boldsymbol{x}^*,\boldsymbol{x}),$$

其中 $\boldsymbol{x}^*\in\mathbf{R}^n$. 则 $\delta^*(\boldsymbol{x}^*|C)$ 是 $\mathbf{R}^n$ 上的凸函数，称 $\delta^*(\boldsymbol{x}^*|C)$ 为 C 的**承托函数**.

定理 3.12　设 C 为 $\mathbf{R}^n$ 中的紧凸集，$\boldsymbol{x}^*\in\mathbf{R}^n$，$\boldsymbol{x}^*\neq\mathbf{0}$，则

(1) 在 C 中存在一点 $\boldsymbol{x}_0$，满足 $\delta^*(\boldsymbol{x}^*|C)=(\boldsymbol{x}^*,\boldsymbol{x}_0)$；

(2) 超平面 $H=\{\boldsymbol{x}\in\mathbf{R}^n|(\boldsymbol{x}^*,\boldsymbol{x})=\delta^*(\boldsymbol{x}^*|C)\}$ 在 $\boldsymbol{x}_0$ 承托 C.

证：(1) $\delta^*(\boldsymbol{x}^*|C)$ 是线性函数 $(\boldsymbol{x}^*,\boldsymbol{x})$ 在 C 上的上确界，C 是紧集，故这个上确界能在 C 上的某一点 $\boldsymbol{x}_0$ 达到，即

$$\delta^*(\boldsymbol{x}^*|C)=(\boldsymbol{x}^*,\boldsymbol{x}_0).$$

(2) 对任意 $\boldsymbol{x}\in C$，有 $(\boldsymbol{x}^*,\boldsymbol{x})\leqslant\delta^*(\boldsymbol{x}^*|C)$，说明 C 位于由超平面 $H=\{\boldsymbol{x}\in\mathbf{R}^n|(\boldsymbol{x}^*,\boldsymbol{x})=\delta^*(\boldsymbol{x}^*|C)\}$ 确定的闭半空间 H^- 内. 又由 (1)，$\boldsymbol{x}_0\in H$，所以 H 在 $\boldsymbol{x}_0$ 承托 C.

关于凸函数，还有一些简单性质，现列举如下，证明留给读者.

性质 3.3　(1) 设 f 是 $\mathbf{R}^n$ 上的凸函数，任意 $\boldsymbol{x}_1,\cdots,\boldsymbol{x}_s\in\mathbf{R}^n$，$\lambda_1,\cdots,\lambda_s\geqslant0$，$\sum\limits_{i=1}^{s}\lambda_i=1$，则 $f(\lambda_1\boldsymbol{x}_1+\cdots+\lambda_s\boldsymbol{x}_s)\leqslant\lambda_1f(\boldsymbol{x}_1)+\cdots+\lambda_sf(\boldsymbol{x}_s)$.

(2) 设 $f_1,\cdots,f_s$ 是 $\mathbf{R}^n$ 上的凸函数，$\lambda_1,\cdots,\lambda_s\geqslant0$，则 $\lambda_1f_1+\cdots+$

$\lambda_s f_s$ 是凸函数.

性质3.4　设 f 是 $\mathbf{R}^n$ 上的凹函数,则对任意 $c \in \mathbf{R}^1$,集合 $S=\{\boldsymbol{x} \in \mathbf{R}^n | f(\boldsymbol{x}) \geqslant c\}$ 是凸集.

证: 对任 $\boldsymbol{x}_1, \boldsymbol{x}_2 \in S$,有 $f(\boldsymbol{x}_1) \geqslant c, f(\boldsymbol{x}_2) \geqslant c$,而 f 凹,故对 $\lambda \in [0,1]$,有

$$f(\lambda \boldsymbol{x}_1+(1-\lambda)\boldsymbol{x}_2) \geqslant \lambda f(\boldsymbol{x}_1)+(1-\lambda)f(\boldsymbol{x}_2) \geqslant \lambda c+(1-\lambda)c=c,$$

即 $\lambda \boldsymbol{x}_1+(1-\lambda)\boldsymbol{x}_2 \in S$. 所以 S 为凸集.

S 称为凹函数 f 的**水平集**. 性质3.4说明,任何凹函数 f 的水平集 S 是凸集. 但反之未必,即水平集为凸集的函数 f 未必是凹的,如图3.5所示的函数就是一个例子.

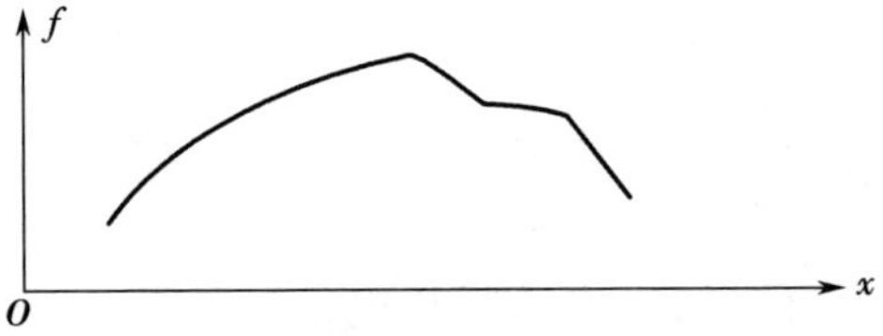

图3.5　水平集为凸集的函数未必是凹函数的例子

3.2.2　凸函数的次微分

设 $f:\mathbf{R}^n \to \mathbf{R}^1$ 为真凸函数,当 $\boldsymbol{x} \in \operatorname{int}(\operatorname{dom} f)$,对于任意的 $\boldsymbol{h} \in \mathbf{R}^n$, $f(\boldsymbol{x}+t\boldsymbol{h})$ 是绝对值充分小的 t 的实值凸函数,于是由定理3.10, f 关于 t 的左、右导数都存在.

定义3.7　设 f 是 $\mathbf{R}^n$ 上的真凸函数,对任意的 $\boldsymbol{x} \in \operatorname{int}(\operatorname{dom} f)$ 和任意的 $\boldsymbol{h} \in \mathbf{R}^n$,称

$$\delta_+ f(\boldsymbol{x},\boldsymbol{h})=\lim_{t \to 0, t>0} \frac{f(\boldsymbol{x}+t\boldsymbol{h})-f(\boldsymbol{x})}{t},$$

$$\delta_- f(\boldsymbol{x},\boldsymbol{h})=\lim_{t \to 0, t<0} \frac{f(\boldsymbol{x}+t\boldsymbol{h})-f(\boldsymbol{x})}{t}$$

分别为 f 在 $\boldsymbol{x}$ 的**沿方向 $\boldsymbol{h}$ 的右导数**和**左导数**. 若 $\delta_+ f(\boldsymbol{x},\boldsymbol{h})=\delta_- f(\boldsymbol{x},\boldsymbol{h})$,则称其为 f 在 $\boldsymbol{x}$ 的**沿方向 $\boldsymbol{h}$ 的导数**,记为 $\delta f(\boldsymbol{x},\boldsymbol{h})$.

定义 3.7 中的极限号 $\lim\limits_{t\to 0,t>0}$ 可简记为 $\lim\limits_{t\downarrow 0}$，极限号 $\lim\limits_{t\to 0,t<0}$ 也可简记为 $\lim\limits_{t\uparrow 0}$.

性质 3.5　$\delta_+ f(\boldsymbol{x},\boldsymbol{h})$ 和 $\delta_- f(\boldsymbol{x},\boldsymbol{h})$ 均具有正齐次性质，即对于任 $\lambda>0$，有 $\delta_+ f(\boldsymbol{x},\lambda\boldsymbol{h})=\lambda\delta_+ f(\boldsymbol{x},\boldsymbol{h})$，$\delta_- f(\boldsymbol{x},\lambda\boldsymbol{h})=\lambda\delta_- f(\boldsymbol{x},\boldsymbol{h})$.

证：
$$\delta_+ f(\boldsymbol{x},\lambda\boldsymbol{h})=\lim_{t\downarrow 0}\frac{f(\boldsymbol{x}+t\lambda\boldsymbol{h})-f(\boldsymbol{x})}{t}$$
$$=\lim_{t\downarrow 0}\lambda\frac{f(\boldsymbol{x}+t\lambda\boldsymbol{h})-f(\boldsymbol{x})}{\lambda t}=\lambda\delta_+ f(\boldsymbol{x},\boldsymbol{h}).$$
同理可证 $\delta_- f(\boldsymbol{x},\lambda\boldsymbol{h})=\lambda\delta_- f(\boldsymbol{x},\boldsymbol{h})$.

由此可知，对于一元函数 f，它在 x 点的所有左、右导数都能够相应地由 $\delta_- f(x,1)$ 和 $\delta_+ f(x,1)$ 算得. 事实上，因为这时 $h\in\mathbf{R}^1$，若 $h>0$，则 $\delta_+ f(x,h)=h\delta_+ f(x,1)$，若 $h<0$，则 $\delta_+ f(x,h)=-h\delta_+ f(x,-1)$. $\delta_- f(x,h)$ 也有同样结果.

例 3.10　考虑 $\mathbf{R}^1$ 上的凸函数
$$f(x)=\begin{cases}+\infty, & x<-1,\\ 2, & x=-1,\\ x^2, & -1<x\leqslant 0,\\ x, & 0\leqslant x\leqslant 1,\\ +\infty, & 1<x,\end{cases}$$
求 f 的左、右导数，设 $h=1$.

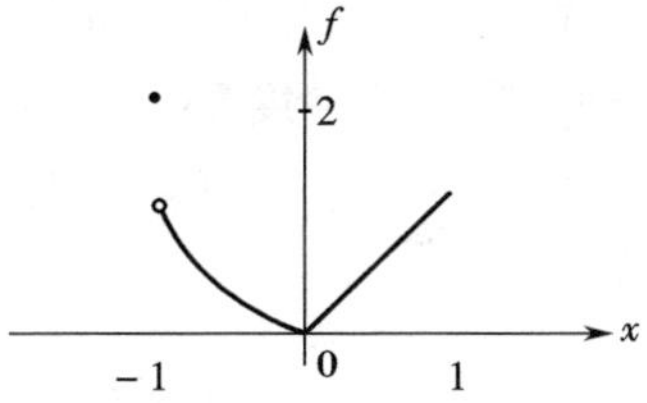

图 3.6　$f(x)$ 的图形

解：$f(x)$ 如图 3.6 所示，其在 $(-\infty,-1)$ 和 $(1,+\infty)$ 上的左、右导数没有意义，而在 $[-1,1]$ 上的不可导点为 $-1,0,1$. 由左、右导数的定义可求得在 -1 的右、左导数为
$$\delta_+ f(-1,1)=\lim_{t\downarrow 0}\frac{f(-1+t)-f(-1)}{t}=\lim_{t\downarrow 0}\frac{(-1+t)^2-2}{t}$$
$$=-\infty,$$
$$\delta_- f(-1,1)=\lim_{t\uparrow 0}\frac{f(-1+t)-f(-1)}{t}=\lim_{t\uparrow 0}\frac{+\infty-2}{t}=-\infty.$$
同样可求得在 0 和 1 的右、左导数.
$$\delta_+ f(0,1)=1,\delta_- f(0,1)=0,$$

$$\delta_+ f(1,1) = +\infty, \delta_- f(1,1) = 1.$$

于是得 f 在 $\mathbf{R}^1$ 的右、左导数为

$$\delta_+ f(x,1) = \begin{cases} \text{无意义}, & x < -1, \\ -\infty, & x = 1, \\ 2x, & -1 < x < 0, \\ 1, & 0 \leqslant x < 1, \\ +\infty, & x = 1, \\ \text{无意义}, & 1 < x. \end{cases}$$

$$\delta_- f(x,1) = \begin{cases} \text{无意义}, & x < -1, \\ -\infty, & x = -1, \\ 2x, & -1 < x \leqslant 0, \\ 1, & 0 < x \leqslant 1, \\ \text{无意义}, & 1 < x. \end{cases}$$

在定理 3.9 中已经知道,$\mathbf{R}^n$ 上的凸函数 f 如果在 $\boldsymbol{x} \in \mathbf{R}^n$ 是可微的,即 f 在 $\boldsymbol{x}$ 的梯度 $\nabla f(\boldsymbol{x})$ 存在,则对于任何 $\boldsymbol{y} \in \mathbf{R}^n$,有

$$f(\boldsymbol{y}) - f(\boldsymbol{x}) \geqslant \nabla f(\boldsymbol{x})^{\mathrm{T}}(\boldsymbol{y} - \boldsymbol{x}),$$

这里

$$\nabla f(\boldsymbol{x}) = \left[\frac{\partial f}{\partial x_1} \quad \cdots \quad \frac{\partial f}{\partial x_n}\right]^{\mathrm{T}} \in \mathbf{R}^n.$$

下面对于一般的凸函数(未必可微),将梯度概念加以推广.

定义 3.8　设 $f(\boldsymbol{x})$ 是 $\mathbf{R}^n$ 上的凸函数,如果 $\boldsymbol{x}^* \in \mathbf{R}^n$ 满足:对任意 $\boldsymbol{y} \in \mathbf{R}^n$,有

$$f(\boldsymbol{y}) - f(\boldsymbol{x}) \geqslant (\boldsymbol{x}^*, \boldsymbol{y} - \boldsymbol{x}),$$

则称 $\boldsymbol{x}^*$ 是 $f(\boldsymbol{x})$ 在 $\boldsymbol{x}$ 的**次梯度**;$f(\boldsymbol{x})$ 在 $\boldsymbol{x}$ 的次梯度的全体称为 $f(\boldsymbol{x})$ 在 $\boldsymbol{x}$ 的**次微分**,记为

$$\partial f(\boldsymbol{x}) = \{\boldsymbol{x}^* \in \mathbf{R}^n \mid f(\boldsymbol{y}) - f(\boldsymbol{x}) \geqslant (\boldsymbol{x}^*, \boldsymbol{y} - \boldsymbol{x}), \text{任 } \boldsymbol{y} \in \mathbf{R}^n\}.$$

若 $\partial f(\boldsymbol{x}) \neq \varnothing$,则称 $f(\boldsymbol{x})$ 在 $\boldsymbol{x}$ 是**次可微**的.

性质 3.6　设 f 是 $\mathbf{R}^n$ 上的凸函数,则 $\partial f(\boldsymbol{x})$ 是闭凸集.

证:对任 $\boldsymbol{x}_1^*, \boldsymbol{x}_2^* \in \partial f(\boldsymbol{x})$,$\lambda \in [0,1]$,有

$$(\lambda \boldsymbol{x}_1^* + (1-\lambda)\boldsymbol{x}_2^*, \boldsymbol{y} - \boldsymbol{x}) \leqslant \lambda(\boldsymbol{x}_1^*, \boldsymbol{y} - \boldsymbol{x})$$

$$+(1-\lambda)(\boldsymbol{x}_2^*,\boldsymbol{y}-\boldsymbol{x})\leqslant\lambda(f(\boldsymbol{y})-f(\boldsymbol{x}))+(1-\lambda)(f(\boldsymbol{y})-f(\boldsymbol{x}))$$
$$=f(\boldsymbol{y})-f(\boldsymbol{x}),$$

所以 $\lambda\boldsymbol{x}_1^*+(1-\lambda)\boldsymbol{x}_2^*\in\partial f(\boldsymbol{x})$,即$\partial f(\boldsymbol{x})$是凸集.

又对任 $\boldsymbol{x}^*\in(\partial f(\boldsymbol{x}))'$和任点列$\{\boldsymbol{x}_n^*\}\subset\partial f(\boldsymbol{x})$,$\boldsymbol{x}_n^*\to\boldsymbol{x}^*$,$n\to\infty$,有

$$(\boldsymbol{x}_n^*,\boldsymbol{y}-\boldsymbol{x})\leqslant f(\boldsymbol{y})-f(\boldsymbol{x}),$$

令 $n\to\infty$,并由内积的连续性,有

$$(\boldsymbol{x}^*,\boldsymbol{y}-\boldsymbol{x})\leqslant f(\boldsymbol{y})-f(\boldsymbol{x}).$$

所以$\partial f(\boldsymbol{x})$是闭集.

定理 3.13　设 $f(\boldsymbol{x})$ 是 $\mathbf{R}^n$ 上的真凸函数,且在 $\boldsymbol{x}\in\mathrm{dom}f$ 上连续,则$\partial f(\boldsymbol{x})\neq\varnothing$,且$\partial f(\boldsymbol{x})=\{\boldsymbol{x}^*\in\mathbf{R}^n\mid(\boldsymbol{x}^*,\boldsymbol{h})\leqslant\delta_+f(\boldsymbol{x},\boldsymbol{h}),任\ \boldsymbol{h}\in\mathbf{R}^n\}$.

证:若 $\boldsymbol{x}^*\in\partial f(\boldsymbol{x})$,由定义 3.8,对任 $\boldsymbol{h}\in\mathbf{R}^n$,$t>0$,有

$$(\boldsymbol{x}^*,\boldsymbol{h})\leqslant\frac{f(\boldsymbol{x}+t\boldsymbol{h})-f(\boldsymbol{x})}{t},$$

令 $t\downarrow 0$,则

$$(\boldsymbol{x}^*,\boldsymbol{h})\leqslant\delta_+f(\boldsymbol{x},\boldsymbol{h}),$$

反之,若 $\boldsymbol{x}^*\in\mathbf{R}^n$,满足对任 $\boldsymbol{h}\in\mathbf{R}^n$,$(\boldsymbol{x}^*,\boldsymbol{h})\leqslant\delta_+f(\boldsymbol{x},\boldsymbol{h})$,则由

$$\delta_+f(\boldsymbol{x},\boldsymbol{h})=\lim_{t\to0,t>0}\frac{f(\boldsymbol{x}+t\boldsymbol{h})-f(\boldsymbol{x})}{t}\leqslant f(\boldsymbol{x}+\boldsymbol{h})-f(\boldsymbol{x})$$

可得

$$(\boldsymbol{x}^*,\boldsymbol{h})\leqslant f(\boldsymbol{x}+\boldsymbol{h})-f(\boldsymbol{x}).$$

所以 $\boldsymbol{x}^*\in\partial f(\boldsymbol{x})$.

关于$\partial f(\boldsymbol{x})\neq\varnothing$的证明,可参阅文献[20].

例 3.11　求例 3.10 中 $f(x)$的次微分$\partial f(x)$.

解:由定理 3.13,$x^*\in\partial f(x)$的充要条件是,对一切 $h\in\mathbf{R}^1$,有$(x^*,h)\leqslant\delta_+f(x,h)$. 而右导数是正齐次的,故

$$\delta_+f(x,h)=\begin{cases}h\delta_+f(x,1), & h>0,\\ 0, & h=0,\\ -h\delta_+f(x,-1), & h<0.\end{cases}$$

根据上述两个关系式可得,$x^*\in\partial f(x)$等价于

$$\delta_{+}f(x,1)\geqslant x^{*}\geqslant\delta_{-}f(x,1).$$

所以,由例 3.10 有

$$\partial f(x)=\begin{cases}\varnothing, & x\leqslant -1,\\ 2x, & -1<x<0,\\ [0,1], & x=0,\\ 1, & 0<x<1,\\ [1,+\infty), & x=1,\\ \varnothing, & x>1.\end{cases}$$

$\partial f(x)$的示意图如图 3.7 所示.

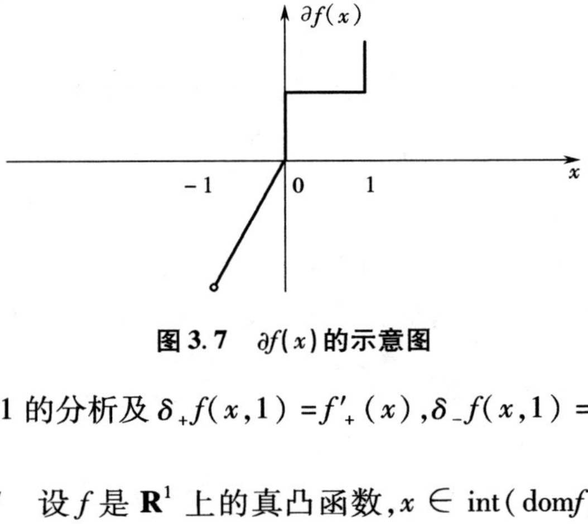

图 3.7　$\partial f(x)$的示意图

由例 3.11 的分析及 $\delta_{+}f(x,1)=f'_{+}(x)$,$\delta_{-}f(x,1)=f'_{-}(x)$,可得下面的性质.

性质 3.7　设 f 是 $\mathbf{R}^1$ 上的真凸函数,$x\in\operatorname{int}(\operatorname{dom}f)$,则 $\partial f(x)=[f'_{-}(x),f'_{+}(x)]$.

定理 3.14　设 $f(\boldsymbol{x})$ 是 $\mathbf{R}^n$ 上的真凸函数,$\boldsymbol{x}_0\in\mathbf{R}^n$,$\boldsymbol{x}^{*}\in\partial f(\boldsymbol{x}_0)$,$\nabla f(\boldsymbol{x}_0)$存在,则 $\boldsymbol{x}^{*}=\nabla f(\boldsymbol{x}_0)$.

证: 设 $\boldsymbol{x}_k=\boldsymbol{x}_0+\dfrac{1}{k}(\boldsymbol{x}^{*}-\nabla f(\boldsymbol{x}_0))$,由 $f(\boldsymbol{x})$ 在 x_0 的可微性知

$$f(\boldsymbol{x}_k)=f(\boldsymbol{x}_0)+(\nabla f(\boldsymbol{x}_0),\boldsymbol{x}_k-\boldsymbol{x}_0)+o(\|\boldsymbol{x}_k-\boldsymbol{x}_0\|).$$

$\boldsymbol{x}^{*}$ 是 $f(\boldsymbol{x})$ 在 $\boldsymbol{x}_0$ 的次梯度,又有

$$-f(\boldsymbol{x}_k)\leqslant -f(\boldsymbol{x}_0)-(\boldsymbol{x}^{*},\boldsymbol{x}_k-\boldsymbol{x}_0).$$

上二式相加,得

$$0 \leqslant (\nabla f(\boldsymbol{x}) - \boldsymbol{x}^*, \boldsymbol{x}_k - \boldsymbol{x}_0) + o(\|\boldsymbol{x}_k - \boldsymbol{x}_0\|)$$
$$= -\frac{1}{k}\|\nabla f(\boldsymbol{x}_0) - \boldsymbol{x}^*\|^2 + \frac{1}{k^2}o(\|\boldsymbol{x}^* - \nabla f(\boldsymbol{x}_0)\|).$$

两边同乘以 k，令 $k \to +\infty$，得

$$-\|\nabla f(\boldsymbol{x}_0) - \boldsymbol{x}^*\|^2 \geqslant 0,$$

所以 $\boldsymbol{x}^* = \nabla f(\boldsymbol{x}_0)$.

由此还可进一步证明[20]以下定理.

定理 3.15　设 $f(\boldsymbol{x})$ 是 $\mathbf{R}^n$ 上的真凸函数，$f(\boldsymbol{x})$ 在 $\boldsymbol{x}$ 为有限值，则 $f(\boldsymbol{x})$ 在 $\boldsymbol{x}$ 可微的充要条件是 $f(\boldsymbol{x})$ 在 $\boldsymbol{x}$ 有唯一次梯度 $\nabla f(\boldsymbol{x})$.

例 3.12　设 $f(x) = |x|, x \in \mathbf{R}^1$，求 $\partial f(x)$.

解：已知 $x=0$ 是 $f(x)$ 的唯一不可微点. 但由于 $f(x)$ 在 $x=0$ 连续，故 $\partial f(0) \neq \varnothing$. 由性质 3.7，$\partial f(0) = [f'_-(0), f'_+(0)] = [-1,1]$. 故

$$\partial f(x) = \begin{cases} -1, & x<0, \\ [-1,1], & x=0, \\ 1, & x>0. \end{cases}$$

$\partial f(x)$ 的示意图如图 3.8 所示.

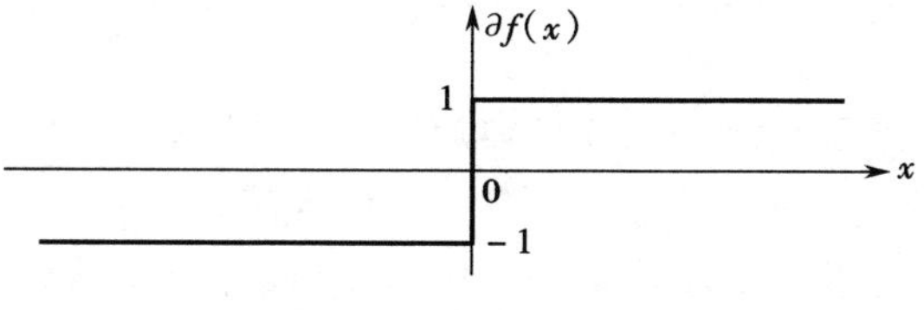

图 3.8　**$\partial f(x)$ 的示意图**

显然，∂f 是 $\mathbf{R}^n$ 中的点 $\boldsymbol{x}$ 到 $\mathbf{R}^n$ 中的集合 $\partial f(\boldsymbol{x})$ 的映射，这样的映射称为**集值映射**.

例 3.13　设 $f(\boldsymbol{x}) = \|\boldsymbol{x}\|, \boldsymbol{x} \in \mathbf{R}^n$，求 $\partial f(\mathbf{0})$.

解：$\partial f(\mathbf{0})$ 中的 $\boldsymbol{x}^*$ 满足：对任 $\boldsymbol{h} \in \mathbf{R}^n$，

$$(\boldsymbol{x}^*, \boldsymbol{h}) \leqslant \delta_+ f(\mathbf{0}, \boldsymbol{h}).$$

而

$$\delta_+ f(\mathbf{0}, \boldsymbol{h}) = \lim_{t \downarrow 0} \frac{f(\mathbf{0} + t\boldsymbol{h}) - f(\mathbf{0})}{t} = \lim_{t \downarrow 0} \frac{\|t\boldsymbol{h}\|}{t} = \|\boldsymbol{h}\|,$$

故有

$$(\boldsymbol{x}^*, \boldsymbol{h}) \leqslant \|\boldsymbol{h}\|.$$

另一方面

$$(\boldsymbol{x}^*, \boldsymbol{h}) \leqslant \|\boldsymbol{x}^*\| \|\boldsymbol{h}\|,$$

所以 $\|\boldsymbol{x}^*\| \leqslant 1$,即 $\partial f(\boldsymbol{0}) = \{\boldsymbol{x}^* \in \mathbf{R}^n \mid \|\boldsymbol{x}^*\| \leqslant 1\}$,为 $\mathbf{R}^n$ 中的单位球.

3.3 凸函数的极值与凸规划

3.3.1 凸函数的极值

定理 3.16 设 f 是 $\mathbf{R}^n$ 上的真凸函数,则 f 的任一(局部)极小值点就是 f 在 $\mathbf{R}^n$ 上的全局最小值点. 并且 f 的极小值点的全体构成 $\mathbf{R}^n$ 中的凸集.

证: 结论的前半部分在微积分中已知[18],只证 f 的极小值点构成 $\mathbf{R}^n$ 中的凸集.

记 f 的极小值点的集合为 M,极小值为 f^*,则对于任 $\boldsymbol{x},\boldsymbol{y} \in M$, $\lambda \in [0,1]$,有

$$\begin{aligned} f(\lambda\boldsymbol{x} + (1-\lambda)\boldsymbol{y}) &\leqslant \lambda f(\boldsymbol{x}) + (1-\lambda)f(\boldsymbol{y}) \\ &= \lambda f^* + (1-\lambda)f^* = f^*, \end{aligned}$$

而 f^* 是 f 的最小值,必有 $f(\lambda\boldsymbol{x} + (1-\lambda)\boldsymbol{y}) = f^*$,即 $\lambda\boldsymbol{x} + (1-\lambda)\boldsymbol{y} \in M$. 所以 M 是凸集.

推论 3.2 设 f 是 $\mathbf{R}^n$ 上的严格凸函数,如果 f 在 $\mathbf{R}^n$ 中能达到它的极小值,则该极小值是唯一的.

证: 假设 f 的极小值在两个不同的点 $\boldsymbol{x}_1$ 和 $\boldsymbol{x}_2$ 达到,令 $f(\boldsymbol{x}_1) = f(\boldsymbol{x}_2) = f^*$,由于 f 的极小点集是凸集,故对任 $\lambda \in [0,1]$,有

$$f(\lambda\boldsymbol{x}_1 + (1-\lambda)\boldsymbol{x}_2) = f^* = \lambda f(\boldsymbol{x}_1) + (1-\lambda)f(\boldsymbol{x}_2),$$

这与 f 严格凸矛盾,所以极小点是唯一的.

在微积分中已知,可微一元函数在 x^* 取得极值的必要条件是 f 在 x^* 的导数为 0. 对于一般的凸函数,它的极值点可能是不可导点,现利

用次微分给出更一般的最优性条件.

定理 3.17　设 f 是 $\mathbf{R}^n$ 上的凸函数，$\boldsymbol{x}^*$ 是 f 的极小值点的充要条件是 $\mathbf{0} \in \partial f(\boldsymbol{x}^*)$.

证： 若 $\boldsymbol{x}^*$ 是 f 的极小点，则对任 $\boldsymbol{y} \in \mathbf{R}^n$，有

$$f(\boldsymbol{y}) - f(\boldsymbol{x}^*) \geqslant 0 = (\mathbf{0}, \boldsymbol{y} - \boldsymbol{x}^*),$$

所以 $\mathbf{0} \in \partial f(\boldsymbol{x}^*)$.

反之，若 $\mathbf{0} \in \partial f(\boldsymbol{x}^*)$，则对任 $\boldsymbol{y} \in \mathbf{R}^n$，有

$$f(\boldsymbol{y}) - f(\boldsymbol{x}^*) \geqslant (\mathbf{0}, \boldsymbol{y} - \boldsymbol{x}^*) = 0,$$

所以 $\boldsymbol{x}^*$ 是 f 的极小点.

例 3.14　考虑例 3.13 中的 $f(\boldsymbol{x}) = \|\boldsymbol{x}\|$，由于 $\partial f(\mathbf{0})$ 是 $\mathbf{R}^n$ 中的单位球，显然 $\mathbf{0} \in \partial f(\mathbf{0})$，因此，$\mathbf{0}$ 是 f 的极小值点.

推论 3.3　设 f 是 $\mathbf{R}^n$ 上的可微凸函数，则 f 在 $\boldsymbol{x}^*$ 达到极小值的充要条件是 $\nabla f(\boldsymbol{x}^*) = \mathbf{0}$.

证： 由定理 3.15，f 在 $\boldsymbol{x}^*$ 可微的充要条件是 $\partial f(\boldsymbol{x}^*) = \{\nabla f(\boldsymbol{x}^*)\}$，而由定理 3.17，$f$ 在 $\boldsymbol{x}^*$ 取得极小值点的充要条件是 $\mathbf{0} \in \partial f(\boldsymbol{x}^*)$，所以有 $\nabla f(\boldsymbol{x}^*) = \mathbf{0}$.

3.3.2　凸规划

定义 3.9　考虑下面的数学规划问题：

$$\min f(\boldsymbol{x})$$

$$(\mathrm{CP})\ \mathrm{s.t.} \begin{cases} g_i(\boldsymbol{x}) \geqslant 0 \ (i = 1, \cdots, m), \\ h_j(\boldsymbol{x}) = 0 \ (j = 1, \cdots, p), \end{cases}$$

其中 $\boldsymbol{x} \in \boldsymbol{R}^n$. 如果 $f(\boldsymbol{x})$ 为 $\mathbf{R}^n$ 上的真凸函数，$g_i(\boldsymbol{x})$ $(i = 1, \cdots, m)$ 为 $\mathbf{R}^n$ 上的真凹函数，$h_j(\boldsymbol{x})$ $(j = 1, \cdots, p)$ 为 $\mathbf{R}^n$ 上的仿射函数，则称(CP)为一个**凸规划**.

易见，如果(CP)中的目标函数为极大型，则要求 f 为凹函数.

与一般的非线性规划相比，这里的构成函数 f 和 g_i $(i = 1, \cdots, m)$，要求分别是凸和凹的，但并不一定可微. 如果 f 和 g_i $(i = 1, \cdots, m)$ 均为可微，则在非线性规划中为最优性必要条件的 KKT 条件便成为其最优

性充要条件,即有下面的结论成立[24].

定理 3.18　在凸规划(CP)中,若 f 和 $g_i(i=1,\cdots,m)$ 均为 $\mathbf{R}^n$ 中的可微函数,则正则点(即在该点取等式的约束的梯度线性无关)$\boldsymbol{x}^* \in \mathbf{R}^n$ 是(CP)的(整体)最优解的充要条件是:存在 $\lambda_1^*,\cdots,\lambda_m^* \in \mathbf{R}^1$ 和 $\mu_1^*,\cdots,\mu_p^* \in \mathbf{R}^1$,使得

$$\nabla f(\boldsymbol{x}^*)-\sum_{i=1}^{m}\lambda_i^*\nabla g_i(\boldsymbol{x}^*)-\sum_{j=1}^{p}\mu_j^*\nabla h_j(\boldsymbol{x}^*)=\boldsymbol{0},$$

$$\lambda_i^* g_i(\boldsymbol{x}^*)=0\ (i=1,\cdots,m),$$

$$\lambda_i^*\geqslant 0\quad(i=1,\cdots,m).$$

定理3.18中的条件即KKT条件,$\lambda_1^*,\cdots,\lambda_m^*$ 和 $\mu_1^*,\cdots,\mu_p^*$ 即为KKT乘子.对于凸规划问题(CP),可以通过求解KKT条件表达式得到(CP)的最优解.如果(CP)中的目标函数为极大型,则KKT条件第一式中各项均为同号.

例 3.15　考虑下面的非线性规划问题

$$\max f(\boldsymbol{x})=\ln(x_1+1)+x_2$$

$$\text{s.t.}\begin{cases}2x_1+x_2\leqslant 3,\\ x_1,x_2\geqslant 0.\end{cases}$$

(1) 验证此问题为凸规划;(2) 用KKT条件求此问题的一个最优解.

解:(1) $f=\ln(x_1+1)+x_2$,

$$\boldsymbol{H}_f=\begin{bmatrix}\dfrac{-1}{(x_1+1)^2} & 0\\ 0 & 0\end{bmatrix}\leqslant 0,$$

所以 f 为凹函数;

$$g_1=3-2x_1-x_2,$$

$$\boldsymbol{H}_{g_1}=\begin{bmatrix}0 & 0\\ 0 & 0\end{bmatrix}\leqslant 0,$$

所以 g_1 为凹函数;

$$g_2=x_1, g_3=x_2,$$

$$H_{g_2} = H_{g_3} = \begin{bmatrix} 0 & 0 \\ 0 & 0 \end{bmatrix} \leqslant 0,$$

所以 g_2 和 g_3 为凹函数.

于是此问题是一个凸规划.

（2）写出此问题的 KKT 条件：

$$\frac{1}{x_1+1} - 2\lambda_1 + \lambda_2 = 0,$$
$$1 - \lambda_1 + \lambda_3 = 0,$$
$$\lambda_1(3 - 2x_1 - x_2) = 0,$$
$$\lambda_2 x_1 = 0,$$
$$\lambda_3 x_2 = 0,$$
$$\lambda_1, \lambda_2, \lambda_3 \geqslant 0.$$

若 $\lambda_1 = 0$,则无解,于是 $\lambda_1 \neq 0$,有 $3 - 2x_1 - x_2 = 0$.

令 $x_1 = 0, \lambda_3 = 0$,则有

$$\begin{cases} 1 - 2\lambda_1 + \lambda_2 = 0, \\ 1 - \lambda_1 = 0, \\ 3 - x_2 = 0, \end{cases}$$

解得一个 KKT 点:$x_1 = 0, x_2 = 3, \lambda_1 = \lambda_2 = 1, \lambda_3 = 0$,易验证 $[0 \quad 3]^T$ 是正则点. 由于此问题为凸规划,故 $\boldsymbol{x}^* = [0 \quad 3]^T$ 就是其一个最优解.

下面将定理 3.18 推广到更一般的情形[20],这时不要求(CP)的构成函数 f 和 $g_i(i=1,\cdots,m)$ 为可微.

定理 3.19　考虑定义 3.9 中的凸规划(CP),若其满足斯莱特(Slater)约束规格,即存在 $\boldsymbol{x}_0 \in \mathbf{R}^n$,使得 $g_i(\boldsymbol{x}_0) > 0\ (i=1,\cdots,m)$, $h_j(\boldsymbol{x}_0) = 0(j=1,\cdots,p)$,则 $\boldsymbol{x}^* \in \mathbf{R}^n$ 是(CP)的(整体)最优解的充要条件为,存在 $\lambda_1^*,\cdots,\lambda_m^*$ 和 $\mu_1^*,\cdots,\mu_p^* \in \mathbf{R}^1$,使得

$$\mathbf{0} \in \partial f(\boldsymbol{x}^*) - \sum_{i=1}^{m} \lambda_i^* \partial g_i(\boldsymbol{x}^*) - \sum_{j=1}^{p} \mu_j^* \partial h_j(\boldsymbol{x}^*),$$
$$\lambda_i^* g_i(\boldsymbol{x}^*) = 0 \quad (i=1,\cdots,m),$$
$$\lambda_i^* \geqslant 0 \quad (i=1,\cdots,m).$$

定理3.19中的 $\lambda_1^*,\cdots,\lambda_m^*$ 和 $\mu_1^*,\cdots,\mu_p^*$ 也称为(CP)的KKT乘子.

3.3.3　共轭函数与对偶凸规划

1. 共轭函数

例3.16　某工厂生产 n 种产品,产量分别为 $x_1,\cdots,x_n$,这些产品分别能以价格 $x_1^*,\cdots,x_n^*$ 出售. 记 $\boldsymbol{x}=[x_1\quad\cdots\quad x_n]^{\mathrm{T}}$,$\boldsymbol{x}^*=[x_1^*\quad\cdots\quad x_n^*]^{\mathrm{T}}$. 这 n 种产品的生产成本为 $f(\boldsymbol{x})$. 现工厂希望适当安排产量,以使所获得的总利润为最大. 此问题的最大利润函数 f^* 的表达式为

$$\begin{aligned}f^*(\boldsymbol{x}^*)&=\sup_{\boldsymbol{x}}\left\{\sum_{i=1}^{n}x_i^*x_i-f(\boldsymbol{x})\right\}\\&=\sup_{\boldsymbol{x}}\{(\boldsymbol{x}^*,\boldsymbol{x})-f(\boldsymbol{x})\}.\end{aligned}$$

定义3.10　设 $f(\boldsymbol{x}):\mathbf{R}^n\to\mathbf{R}^1$,$\boldsymbol{x}^*\in\mathbf{R}^n$,称

$$f^*(\boldsymbol{x}^*)=\sup_{\boldsymbol{x}}\{(\boldsymbol{x}^*,\boldsymbol{x})-f(\boldsymbol{x})\}$$

为 $f(\boldsymbol{x})$ 的**共轭函数**. $f^*(\boldsymbol{x}^*)$ 的共轭函数

$$f^{**}(\boldsymbol{x})=\sup_{\boldsymbol{x}^*}\{(\boldsymbol{x}^*,\boldsymbol{x})-f^*(\boldsymbol{x}^*)\}$$

称为 $f(\boldsymbol{x})$ 的**二次共轭函数**.

不仅共轭函数 f^* 具有明确的经济意义(在例3.16中已看到,成本函数 f 的共轭函数 f^* 就是其利润函数),而且二次共轭函数 f^{**} 也有明确的经济意义. 在例3.16中,成本函数 $f(\boldsymbol{x})$ 的二次共轭函数 f^{**} 是使利润最大的成本,即最小成本,当然有 $f^{**}\leqslant f$.

例3.17　设 $f(x)=\mathrm{e}^x$,$x\in\mathbf{R}^1$,求 $f^*(x^*)$.

解: $f^*(x^*)=\sup\limits_{x}\{xx^*-\mathrm{e}^x\}$.

当 $x^*<0$,取 $x<0$,则当 $|x|$ 充分大时,可使 $xx^*-\mathrm{e}^x$ 充分大. 故其上确界为 $+\infty$. 当 $x^*=0$,$xx^*-\mathrm{e}^x$ 的上确界显然是0. 而当 $x^*>0$,由于 $xx^*-\mathrm{e}^x<0$(图3.9),故上确界为 e^x-xx^* 的最小值. 令 $(\mathrm{e}^x-xx^*)'=0$,解得极小值点 $x=\ln x^*$,相应上确界为 $x^*\ln x^*-x^*$. 于是

$$f^*(x^*)=\begin{cases}x^*\ln x^*-x^*, & x^*>0,\\0, & x^*=0,\\+\infty, & x^*<0.\end{cases}$$

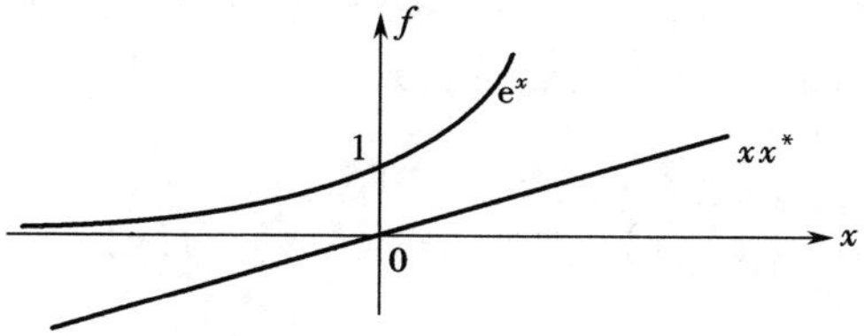

图 3.9　xx^* 与 e^x 的图形

例 3.18　设 C 是 $\mathbf{R}^n$ 中的闭凸集，$\delta(\boldsymbol{x}|C)$ 是 C 的示性函数，求 $\delta(\boldsymbol{x}|C)$ 的共轭函数.

解：

$$\delta(\boldsymbol{x}|C)=\begin{cases}0, & \boldsymbol{x}\in C\\ +\infty, & \boldsymbol{x}\notin C\end{cases}$$

的共轭函数为

$$\begin{aligned}[\delta(\boldsymbol{x}|C)]^*(\boldsymbol{x}^*) &= \sup_{\boldsymbol{x}\in\mathbf{R}^n}\{(\boldsymbol{x}^*,\boldsymbol{x})-\delta(\boldsymbol{x}|C)\}\\ &=\sup_{\boldsymbol{x}\in C}\{(\boldsymbol{x}^*,\boldsymbol{x})-0\}\\ &=\delta^*(\boldsymbol{x}^*|C).\end{aligned}$$

即示性函数 $\delta(\boldsymbol{x}|C)$ 的共轭函数恰是支撑函数 $\delta^*(\boldsymbol{x}^*|C)$. 实际上，凸集 C 的示性函数与 C 的支撑函数是互为共轭的一对凸函数[21]. 一般地，还可以证明[21]以下性质.

性质 3.8　若 $f:\mathbf{R}^n\to\mathbf{R}^1$ 是凸函数，则其共轭函数 f^* 也是凸函数.

共轭函数与次微分有下面的关系.

定理 3.20　设 f 是 $\mathbf{R}^n$ 上的凸函数，则 $\boldsymbol{x}^*\in\partial f(\boldsymbol{x})$ 的充要条件是 $f^*(\boldsymbol{x}^*)=(\boldsymbol{x}^*,\boldsymbol{x})-f(\boldsymbol{x})$.

证：若 $\boldsymbol{x}^*\in\partial f(\boldsymbol{x})$，则对任意 $\boldsymbol{y}\in\mathbf{R}^n$，有

$$f(\boldsymbol{y})-f(\boldsymbol{x})\geqslant(\boldsymbol{x}^*,\boldsymbol{y}-\boldsymbol{x}),$$

即

$$(\boldsymbol{x}^*,\boldsymbol{x})-f(\boldsymbol{x})\geqslant(\boldsymbol{x}^*,\boldsymbol{y})-f(\boldsymbol{y}).$$

说明 $\boldsymbol{x}$ 使 $(\boldsymbol{x}^*,\boldsymbol{y})-f(\boldsymbol{y})$ 达上确界，故

$$f^*(\boldsymbol{x}^*)=\sup_{\boldsymbol{y}}\{(\boldsymbol{x}^*,\boldsymbol{y})-f(\boldsymbol{y})\}$$

$$= (\boldsymbol{x}^*, \boldsymbol{x}) - f(\boldsymbol{x}).$$

反之,若$f^*(\boldsymbol{x}^*) = (\boldsymbol{x}^*, \boldsymbol{x}) - f(\boldsymbol{x}) = \sup_{\boldsymbol{y}}\{(\boldsymbol{x}^*, \boldsymbol{y}) - f(\boldsymbol{y})\}$,即对任$\boldsymbol{y} \in \mathbf{R}^n$,有

$$(\boldsymbol{x}^*, \boldsymbol{x}) - f(\boldsymbol{x}) \geqslant (\boldsymbol{x}^*, \boldsymbol{y}) - f(\boldsymbol{y}),$$

则$\boldsymbol{x}^* \in \partial f(\boldsymbol{x})$.

2. 对偶凸规划

在定义3.9的凸规划(CP)中,为简单起见可假设不含等式约束,因为等式约束$h_j(\boldsymbol{x}) = 0$可以转化为用两个不等式约束$h_j(\boldsymbol{x}) \geqslant 0$和$-h_j(\boldsymbol{x}) \geqslant 0$表示. 于是(CP)为

$$\begin{aligned} &\min f(\boldsymbol{x}) \\ &\text{s. t. } g_i(\boldsymbol{x}) \geqslant 0 \quad (i = 1, \cdots, m). \end{aligned}$$

记(CP)的约束集$K = \{\boldsymbol{x} \in \mathbf{R}^n \mid g_i(\boldsymbol{x}) \geqslant 0 \quad (i = 1, \cdots, m)\}$,$K$的示性函数

$$\delta(\boldsymbol{x} \mid K) = \begin{cases} 0, & \boldsymbol{x} \in K, \\ +\infty, & \boldsymbol{x} \notin K. \end{cases}$$

则(CP)可化为无约束极值问题

$$\min[f(\boldsymbol{x}) + \delta(\boldsymbol{x} \mid K)].$$

性质3.9 记$\boldsymbol{\lambda} = [\lambda_1 \quad \cdots \quad \lambda_m]^{\mathrm{T}}$,$g(\boldsymbol{x}) = [g_1(\boldsymbol{x}) \quad \cdots \quad g_m(\boldsymbol{x})]^{\mathrm{T}}$,则(CP)约束集$K$的示性函数

$$\delta(x \mid K) = -\inf_{\boldsymbol{\lambda} \in \mathbf{R}_+^m}\{(\boldsymbol{\lambda}, g(\boldsymbol{x}))\}.$$

证:

$$\inf_{\boldsymbol{\lambda} \in \mathbf{R}_+^m}\{(\boldsymbol{\lambda}, g(\boldsymbol{x}))\} = \sum_{i=1}^{m} \inf_{\lambda_i \geqslant 0} \lambda_i g_i(\boldsymbol{x}),$$

而

$$\inf_{\lambda_i \geqslant 0} \lambda_i g_i(\boldsymbol{x}) = \begin{cases} 0, & \text{当 } g_i(\boldsymbol{x}) \geqslant 0, \\ -\infty, & \text{当 } g_i(\boldsymbol{x}) < 0. \end{cases}$$

所以有

$$-\inf_{\boldsymbol{\lambda} \in \mathbf{R}_+^m}\{(\boldsymbol{\lambda}, g(\boldsymbol{x}))\} = \delta(\boldsymbol{x} \mid K).$$

于是(CP)相应的无约束极值问题又可写为

$$\min_{x}\inf_{\boldsymbol{\lambda}\in\mathbf{R}_+^m}[f(\boldsymbol{x})-(\boldsymbol{\lambda},g(\boldsymbol{x}))].$$

其中的$f(\boldsymbol{x})-(\boldsymbol{\lambda},g(\boldsymbol{x}))=L(\boldsymbol{x},\boldsymbol{\lambda})$恰为(CP)的拉格朗日函数. 定义

$$\tilde{\mathrm{L}}(\mathrm{x},\lambda)=\begin{cases}\mathrm{L}(\boldsymbol{x},\boldsymbol{\lambda}), & \text{当}\lambda\in\mathbf{R}_+^m,\\ +\infty, & \text{当}\lambda\notin\mathbf{R}_+^m,\end{cases}$$

则(CP)又可表示为

$$\min_{x}\inf_{\boldsymbol{\lambda}\in\mathbf{R}^m}\tilde{L}(\boldsymbol{x},\boldsymbol{\lambda}).$$

而$\inf_{\boldsymbol{\lambda}\in\mathbf{R}^m}\tilde{L}(\boldsymbol{x},\boldsymbol{\lambda})=-\sup_{\boldsymbol{\lambda}\in\mathbf{R}^m}\tilde{L}(\boldsymbol{x},\boldsymbol{\lambda})$. 又定义$F(\boldsymbol{x},\boldsymbol{\lambda})=\sup_{\boldsymbol{\lambda}\in\mathbf{R}^m}\{(\boldsymbol{\lambda}^*,\boldsymbol{\lambda})-\tilde{L}(\boldsymbol{x},\boldsymbol{\lambda})\}$,则易验证$F(\boldsymbol{x},\boldsymbol{y})$为凸函数,(CP)可表示为

$$\min_{x}F(\boldsymbol{x},\boldsymbol{0}).$$

$F(\boldsymbol{x},\boldsymbol{\lambda})$为二元函数,其共轭函数定义为

$$F^*(\boldsymbol{x}^*,\boldsymbol{\lambda}^*)=\sup_{\boldsymbol{x}\in\mathbf{R}^n}\sup_{\boldsymbol{\lambda}\in\mathbf{R}^m}\{(\boldsymbol{x}^*,\boldsymbol{x})+(\boldsymbol{\lambda}^*,\boldsymbol{\lambda})-F(\boldsymbol{x},\boldsymbol{\lambda})\}.$$

当$\boldsymbol{x}^*=\boldsymbol{0}$时有

$$\begin{aligned}F^*(\boldsymbol{0},\boldsymbol{\lambda}^*)&=\sup_{x}\{(\boldsymbol{0},\boldsymbol{x})+\sup_{\lambda}\{(\boldsymbol{\lambda}^*,\boldsymbol{\lambda})-F(\boldsymbol{x},\boldsymbol{\lambda})\}\\&=-\sup_{x}\tilde{L}(\boldsymbol{x},\boldsymbol{\lambda}).\end{aligned}$$

定义 3.11　称$\max_{\boldsymbol{\lambda}^*\in\mathbf{R}^m}[-F^*(\boldsymbol{0},\boldsymbol{\lambda}^*)]$(记为$\mathrm{D}_{F^*}$)为$\min_{\boldsymbol{x}\in\mathbf{R}^n}F(\boldsymbol{x},\boldsymbol{0})$(记为$\mathrm{P}_F$)的**对偶(凸)规划**. 而$\min_{\boldsymbol{x}\in\mathbf{R}^n}F(\boldsymbol{x},\boldsymbol{0})$称为**原始(凸)规划**.

可以证明[16],这一对凸规划之间有下列关系(弱对偶定理).

定理 3.21　$\inf_{x}F(\boldsymbol{x},\boldsymbol{0})\geqslant\sup_{\lambda^*}[-F^*(\boldsymbol{0},\boldsymbol{\lambda}^*)]$,并且若有$\boldsymbol{x}_0$和$\boldsymbol{\lambda}_0^*$使得$F(\boldsymbol{x}_0,\boldsymbol{0})=-F^*(\boldsymbol{0},\boldsymbol{\lambda}_0^*)$,则$\boldsymbol{x}_0$和$\boldsymbol{\lambda}_0^*$分别是($\mathrm{P}_F$)和($\mathrm{D}_{F^*}$)的最优解.

3.4　凸集上的不动点定理

第二章中已介绍了巴拿赫不动点定理,即距离空间上的压缩映射存在唯一的不动点. 本节不加证明地介绍两个凸集上的不动点定理:布劳威尔(Brouwer)不动点定理和角谷静夫(Kakutani)不动点定理,它们的证明可参阅文献[25].

3.4.1　布劳威尔不动点定理

首先考察一个初等的例子. 设 $f(x)$ 是定义在 $\mathbf{R}^1$ 中的闭区间 $[0,1]$ 上的连续函数,且 $0\leqslant f(x)\leqslant 1$. 则 f 在 $[0,1]$ 内存在不动点 x_0,使 $f(x_0)=x_0$.

事实上,只要作辅助函数 $g(x)=x-f(x)$,则 $g(0)=-f(0)\leqslant 0$, $g(1)=1-f(1)\geqslant 0$. 若 $f(0)=0$ 或者 $f(1)=1$,则 $x_0=0$ 或 $x_0=1$ 就是不动点. 若 $f(0)>0$ 且 $f(1)<1$,则 $g(0)<0,g(1)>0$. 根据闭区间上连续函数的介值定理,存在 $x_0\in(0,1)$,使 $g(x_0)=0$,即 x_0 是 f 的不动点.

上述事实可以推广到 n 维的情形,就是下面的布劳威尔不动点定理.

定理 3.22　设 $X\subset\mathbf{R}^n$ 是紧凸集,映射 $T:X\to X$ 是连续的,则 T 有不动点,即存在 $\boldsymbol{x}\in X$,使 $T\boldsymbol{x}=\boldsymbol{x}$.

后来,绍德尔(Schauder)把布劳威尔不动点定理推广到空间为无穷维的情形. 角谷静夫又把布劳威尔不动点定理推广到集值映射的情形.

3.4.2　角谷静夫不动点定理

先来介绍集值映射与上半连续的概念.

定义 3.12　设有集合 $X\subset\mathbf{R}^n,Y\subset\mathbf{R}^m$,若对每个 $\boldsymbol{x}\in X$,总有一个确定的子集 $\varphi(\boldsymbol{x})\subset Y$ 与之对应,则称 φ 为从 X 到 Y 的一个**集值映射**.

例如次微分算子 ∂f 就是将 $\mathbf{R}^n$ 中的点 $\boldsymbol{x}$ 映射到 $\mathbf{R}^n$ 中的集合 $\partial f(\boldsymbol{x})$ 的一个集值映射.

定义 3.13　称集值映射 $\varphi:X\to Y$ 在点 $\boldsymbol{x}\in X$ 是**上半连续**的,若对任何 $\boldsymbol{x}_n\in X,\boldsymbol{x}_n\to\boldsymbol{x}$,及 $\boldsymbol{y}_n\in\varphi(\boldsymbol{x}_n),\boldsymbol{y}_n\to\boldsymbol{y}$,总有 $\boldsymbol{y}\in\varphi(\boldsymbol{x})$. 若 φ 在 X 中的每一点都上半连续,则称 φ 是在 X 上上半连续的.

例 3.19　设集值映射

$$\varphi(x)=\begin{cases}[0,2], & \text{当 } 0\leqslant x\leqslant 1,\\ [0,1], & \text{当 } 1<x\leqslant 2.\end{cases}$$

可以验证,φ 在$[0,2]$是上半连续的(图 3.10).而集值映射

$$\psi(x)=\begin{cases}[0,2], & 当 0\leqslant x<1,\\ [0,1], & 当 1\leqslant x\leqslant 2\end{cases}$$

在 $x=1$ 处不是上半连续的(图 3.11).因为当 $x_n<1$,且 $x_n\to 1$ 时,取 $y_n=\frac{3}{2}$,则 $y_n\in\psi(x_n)$,$y_n\to\frac{3}{2}$,但$\frac{3}{2}\notin\psi(1)=[0,1]$.

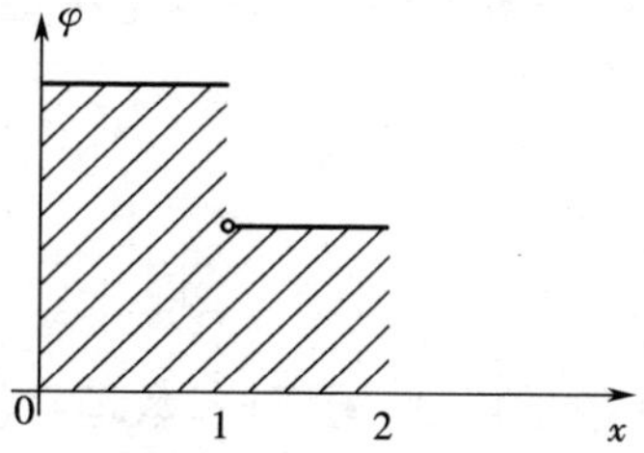

图 3.10　$\varphi(x)$的图形

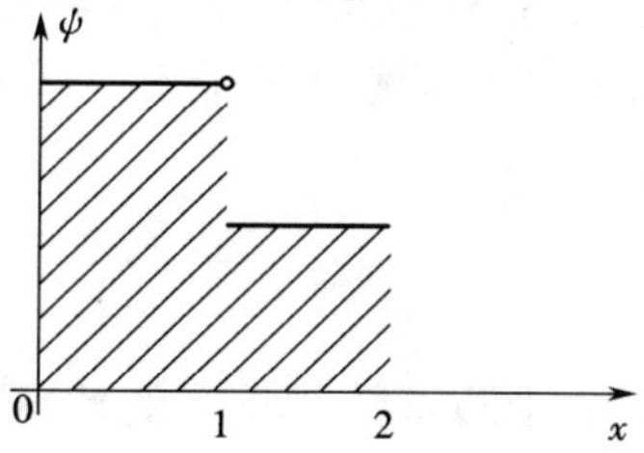

图 3.11　$\psi(x)$的图形

定义 3.14　称集值映射 $\psi:X\to Y$ 在点 $\boldsymbol{x}\in X$ 处是**下半连续**的,若对任何 $\boldsymbol{x}_n\in X$,$\boldsymbol{x}_n\to\boldsymbol{x}$ 及 $\boldsymbol{y}\in\psi(\boldsymbol{x})$,总有 $\boldsymbol{y}_n\in\psi(\boldsymbol{x}_n)$,使得 $\boldsymbol{y}_n\to\boldsymbol{y}$ 成立.若 ψ 在 X 上的每一点都是下半连续的,则称 ψ 是在 X 上下半连续的.

在例 3.19 中,ψ 是在$[0,2]$上下半连续的,而 φ 在 $x=1$ 处不是下半连续的.因为取 $x_n>1$,$x_n\to 1$,及 $y=\frac{3}{2}\in\varphi(1)$,找不到序列 $y_n\in\varphi(x_n)=[0,1]$,使得 $y_n\to\frac{3}{2}$.

定义 3.15　称集值映射是**连续**的,若它既是上半连续又是下半连续的.

图 3.12 给出了两个连续集值映射的例子,它们的图形边界是连续的曲线,没有间断点.

定理 3.23　设 $X\subset\mathbf{R}^n$ 是凸紧集,集值映射 $\varphi:X\to X$ 是上半连续的,且对任 $\boldsymbol{x}\in X$,$\varphi(x)$是 X 中的非空凸集,则 φ 有不动点,即存在 $\boldsymbol{x}_0\in X$,使 $\varphi(\boldsymbol{x}_0)=\boldsymbol{x}_0$.

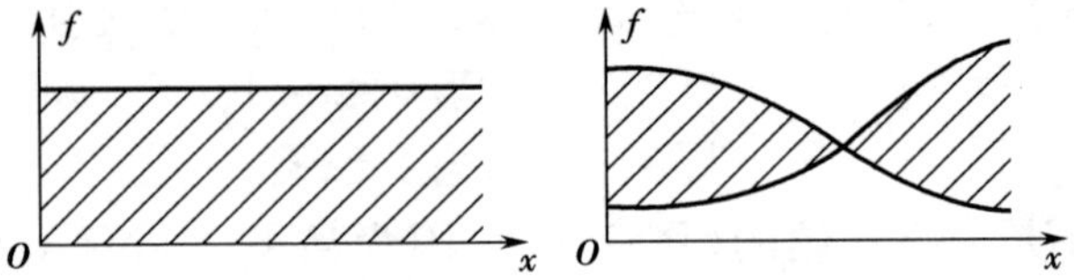

图 3.12 连续集值映射示例

定理 3.23 即角谷静夫不动点定理,在许多方面,如对策论中证明多人对策均衡解的存在性时有重要应用.

3.5 广义凸函数

由于凸函数所具有的特殊性质,其在数学规划、博弈论、数理经济、最优控制理论等领域得到了广泛的应用,并形成了一个专门的数学分支——凸分析. 与此同时,人们发现很多理论和实际问题中所遇到的函数并不完全符合凸性条件,而是比凸性条件更弱的某些条件. 类似于凸函数,许多优化问题的数学模型如果满足某些广义凸性条件时,也能使求解变得较为简便. 本节简单介绍几种广义凸函数,更多内容可参阅文献[23].

3.5.1 拟凸函数

定义 3.16 设 f 是定义在凸集 $S\subset\mathbf{R}^n$ 上的函数,如果对于任意两点 $\boldsymbol{x},\boldsymbol{y}\in S$ 以及任意的 $\boldsymbol{\lambda}\in[0,1]$,都有

$$f(\boldsymbol{\lambda x}+(1-\boldsymbol{\lambda})\boldsymbol{y})\leqslant\max\{f(\boldsymbol{x}),f(\boldsymbol{y})\},$$

则称 f 是 S 上的**拟凸函数**. 如果在上面定义中将不等式中的"$\leqslant$max"换为"$\geqslant$min",则得到**拟凹函数**的定义. 进一步地,对于任意 $x\neq y,\boldsymbol{\lambda}\in(0,1)$,如果以上不等式中不等号是严格的,则称 f 在 S 上是**严格拟凸(凹)函数**.

显然,当 f 是凸函数时,则其必然是拟凸函数. 然而反过来不一定成立,即拟凸函数未必是凸函数(见图 3.13). 类似地,严格拟凸函数必然是拟凸函数,反之则不一定成立.

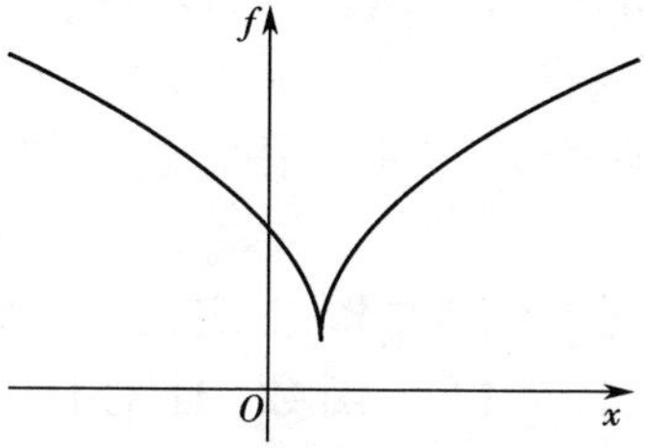

图 3.13　拟凸函数未必是凸函数的例子

由于拟凸函数是凸函数的弱化，因此凸函数的一些重要性质得到了保留，而另一些性质则可能会丢失，例如拟凸函数可以在其定义域内不连续.

定理 3.24　设 f 是凸集 $S\subset\mathbf{R}^n$ 上定义的函数，α 是非负实数，则

（1）若 f 是拟凸函数，则 αf 是拟凸函数；

（2）对任意的正整数 $r\geqslant 2$，若点 $\boldsymbol{x}^1,\boldsymbol{x}^2,\cdots,\boldsymbol{x}^r\in S$，$\lambda_i\geqslant 0(i=1,2,\cdots,r)$，且 $\sum_{i=1}^{r}\lambda_i=1$. 则 f 是拟凸函数的充要条件是

$$f(\lambda_1\boldsymbol{x}^1+\lambda_2\boldsymbol{x}^2+\cdots+\lambda_r\boldsymbol{x}^r)\leqslant\max\{f(\boldsymbol{x}^1),f(\boldsymbol{x}^2),\cdots,f(\boldsymbol{x}^r)\};$$

（3）若 f 是拟凸函数，当且仅当对任意的 $\alpha\in\mathbf{R}$，其水平集 $S_\alpha=\{\boldsymbol{x}\in S|f(\boldsymbol{x})\leqslant\alpha\}$ 为凸集.

证：(1)和(2)由拟凸函数的定义直接可证. 现在证明(3).

假设 f 是拟凸函数，则对任意的 $\boldsymbol{x},\boldsymbol{y}\in S_\alpha$，$\lambda\in(0,1)$，有

$$f(\lambda\boldsymbol{x}+(1-\lambda)\boldsymbol{y})\leqslant\max\{f(\boldsymbol{x}),f(\boldsymbol{y})\}\leqslant\alpha,$$

因此，$\lambda\boldsymbol{x}+(1-\lambda)\boldsymbol{y}\in S_\alpha$，即 S_α 是凸集.

反之，若对任意的 $\alpha\in\mathbf{R}$，S_α 是凸集. 则对任意的 $\boldsymbol{x},\boldsymbol{y}\in S_\alpha$，$\lambda\in(0,1)$，有 $\lambda\boldsymbol{x}+(1-\lambda)\boldsymbol{y}\in S_\alpha$. 取 $\alpha=\max\{f(\boldsymbol{x}),f(\boldsymbol{y})\}$，则必有

$$f(\lambda\boldsymbol{x}+(1-\lambda)\boldsymbol{y})\leqslant\alpha=\max\{f(\boldsymbol{x}),f(\boldsymbol{y})\},$$

因此，f 是拟凸函数.

值得注意的是，不同于性质 3.3(2)，若 f,g 是凸集 $S\subset\mathbf{R}^n$ 上的拟凸函数，则 $f+g$ 未必是 S 上的拟凸函数. 例如函数 $f(x)=x^3$ 和 $g(x)=-3x$ 都是实数域上的严格单调函数，因此它们是严格拟凸函数，也是

拟凸函数. 然而,它们的和函数 $h(x)=f(x)+g(x)=x^3-3x$ 不是拟凸函数,更不是严格拟凸函数.

拟凸函数不是凸函数,但当我们附加适当的条件后[23]可以成为凸函数.

定理 3.25 设 f 是凸集 $S\subset\mathbf{R}^n$ 上定义的函数,则 f 是 S 上的凸函数当且仅当它在 S 上是拟凸函数,且对任意的 $\boldsymbol{x},\boldsymbol{y}\in S$,存在 $\alpha\in(0,1)$,使得

$$f(\alpha\boldsymbol{x}+(1-\alpha)\boldsymbol{y})\leqslant\alpha f(\boldsymbol{x})+(1-\alpha)f(\boldsymbol{y}).$$

3.5.2 伪凸函数

上一节中介绍了不依赖于可微性假设条件下函数的拟凸性. 本节进一步介绍可微条件下函数的广义凸性. 由推论 3.3,可微凸函数的稳定点($\nabla f(x)=0$)必然是全局极小点. 然而,对于拟凸函数和严格拟凸函数,这一性质并不成立. 例如,函数 $f(x)=x^3$ 是拟凸函数和严格拟凸函数,但它的稳定点($x=0$)不是全局极小点,甚至不是局部极小点. 下面引入函数的伪凸性,并证明对于这类函数,其稳定点必然是全局极小点.

定义 3.17 设 f 是开凸集 $S\subset\mathbf{R}^n$ 上的一阶连续可微函数,若对任意的

$$\boldsymbol{x},\boldsymbol{y}\in S,f(\boldsymbol{x})>f(\boldsymbol{y})\Rightarrow\nabla f(\boldsymbol{x})^{\mathrm{T}}(\boldsymbol{y}-\boldsymbol{x})<0,$$

则称 f 是**伪凸函数**.

当 $f(\boldsymbol{x})=f(\boldsymbol{y})$ 时,如果上式仍成立,则称 f 是**严格伪凸函数**.

定义 3.18 设 f 是开凸集 $S\subset\mathbf{R}^n$ 上的一阶连续可微函数,若对任意的

$$\boldsymbol{x},\boldsymbol{y}\in S,\boldsymbol{x}\neq\boldsymbol{y},f(\boldsymbol{x})\geqslant f(\boldsymbol{y})\Rightarrow\nabla f(\boldsymbol{x})^{\mathrm{T}}(\boldsymbol{y}-\boldsymbol{x})<0,$$

则称 f 是严格伪凸函数.

由上面的定义,可知严格伪凸函数必是伪凸函数,反之则未必成立. 例如,常值函数是伪凸函数,但不是严格伪凸函数.

定理 3.26 设 f 是开凸集 $S\subset\mathbf{R}^n$ 上的一阶连续可微函数,又设 f 在 $\boldsymbol{x}_0\in S$ 处满足 $\nabla f(\boldsymbol{x}_0)=0$. 如果 f 是伪凸函数,则 $\boldsymbol{x}_0$ 是 f 的一个全局

极小点.

证:反证法. 假设 $\boldsymbol{x}_0$ 不是 f 的全局极小点,则存在 $\boldsymbol{x}\in S$,使得 $f(\boldsymbol{x})<f(\boldsymbol{x}_0)$. 由 $\nabla f(\boldsymbol{x}_0)=0$,我们可得 $\nabla f(\boldsymbol{x}_0)^{\mathrm{T}}(\boldsymbol{x}-\boldsymbol{x}_0)=0$,与 f 是伪凸函数相矛盾,故 $\boldsymbol{x}_0$ 是 f 的全局极小点.

下面的定理将拟凸函数与伪凸函数进一步联系起来.

定理 3.27　设 f 是开凸集 $S\subset\mathbf{R}^n$ 上的一阶连续可微函数,若 f 是 S 上的伪凸函数,则 f 在 S 上是拟凸函数.

证:反证法. 假设 f 在 S 上不是拟凸函数,则存在 $\boldsymbol{x}_1,\boldsymbol{x}_2\in S$,及某一 $\lambda\in(0,1)$,使得

$$f(\lambda\boldsymbol{x}_1+(1-\lambda)\boldsymbol{x}_2)>\max\{f(\boldsymbol{x}_1),f(\boldsymbol{x}_2)\}.$$

令 $\boldsymbol{z}=\lambda\boldsymbol{x}_1+(1-\lambda)\boldsymbol{x}_2$,由 f 的伪凸性以及 $f(\boldsymbol{x}_1)<f(\lambda\boldsymbol{x}_1+(1-\lambda)\boldsymbol{x}_2)$,我们可得 $\nabla f(\boldsymbol{z})^{\mathrm{T}}(\boldsymbol{x}_1-\boldsymbol{z})<0$. 类似地,$\nabla f(\boldsymbol{z})^{\mathrm{T}}(\boldsymbol{x}_2-\boldsymbol{z})<0$ 也成立. 注意到 $\boldsymbol{z}$ 是 $\boldsymbol{x}_1$ 和 $\boldsymbol{x}_2$ 中间的点,前面两式不可能同时成立,故 f 是拟凸函数.

3.6　应用举例一:数理经济

数理经济是一门系统运用数学方法表述研究和论证经济理论的学科,本节将作为凸分析中极值和不动点定理等知识的应用,介绍数理经济中两个重要问题.

3.6.1　生产者的利润优化

可以把 $\mathbf{R}^m$ 解释成为**财货空间**,即 $\boldsymbol{z}=[z^1\ \ \cdots\ \ z^m]^{\mathrm{T}}\in\mathbf{R}^m$ 的第 i 个分量 z^i 表示第 i 种财货（商品）的量，这里假定每一种财货都可以用实数计量. 当它取负值时，表示消费量或投入量；当它取正值时，表示产出量. 因此，任何 $\boldsymbol{z}\in\mathbf{R}^m$ 也可表示一种生产活动，其中取负值的分量构成投入丛，而取正值的分量构成产出丛. 这时，财货空间 $\mathbf{R}^m$ 的对偶空间 $\mathbf{R}^{m*}$（在同构意义上就等于 $\mathbf{R}^m$）就可解释为**价格体系**，即 $\boldsymbol{P}=[P_1\ \ \cdots\ \ P_m]^{\mathrm{T}}\in\mathbf{R}^{m*}$ 的第 i 个分量 P_i 表示第 i 种财货的价格. 这里假定每一种价格也都可以用实数计算,其中负价格可解释为有

害财货的价格. 不过,一般只考虑非负价格. $\mathbf{R}^m$ 和 $\mathbf{R}^{m*}$ 的对偶积

$$(\boldsymbol{P},\boldsymbol{z}) = \sum_{i=1}^{m} P_i z^i$$

可解释为在价格体系为 $\boldsymbol{P} \in \mathbf{R}_+^{m*}$ 时,财货从 $\boldsymbol{z} \in \mathbf{R}^m$ 的总价值. 尤其是当 $\boldsymbol{z}$ 代表一种生产活动时,$(\boldsymbol{P},\boldsymbol{z})$ 恰好就是产出丛的总价值(收入)减去投入丛的总价值(成本),即生产活动 $\boldsymbol{z}$ 的利润.

现在设 $V \subset \mathbf{R}^m$ 解释为某企业的**生产集合**. 即 $\boldsymbol{z} \in V$ 就表示某企业可行的生产活动. 则 V 的承托函数

$$\delta^*(\boldsymbol{P} \mid V) = \sup_{z \in V} (\boldsymbol{P},\boldsymbol{z})$$

就是在价格体系为 $\boldsymbol{P}$ 时,可能得到的最大利润. 它称为企业的**利润函数**. 可以证明[16],如果 V 为闭凸集(这一点通常总认为是成立的),则有

$$V = \{\boldsymbol{x} \in \mathbf{R}^m \mid (\boldsymbol{P},\boldsymbol{x}) \leqslant \delta^*(\boldsymbol{P} \mid V), \text{任 } \boldsymbol{P} \in \mathbf{R}^{m*}\}.$$

这一结论有重要的理论意义和实际意义. 因为生产集合 V 是不容易实际测定的,而利润函数则较容易通过会计核算来测定.

这时还可证明[20],$\hat{\boldsymbol{z}}$ 是当价格体系为 $\boldsymbol{P}$ 时的使利润达最大的生产活动的充要条件为

$$\hat{\boldsymbol{z}} \in \partial\delta^*(\boldsymbol{P} \mid V).$$

这即微观经济学中的**霍特林(Hotelling)引理**的推广. 原来的霍特林引理是对 δ^* 为可微函数的情形提出的.

如果对产出丛 $\boldsymbol{y}$ 有固定的要求,且设 $\boldsymbol{y}$ 的维数为 l,投入丛 $\boldsymbol{x}$ 的维数为 $n = m - l$,$\boldsymbol{z} = (\boldsymbol{y}, -\boldsymbol{x}) \in \mathbf{R}^l \times \mathbf{R}^n$,则

$$V(\boldsymbol{y}) = \{\boldsymbol{x} \in \mathbf{R}^n \mid (\boldsymbol{y}, -\boldsymbol{x}) \in V\}$$

称为产出为 $\boldsymbol{y}$ 时的**投入需求集**,又设这时价格体系 $\boldsymbol{P} = (\boldsymbol{P}_y,\boldsymbol{P}_x) \in \mathbf{R}^{l*} \times \mathbf{R}^{n*}$,则

$$C(\boldsymbol{P}_x,\boldsymbol{y}) = \min_{x \in V(y)} (\boldsymbol{P}_x,\boldsymbol{x})$$

称为产出为 $\boldsymbol{y}$、投入价格为 $\boldsymbol{P}_x$ 时的**成本**. 作为 $\boldsymbol{P}_x$ 的函数,成本是凹函数,且 $-C(\boldsymbol{P}_x,\boldsymbol{y})$ 就是 $V(\boldsymbol{y})$ 的承托函数. 它们之间的关系与利润函数和生产集之间的关系一样. $C(\boldsymbol{P}_x,\boldsymbol{y})$ 作为 $\boldsymbol{y}$ 的函数的共轭函数为:

$$\begin{aligned} C^*(\boldsymbol{P}_x,\boldsymbol{y}^*) &= \sup_{\boldsymbol{y}\in\mathbf{R}^l}\{(\boldsymbol{P}_y,\boldsymbol{y})-C(\boldsymbol{P}_x,\boldsymbol{y})\} \\ &= \sup_{(\boldsymbol{y},-\boldsymbol{x})\in V}\{(\boldsymbol{P}_y,\boldsymbol{y})-(\boldsymbol{P}_x,\boldsymbol{x})\} \\ &= \delta^*(\boldsymbol{P}|V), \end{aligned}$$

即又回到了利润函数. 最后,对于在投入价格为 $\hat{\boldsymbol{P}}_x$ 时,使成本达到最小的投入丛 $\hat{\boldsymbol{x}}\in V(\boldsymbol{y})$,其充要条件为[20]

$$\hat{\boldsymbol{x}}\in-\partial_{\boldsymbol{P}_x}(-C(\boldsymbol{P}_x,\boldsymbol{y})).$$

这即微观经济学中**谢泼德(Shephard)引理**的推广.

3.6.2　经济的均衡

1. 多人对策与均衡局势

一个**多人对策**记为(I,X,Φ),其中 $I=\{1,\cdots,n\}$ 是**局中人** $1,\cdots,n$ 的集合;$X=\{\boldsymbol{x}=(\boldsymbol{x}^1,\cdots,\boldsymbol{x}^n)\mid\boldsymbol{x}^i\in X^i\subset\mathbf{R}^l\}$ 为**局势**集,其中 X^i 为局中人 i 的**策略**集;$\Phi=(\Phi_1,\cdots,\Phi_n)$ 为**报酬**函数,其中 $\Phi_i:X\to\mathbf{R}^1$ 为局中人 i 的**报酬**(**效用**)函数.

记 $X^{-i}=\prod\limits_{j\neq i}X^j$,$X^{-i}$中元为 $\boldsymbol{x}^{-i}=(\boldsymbol{x}^1,\cdots,\boldsymbol{x}^{i-1},\boldsymbol{x}^{i+1},\cdots,\boldsymbol{x}^n)$. 称局势 $\bar{\boldsymbol{x}}=(\bar{\boldsymbol{x}}^1,\cdots,\bar{\boldsymbol{x}}^i,\cdots,\bar{\boldsymbol{x}}^n)$ 是多人对策(I,X,Φ)的**均衡局势**. 若对每个 $i\in I$ 及 $\boldsymbol{y}^i\in X^i$,总有

$$\Phi_i(\boldsymbol{y}^i,\bar{\boldsymbol{x}}^{-i})\leqslant\Phi_i(\bar{\boldsymbol{x}}).$$

即在均衡局势中,任何局中人试图改变策略(设其他局中人策略不变),他的报酬不会增加,而且要冒减少报酬的风险. 1950 年,纳什(Nash)证明了[19]下面的均衡局势存在性定理.

定理 3.28　设多人对策(I,X,Φ)满足如下条件:

(1) 集合 $X^i(i=1,\cdots,n)$都是凸紧的非空集;

(2) 函数 $\Phi_i(i=1,\cdots,n)$均连续,且关于变元 $\boldsymbol{x}^i$ 是拟凹的,则多人对策(I,X,Φ)有均衡局势.

2. 社会系统与均衡态

在多人对策中,局中人 i 的策略集为 X^i,但实际上,i 的策略选取还要受到另外 $n-1$ 个局中人的影响和约束,即当另 $n-1$ 人每选定一组策略(属于 X^{-i}),则局中人 i 相应可选择 X^i 中的某一些策略. 这就确定

了集值映射 $S_i:X^{-i}\to X^i$. 由于 $X^{-i}\subset X$,可扩充 S_i 的定义域为 X,即 S_i:$X\to X^i$. 称 $E=(X^i,S_i,\Phi_i)_{i\in I}$为一个**社会系统**,其中的报酬函数 Φ_i 也称为**效用**. 称状态 $\bar{\boldsymbol{x}}=(\bar{\boldsymbol{x}}^1,\cdots,\bar{\boldsymbol{x}}^n)\in X$ 为社会系统 E 的**均衡态**,若它满足①$\bar{\boldsymbol{x}}^i\in S_i(\bar{\boldsymbol{x}})(i=1,\cdots,n)$;②$\Phi_i(\boldsymbol{y}^i,\bar{\boldsymbol{x}}^{-i})\leqslant\Phi_i(\bar{\boldsymbol{x}}),\boldsymbol{y}^i\in S_i(\bar{\boldsymbol{x}})(i=1,\cdots,n)$. 1952 年,德布鲁(Debreu)证明了社会系统均衡态的存在性定理.

定理 3.29 设社会系统 $E=(X^i,S_i,\Phi_i)_{i\in I}$满足下列条件:

(1) 对任何 $i\in I$,集合 $X^i\subset\mathbf{R}^l$ 是非空凸紧的;

(2) 集值映射 $S_i:X\to X^i$ 是连续的,取值为非空凸闭集;

(3) 效用函数 Φ_i 是连续的,且关于第 i 个变元是拟凹的. 则社会系统 E 有均衡态.

证: 对每个 $i\in I$,定义集值映射 $M_i:X\to X^i$.

$$\begin{aligned}M_i(\boldsymbol{a})=\{\boldsymbol{x}\in S_i(\boldsymbol{a})\mid&\Phi_i(\boldsymbol{x},\boldsymbol{a}^{-i})\\&=\max[\Phi_i(\boldsymbol{y},\boldsymbol{a}^{-i})\mid y\in S_i(\boldsymbol{a})]\},\boldsymbol{a}\in X.\end{aligned}$$

因为 $S_i(\boldsymbol{a})$是紧集 X^i 中的闭子集,故 $S_i(\boldsymbol{a})$也是紧集,从而 $M_i(\boldsymbol{a})$是非空紧集.

由 Φ_i 的拟凹性可知,集合

$$\{\boldsymbol{x}\in X^i\mid\Phi_i(\boldsymbol{x},\boldsymbol{a}^{-i})=\max[\Phi_i(\boldsymbol{y},\boldsymbol{a}^{-i})\mid\boldsymbol{y}\in S_i(\boldsymbol{a})]\}$$

是凸的,又集合 $S_i(\boldsymbol{a})$是凸集. 这两个集合之交集 $M_i(\boldsymbol{a})$必然也是凸集. 所以,对任何 $\boldsymbol{a}\in X$,集合

$$M(\boldsymbol{a})=\prod_{i=1}^{n}M_i(\boldsymbol{a})\subset X$$

是非空的凸紧集.

可以证明[19]集值映射 $M_i(\boldsymbol{a})$是上半连续的,从而,集值映射 $M:X\to X$ 也是上半连续的. 由角谷静夫不动点定理,存在不动点

$$\bar{\boldsymbol{x}}\in M(\bar{\boldsymbol{x}})=\prod_{i=1}^{n}M_i(\bar{\boldsymbol{x}}),$$

于是有

$$\bar{\boldsymbol{x}}^i\in M_i(\bar{\boldsymbol{x}})(i=1,\cdots,n).$$

这表明,$\bar{\boldsymbol{x}}^i\in S_i(\bar{\boldsymbol{x}})$,且 $\Phi_i(\bar{\boldsymbol{x}}^i,\bar{\boldsymbol{x}}^{-i})=\max\{\Phi_i(\boldsymbol{y},\boldsymbol{x}^{-i})\mid$

$\boldsymbol{y}\in S_i(\bar{\boldsymbol{x}})\}$. 可见,$\bar{\boldsymbol{x}}=(\bar{\boldsymbol{x}}^1,\cdots,\bar{\boldsymbol{x}}^n)$是社会系统 E 的均衡态.

易见,当 $S_i(\boldsymbol{x})=X^i$ 时,社会系统即多人对策,均衡态即均衡局势,定理3.29即为定理3.28.

定理3.29是继纳什之后,德布鲁做出的重要贡献. 它是解决一般经济均衡理论的关键. 作为它的应用,下面证明自由市场均衡态的存在.

3. 自由市场与均衡价格

一个**市场**,记为 $E=(X^i,u_i,\boldsymbol{w}^i)_{i\in I}$. 其中 $I=\{1,\cdots,n\}$ 为**经纪人**的集合;$\boldsymbol{w}^i\in\mathbf{R}^l_+$ 为经纪人 i 初始占有的**商品束**,$\mathbf{R}^l_+$ 为由 l 种商品确定的商品空间;$u_i:\mathbf{R}^l_+\to\mathbf{R}^1$ 为经纪人 i 的**效用函数**;$X^i\subset\mathbf{R}^l_+$ 为经纪人 $i(i=1,\cdots,n)$的**消费集合**.

自由市场属于完全竞争的市场,是一种纯交易经济活动,不含生产活动在内. 它的运营机制服从完全竞争规范,市场的价格完全放开,既不存在政府的干预,也没有少数厂商的垄断. 我们的问题是:是否存在一种理想的价格体系,协调各经纪人的利益达到最大,而且使得供需达到平衡?

记市场价格体系 $\boldsymbol{P}=(P_1,\cdots,P_l)$,其中 P_j 为第 $j(j=1,\cdots,l)$ 种商品的价格. 每个经纪人 i 通过交易占有的商品束为 $\boldsymbol{x}^i\in X^i(i=1,\cdots,n)$. 称$(\boldsymbol{x},\boldsymbol{P})=(\boldsymbol{x}^1,\cdots,\boldsymbol{x}^n,\boldsymbol{P})$为市场 E 的一个状态. 如果状态$(\bar{\boldsymbol{x}},\bar{\boldsymbol{P}})$满足条件:

(1) 对每个 $i\in I,\bar{\boldsymbol{x}}^i\in B_i(\bar{\boldsymbol{P}},\boldsymbol{w}^i)=\{\boldsymbol{x}^i\in X^i\mid\bar{\boldsymbol{P}}\boldsymbol{x}^i\leqslant\bar{\boldsymbol{P}}\boldsymbol{w}^i\}$;

(2) 对每个 $i\in I,u_i(\bar{\boldsymbol{x}}^{-i})=\max\{u_i(\boldsymbol{x}^i)\mid\boldsymbol{x}^i\in B_i(\bar{\boldsymbol{P}},\boldsymbol{w}^i)\}$;

(3) $\sum\limits_{i=1}^n\bar{\boldsymbol{x}}^i=\sum\limits_{i=1}^n\boldsymbol{w}^i$.

则称$(\bar{\boldsymbol{x}},\bar{\boldsymbol{P}})$为市场 E 的一个**均衡态**. 其中的 $\bar{\boldsymbol{P}}$ 和 $\bar{\boldsymbol{x}}$ 分别称为市场 E 的**均衡价格**和**均衡配置**.

上述定义表明,在均衡价格 $\bar{\boldsymbol{P}}$ 下,商品束 $\bar{\boldsymbol{x}}^i$ 是经纪人 i 在自身财力允许的情况下的最满足的选择,同时使市场的供需达到总数量上的平衡. 如果均衡态$(\bar{\boldsymbol{x}},\bar{\boldsymbol{P}})$满足上述定义中的条件(1)、(2),并且还满足:

$$\sum_{i=1}^{n} \bar{\boldsymbol{x}}^i \leqslant \sum_{i=1}^{n} \boldsymbol{w}^i \text{ 且 } \bar{\boldsymbol{P}} \sum_{i=1}^{n} \bar{\boldsymbol{x}}^i = \bar{\boldsymbol{P}} \sum_{i=1}^{n} \boldsymbol{w}^i,$$

即在 $\bar{\boldsymbol{P}}$ 下,使市场的供需达到总价值上的平衡,则称$(\bar{\boldsymbol{x}},\bar{\boldsymbol{P}})$为**自由处置均衡态**.

这种通过均衡价格 $\bar{\boldsymbol{P}}$ 的调节使市场处于一种最优运营状态的规律,实际上就是当年著名的英国古典经济学家亚当·斯密(Adam Smith)的名言[22]中所说的"无形的手"(价格)支配市场的规律. 那么,这种均衡价格是否存在? 许多学者经过近百年的努力,终于在1954年由阿罗(K. J. Arrow)和德布鲁最后完成了均衡态的"存在性(定理3.30)"证明. 他们分别于1972和1983年获得了诺贝尔经济学奖.

定理 3.30 假设市场 $E=(\boldsymbol{X}^i,u_i,\boldsymbol{w}^i)_{i\in I}$满足下列条件:

(1) 对于 $i\in I$,消费集合 $X^i\subset\mathbf{R}^l_+$是非空凸紧集;

(2) 对于 $i\in I$,及 $\boldsymbol{P}\in\triangle^l=\{\boldsymbol{P}\in\mathbf{R}^l_+ \mid \sum_{i=1}^{l} P_i=1\}$,存在 $\tilde{\boldsymbol{x}}^i\in X^i$,使 $\boldsymbol{P}\tilde{\boldsymbol{x}}^i<\boldsymbol{P}\boldsymbol{w}^i$;

(3) 对于 $i\in I$,效用函数 u_i 是连续且拟凹的;

(4) 对于 $i\in I$,如果 $\boldsymbol{P}\boldsymbol{x}^i<\boldsymbol{P}\boldsymbol{w}^i$,则存在 $\tilde{\boldsymbol{x}}^i\in X^i$,使得 $u(\boldsymbol{x}^i)<u(\tilde{\boldsymbol{x}}^i)$.

则市场 E 有自由处置均衡态$(\bar{\boldsymbol{x}},\bar{\boldsymbol{P}})\in\prod_{i=1}^{n} X^i\times\triangle^l$.

证: 为利用定理3.29,根据 E 构造社会系统 E'. 除去市场 E 中的经纪人集合 I 之外,再虚拟第0个局中人(视为市场"经理",他控制市场的价格系统). 他的策略集合 $X^0=\triangle^l$. 于是,社会系统 E'的局中人集合 $I'=\{0,1,\cdots,n\}$,第 i 个局中人的策略集合 $X^i\subset\mathbf{R}^l$ 为凸紧集合.

记 $X=\prod_{i=1}^{n} X^i$,$X^0=\triangle^l$. 规定各局中人的可行策略集为如下的集值映射:

$S_0:X\times X^0\to X^0$,$S_0(\boldsymbol{x},\boldsymbol{P})=X^0$;

$S_i:X\times X^0\to X^i$,$S_i(\boldsymbol{x},\boldsymbol{P})=B_i(\boldsymbol{P},\boldsymbol{w}^i)(i=1,\cdots,n)$.

再定义各局中人的效用函数如下:

$$\boldsymbol{\Phi}_0 : X \times X^0 \to X^i, \boldsymbol{\Phi}_0(\boldsymbol{x}, \boldsymbol{P}) = \boldsymbol{P}\sum_{i=1}^{n} \boldsymbol{x}^i - \boldsymbol{P}\sum_{i=1}^{n} \boldsymbol{w}^i,$$

$$\boldsymbol{\Phi}_i : X \times X^0 \to \mathbf{R}^1, \boldsymbol{\Phi}_i(\boldsymbol{x}, \boldsymbol{P}) = u_i(\boldsymbol{x}^i)(i = 1, \cdots, n).$$

于是,便构造了社会系统 $E' = (X^i, S_i, \boldsymbol{\Phi}_i)(i = 0, \cdots, n)$. 显然,集值映射 S_0 是连续的. 可证[25] $S_i(i = 1, \cdots, n)$ 也是连续的. 这就验明了定理 3.29 的条件(2),至于条件(1)和(3),与本定理的假设(1)和(3)是相重合的. 因此,社会系统 E' 有均衡态 $(\bar{\boldsymbol{x}}, \bar{\boldsymbol{P}}) \in X \times X^0$,即有

$$\bar{\boldsymbol{P}} \in S_0(\bar{\boldsymbol{x}}, \bar{\boldsymbol{P}}) = \triangle^l, \bar{\boldsymbol{x}}^i \in S_i(\bar{\boldsymbol{x}}, \bar{\boldsymbol{P}}) = B_i(\boldsymbol{P}, \boldsymbol{w}^i)(i = 1, \cdots, n),$$

$$\boldsymbol{P}\sum_{i=1}^{n} \bar{\boldsymbol{x}}^i - \boldsymbol{P}\sum_{i=1}^{n} \boldsymbol{w}^i \leqslant \bar{\boldsymbol{P}}\sum_{i=1}^{n} \bar{\boldsymbol{x}}^i - \bar{\boldsymbol{P}}\sum_{i=1}^{n} \boldsymbol{w}^i, \boldsymbol{P} \in X^0.$$

$$u_i(\boldsymbol{x}^i) \leqslant u_i(\bar{\boldsymbol{x}}^i), \boldsymbol{x}^i \in B_i(\bar{\boldsymbol{P}}, \boldsymbol{w}^i)(i = 1, \cdots, n).$$

因为 $\bar{\boldsymbol{x}}^i \in B_i(\bar{\boldsymbol{P}}, \boldsymbol{w}^i)$,即 $\bar{\boldsymbol{P}}\bar{\boldsymbol{x}}^i \leqslant \bar{\boldsymbol{P}}\boldsymbol{w}^i$. 所以有

$$\bar{\boldsymbol{P}}\sum_{i=1}^{n} \boldsymbol{x}^i \leqslant \bar{\boldsymbol{P}}\sum_{i=1}^{n} \boldsymbol{w}^i.$$

于是,有

$$\boldsymbol{P}\Big(\sum_{i=1}^{n} \bar{\boldsymbol{x}}^i - \sum_{i=1}^{n} \boldsymbol{w}^i\Big) \leqslant 0, \boldsymbol{P} \in \triangle^l.$$

特别地,取 $\boldsymbol{P} = \boldsymbol{e}^k = [0 \quad \cdots \quad 0 \quad 1 \quad 0 \quad \cdots \quad 0]$,即第 k 坐标向量,则有

$$\sum_{i=1}^{n} \bar{\boldsymbol{x}}_k^i - \sum_{i=1}^{n} \boldsymbol{w}_k^i \leqslant 0.$$

由于 k 的任意性,便证明了

$$\sum_{i=1}^{n} \bar{\boldsymbol{x}}^i \leqslant \sum_{i=1}^{n} \boldsymbol{w}^i.$$

最后,再来证明 $\bar{\boldsymbol{P}}\bar{\boldsymbol{x}}^i = \bar{\boldsymbol{P}}\boldsymbol{w}^i(i = 1, \cdots, n)$. 假若 $\bar{\boldsymbol{P}}\bar{\boldsymbol{x}}^j < \bar{\boldsymbol{P}}\boldsymbol{w}^j$,由假设条件(4),存在 $\tilde{\boldsymbol{x}}^j \in X^j$,使得 $u_j(\bar{\boldsymbol{x}}^j) < u_j(\tilde{\boldsymbol{x}}^j)$,对于 $0 < \boldsymbol{\lambda} < 1$, $\boldsymbol{x}_\lambda = \boldsymbol{\lambda}\tilde{\boldsymbol{x}}^j + (1 - \boldsymbol{\lambda})\bar{\boldsymbol{x}}^j \in X^j$(因为 X^j 是凸集). 当 $\boldsymbol{\lambda}$ 充分小时,有

$$\bar{\boldsymbol{P}}\boldsymbol{x}_\lambda = \boldsymbol{\lambda}\bar{\boldsymbol{P}}\tilde{\boldsymbol{x}}^j + (1 - \boldsymbol{\lambda})\bar{\boldsymbol{P}}\bar{\boldsymbol{x}}^j < \bar{\boldsymbol{P}}\boldsymbol{w}^j.$$

所以, $\boldsymbol{x}_\lambda \in B_j(\bar{\boldsymbol{P}}, \boldsymbol{w}^j)$. 因为 u_j 是严格拟凹的,则有

$$u_j(\boldsymbol{x}_\lambda) = u_j(\boldsymbol{\lambda}\tilde{\boldsymbol{x}}^j + (1 - \boldsymbol{\lambda})\bar{\boldsymbol{x}}^j) > u_j(\bar{\boldsymbol{x}}^j).$$

这与 $u_i(\boldsymbol{x}^i) \leqslant u_i(\bar{\boldsymbol{x}}^i), \boldsymbol{x}^i \in B_i(\bar{\boldsymbol{P}}, \boldsymbol{w}^i)(i = 1, \cdots, n)$ 矛盾. 于是

$$\bar{P}\sum_{i=1}^{n}\bar{x}^{i}=\bar{P}\sum_{i=1}^{n}w^{i}.$$

这便证明了供需总价值相等. 定理证完.

定理 3. 30 中的条件都具有明显的实际意义. 条件(2)表示,在任何价格下,经纪人总可以选购比自己初始占有更便宜的商品. 条件(4)表示,如果经纪人选购的商品束没有用尽自己的财力,还可以购买更好的商品束. 边际效用递减率满足条件(3). 至于条件(1)中的紧性,要求消费集是有界的,这是因为在各经纪人初始占有已经给定的情况下,无限的消费欲望是不现实的. 因此,一般的自由市场是可以存在均衡价格的.

3.7 应用举例二:支持向量机

支持向量机是一个广泛应用的机器学习二元分类模型,可执行线性或非线性的分类,本节将作为凸分析中凸优化和对偶理论等知识的应用来介绍支持向量机的基本原理与方法.

3.7.1 间隔与支持向量

在机器学习中,经常需要考虑对训练数据进行分类,即基于所给定的训练样本集 $D=\{(\tilde{\boldsymbol{x}}_1,y_1),(\tilde{\boldsymbol{x}}_2,y_2),\cdots,(\tilde{\boldsymbol{x}}_m,y_m)\}$,其中 $\tilde{\boldsymbol{x}}_i$ 是含有 d 个元素的列向量,$y_i\in\{-1,+1\}$. 我们希望在样本空间中找到一个划分超平面,使得不同类别的样本被区隔开来. 例如,在图 3. 14 中,样本数据点为一些二维数据点,H_1,H_2,H_3 分别代表三个超平面.

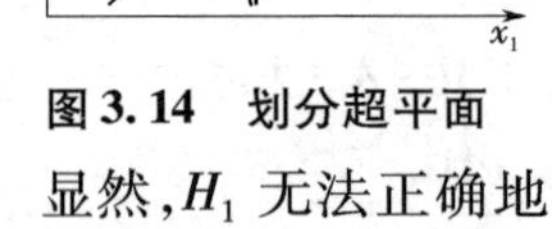

图 3. 14　划分超平面

显然,H_1 无法正确地将样本集进行正确分类. H_2 可以进行分类,然而由于该超平面与最近的数据点只有很小的间隔,当训练集存在一些噪声时,可能会导致样本被 H_2 错误分类. 因此,这类划分超平面对噪声比较敏感,泛化能力较弱. 而 H_3 则能以较大间隔将训练样本分开,因此对训练样本的局部扰动“容忍性”最好,是这些超平面中泛化能力最强的分类器. 因此,支持向量机选择能够以最大间隔把两个类分开的划分超平面,也就是说,选择使离超平面最近的数据点到超平面距离最大的那个超平面.

一个划分超平面可通过如下线性方程式所决定:

$$\boldsymbol{w}^{\mathrm{T}}\boldsymbol{x}+\boldsymbol{b}=0,$$

其中 $\boldsymbol{w}^{\mathrm{T}}=[w_1 \quad w_2 \quad \cdots \quad w_d]$ 为超平面的法向量,$\boldsymbol{b}$ 为截距. 为简便起见,我们规定法向量指向的一侧为正类,另一侧为负类,并将该超平面记为$(\boldsymbol{w},\boldsymbol{b})$. 此外,样本空间中任意点 $\tilde{x}$ 到超平面$(\boldsymbol{w},\boldsymbol{b})$的距离可通过如下公式计算得到:

$$r=\frac{|\boldsymbol{w}^{\mathrm{T}}\tilde{\boldsymbol{x}}+\boldsymbol{b}|}{\|\boldsymbol{w}\|}.$$

如果超平面$(\boldsymbol{w},\boldsymbol{b})$能将训练样本正确分类,即对于$(\tilde{\boldsymbol{x}}_i,y_i)\in D$,若 $y_i=+1$,则有 $\boldsymbol{w}^{\mathrm{T}}\tilde{\boldsymbol{x}}+\boldsymbol{b}>0$;若 $y_i=-1$,则有 $\boldsymbol{w}^{\mathrm{T}}\tilde{\boldsymbol{x}}+\boldsymbol{b}<0$. 令

$$\begin{cases}\boldsymbol{w}^{\mathrm{T}}\tilde{\boldsymbol{x}}_i+\boldsymbol{b}\geqslant +1, y_i=+1;\\ \boldsymbol{w}^{\mathrm{T}}\tilde{\boldsymbol{x}}_i+\boldsymbol{b}\leqslant -1, y_i=-1.\end{cases}$$

为了找到具有最大间隔的划分超平面可以先选择区隔两类数据的两个平行超平面,使得它们之间的距离尽可能地大. 此时,位于它们正中间的超平面即是具有最大间隔的划分超平面,见图 3.15. 特别地,距离超平面最近的几个训练样本点满足 $\boldsymbol{w}^{\mathrm{T}}\boldsymbol{x}+\boldsymbol{b}=1$ 或者 $\boldsymbol{w}^{\mathrm{T}}\boldsymbol{x}+\boldsymbol{b}=-1$. 我们称这样的点为“**支持向量**”. 可以看到,在决定最优划分超平面时,只有支持向量起作用,而其他数据点并不起作用,也就是说移动甚至删除非支持向量都不会对最优超平面产生任何影响. 因此,支持向量对模型起着决定性的作用,这也是“支持向量机”名称的由来.

通过计算可知,正类和负类支持向量之间的距离为

$$\gamma=\frac{2}{\|\boldsymbol{w}\|},$$

这个距离也被叫作“**间隔**”. 我们的目标是使 γ 最大,即找到合适的参数 $\boldsymbol{w}$ 和 $\boldsymbol{b}$ 使得 γ 最大,并满足约束条件 $y_i(\boldsymbol{w}^{\mathrm{T}}\tilde{\boldsymbol{x}}_i+\boldsymbol{b})\geqslant 1(i=1,2,\cdots,m)$. 显然,最大化 γ 等价于最小化 $\|\boldsymbol{w}\|^2$. 因此,问题等价于求解如下数学优化问题:

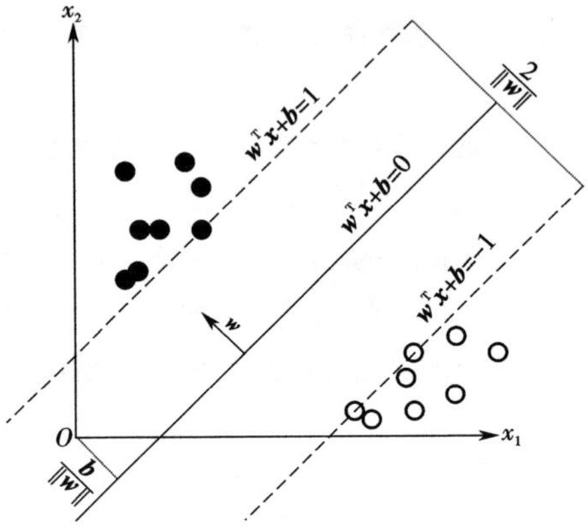

图 3.15　支持向量与间隔

$$\min_{\boldsymbol{w},\boldsymbol{b}} \frac{1}{2}\|\boldsymbol{w}\|^2,$$

$$\text{s.t. } y_i(\boldsymbol{w}^{\mathrm{T}}\tilde{\boldsymbol{x}}_i+\boldsymbol{b})\geqslant 1\ (i=1,2,\cdots,m).$$

显然,上面的优化模型是一个凸二次规划问题,因此可以直接使用一些现有的优化求解器进行求解.

3.7.2　对偶问题解法

事实上,也可以通过求解上述问题的对偶问题进行求解,其思路是对上述"原始问题"应用拉格朗日乘子法构造拉格朗日函数得到其"对偶问题",再通过求解其对偶问题得到原始问题的最优解.

对原始问题的每个约束引入拉格朗日乘子 $\alpha_i\geqslant 0$,则该问题的拉格朗日函数可表示为

$$L(\boldsymbol{w},\boldsymbol{b},\tilde{\boldsymbol{\alpha}})=\frac{1}{2}\|\boldsymbol{w}\|^2+\sum_{i=1}^{m}\alpha_i(1-y_i(\boldsymbol{w}^{\mathrm{T}}\tilde{\boldsymbol{x}}_i+\boldsymbol{b})),$$

其中 $\tilde{\boldsymbol{\alpha}}=[\alpha_1\quad\alpha_2\quad\cdots\quad\alpha_m]$. 对拉格朗日函数求导并令导数为 0,我们可得

$$\boldsymbol{w}=\sum_{i=1}^{m}\alpha_i y_i\tilde{\boldsymbol{x}}_i,$$

$$0 = \sum_{i=1}^{m} \alpha_i y_i.$$

由此,我们可以得到原始问题的对偶问题如下:

$$\max_{\tilde{\alpha}} \sum_{i=1}^{m} \alpha_i - \frac{1}{2}\sum_{i=1}^{m}\sum_{j=1}^{m} \alpha_i\alpha_j y_i y_j \tilde{\boldsymbol{x}}_i^{\mathrm{T}}\tilde{\boldsymbol{x}}_j$$

$$\text{s. t. } \sum_{i=1}^{m} \alpha_i y_i = 0,$$

$$\alpha_i \geqslant 0 (i = 1, 2, \cdots, m).$$

可以看到,上述对偶问题只需对变量 $\tilde{\boldsymbol{\alpha}}$ 进行优化,且约束条件更简单.因此,相对于原始问题可能更容易求解.一旦解出 $\tilde{\boldsymbol{\alpha}}$ 的值,即可求出 $\boldsymbol{w}$ 和 $\boldsymbol{b}$,进而得到刻画划分超平面的模型,即

$$f(\boldsymbol{x}) = \boldsymbol{w}^{\mathrm{T}}\boldsymbol{x} + \boldsymbol{b} = \sum_{i=1}^{m} \alpha_i y_i \boldsymbol{x}_i^{\mathrm{T}}\boldsymbol{x} + \boldsymbol{b}.$$

特别地,上述求解过程需满足 KKT 条件,即

$$\begin{cases} \alpha_i \geqslant 0; \\ y_i f(\tilde{\boldsymbol{x}}_i) - 1 \geqslant 0; \\ \alpha_i (y_i f(\tilde{\boldsymbol{x}}_i) - 1) = 0. \end{cases}$$

显然地,对于任意训练样本$(\tilde{\boldsymbol{x}}_i, y_i)$,总有 $\alpha_i = 0$ 或者 $y_i f(\tilde{\boldsymbol{x}}_i) = 1$.若 $\alpha_i = 0$,则该样本所对应的项不在划分超平面模型中出现,因此不会对$f(\boldsymbol{x})$产生任何影响.若 $\alpha_i > 0$,则必有 $y_i f(\tilde{\boldsymbol{x}}_i) = 1$,也就是说对应的样本位于支持向量上,这就解释了我们上面的结论,即在决定最优划分超平面时只有支持向量起作用,而其他数据点并不起作用.

习　题　3

3.1　证明:若 C_1, C_2 是凸集,则 $C_1 \cap C_2$ 也是凸集.

3.2　举例说明两个凸集的并集不一定是凸集.

3.3　设 X、Y 为两个线性空间,$T: X \to Y$ 为线性算子,$A \subset X$ 为凸集.试证明:$T(A) = \{y \in Y \mid 存在\ x \in A, 使\ Tx = y\}$ 也是凸集.

3.4　设 C 是 $\mathbf{R}^n$ 中不含原点的非空凸集,证明:存在 $\boldsymbol{p} \in \mathbf{R}^n, \boldsymbol{p} \neq \boldsymbol{0}$,使对任何 $\boldsymbol{x} \in C$,有 $\boldsymbol{p}^{\mathrm{T}}\boldsymbol{x} \geqslant 0$.

3.5　判断下列函数是否凸(凹)函数.

(1) $f(x,y,z)=x^2+y^2-4z^2$,

(2) $f(x,y)=e^{xy}$.

3.6　设 $U_1(x)$ 和 $U_2(x)$ 分别是 $\mathbf{R}^1$ 上的凸和凹函数,证明 $U=\{(x,y)\in\mathbf{R}^2 \mid U_1(x)\leqslant y\leqslant U_2(x)\}$ 是凸集.

3.7　证明 $C=\left\{\boldsymbol{x}=[x_1\quad\cdots\quad x_n]\in\mathbf{R}^n \,\middle|\, \sum\limits_{i=1}^{n}|x_i|\leqslant 1\right\}$ 是凸集.

3.8　设 $f(x)=\dfrac{1}{p}|x|^p,1<p<+\infty$,求 $f^*(x^*)$.

3.9　设 $f(x)=|x+2|$,

(1) 画出 $f(x)$ 的图形,判断 $f(x)$ 是否凸函数;

(2) $f(x)$ 在 $x=-2$ 点是否可微? 请说明原因;

(3) 求 $f(x)$ 在 $x=-2$ 点的次微分 $\partial f(-2)$;

(4) 求 $f(x)$ 的次微分 $\partial f(x)$,并画出 $\partial f(x)$ 的图形.

3.10　考虑下面的非线性规划问题:

$$\max f(\boldsymbol{x})=x_1+x_2,$$

$$\text{s. t.}\begin{cases}x_1^2+x_2^2\leqslant 1,\\ x_1,x_2\geqslant 0.\end{cases}$$

(1) 验证此问题为凸规划;

(2) 用 KKT 条件求其最优解.

3.11　举例说明拟凸函数未必是严格拟凸函数.

3.12　凹函数可以是拟凸函数吗?

3.13　凸函数是否必是严格拟凸函数?

3.14　证明以下定理:

(1) 设 f 是定义在 $\mathbf{R}^n$ 上的函数,如果对每一点 $\boldsymbol{x}\in\mathbf{R}^n$ 及 $t>0$,有 $f(t\boldsymbol{x})=tf(\boldsymbol{x})$,则称 f 为线性正齐次函数. 对于 $\mathbf{R}^n$ 上的线性正齐次函数 f,它为凸函数的充要条件是

$$f(\boldsymbol{x}_1+\boldsymbol{x}_2)\leqslant f(\boldsymbol{x}_1)+f(\boldsymbol{x}_2).$$

(2) 设 f 是定义在 $\mathbf{R}^n$ 上的函数,在非零点处恒取正值的线性正齐次函数,则 f 是拟凸函数当且仅当它是凸函数.

3.15　设 $g(\boldsymbol{x})=\boldsymbol{A}\boldsymbol{x}+\boldsymbol{b},\boldsymbol{x}\in\mathbf{R}^n$,其中 $\boldsymbol{A}$ 是 $m\times n$ 矩阵,$\boldsymbol{b}\in\mathbf{R}^m$,又设 f 是凸集 $S\subset g(\mathbf{R}^n)$ 上的拟凸函数,则

$$h(\boldsymbol{x})=(f\circ g)(\boldsymbol{x})=f(g(\boldsymbol{x}))=f(\boldsymbol{A}\boldsymbol{x}+\boldsymbol{b})$$

在 S 上是拟凸函数.

第四章　模糊数学

模糊数学是20世纪60年代中期以后以模糊集合(fuzzy sets)论为基础而发展起来的较新数学分支,作为处理不确定现象和不确定决策的一种理论工具,在经济管理和工程技等领域有广泛应用. 本章介绍模糊数学的一些基本概念及其应用.

4.1　模糊集

4.1.1　模糊现象与模糊集

人们在进行科学研究和日常生活中经常要接触和用到各种概念. 任一概念都有它的内涵与外延. 概念的内涵是指符合此概念的对象所具有的共同属性,概念的外延是指符合此概念的对象的全体,即概念的外延是一个由符合此概念属性的对象全体组成的集合.

有些概念的外延是清楚的,如男人、女人. 而有些概念的外延不很清楚,如青年人、老年人. 这些概念的外延中究竟应包括哪些对象? 集合的边界究竟应怎样划定? 没有一个大家公认的答案. 于是称这种边界不清楚的集合为**模糊集合**,简称**模糊集**. 相应地,那些边界清楚的集合称为**普通集合**或**清晰集合**.

既然"青年人"的外延集合边界是模糊的,那么对于某一个人,比如他是40岁,是否属于"青年人"的集合? 也就不像判断他是否属于"男人"的集合那样"非此即彼",而是由于他身上既有青年的属性,又有不是青年的属性而表现出"**亦此亦彼**".

事实上,"青年"变为"老年"是一个连续的过程,因此,处于中间过渡阶段年龄的人,自然就具有"亦此亦彼"的特性. 人们就把这种客观事物的差异在中介过渡时所呈现的"**亦此亦彼**"性称为**模糊性**. 模糊数学就是研究和处理模糊性现象的数学分支.

模糊数学的产生,当然不仅仅是为了研究“青年”和“老年”的界定,而是由于需要处理经济管理和科学技术领域中广泛存在的模糊现象. 比如计算机和人工智能技术,尽管计算机可以完成每秒钟上亿次的运算,但它却难以完成诸如“把电视图像调得更清晰一些”这一连小孩子都能轻易完成的指令. 因为什么是“清晰”,它的外延是一个模糊集,而计算机的指令是用程序编制的,若要编制使计算机能完成这些带有模糊性指令的程序,必须要用精确的数学表达式去描述模糊现象,去刻画模糊集.

模糊集理论的建立正是以精确描述模糊集的研究为起点的,其中最重要的成果是扎德(L. A. Zadeh)1965 年提出的用隶属函数来刻画模糊集的方法.

4.1.2　模糊集的隶属函数

1. 模糊集的隶属函数

无论是研究普通集合还是模糊集,都要首先明确它所在的范围. 这个范围就是人们可能涉及的研究对象的全体,称为**论域**,记为 X、Y、U 等.

例如研究人的年龄,可取论域 $X=[0,200]$. 这是一个闭区间. 人们往往考虑其中的一个子集. 如 $A=[18,45]$是 X 的一个普通子集. 显然,它的边界是清楚的. 因此,X 中的每一个元素,要么属于 A,要么不属于 A,很明确. 也可以说 X 中每一个元素 x 都对应于一个数 1 或 0,即

$$x \to \begin{cases} 1, x \in A, \\ 0, x \notin A. \end{cases}$$

即按 x 是否属于 A 可定义一个映射 μ_A: $X \to \{0,1\}$,称为普通集 A 的**特征函数**或**隶属函数**,其表达式为

$$\mu_A(x) = \begin{cases} 1, x \in A, \\ 0, x \notin A. \end{cases}$$

$\mu_A(x)$的图形如图 4.1 所示.

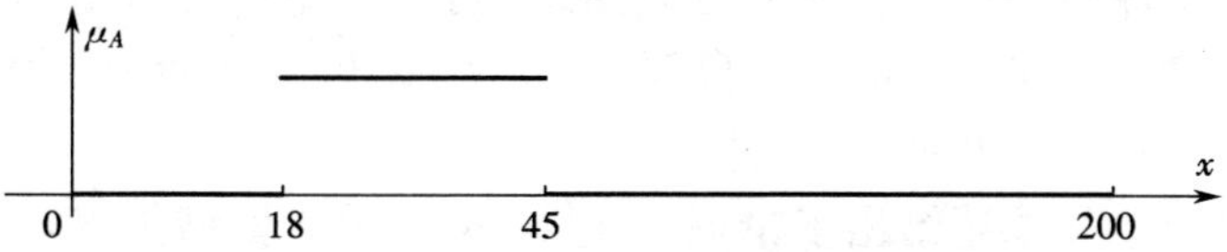

图 4.1　$\mu_A(x)$ 的图形

显然,由 $\mu_A(x)$ 的图形也能清楚地确定普通集 A 在 X 中的位置,即 $\mu_A(x)$ 确实反映了 A 的特征.

若考虑 $\underset{\sim}{A}$ = {青年人的年龄},则 $\underset{\sim}{A}$ 是 X 中的一个模糊子集,X 中的元素是否属于 $\underset{\sim}{A}$,就不像它是否属于普通集 A 那样"非此即彼".但仍可以认为 X 中的每个元素 x 都对应于一个隶属于 $\underset{\sim}{A}$ 的程度,只不过它不一定只取 1 或 0,而是可能取 0.8、0.5 等值.这样,按 x 属于模糊集 $\underset{\sim}{A}$ 的程度,也可定义一个隶属函数

$$\mu_{\underset{\sim}{A}}:\ X \to [0,1].$$

例如 $\mu_{\underset{\sim}{A}}(18)=1$,$\mu_{\underset{\sim}{A}}(25)=1$,$\mu_{\underset{\sim}{A}}(35)=0.8$,$\mu_{\underset{\sim}{A}}(40)=0.45$,$\mu_{\underset{\sim}{A}}(45)=0.1$ 等,$\mu_{\underset{\sim}{A}}(x)$ 称为 x 关于 $\underset{\sim}{A}$ 的**隶属度**.

例 4.1　模糊数学的创始人扎德曾给出过一个"年轻"的隶属函数.

$$\mu_{\underset{\sim}{A}}(x)=\begin{cases}1, & 0\leqslant x\leqslant 25,\\ \left[1+\left(\dfrac{x-25}{5}\right)^2\right]^{-1}, & 25<x\leqslant 200.\end{cases}$$

它的曲线如图 4.2 所示,其中 $\underset{\sim}{A}$ = {年轻人的年龄}.

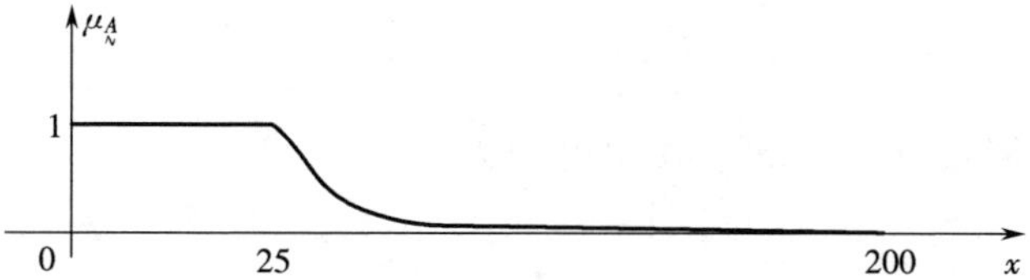

图 4.2　$\mu_{\underset{\sim}{A}}(x)$ 的图形

由图 4.2 可见,0 至 25 岁的年龄 100% 隶属于 $\underset{\sim}{A}$,25 岁以后的年龄

隶属于 A 的程度递减. 直观上可以想象,若用红笔画出 $\underset{\sim}{A}$ 在 X 中的位置,则[0,25]区间上的红颜色最深,大于25以后的区间上红颜色逐渐变浅,表示了 $\underset{\sim}{A}$ 的边界的模糊性.

例 4.2　扎德还给出了论域 $X=[0,200]$ 关于模糊集 $\underset{\sim}{B}=\{$年老人的年龄$\}$ 的隶属函数

$$\mu_{\underset{\sim}{B}}(x)=\begin{cases}0, & 0\leqslant x\leqslant 50,\\ \left[1+\left(\dfrac{x-50}{5}\right)^{-2}\right]^{-1}, & 50<x\leqslant 200.\end{cases}$$

它的曲线如图 4.3 所示.

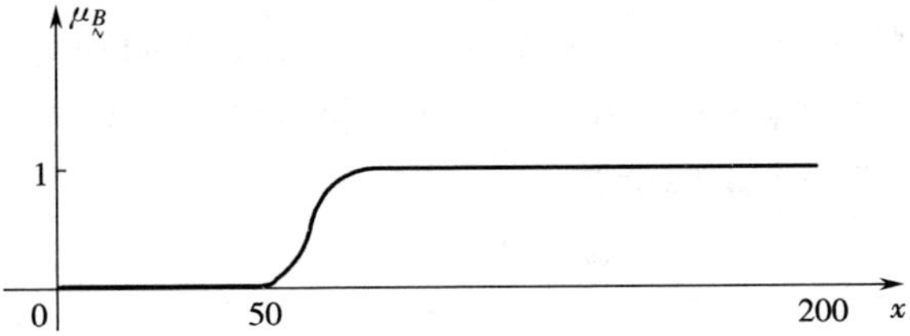

图 4.3　$\mu_{\underset{\sim}{B}}(x)$ 的图形

与例4.1中的 $\mu_{\underset{\sim}{A}}(x)$ 可决定 $\underset{\sim}{A}$ 在 X 中的位置一样,$\mu_{\underset{\sim}{B}}(x)$ 也可决定 $\underset{\sim}{B}$ 在 X 中的位置. 当然,边界也是模糊的. 可见,隶属函数确实反映了模糊集的特征. 因此,可以用隶属函数表示模糊集.

定义 4.1　所谓给定了论域 X 上的一个**模糊子集** $\underset{\sim}{A}$,是指对于任何 $x\in X$,都指定了一个数 $\mu_{\underset{\sim}{A}}(x)\in[0,1]$,称作 x 对 $\underset{\sim}{A}$ 的**隶属度**,$\mu_{\underset{\sim}{A}}$: $X\to[0,1]$ 称作 $\underset{\sim}{A}$ 的**隶属函数**,$\underset{\sim}{A}$ 记为

$$\underset{\sim}{A}=\int_X(\mu_{\underset{\sim}{A}}(x)/x).$$

当 X 为有限集 $\{x_1,\cdots,x_n\}$,$\underset{\sim}{A}$ 也可记为

$$\underset{\sim}{A}=\frac{\mu_{\underset{\sim}{A}}(x_1)}{x_1}+\cdots+\frac{\mu_{\underset{\sim}{A}}(x_n)}{x_n}.$$

如果 $\mu_{\underset{\sim}{A}}(x)$ 的最大值等于1,则称 $\underset{\sim}{A}$ 为**正则**(**或正规**)**模糊集**.

例 4.3　设有产品集 $X=\{x_1,x_2,x_3,x_4\}$,其中 x_i 表示一件 i 等品($i=1,2,3,4$). X 的子集 $\underset{\sim}{A}=\{$优质品$\}$ 是一模糊集. 若认为 $\mu_{\underset{\sim}{A}}(x_1)=1$,

$\mu_{\underset{\sim}{A}}(x_2)=0.6, \mu_{\underset{\sim}{A}}(x_3)=0.1, \mu_{\underset{\sim}{A}}(x_4)=0$，则 $\underset{\sim}{A}$ 可表示为

$$\underset{\sim}{A}=\frac{1}{x_1}+\frac{0.6}{x_2}+\frac{0.1}{x_3}+\frac{0}{x_4}.$$

2. 隶属函数的确定

确定隶属度可采用专家评定法(德尔菲法)，即对任何 $x \in X$，由专家打分，指定 $\mu_{\underset{\sim}{A}}(x)$；也可采用模糊统计的方法，即根据所提出的模糊概念进行统计试验，从而确定隶属函数的方法. 其一般步骤如下[28]：

(1) 给定论域 X，以及有关模糊概念，例如年龄论域 $X=[0,200]$，模糊概念“年轻人”及相应的模糊子集 $\underset{\sim}{A}=\{$年轻人的年龄$\}$.

(2) 进行调查统计，共调查 n 次，调查的结果是与 $\underset{\sim}{A}$ 相联系的 X 的普通子集 $A_1,\cdots,A_n$. 例如对“年轻人”进行统计调查，请调查对象提出{年轻人的年龄}应具体为何. 如询问对象 1，他认为 25 至 35 岁的人应算“年轻人”，则这次调查试验的结果是 $A_1=[25,35]$，而询问对象 2，他却认为 18 至 30 岁的人算“年轻人”，则这次调查试验的结果 $A_2=[18,30]$.

(3) 对任给定的 $x_0 \in X$，计算出 x_0 对 $\underset{\sim}{A}$ 的隶属频率：

$$x_0 \text{ 对 } \underset{\sim}{A} \text{ 的隶属频率}=\frac{\text{包含 } x_0 \text{ 的 } A_i \text{ 的个数}}{\text{调查试验总次数 } n} \quad (i=1,\cdots,n).$$

实验表明，随着 n 的增大，隶属频率会呈现稳定性. 频率的稳定值即为 x_0 对 $\underset{\sim}{A}$ 的隶属度. 即

$$\mu_{\underset{\sim}{A}}(x_0)=\lim_{n\to\infty}\frac{\text{包含 } x_0 \text{ 的 } A_i \text{ 的个数}}{n}.$$

(4) 对于所有的 $x \in X$，求 x 对 $\underset{\sim}{A}$ 的隶属度，画出隶属度曲线，由此求出 $\underset{\sim}{A}$ 的隶属函数.

例 4.4　武汉建材学院(张南伦等，1981)在该院调查了 129 人，请他们提出“年轻人”的恰当年龄范围. 经过独立的认真思考以后，他们提出了各自认为的恰当年限，得到统计数据如表 4.1.

表 4.1　关于"年轻人"年限的调查(武汉建材学院)

18~25	17~30	17~28	18~25	16~35	14~25	18~30	18~35	18~35	16~25
15~30	18~35	17~30	18~25	18~25	18~35	20~30	18~30	16~30	20~35
18~30	18~30	15~25	18~30	15~28	16~28	18~30	18~30	16~30	18~35
18~25	18~25	16~28	18~30	16~30	16~28	18~35	18~35	17~27	16~28
15~28	16~30	19~28	15~30	15~26	17~25	15~36	18~30	17~30	18~35
16~35	15~25	15~25	18~28	16~30	15~28	18~35	18~30	17~28	18~35
15~28	18~30	15~25	15~25	18~30	16~24	15~25	16~32	15~27	18~35
16~25	18~28	16~28	18~30	18~35	18~30	18~30	17~30	18~30	18~35
16~30	18~35	17~25	15~30	18~25	17~30	14~25	18~26	18~29	18~35
18~28	18~30	18~25	16~35	17~29	18~25	17~30	16~28	18~30	16~28
15~30	15~35	15~30	20~30	20~30	16~25	17~30	15~30	18~30	16~30
18~28	18~35	16~30	15~30	18~35	18~35	18~30	17~30	16~35	17~30
15~25	18~35	15~30	15~25	15~30	18~30	17~25	18~29	18~28	

给定 $x_0=27$,x_0 对 $\underset{\sim}{A}=\{$年轻人的年龄$\}$ 的隶属频率如表 4.2.

表 4.2　$x_0=27$ 对"年轻人年龄"的隶属频率

n	10	20	30	40	50	60	70	80	90	100	110	120	129
隶属次数	6	14	23	31	39	47	53	62	68	76	85	95	101
隶属频率	0.60	0.70	0.77	0.78	0.78	0.78	0.76	0.78	0.76	0.76	0.75	0.79	0.78

由表 4.2 可见,27 岁对于 $\underset{\sim}{A}$ 的隶属频率大致稳定在 0.78 附近,故可取

$$\mu_{\underset{\sim}{A}}(27)=0.78.$$

将 X 分组,每组以中值为代表计算隶属频率,得到表 4.3. 以中值为横坐标的分格点,纵坐标表示隶属度,于是坐标平面上可得到相应的各点. 平滑地连接这些点即得到"年轻人"的隶属函数曲线,如图 4.4.

表 4.3 分组计算隶属频率

序号	分 组	频数	隶属频率	序号	分 组	频数	隶属频率
1	13.5 ~ 14.5	2	0.015 5	13	25.5 ~ 26.5	103	0.798 4
2	14.5 ~ 15.5	27	0.209 3	14	26.5 ~ 27.5	101	0.782 9
3	15.5 ~ 16.5	51	0.395 3	15	27.5 ~ 28.5	99	0.767 4
4	16.5 ~ 17.5	67	0.519 4	16	28.5 ~ 29.5	80	0.620 2
5	17.5 ~ 18.5	124	0.961 2	17	29.5 ~ 30.5	77	0.596 9
6	18.5 ~ 19.5	125	0.969 0	18	30.5 ~ 31.5	27	0.209 3
7	19.5 ~ 20.5	129	1	19	31.5 ~ 32.5	27	0.209 3
8	20.5 ~ 21.5	129	1	20	32.5 ~ 33.5	26	0.201 6
9	21.5 ~ 22.5	129	1	21	33.5 ~ 34.5	26	0.201 6
10	22.5 ~ 23.5	129	1	22	34.5 ~ 35.5	26	0.201 6
11	23.5 ~ 24.5	129	1	23	35.5 ~ 36.5	1	0.007 8
12	24.5 ~ 25.5	128	0.992 2	$\sum$			13.658 9

后来有人就同一问题,用同样方法在其他几所院校进行模糊统计试验,结果得到的隶属函数曲线明显相似.这表明用模糊统计试验,是能说明隶属程度的客观意义的.

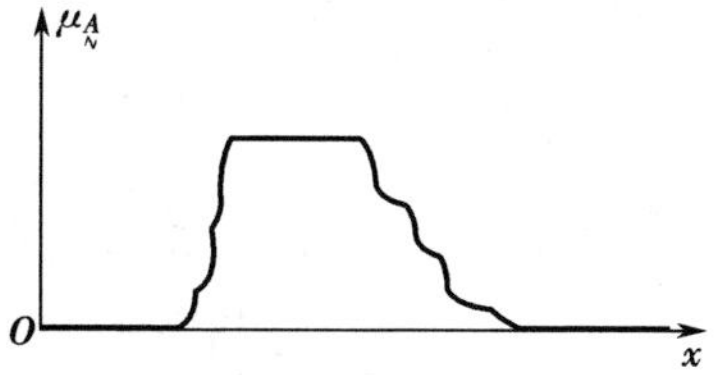

图 4.4 "年轻人"的隶属函数曲线

有时还需要将隶属函数用解析式表达.下面列举几种常见的隶属函数分布类型,这里假设论域为 $\mathbf{R}^1$.

1) 矩形分布

矩形分布如图 4.5 所示.其中图 4.5(a)中的 $\mu_{\underset{\sim}{A}}$ 称降半矩形分布,表达式为

$$\mu_{\underset{\sim}{A}}=\begin{cases}1, x\leqslant a,\\ 0, x>a.\end{cases}$$

图 4.5(b)中的 $\mu_{\underset{\sim}{A}}$ 称为对称矩形分布,表达式为

$$\mu_{\underset{\sim}{A}}=\begin{cases}1, x\in[a,b],\\0, x\notin[a,b].\end{cases}$$

图4.5(c)中的$\mu_{\underset{\sim}{A}}$称升半矩形分布,表达式为

$$\mu_{\underset{\sim}{A}}=\begin{cases}1, x\geqslant a,\\0, x<a.\end{cases}$$

显然,矩形隶属函数表示的是普通集.

2) 梯形分布

梯形分布如图4.6所示. 其中图4.6(a)中的$\mu_{\underset{\sim}{A}}$称降半梯形分布,表达式为

$$\mu_{\underset{\sim}{A}}=\begin{cases}1, & x\leqslant a,\\ \dfrac{b-x}{b-a}, & a<x\leqslant b,\\ 0, & b<x.\end{cases}$$

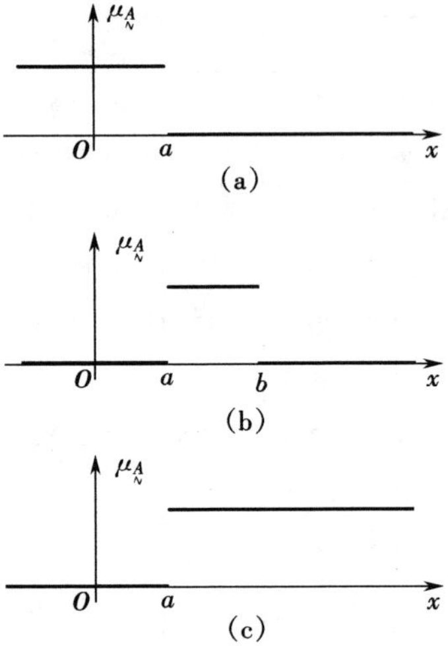

图4.5 矩形分布

图4.6(b)中的$\mu_{\underset{\sim}{A}}$称对称梯形分布,表达式为

$$\mu_{\underset{\sim}{A}}=\begin{cases}0, & x\leqslant a-a_2,\\ \dfrac{a_2+x-a}{a_2-a_1}, & a-a_2<x\leqslant a-a_1,\\ 1, & a-a_1<x\leqslant a+a_1,\\ \dfrac{a_2-x+a}{a_2-a_1}, & a+a_1<x\leqslant a+a_2,\\ 0, & a+a_2<x.\end{cases}$$

图4.6(c)中的$\mu_{\underset{\sim}{A}}$称升半梯形分布,表达式为

$$\mu_{\underset{\sim}{A}}=\begin{cases}0, & x\leqslant a,\\ \dfrac{x-a}{b-a}, & a<x\leqslant b,\\ 1, & b<x.\end{cases}$$

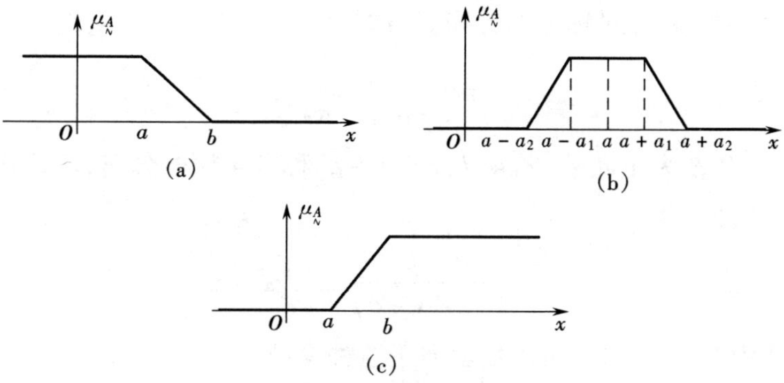

图 4.6　梯形分布

3）柯西分布

柯西分布如图 4.7 所示. 其中图 4.7(a)中的 $\mu_{\underset{\sim}{A}}$ 称降半柯西分布，表达式为

$$\mu_{\underset{\sim}{A}}=\begin{cases}1, & x\leqslant a,\\ \dfrac{1}{1+\alpha(x-a)^{\beta}}, & x>a.\end{cases}$$

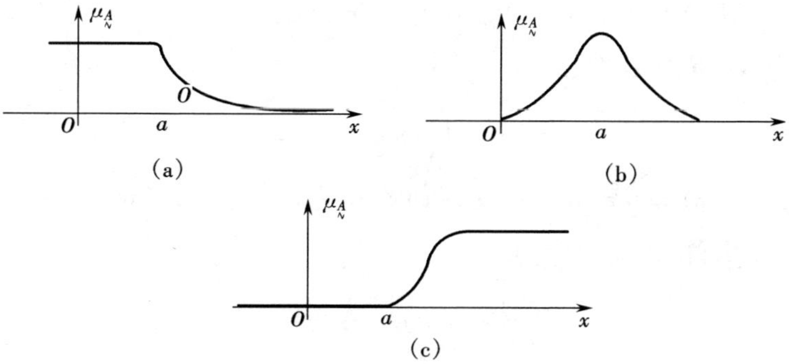

图 4.7　柯西分布

其中 $\alpha>0,\beta>0$. 例 4.1 中"年轻"的隶属函数 $\mu_{\underset{\sim}{A}}$ 就属于这种类型. 图 4.7(b) 中的 $\mu_{\underset{\sim}{A}}$ 称对称柯西分布,表达式为

$$\mu_{\underset{\sim}{A}}=\frac{1}{1+\alpha(x-a)^{\beta}},$$

其中 $\alpha>0$,β 为正偶数. 图 4.7(c) 中的 $\mu_{\underset{\sim}{A}}$ 称升半柯西分布,表达式为

$$\mu_{\underset{\sim}{A}}=\begin{cases}0, & x\leqslant a,\\ \dfrac{1}{1+\alpha(x-a)^{-\beta}}, & x>a.\end{cases}$$

例 4.2 中"年老"的隶属函数就属于这种类型.

4.1.3 模糊集的运算

定义 4.2 设 $\underset{\sim}{A}$ 与 $\underset{\sim}{B}$ 是论域 X 上的模糊集. 若 $\mu_{\underset{\sim}{A}}(x)\equiv\mu_{\underset{\sim}{B}}(x)$,则称 $\underset{\sim}{A}$ 与 $\underset{\sim}{B}$ 相等,记为 $\underset{\sim}{A}=\underset{\sim}{B}$;若 $\mu_{\underset{\sim}{A}}(x)\leqslant\mu_{\underset{\sim}{B}}(x)$,则称 $\underset{\sim}{A}$ 包含于 $\underset{\sim}{B}$,记为 $\underset{\sim}{A}\subset\underset{\sim}{B}$;若 $\mu_{\underset{\sim}{A}}(x)\equiv 0$,则称 $\underset{\sim}{A}$ 为**空集**,记为 $\underset{\sim}{A}=\varnothing$. 模糊集 $\underset{\sim}{A}$ 与 $\underset{\sim}{B}$ 的并集记为 $\underset{\sim}{A}\cup\underset{\sim}{B}$,定义为

$$\underset{\sim}{A}\cup\underset{\sim}{B}=\int_X\left(\mu_{\underset{\sim}{A}\cup\underset{\sim}{B}}(x)/x\right),$$

其中 $\mu_{\underset{\sim}{A}\cup\underset{\sim}{B}}(x)=\max(\mu_{\underset{\sim}{A}}(x),\mu_{\underset{\sim}{B}}(x))$,记为 $\mu_{\underset{\sim}{A}}(x)\vee\mu_{\underset{\sim}{B}}(x)$. $\underset{\sim}{A}$ 与 $\underset{\sim}{B}$ 的**交集**记为 $\underset{\sim}{A}\cap\underset{\sim}{B}$,定义为

$$\underset{\sim}{A}\cap\underset{\sim}{B}=\int_X\left(\mu_{\underset{\sim}{A}\cap\underset{\sim}{B}}(x)/x\right),$$

其中 $\mu_{\underset{\sim}{A}\cap\underset{\sim}{B}}(x)=\min(\mu_{\underset{\sim}{A}}(x),\mu_{\underset{\sim}{B}}(x))$,记为 $\mu_{\underset{\sim}{A}}(x)\wedge\mu_{\underset{\sim}{B}}(x)$. 模糊集 $\underset{\sim}{A}$ 的**余集**(**补集**)记为 $\overline{\underset{\sim}{A}}$,定义为

$$\overline{\underset{\sim}{A}}=\int_X\left(\mu_{\overline{\underset{\sim}{A}}}(x)/x\right),$$

其中 $\mu_{\overline{\underset{\sim}{A}}}(x)=1-\mu_{\underset{\sim}{A}}(x)$.

例 4.5 考虑例 4.1 和例 4.2 中的模糊集 $\underset{\sim}{A}$ 与 $\underset{\sim}{B}$,$\underset{\sim}{A}\cup\underset{\sim}{B}$ 的隶属函数为

$$\mu_{\underset{\sim}{A}\cup\underset{\sim}{B}}=\begin{cases}1, & 0\leqslant x\leqslant 25,\\ \left[1+\left(\dfrac{x-25}{5}\right)^2\right]^{-1}, & 25<x\leqslant 50,\\ \left[1+\left(\dfrac{x-50}{5}\right)^{-2}\right]^{-1}, & 50<x\leqslant 200.\end{cases}$$

它的曲线如图 4.8 所示.

$\underset{\sim}{A}\cap\underset{\sim}{B}$ 的隶属函数为

$$\mu_{\underset{\sim}{A}\cap\underset{\sim}{B}}=\begin{cases}0, & 0\leqslant x\leqslant 50,\\ \left[1+\left(\dfrac{x-25}{5}\right)^2\right]^{-1}, & 50<x\leqslant 200.\end{cases}$$

它的曲线如图 4.9 所示.

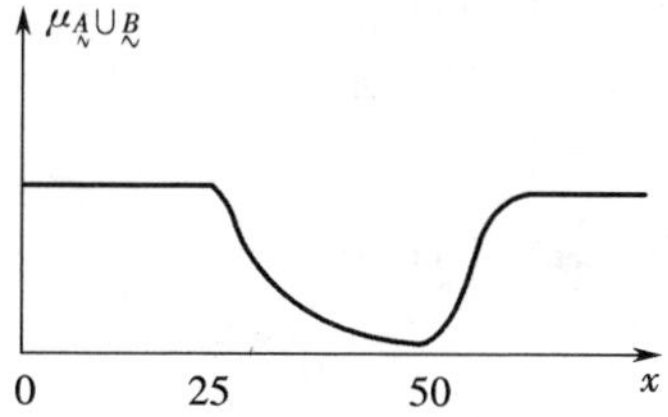

图 4.8　$\mu_{\underset{\sim}{A}\cup\underset{\sim}{B}}(x)$ **的图形**

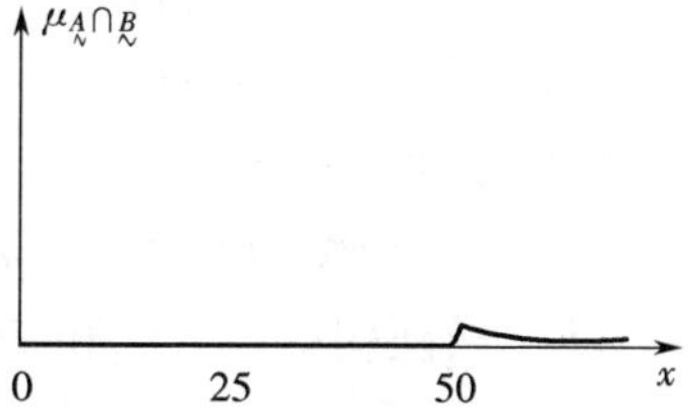

图 4.9　$\mu_{\underset{\sim}{A}\cap\underset{\sim}{B}}(x)$ **的图形**

由图易见,任意 $x\in X$,x 关于 $\underset{\sim}{A}\cup\underset{\sim}{B}$ 的隶属度要大于 x 关于 $\underset{\sim}{A}\cap\underset{\sim}{B}$ 的隶属度. 这是因为每个年龄 x,或者"年老"或者"年轻",即隶属于 $\underset{\sim}{A}\cup\underset{\sim}{B}$ 的程度很大. 而一个年龄 x,一般不会既"年老"又"年轻",即隶属于 $\underset{\sim}{A}\cap\underset{\sim}{B}$ 的程度一般很小.

例 4.6　设论域 $X=\{x_1,x_2,x_3,x_4,x_5\}$,$\underset{\sim}{A}=\dfrac{0.2}{x_1}+\dfrac{0.7}{x_2}+\dfrac{1}{x_3}+\dfrac{0.5}{x_5}$,$\underset{\sim}{B}=\dfrac{0.5}{x_1}+\dfrac{0.3}{x_2}+\dfrac{0.1}{x_4}+\dfrac{0.7}{x_5}$,求 $\underset{\sim}{A}\cup\underset{\sim}{B}$ 和 $\underset{\sim}{A}\cap\underset{\sim}{B}$.

解:
$$\underset{\sim}{A}\cup\underset{\sim}{B}=\frac{0.2\vee 0.5}{x_1}+\frac{0.7\vee 0.3}{x_2}+\frac{1\vee 0}{x_3}+\frac{0\vee 0.1}{x_4}+\frac{0.5\vee 0.7}{x_5}$$
$$=\frac{0.5}{x_1}+\frac{0.7}{x_2}+\frac{1}{x_3}+\frac{0.1}{x_4}+\frac{0.7}{x_5}.$$

$$\underset{\sim}{A}\cap\underset{\sim}{B}=\frac{0.2\wedge0.5}{x_1}+\frac{0.7\wedge0.3}{x_2}+\frac{1\wedge0}{x_3}+\frac{0\wedge0.1}{x_4}+\frac{0.5\wedge0.7}{x_5}$$
$$=\frac{0.2}{x_1}+\frac{0.3}{x_2}+\frac{0.5}{x_5}.$$

性质 4.1 设 $\underset{\sim}{A}$、$\underset{\sim}{B}$、$\underset{\sim}{C}$ 均为论域 X 上的模糊集,则有下列运算律成立:

(1) 幂等律 $\underset{\sim}{A}\cup\underset{\sim}{A}=\underset{\sim}{A},\underset{\sim}{A}\cap\underset{\sim}{A}=\underset{\sim}{A}$;

(2) 交换律 $\underset{\sim}{A}\cup\underset{\sim}{B}=\underset{\sim}{B}\cup\underset{\sim}{A},\underset{\sim}{A}\cap\underset{\sim}{B}=\underset{\sim}{B}\cap\underset{\sim}{A}$;

(3) 结合律 $(\underset{\sim}{A}\cup\underset{\sim}{B})\cup\underset{\sim}{C}=\underset{\sim}{A}\cup(\underset{\sim}{B}\cup\underset{\sim}{C})$,
$(\underset{\sim}{A}\cap\underset{\sim}{B})\cap\underset{\sim}{C}=\underset{\sim}{A}\cap(\underset{\sim}{B}\cap\underset{\sim}{C})$;

(4) 分配律 $\underset{\sim}{A}\cap(\underset{\sim}{B}\cup\underset{\sim}{C})=(\underset{\sim}{A}\cap\underset{\sim}{B})\cup(\underset{\sim}{A}\cap\underset{\sim}{C})$,
$\underset{\sim}{A}\cup(\underset{\sim}{B}\cap\underset{\sim}{C})=(\underset{\sim}{A}\cup\underset{\sim}{B})\cap(\underset{\sim}{A}\cup\underset{\sim}{C})$;

(5) 吸收律 $\underset{\sim}{A}\cap(\underset{\sim}{A}\cup\underset{\sim}{B})=\underset{\sim}{A},\underset{\sim}{A}\cup(\underset{\sim}{A}\cap\underset{\sim}{B})=\underset{\sim}{A}$;

(6) 复原律 $(\overline{\overline{\underset{\sim}{A}}})=\underset{\sim}{A}$;

(7) 对偶律 $(\overline{\underset{\sim}{A}\cup\underset{\sim}{B}})=\overline{\underset{\sim}{A}}\cap\overline{\underset{\sim}{B}},(\overline{\underset{\sim}{A}\cap\underset{\sim}{B}})=\overline{\underset{\sim}{A}}\cup\overline{\underset{\sim}{B}}$.

证:只证明(4)、(5)和(7).

(4) $\mu_{\underset{\sim}{A}\cap(\underset{\sim}{B}\cup\underset{\sim}{C})}(x)=\mu_{\underset{\sim}{A}}(x)\wedge(\mu_{\underset{\sim}{B}}(x)\vee\mu_{\underset{\sim}{C}}(x))$
$=(\mu_{\underset{\sim}{A}}(x)\wedge\mu_{\underset{\sim}{B}}(x))\vee(\mu_{\underset{\sim}{A}}(x)\wedge\mu_{\underset{\sim}{C}}(x))=\mu_{(\underset{\sim}{A}\cap\underset{\sim}{B})\cup(\underset{\sim}{A}\cap\underset{\sim}{C})}(x)$,

所以

$$\underset{\sim}{A}\cap(\underset{\sim}{B}\cup\underset{\sim}{C})=(\underset{\sim}{A}\cap\underset{\sim}{B})\cup(\underset{\sim}{A}\cap\underset{\sim}{C}).$$

同理可证 $\underset{\sim}{A}\cup(\underset{\sim}{B}\cap\underset{\sim}{C})=(\underset{\sim}{A}\cup\underset{\sim}{B})\cap(\underset{\sim}{A}\cup\underset{\sim}{C})$.

(5) 由分配律,$\underset{\sim}{A}\cap(\underset{\sim}{A}\cup\underset{\sim}{B})=(\underset{\sim}{A}\cap\underset{\sim}{A})\cup(\underset{\sim}{A}\cap\underset{\sim}{B})$,所以有

$$\mu_{\underset{\sim}{A}\cap(\underset{\sim}{A}\cup\underset{\sim}{B})}(x)=(\mu_{\underset{\sim}{A}}(x)\wedge\mu_{\underset{\sim}{A}}(x))\vee(\mu_{\underset{\sim}{A}}(x)\wedge\mu_{\underset{\sim}{B}}(x))=\mu_{\underset{\sim}{A}}(x),$$

即 $\underset{\sim}{A}\cap(\underset{\sim}{A}\cup\underset{\sim}{B})=\underset{\sim}{A}$.

同理可证 $\underset{\sim}{A}\cup(\underset{\sim}{A}\cap\underset{\sim}{B})=\underset{\sim}{A}$.

(7) $\mu_{(\overline{\underset{\sim}{A}\cup\underset{\sim}{B}})}(x)=1-\mu_{\underset{\sim}{A}\cup\underset{\sim}{B}}(x)=1-(\mu_{\underset{\sim}{A}}(x)\vee\mu_{\underset{\sim}{B}}(x))$,

$\mu_{\overline{\underset{\sim}{A}}\cap\overline{\underset{\sim}{B}}}(x)=\mu_{\overline{\underset{\sim}{A}}}(x)\wedge\mu_{\overline{\underset{\sim}{B}}}(x)=(1-\mu_{\underset{\sim}{A}}(x))\wedge(1-\mu_{\underset{\sim}{B}}(x))$.

当 $\mu_{\underset{\sim}{A}}(x)\geqslant\mu_{\underset{\sim}{B}}(x)$,则

$$1-\mu_{\underset{\sim}{A}}(x)\leqslant1-\mu_{\underset{\sim}{B}}(x),$$
$$\mu_{(\overline{\underset{\sim}{A}\cup\underset{\sim}{B}})}(x)=1-\mu_{\underset{\sim}{A}}(x),\mu_{\overline{\underset{\sim}{A}}\cap\overline{\underset{\sim}{B}}}(x)=1-\mu_{\underset{\sim}{A}}(x).$$

即

$$\mu_{(\overline{\underset{\sim}{A}\cup\underset{\sim}{B}})}(x)=\mu_{\overline{\underset{\sim}{A}}\cap\overline{\underset{\sim}{B}}}(x),$$

所以

$$(\overline{\underset{\sim}{A}\cup\underset{\sim}{B}})=\overline{\underset{\sim}{A}}\cap\overline{\underset{\sim}{B}}.$$

当 $\mu_{\underset{\sim}{A}}(x)<\mu_{\underset{\sim}{B}}(x)$，则

$$1-\mu_{\underset{\sim}{A}}(x)>1-\mu_{\underset{\sim}{B}}(x),$$

$$\mu_{(\overline{\underset{\sim}{A}\cup\underset{\sim}{B}})}(x)=1-\mu_{\underset{\sim}{B}}(x),\quad \mu_{\overline{\underset{\sim}{A}}\cap\overline{\underset{\sim}{B}}}(x)=1-\mu_{\underset{\sim}{B}}(x).$$

即

$$\mu_{(\overline{\underset{\sim}{A}\cup\underset{\sim}{B}})}(x)=\mu_{\overline{\underset{\sim}{A}}\cap\overline{\underset{\sim}{B}}}(x),$$

所以

$$(\overline{\underset{\sim}{A}\cup\underset{\sim}{B}})=\overline{\underset{\sim}{A}}\cap\overline{\underset{\sim}{B}}.$$

同理可证 $(\overline{\underset{\sim}{A}\cap\underset{\sim}{B}})=\overline{\underset{\sim}{A}}\cup\overline{\underset{\sim}{B}}$.

但注意，模糊集的运算不满足补余律，即一般来说 $\underset{\sim}{A}\cup\overline{\underset{\sim}{A}}\neq X$，$\underset{\sim}{A}\cap\overline{\underset{\sim}{A}}\neq\varnothing$. 这一性质是由模糊集边界的模糊性决定的.

例 4.7(模型识别)　设 U 表示细胞集，$\underset{\sim}{A}_1$ 表示“正常细胞”集，$\underset{\sim}{A}_2$ 表示“有轻度核异质细胞”集，$\underset{\sim}{A}_3$ 表示“有重度核异质细胞”集，$\underset{\sim}{A}_4$ 表示“癌细胞”集. 对于一个具体的细胞 $u_0\in U$，该如何识别它所属的类型？

解：对每个细胞均可测定 7 个指标，即 x_1(核面积)、x_2(核周长)、x_3(细胞面积)、x_4(细胞周长)、x_5(核内总光密度)、x_6(核内平均光密度)和 x_7(核内平均透过率).

于是，每个细胞均可对应一个向量 $\boldsymbol{x}=[x_1\quad\cdots\quad x_7]$. 记 $\boldsymbol{x}$ 的全体为 X，X 上的子集 $\underset{\sim}{B}_1\sim\underset{\sim}{B}_6$ 为

$\underset{\sim}{B}_1$：核增大，$\mu_{\underset{\sim}{B}_1}(x)=\dfrac{1}{1+\alpha_1\left(\dfrac{x_1^0}{x_1}\right)^2}$，　（其中 x_1^0 是正常核面积）

$\underset{\sim}{B}_2$：核增深，$\mu_{\underset{\sim}{B}_2}(x)=\dfrac{1}{1+\dfrac{\alpha_2}{x_5^2}}$，

$\underset{\sim}{B}_3$：核浆比倒置，$\mu_{\underset{\sim}{B}_3}(x)=\dfrac{1}{1+\dfrac{\alpha_3}{x_1^2}}$，

$\underset{\sim}{B}_4$:染色质不匀,$\mu_{\underset{\sim}{B}_4}(x)=\dfrac{1}{1+\dfrac{\alpha_4 x_7^2}{(x_7+\lg x_6)^2}}$,

$\underset{\sim}{B}_5$:核畸形,$\mu_{\underset{\sim}{B}_5}(x)=\dfrac{1}{1+\dfrac{\alpha_5}{\left(\dfrac{x_2^2}{x_1}-4\pi\right)^2}}$,

$\underset{\sim}{B}_6$:细胞畸形,$\mu_{\underset{\sim}{B}_6}(x)=\dfrac{1}{1+\dfrac{\alpha_6}{\left(\dfrac{x_4^2}{x_3}-\dfrac{x_4^{0\,2}}{x_3^0}\right)^2}}$,

其中 x_4^0、x_3^0 为正常值.

上述 $\alpha_1,\cdots,\alpha_6$ 均为可调参数,则

癌细胞　$\underset{\sim}{A}_4=(\underset{\sim}{B}_1\cap\underset{\sim}{B}_2\cap\underset{\sim}{B}_3\cap(\underset{\sim}{B}_4\cup\underset{\sim}{B}_5))\cup\underset{\sim}{B}_6$,

重度核异质　$\underset{\sim}{A}_3=\underset{\sim}{B}_1\cap\underset{\sim}{B}_2\cap\underset{\sim}{B}_3\cap\overline{\underset{\sim}{A}}_4$,

轻度核异质　$\underset{\sim}{A}_2=\underset{\sim}{B}_1^{\frac{1}{2}}\cap\underset{\sim}{B}_2^{\frac{1}{2}}\cap\underset{\sim}{B}_3^{\frac{1}{2}}\cap\overline{\underset{\sim}{A}}_4\cap\overline{\underset{\sim}{A}}_3$(其中 $\underset{\sim}{B}_i^{\frac{1}{2}}$ 表示 $\mu_{\underset{\sim}{B}_i^{\frac{1}{2}}}(x)=\sqrt{\mu_{\underset{\sim}{B}_i}(x)}$),

正常　$\underset{\sim}{A}_1=\overline{\underset{\sim}{A}}_4\cap\overline{\underset{\sim}{A}}_3\cap\overline{\underset{\sim}{A}}_2$.

计算 $\underset{\sim}{A}_1,\cdots,\underset{\sim}{A}_4$ 的隶属函数,对任一 $\boldsymbol{x}_0\in X$,可求出 $\mu_{\underset{\sim}{A}_1}(\boldsymbol{x}_0),\cdots,\mu_{\underset{\sim}{A}_4}(\boldsymbol{x}_0)$,则 $\boldsymbol{x}_0$ 属于其中隶属度最大的集合(称最大隶属度原则).

4.1.4　分解定理与扩张原理

1. λ 水平截集

上一章性质3.4介绍了一个函数的水平集的概念. 下面给出一个模糊集 $\underset{\sim}{A}$ 的 λ 水平截集的概念. 它实际上就是 $\underset{\sim}{A}$ 的隶属函数的水平集.

定义 4.3　设 $\underset{\sim}{A}$ 为论域 X 的模糊子集,$\lambda\in[0,1]$,称集合 $A_\lambda=\{x\in X\,|\,\mu_{\underset{\sim}{A}}(x)\geqslant\lambda\}$ 为 $\underset{\sim}{A}$ 的**水平截集**,简称 $\underset{\sim}{A}$ 的 λ 截集,λ 称**水平或阈值**.

易见,模糊集 $\underset{\sim}{A}$ 的 λ 截集 A_λ 是一个普通集合. 它的隶属函数为

$$\mu_{A_\lambda}(x)=\begin{cases}1, & \mu_{\underset{\sim}{A}}(x)\geqslant\lambda,\\ 0, & \mu_{\underset{\sim}{A}}(x)<\lambda.\end{cases}$$

例 4.8　考虑例 4.1 和例 4.2 中的模糊集 $\underset{\sim}{A}$ 与 $\underset{\sim}{B}$，取 $\lambda=0.5$，分别求 A_λ 和 B_λ.

解：$A_\lambda=\{x\in[0,200]\mid\mu_{\underset{\sim}{A}}(x)\geqslant 0.5\}$，而由 $\mu_{\underset{\sim}{A}}(x)=0.5$ 解得 $x=30$，故 $A_\lambda=[0,30]$. 即 30 岁以下者关于"年轻人"的隶属度不低于 0.5.

同样可求得 $B_\lambda=[55,200]$. 即 55 岁以上者关于"年老人"的隶属度不低于 0.5.

关于 λ 水平截集，还有一些简单性质，见习题 4.3.

2. 分解定理

定理 4.1　设 $\underset{\sim}{A}$ 为论域 X 的一个模糊子集，A_λ 是 $\underset{\sim}{A}$ 的 λ 截集，$\lambda\in[0,1]$，则如下分解式成立：

$$\underset{\sim}{A}=\bigcup_{\lambda\in[0,1]}\lambda A_\lambda.$$

其中 λA_λ 称为数 λ 与 A_λ 的**乘积**. 其隶属函数规定为

$$\mu_{\lambda A_\lambda}(x)=\begin{cases}\lambda, & x\in A_\lambda,\\ 0, & x\notin A_\lambda.\end{cases}$$

比较 $\mu_{A_\lambda}(x)$ 和 $\mu_{\lambda A_\lambda}(x)$ 的图形(图 4.10 和图 4.11)：

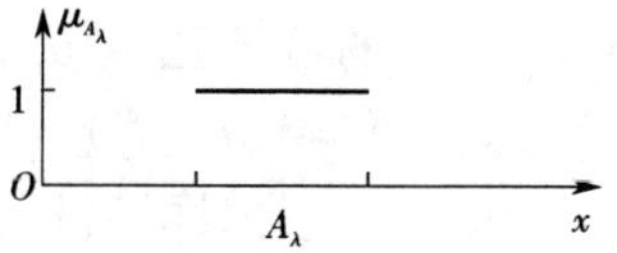

图 4.10　$\mu_{A_\lambda}(x)$ 的图形

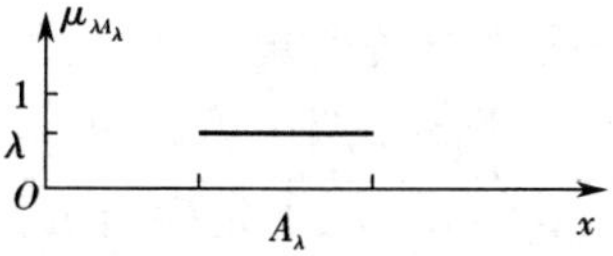

图 4.11　$\mu_{\lambda A_\lambda}(x)$ 的图形

易见，$\mu_{\lambda A_\lambda}(x)$ 也可表示为 $\lambda\wedge\mu_{A_\lambda}(x)$.

证：因 $\mu_{\bigcup\limits_{\lambda\in[0,1]}\lambda A_\lambda}(x)=\bigvee\limits_{\lambda\in[0,1]}(\lambda\wedge\mu_{A_\lambda}(x))$

$$=\Big[\bigvee_{\lambda>\mu_{\underset{\sim}{A}}(x)}(\lambda\wedge\mu_{A_\lambda}(x))\Big]\vee\Big[\bigvee_{\lambda\leqslant\mu_{\underset{\sim}{A}}(x)}(\lambda\wedge\mu_{A_\lambda}(x))\Big]$$

$$=\bigvee_{\lambda\leqslant\mu_{\underset{\sim}{A}}(x)}(\lambda\wedge\mu_{A_\lambda}(x))=\bigvee_{\lambda\leqslant\mu_{\underset{\sim}{A}}(x)}\lambda=\mu_{\underset{\sim}{A}}(x),$$

故 $\underset{\sim}{A}=\bigcup\limits_{\lambda\in[0,1]}\lambda A_\lambda$.

由于 A_λ 是普通集合,因此分解定理表明一个模糊集合可以分解为用普通集合来表示. 分解定理也可以用图形直观说明.

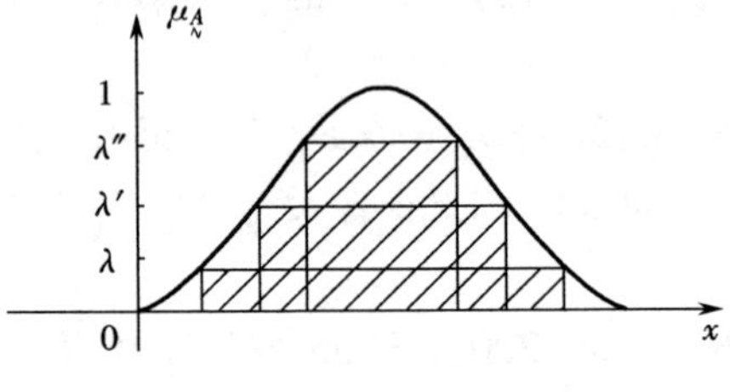

图 4.12 分解定理的图示

在图 4.12 中,曲线 $\mu_{\underset{\sim}{A}}(x)$ 表示 $\underset{\sim}{A}$ 的隶属函数曲线,折线表示 λA_λ 的隶属函数 $\mu_{\lambda A_\lambda}(x)$ 的曲线. 图中给出了三个不同水平 $\lambda, \lambda', \lambda''$ 的 $\mu_{\lambda A_\lambda}(x)$ 的图形. 设想当 λ 取遍 $[0,1]$ 中的所有值时,$\cup \lambda A_\lambda$ 按模糊子集求并运算法则,也就是取相应于各 $\lambda \in [0,1]$ 点隶属函数的最大值,再连成一条曲线,即 $\mu_{\underset{\sim}{A}}(x)$ 的曲线.

3. 扩张原理

在第二章中已经知道,若给定普通集合 X 和 Y 及一映射 $f: X \to Y$,则对 X 中的任子集 A 经 f 映射后变为 Y 中的子集 $f(A)$. 那么论域 X 中的模糊子集 $\underset{\sim}{A}$ 经过 f 映射后变为什么呢? 扎德于 1975 年就此提出了扩张原理,这实际上是一个公理.

先来分析普通集 A 经 f 映射后的像集 $f(A)$ 的特征函数 $\mu_{f(A)}(y)$,如图 4.13 所示. 图中 $f(x_1) = f(x_2) = y$,但 $\mu_A(x_1) = 0, \mu_A(x_2) = 1$,显然应有 $\mu_{f(A)}(y) = 1$. 于是应有 $\mu_{f(A)}(y) = \bigvee\limits_{f(x)=y} \mu_A(x)$. 类似可对模糊集 $\underset{\sim}{A}$ 经 f 映射的情形进行分析,得扩张原理如下.

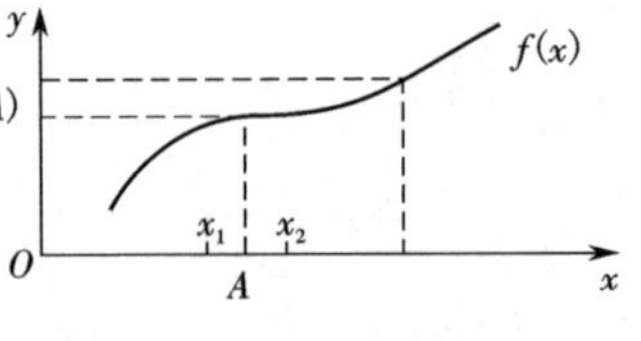

图 4.13 $\mu_{f(A)}(y)$ 的图示

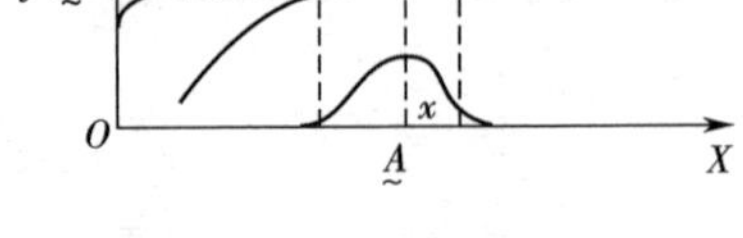

图 4.14 扩张原理的图示

扩张原理　设给定映射$f:X\to Y$,则f可进行扩张,使X中的模糊子集$\underset{\sim}{A}$经过f映射后,变为Y中的模糊子集$f(\underset{\sim}{A})$,其隶属函数为

$$\mu_{f(\underset{\sim}{A})}(y)=\sup_{y=f(x)}\mu_{\underset{\sim}{A}}(x).$$

显然,当f是一对一的单值映射时,X中元素x关于$\underset{\sim}{A}$的隶属度与Y中元素$y=f(x)$关于$f(\underset{\sim}{A})$的隶属度相同.

直观解释如图 4.14. 对于有限论域$X=\{x_1,\cdots,x_n\}$,sup 为$\vee$.

例 4.9　设$X=\{1,2,\cdots,6\}$,$Y=\{a,b,c,d\}$.

$$f(x)=\begin{cases}a,x=1,2,3,\\b,x=4,5,\\c,x=6,\end{cases}\quad \underset{\sim}{A}=\frac{1}{1}+\frac{0.2}{3}+\frac{0.1}{5}+\frac{0.9}{6},$$

求$f(\underset{\sim}{A})$.

解:$f(\underset{\sim}{A})=\dfrac{1}{a}+\dfrac{0.1}{b}+\dfrac{0.9}{c}$.

多元扩张原理　$f:X_1\times X_2\to Y$,$\underset{\sim}{A_1}\subset X_1$,$\underset{\sim}{A_2}\subset X_2$,$\mu_{f(\underset{\sim}{A_1}\times\underset{\sim}{A_2})}(y)=\bigvee\limits_{f(x_1,x_2)=y}(\mu_{\underset{\sim}{A_1}}(x_1))\wedge(\mu_{\underset{\sim}{A_2}}(x_2))$.

利用分解定理和扩张原理,可以讨论模糊限制下的条件极值问题. 设$\underset{\sim}{A}$是论域X中的模糊集,$f:\underset{\sim}{A}\to\mathbf{R}^1$,即$f$是$\underset{\sim}{A}$上的实值映射,现求$f$在$\underset{\sim}{A}$上的最大值.

对于$\lambda\in[0,1]$,f在$\underset{\sim}{A}$的水平截集A_λ上的最大值点的集合记为M_λ,记

$$\underset{\sim}{A_f}=\bigcup_{\lambda\in[0,1]}\lambda M_\lambda,$$

称$\underset{\sim}{A_f}$为f在$\underset{\sim}{A}$上的**模糊优越集**,记

$$f_{\underset{\sim}{A}}=f(\underset{\sim}{A_f}),$$

其中$f(\underset{\sim}{A_f})$按扩张原理给出,称$f_{\underset{\sim}{A}}$为f在$\underset{\sim}{A}$上的**模糊优越值**,这即f在$\underset{\sim}{A}$上的最大值. 它是$\mathbf{R}^1$中的一个模糊集.

4.1.5　凸模糊集与模糊数

1. 凸模糊集

定义 4.4　设$\underset{\sim}{A}$是以实数域$\mathbf{R}^1$为论域的模糊子集,隶属函数为

$\mu_{\underset{\sim}{A}}(x)$. 若对任意实数 $a<x<b$,都有

$$\mu_{\underset{\sim}{A}}(x)\geqslant\min(\mu_{\underset{\sim}{A}}(a),\mu_{\underset{\sim}{A}}(b)),$$

则称 $\underset{\sim}{A}$ 为一个**凸模糊集**.

图 4. 15 给出了凸模糊集和非凸模糊集的例子.

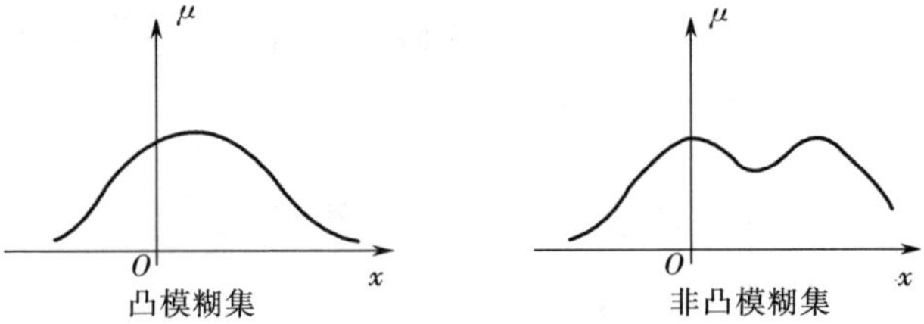

图 4. 15　凸模糊集与非凸模糊集的示例

性质 4. 2　凸模糊集的 λ 截集必为区间,反之,λ 截集均为区间的模糊集必是凸模糊集.

证: 设 $\underset{\sim}{A}$ 为凸模糊集,任给 $\lambda\in[0,1]$,若 x 与 $z\in A_\lambda$,即

$$\mu_{\underset{\sim}{A}}(x)\geqslant\lambda,\quad \mu_{\underset{\sim}{A}}(z)\geqslant\lambda,$$

不妨设 $x<z$,则对任 $y\in[x,z]$,由定义 4. 4,应有

$$\mu_{\underset{\sim}{A}}(y)\geqslant\min(\mu_{\underset{\sim}{A}}(x),\mu_{\underset{\sim}{A}}(z))\geqslant\lambda,$$

从而 $y\in A_\lambda$. 这说明,若两点在 A_λ 中,则以这两点为端点的整个区间也被包含在 A_λ 中. 因此,A_λ 只能是一个区间.

反之,设 $\underset{\sim}{A}$ 是 X 中的模糊集,它的任意 λ 截集 A_λ 都是区间. 对任意 $x<y<z$,取

$$\lambda=\min(\mu_{\underset{\sim}{A}}(x),\mu_{\underset{\sim}{A}}(z)),$$

则有 $x\in A_\lambda$,$z\in A_\lambda$. 而 A_λ 是区间,故 $y\in A_\lambda$. 即

$$\mu_{\underset{\sim}{A}}(y)\geqslant\lambda=\min(\mu_{\underset{\sim}{A}}(x),\mu_{\underset{\sim}{A}}(z)),$$

由定义 4. 4,$\underset{\sim}{A}$ 是凸模糊集.

性质 4. 2 可以作为凸模糊集的等价定义. 还可以证明[32]以下性质.

性质 4. 3　设 $\underset{\sim}{A}$,$\underset{\sim}{B}$ 是凸模糊集,则 $\underset{\sim}{A}\cap\underset{\sim}{B}$ 也是凸模糊集.

2. 模糊数

定义 4.5　设 $\underset{\sim}{I}$ 是实数域 $\mathbf{R}^1$ 上的正则模糊子集，且对任 $\lambda \in [0,1]$，I_λ 均为一闭区间，则称 $\underset{\sim}{I}$ 是一个**模糊数**.

由此定义及性质 4.2 可知，具有连续隶属函数的正则凸模糊子集是模糊数. 反之，模糊数必为凸模糊子集（习题 4.5）.

任意闭区间 $[a,b]$ 都是模糊数，称这种特殊的模糊数为**区间数**.

全体区间数记为

$$I_{\mathbf{R}^1} = \{[a,b] \mid a \leqslant b, a,b \in \mathbf{R}^1\}.$$

在 $I_{\mathbf{R}^1}$ 中，可以规定两个区间数的算术运算. 记运算符 $* \in \{+,-,\times,\div\}$，则

$$[a,b] * [c,d] = \{x * y \mid x \in [a,b], y \in [c,d]\},$$

但当 $0 \in [c,d]$ 时 $[a,b] \div [c,d]$ 无意义. 具体运算公式如下：

(1) $[a,b] + [c,d] = [a+c, b+d]$；

(2) $[a,b] - [c,d] = [a-d, b-c]$；

(3) $[a,b] \times [c,d] = [\min(ac,ad,bc,bd), \max(ac,ad,bc,bd)]$；

(4) $[a,b] \div [c,d] = [a,b] \times \left[\frac{1}{d}, \frac{1}{c}\right]$（要求 $0 \notin [c,d]$）.

例 4.10　(1) $[0,1] - [0,1] = [-1,1]$.

(2) $[1,2] \div [1,2] = [1,2] \times \left[\frac{1}{2}, 1\right] = \left[\frac{1}{2}, 2\right]$.

例 4.11　证明 $f(x) = x(x-7) - 6 - \dfrac{1}{x(x-4)-30}$ 在区间 $[8,10]$ 上没有根.

证： 把 $x = [8,10]$ 代入函数 f，可得

$$\begin{aligned} f([8,10]) &= [8,10]([8,10] - [7,7]) - [6,6] - \cdots \\ &= [1.5, 23.9], 0 \notin [1.5, 23.9], \end{aligned}$$

得证.

在一般情况下，分配律是不成立的，只满足所谓次分配律[32]，即区间数 $\underset{\sim}{I}, \underset{\sim}{J}, \underset{\sim}{K}$，$\underset{\sim}{I}(\underset{\sim}{J} + \underset{\sim}{K}) \subset \underset{\sim}{I}\underset{\sim}{J} + \underset{\sim}{I}\underset{\sim}{K}$.

可以利用区间数的四则运算定义模糊数的四则运算.

定义 4.6　设 $\underset{\sim}{I},\underset{\sim}{J}$ 是两个模糊数,运算符 $*\in\{+,-,\times,\div\}$,则 $\underset{\sim}{I}*\underset{\sim}{J}$ 仍是一个模糊数. 其隶属函数定义为

$$\mu_{\underset{\sim}{I}*\underset{\sim}{J}}(x)=\bigvee_{\lambda\in[0,1]}(\lambda\wedge\mu_{I_\lambda * J_\lambda}(x)).$$

可以证明[32],对任意 $\lambda\in[0,1]$,都有

$$(\underset{\sim}{I}*\underset{\sim}{J})_\lambda=I_\lambda * J_\lambda.$$

这说明,$\underset{\sim}{I}*\underset{\sim}{J}$ 的任意截集都是区间数或空集,$\underset{\sim}{I}*\underset{\sim}{J}$ 的确是模糊数,这就保证了定义的合理性.

利用多元扩张原理还可以证明[32],若 $\underset{\sim}{I},\underset{\sim}{J}$ 是两个模糊数,则

$$\mu_{\underset{\sim}{I}*\underset{\sim}{J}}(z)=\bigvee_{z=x*y}(\mu_{\underset{\sim}{I}}(x)\wedge\mu_{\underset{\sim}{J}}(y)).$$

例 4.12(模糊正整数)　设 $X=\{1,2,3,\cdots\}$,

$$\underset{\sim}{I}=\frac{1}{1}+\frac{0.1}{2},$$

其隶属度的最大值在 1 达到,称 $\underset{\sim}{I}$ 为"模糊 1",

$$\underset{\sim}{J}=\frac{0.1}{1}+\frac{1}{2}+\frac{0.8}{3},$$

其隶属度最大值在 2 达到,称 $\underset{\sim}{J}$ 为"模糊 2".

$$\begin{aligned}\underset{\sim}{I}+\underset{\sim}{J}&=\frac{1\wedge0.1}{1+1}+\frac{1\wedge1}{1+2}+\frac{1\wedge0.8}{1+3}+\frac{0.1\wedge0.1}{2+1}+\frac{0.1\wedge1}{2+2}+\frac{0.1\wedge0.8}{2+3}\\&=\frac{0.1}{2}+\frac{1\vee0.1}{3}+\frac{0.8\vee0.1}{4}+\frac{0.1}{5}\\&=\frac{0.1}{2}+\frac{1}{3}+\frac{0.8}{4}+\frac{0.1}{5}.\end{aligned}$$

其隶属度最大值在 3 达到,从这个意义上看,即"模糊 1"+"模糊 2"="模糊 3",与普通数的加法运算习惯一致.

例 4.13　一项工程拟分两期完成,设第一期工程完成的时间约需 6 至 8 个月,第二期工程完成的时间约需 9 至 12 个月,用区间数表示即[6,8]和[9,12]. 因此,整个工程完成的时间为

$$[6,8]+[9,12]=[15,20],$$

即约需 15 至 20 个月. 又设第一期工程的完成时间为

$$\underset{\sim}{I}=\frac{0.9}{6}+\frac{1}{7}+\frac{0.2}{8},$$

第二期工程的完成时间为

$$\underset{\sim}{J}=\frac{0.3}{9}+\frac{1}{10}+\frac{0.9}{11}+\frac{0.1}{12},$$

则

$$\underset{\sim}{I}+\underset{\sim}{J}=\frac{0.3}{15}+\frac{0.9}{16}+\frac{1}{17}+\frac{0.9}{18}+\frac{0.2}{19}+\frac{0.1}{20}.$$

如取水平 $\lambda=0.9$,则

$$(\underset{\sim}{I}+\underset{\sim}{J})_{0.9}=\{16,17,18\},$$

即整个工程很可能在 16 至 18 个月完成.

定义 4.7　若函数 $L(x)$ 满足:$L(x)=L(-x)$;$L(0)=1$;L 在$[0,+\infty)$非增,则称 $L(x)$ 为模糊数的**参照函数(基准函数)**.

参照函数的例子:

$$L(x)=\max\{0,1-|x|^p\}\quad(p\geqslant 0),$$

当 $p=1$,如图 4.16 所示.

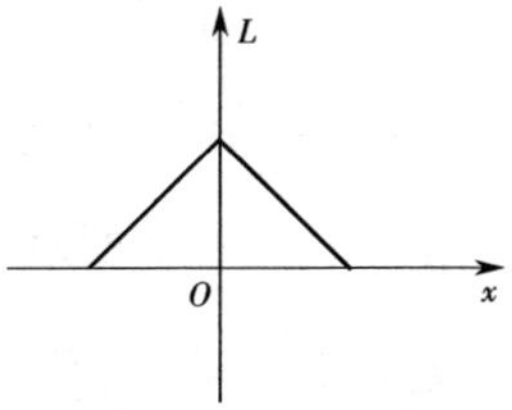

图 4.16　参照函数图示

定义 4.8　设 L 和 R 为模糊数的参照函数,若模糊数 $\underset{\sim}{I}$ 的隶属函数为

$$\mu_{\underset{\sim}{I}}(x)=\begin{cases}L\left(\dfrac{m-x}{a}\right), x\leqslant m, a>0,\\ R\left(\dfrac{x-m}{b}\right), x\geqslant m, b>0,\end{cases}$$

则称 $\underset{\sim}{I}$ 为 ***L-R* 型模糊数**,记为 $\underset{\sim}{I}=(m,a,b)_{LR}$. m 称 $\underset{\sim}{I}$ 的最可能值(或均值),a、b 称左、右基准(扩展)值. 对称时($a=b$)记$(m,a)_L$.

定义 4.9　设 $\underset{\sim}{I}=(m,a_1,b_1)_{LR}$,$\underset{\sim}{I}=(n,a_2,b_2)_{LR}$,

则

$$\underset{\sim}{I}+\underset{\sim}{J}=(m+n,a_1+a_2,b_1+b_2),$$
$$-\underset{\sim}{J}=(-n,a_2,b_2),$$
$$\underset{\sim}{I}-\underset{\sim}{J}=(m-n,a_1+a_2,b_1+b_2).$$

注:两个 $L-R$ 相乘不再是 $L-R$.

例 4.14　已知模糊数 $\underset{\sim}{I}$、$\underset{\sim}{J}$ 的隶属函数为

$$\mu_{\underset{\sim}{I}}(x)=\begin{cases}0, & x\leqslant 0,\\ x, & 0<x<1,\\ 1, & x=1,\\ 2-x, & 1<x<2,\\ 0, & x\geqslant 2;\end{cases}\qquad \mu_{\underset{\sim}{J}}(x)=\begin{cases}0, & x\leqslant 2,\\ x-2, & 2<x<3,\\ 1, & x=3,\\ 4-x, & 3<x<4,\\ 0, & x\geqslant 4.\end{cases}$$

求 $\underset{\sim}{I}+\underset{\sim}{J}$.

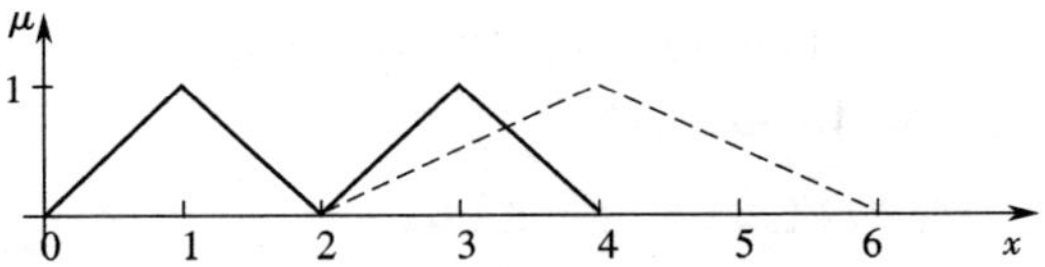

图 4.17　$\underset{\sim}{I}$,$\underset{\sim}{J}$ 以及 $\underset{\sim}{I}+\underset{\sim}{J}$ 的隶属函数

解:如图 4.17 所示. $\underset{\sim}{I}+\underset{\sim}{J}=(1+3,1+1,1+1)=(4,2,2)$.

$$\mu_{\underset{\sim}{I}+\underset{\sim}{J}}(x)=\begin{cases}0, & x\leqslant 2,\\ \dfrac{x-2}{2}, & 2<x<4,\\ 1, & x=4,\\ \dfrac{6-x}{2}, & 4<x<6,\\ 0, & x\geqslant 6.\end{cases}$$

定义 4.10　若($L-R$ 型)模糊数 $\underset{\sim}{I}$ 的隶属函数

$$\mu_{\underset{\sim}{I}}(x)=\begin{cases}\dfrac{x-l}{m-l}, & x\in[l,m],\\ \dfrac{x-u}{m-u}, & x\in[m,u],\\ 0, & x\in(-\infty,l)\cup(u,+\infty),\end{cases}$$

则称 $\underset{\sim}{I}$ 为**三角模糊数**,l 和 u 称下、上界(或左、右扩展值),记 $\underset{\sim}{I}=(l,m,u)$.

当 $l=u$ 时,$\underset{\sim}{I}$ 成为**对称**的三角模糊数,其隶属函数可表示为

$$\mu_{\underset{\sim}{I}}(x)=\begin{cases}1-\dfrac{|x-m|}{l}, & x\in[m-l,m+l],\\ 0, & \text{其他}.\end{cases}$$

例 4. 14 中的模糊数即是三角模糊数.

由扩张原理可得三角模糊数的运算(其中有些是近拟式)如下:

加法:$\underset{\sim}{I}\oplus\underset{\sim}{J}=(l_1+l_2,m_1+m_2,u_1+u_2)$;

乘法:$\underset{\sim}{I}\otimes\underset{\sim}{J}\cong(l_1l_2,m_1m_2,u_1u_2)$;

数乘:$\lambda\ \underset{\sim}{I}\cong(\lambda l_1,\lambda m_1,\lambda u_1)$;

倒数:$\underset{\sim}{I}^{-1}\cong\left(\frac{1}{u_1},\frac{1}{m_1},\frac{1}{l_1}\right)$;

对数:$\ln\ \underset{\sim}{I}\cong(\ln\ l_1,\ln\ m_1,\ln\ u_1)$;

指数:$e^{\underset{\sim}{I}}\cong(e^{l_1},e^{m_1},e^{u_1})$.

4.1.6 可能性分布与模糊概率

1. 随机性与可能性

1978 年,扎德提出了“可能性理论”,被称为模糊数学发展的第二个里程碑. 摘录当时扎德在文章中的一个例子如下:

例 4. 15　汉斯的早餐.

设论域 $X=\{1,2,\cdots,8\}$,$\underset{\sim}{A}=\{$早餐吃鸡蛋的适当个数$\}$,

$$\underset{\sim}{A}=\frac{1}{1}+\frac{1}{2}+\frac{1}{3}+\frac{1}{4}+\frac{0.8}{5}+\frac{0.6}{6}+\frac{0.4}{7}+\frac{0.2}{8},$$

x 表示汉斯早餐吃的鸡蛋个数,则 x 是取值于 X 的变量,记其与 $\underset{\sim}{A}$ 相容的程度为 π,π 的分布为 $\pi(x)$. 另一方面,x 的取值也具有随机性. 记其分布为 $P(x)$,如表 4. 4.

表 4. 4　可能性分布与概率分布

x	1	2	3	4	5	6	7	8
可能性 $\pi(x)$	1	1	1	1	0. 8	0. 6	0. 4	0. 2
概率 $P(x)$	0. 1	0. 8	0. 1	0	0	0	0	0

2. 可能性分布

定义 4. 11　设 x 是在论域 X 中取值的变量,$\underset{\sim}{A}$ 是 X 中的模糊集,x 关于 $\underset{\sim}{A}$ 的相容(“x 是 $\underset{\sim}{A}$”)程度 $\pi(x)$ 称为 x 在模糊约束 $\underset{\sim}{A}$ 下的可能性分布,在数值上 $\pi(x)=\mu_{\underset{\sim}{A}}(x)$.

例 4.16　$X = N^{+} = \{1,2,\cdots\}$, $\underset{\sim}{A} = \{$小的正整数$\}$.

设 $\underset{\sim}{A} = \frac{1}{1} + \frac{1}{2} + \frac{0.8}{3} + \frac{0.6}{4} + \frac{0.4}{5} + \frac{0.2}{6}$,

x 为在 X 中取值的变量,则 x 是小的正整数的可能性分布如表 4.5.

表 4.5　可能性分布

x	1	2	3	4	5	6
$\pi(x)$	1	1	0.8	0.6	0.4	0.2

3. 模糊事件的概率

普通随机事件 A 是样本空间 X 中的清晰集,模糊事件 $\underset{\sim}{A}$ 是 X 中的模糊集. 其概率定义如下.

定义 4.12　模糊事件 A 的概率定义为

$$P(\underset{\sim}{A}) = \int_X \mu_{\underset{\sim}{A}}(x)\,\mathrm{d}P \xlongequal{\text{有限 } X} \sum_{i=1}^{n} \mu_{\underset{\sim}{A}}(x_i) P(x_i).$$

例 4.17　某人射击命中率 0.7,现独立向目标射击,记 $\underset{\sim}{A}$ 为“只射了不几次就射中目标”,设 $\underset{\sim}{A} = \frac{1}{1} + \frac{0.9}{2} + \frac{0.5}{3} + \frac{0.1}{4}$,求 $P(\underset{\sim}{A})$.

解:$P(\underset{\sim}{A}) = 0.7 + 0.9 \times (1-0.7) \times 0.7 + 0.5 \times (1-0.7)^2 \times 0.7 + 0.1 \times (1-0.7) \times 0.7 = 0.92.$

作为模糊事件的概率和可能性分布的应用,简介模糊统计决策.

模糊统计决策与普通统计决策(贝叶斯决策)的主要区别是,状态和情报均可以是模糊事件,因此求解中需计算模糊状态的概率,即需知道状态空间的概率分布和模糊状态的可能性分布.

例 4.18　某公司市场部正在对明年的市场销售工作进行研究. 估计明年的销售情况,F_1:大量畅销,F_2:不怎么畅销;今年可选的行动方案,A_1:广告研究,A_2:产品研究. 大体的效用值如表 4.6.

表 4.6　效用值

行动 \ 模糊状态	F_1	F_2
A_1	800	-300
A_2	500	200

为求最优行动,需知模糊状态的概率,经分析得所需信息如表 4.7.

表 4.7　模糊状态的信息

θ_i	θ_1	θ_2	θ_3	θ_4	θ_5	θ_6	θ_7	θ_8	θ_9	θ_{10}
	800	900	1000	1100	1200	1300	1400	1500	1600	1700
$\mu_{F_1}(\theta_i)$	0	0	0	0.2	0.4	0.6	0.8	1	1	1
$\mu_{F_2}(\theta_i)$	1	1	1	0.8	0.6	0.4	0.2	0	0	0
$P(\theta_i)$	0.05	0.05	0.1	0.1	0.2	0.2	0.1	0.1	0.05	0.05

由此可求出

$$P(F_1)=\sum_{i=1}^{10}\mu_{F_1}(\theta_i)P(\theta_i)=0.5,$$

$$P(F_2)=\sum_{i=1}^{10}\mu_{F_2}(\theta_i)P(\theta_i)=0.5.$$

从而
$$E(A_1)=800\times0.5+(-300)\times0.5=250,$$
$$E(A_2)=500\times0.5+200\times0.5=350.$$

故　$A_2=A^*$,即做产品研究.

又假设获得了附加的预报信息 M_1,明年销路好,经分析可知 M_1 在预报信息源 S 上的分布以及信息源预报的准确度 $P(S|\theta)$ 如表 4.8.

表 4.8　预报信息源信息

信息源 S	S_1	S_2	S_3	S_4	S_5	S_6	S_7	S_8	S_9	S_{10}	S_{11}	S_{12}	S_{13}	S_{14}
	500	600	700	800	900	1000	1100	1200	1300	1400	1500	1600	1700	1800
$\mu_{M_1}(S)$	0	0	0	0	0	0	0	0	0.2	0.4	0.6	0.8	1	1
$P(S\|800)$	0.1	0.2	0.4	0.2	0.1									
$P(S\|900)$		0.1	0.2	0.4	0.2	0.1								
⋮　⋮			⋮											
$P(S\|1\,700)$										0.1	0.2	0.4	0.2	0.1

$$\begin{aligned}P(F|M_1) &= \sum_{i=1}^{10} \mu_F(\theta_i)P(\theta_i|M_1)\\ &= \sum_{i=1}^{10} \mu_F(\theta_i)\frac{P(M_1|\theta_i)P(\theta_i)}{P(M_1)}\\ &= \sum_{i=1}^{10} \mu_F(\theta_i)\frac{\sum \mu_{M_1}(S_j)P(S_j|\theta)P(\theta_i)}{\sum \mu_{M_1}(S_j)P(S_j)}\\ &= \frac{\sum_{j=1}^{14}\sum_{i=1}^{10} \mu_F(\theta_i)\mu_{M_1}(S_j)P(S_j|\theta_i)P(\theta_i)}{\sum_{j=1}^{14}\sum_{i=1}^{10} \mu_{M_1}(S_j)P(S_j|\theta_i)P(\theta_i)}.\end{aligned}$$

由全概率公式:

$$P(S) = \sum P(S|\theta)P(\theta),$$

可计算出

$$P(F_1|M_1) = 0.913, P(F_2|M_1) = 0.087,$$

从而可算出

$$E(A_1|M_1) = 800\times 0.913 + (-300)\times 0.087 = 704.3,$$

$$E(A_2|M_1) = 500\times 0.913 + 200\times 0.087 = 473.9,$$

故 $A_1 = A^*$(在预报 M_1:销路好的情况下).

进一步,若知所有可能的预报 M_1(好),M_2(中),M_3(差),则还可做预后分析.

4.2 模糊关系

4.2.1 模糊关系与模糊矩阵

有时需考虑论域 X 中的元素两两之间具有某种关系的程度. 例如考察4件产品 x_1, x_2, x_3, x_4(即 $X = \{x_1, x_2, x_3, x_4\}$)在某质量指标上的相近程度. 若考察它们是否完全相同,则这是一种明确的关系,记"全同"为1,"不全同"为0,并设这4件产品均不全同,则它们之间的相近

程度可用矩阵

$$\begin{bmatrix} 1 & & & \\ & 1 & & \\ & & 1 & \\ & & & 1 \end{bmatrix}$$

表示. 若考察它们是否相似,则这是一种模糊关系,但它们之间的相似程度也可用矩阵表示,如

$$\boldsymbol{R}=\begin{bmatrix} 1 & 0.8 & 0.9 & 0.5 \\ 0.8 & 1 & 0.7 & 0.2 \\ 0.9 & 0.7 & 1 & 0.3 \\ 0.5 & 0.2 & 0.3 & 1 \end{bmatrix}.$$

矩阵 $\boldsymbol{R}=(r_{ij})_{4\times4}$ 中的元素 $r_{ij}\in[0,1]$ 表示 X 中元素 x_i 和 x_j 间具有关系"相似"的程度. 这相当于确定了一个映射:$X\times X\to[0,1]$,类似于 X 上的隶属函数可确定 X 中的模糊集. 该映射也可确定 $X\times X$ 中的模糊集.

更一般地,还可考虑两个论域 X 和 Y 中元素的关系.

定义 4.13　论域 X 到 Y 上的一个**模糊关系** $\underset{\sim}{R}$,即 $X\times Y$ 中的一个模糊子集. 其隶属函数 $\mu_R(x,y):X\times Y\to[0,1]$ 表示 X、Y 中的元素 x 和 y 具有关系 $\underset{\sim}{R}$ 的程度. 如果 X、Y 中的元素均为有限个,设为 m 和 n 个,则 $\mu_R(x_i,y_i)$ $(i=1,\cdots,m;j=1,\cdots,n)$,可以用矩阵表示:$\boldsymbol{R}=(\mu_R(x_i,y_j))_{m\times n}$,称为关于 $\underset{\sim}{R}$ 的**模糊关系矩阵**,简称**模糊矩阵**. 如果 $Y=X$,则称 $\underset{\sim}{R}$ 为 X 上的模糊关系.

例 4.19　设人的身高论域 $X=\{140,150,160,170,180\}$(单位:cm),体重论域 $Y=\{40,50,60,70,80\}$(单位:kg). $\underset{\sim}{R}$ 表示身高和体重接近"标准"的关系,如表 4.9 所示. 这里的"标准"指:体重(kg) = 身高(cm) − 100.

表 4.9　身高与体重满足“标准”的程度

X \ $\mu_{\underset{\sim}{R}}(x,y)$ \ Y	40	50	60	70	80
140	1	0.8	0.2	0.1	0
150	0.8	1	0.8	0.2	0.1
160	0.2	0.8	1	0.8	0.2
170	0.1	0.2	0.8	1	0.8
180	0	0.1	0.2	0.8	1

表中 i 行和 j 列交叉处的数表示 i 行的身高和 j 列的体重接近“标准”的程度. 这一关系也可用模糊矩阵

$$\boldsymbol{R}=\begin{bmatrix}1 & 0.8 & 0.2 & 0.1 & 0\\ 0.8 & 1 & 0.8 & 0.2 & 0.1\\ 0.2 & 0.8 & 1 & 0.8 & 0.2\\ 0.1 & 0.2 & 0.8 & 1 & 0.8\\ 0 & 0.1 & 0.2 & 0.8 & 1\end{bmatrix}$$

表示.

例 4.20　设 X 为实数域,X 中的“远远大于”关系 $\underset{\sim}{S}$ 是一个模糊关系,可以用下面的隶属函数来表示. 对于 $(x,y)\in X\times X$,有

$$\mu_{\underset{\sim}{S}}(x,y)=\begin{cases}0, & y\geqslant x,\\ \dfrac{1}{1+\dfrac{100}{(x-y)^2}}, & y<x.\end{cases}$$

在讨论模糊关系时,常需考虑该关系程度大于等于某水平 λ 的论域中元素有哪些. 为此给出模糊矩阵的 λ 截阵的概念,这也可看作是上一节中 λ 截集概念的推广.

定义 4.14　设给定模糊矩阵 $\boldsymbol{R}=(r_{ij})_{m\times n}$,对任意 $\lambda\in[0,1]$,记 $\boldsymbol{R}_\lambda=(r_{ij}^{(\lambda)})_{m\times n}$,其中

$$r_{ij}^{(\lambda)}=\begin{cases}1, & r_{ij}\geqslant\lambda,\\ 0, & r_{ij}<\lambda.\end{cases}$$

称 $\boldsymbol{R}_\lambda$ 为 $\boldsymbol{R}$ 的 λ **截阵**.

例 4.21　对于例 4.17 中的模糊矩阵 $\boldsymbol{R}$,求当 $\lambda=0.8$ 时的 λ 截阵 $\boldsymbol{R}_\lambda$.

解:

$$\boldsymbol{R}_\lambda=\begin{bmatrix}1&1&0&0&0\\1&1&1&0&0\\0&1&1&1&0\\0&0&1&1&1\\0&0&0&1&1\end{bmatrix}.$$

说明在论域 X 和 Y 中,满足接近“标准”程度不低于 0.8 的身高和体重有(140,40),(140,50),(150,40),(150,50),(150,60),(160,50),(160,60),(160,70),(170,60),(170,70),(170,80),(180,70),(180,80).

4.2.2　模糊关系的运算与合成

模糊关系既然仍是模糊子集,那么上一节中关于模糊子集运算的定义仍然适用于模糊关系. 对于有限论域的情形,设有模糊矩阵 $\boldsymbol{R}=(r_{ij})_{m\times n}$,$\boldsymbol{S}=(s_{ij})_{m\times n}$,则

$$\boldsymbol{R}\cup\boldsymbol{S}=(r_{ij}\vee s_{ij})_{m\times n},$$
$$\boldsymbol{R}\cap\boldsymbol{S}=(r_{ij}\wedge s_{ij})_{m\times n},$$
$$\overline{\boldsymbol{R}}=(1-r_{ij})_{m\times n}$$

分别称作 $\boldsymbol{R}$ 与 $\boldsymbol{S}$ 的**并**、**交**和 $\boldsymbol{R}$ 的**余矩阵**. 若 $r_{ij}\leqslant s_{ij}(i=1,\cdots,m;j=1,\cdots,n)$,则称 $\boldsymbol{R}$ **包含于** $\boldsymbol{S}$,记 $\boldsymbol{R}\subset\boldsymbol{S}$.

例 4.22　设

$$\boldsymbol{R}=\begin{bmatrix}0.5&0.3\\0.4&0.8\end{bmatrix},\boldsymbol{S}=\begin{bmatrix}0.8&0.5\\0.3&0.7\end{bmatrix}.$$

则

$$\boldsymbol{R}\cup\boldsymbol{S}=\begin{bmatrix}0.8&0.5\\0.4&0.8\end{bmatrix},\boldsymbol{R}\cap\boldsymbol{S}=\begin{bmatrix}0.5&0.3\\0.3&0.7\end{bmatrix},$$
$$\overline{\boldsymbol{R}}=\begin{bmatrix}0.5&0.7\\0.6&0.2\end{bmatrix}.$$

易见,$\boldsymbol{R}\cap\boldsymbol{S}\subset\boldsymbol{R}\cup\boldsymbol{S}$.

对于普通关系,可以考虑关系的合成. 例如,设 X 是某人群集合,Q 是 X 上的弟兄关系,R 是 X 上的父子关系,S 是 X 上的叔侄关系,则 X 中的任二元素是否满足这三种关系是很明确的,即 Q,R,S 是 X 上的普通关系. 假设 3 个人 $x,y,z\in X$,若$(x,y)\in Q$,$(y,z)\in R$,即 x 是 y 的弟弟,而 y 是 z 的父亲,则 x 是 z 的叔叔,所以$(x,z)\in S$. 由此就称叔侄关系是弟兄关系和父子关系的合成,记作 $S=Q\circ R$. 反之,如果已知$(x,z)\in S$,即 x 是 z 的叔叔,则一定能找到一个 y,y 是 x 的哥哥,而 y 又是 z 的父亲,即存在 y 使$(x,y)\in Q$,$(y,z)\in R$.

将普通关系的合成推广到模糊关系上,有下列定义.

定义 4.15　设 X,Y,Z 是论域,$\underset{\sim}{Q}$,$\underset{\sim}{R}$ 分别是 $X\times Y$ 和 $Y\times Z$ 上的模糊关系,$\underset{\sim}{Q}$ 和 $\underset{\sim}{R}$ 的合成是 $X\times Z$ 上的模糊关系,记为 $\underset{\sim}{Q}\circ\underset{\sim}{R}=\underset{\sim}{S}$,其隶属函数为

$$\mu_{\underset{\sim}{S}}(x,z)=\bigvee_{y\in Y}(\mu_{\underset{\sim}{Q}}(x,y)\wedge\mu_{\underset{\sim}{R}}(y,z)).$$

如果 X,Y,Z 都是有限论域,$\boldsymbol{Q},\boldsymbol{R},\boldsymbol{S}$ 均为模糊矩阵,则它们的合成可以表示为矩阵运算.

定义 4.16　设模糊矩阵 $\boldsymbol{Q}=(q_{ij})_{m\times l}$,$\boldsymbol{R}=(r_{ij})_{l\times n}$,则 $\boldsymbol{Q}$ 与 $\boldsymbol{R}$ 的合成 $\boldsymbol{S}=\boldsymbol{Q}\circ\boldsymbol{R}=(s_{ij})_{m\times n}$,其中

$$s_{ij}=\bigvee_{k=1}^{l}(q_{ik}\wedge r_{kj}).$$

$\boldsymbol{S}$ 也称为 $\boldsymbol{Q}$ 与 $\boldsymbol{R}$ 的**模糊乘积**.

矩阵模糊乘积相当于把普通矩阵乘法中的“ · ”和“ + ”分别改为“ ∧ ”和“ ∨ ”.

例 4.23　设

$$\boldsymbol{Q}=\begin{bmatrix}0.2&0.5&0.3\\0.8&0.7&0.1\\0.6&0.3&0.4\end{bmatrix},\boldsymbol{R}=\begin{bmatrix}0.5&0.7\\0.4&0.9\\0.1&0.2\end{bmatrix}.$$

求 $\boldsymbol{Q}\circ\boldsymbol{R}$.

解:

$$\boldsymbol{Q}\circ\boldsymbol{R}=\begin{bmatrix}0.2&0.5&0.3\\0.8&0.7&0.1\\0.6&0.3&0.4\end{bmatrix}\circ\begin{bmatrix}0.5&0.7\\0.4&0.9\\0.1&0.2\end{bmatrix}$$

$$=\begin{bmatrix}(0.2\wedge0.5)\vee(0.5\wedge0.4)\vee(0.3\wedge0.1) & (0.2\wedge0.7)\vee(0.5\wedge0.9)\vee(0.3\wedge0.2)\\(0.8\wedge0.5)\vee(0.7\wedge0.4)\vee(0.1\wedge0.1) & (0.8\wedge0.7)\vee(0.7\wedge0.9)\vee(0.1\wedge0.2)\\(0.6\wedge0.5)\vee(0.3\wedge0.4)\vee(0.4\wedge0.1) & (0.6\wedge0.7)\vee(0.3\wedge0.9)\vee(0.4\wedge0.2)\end{bmatrix}$$

$$=\begin{bmatrix}0.4&0.5\\0.5&0.7\\0.5&0.6\end{bmatrix}.$$

上述的($\vee$, $\wedge$)合成运算方法是模糊关系矩阵合成的最常用方法,但并非唯一的方法.有时可根据实际情况,选择其他合成运算方法[24].

4.2.3 模糊等价关系与传递闭包

定义 4.17 设 $\underset{\sim}{R}$ 是 X 上的模糊关系,若 $\underset{\sim}{R}$ 满足

(1) 自反性,任 $\boldsymbol{x}\in X,\mu_{\underset{\sim}{R}}(\boldsymbol{x},\boldsymbol{x})=1$;

(2) 对称性,任 $\boldsymbol{x},\boldsymbol{y}\in X,\mu_{\underset{\sim}{R}}(\boldsymbol{x},\boldsymbol{y})=\mu_{\underset{\sim}{R}}(\boldsymbol{y},\boldsymbol{x})$;

(3) 传递性:$\underset{\sim}{R}^2=\underset{\sim}{R}\circ\underset{\sim}{R}\subset\underset{\sim}{R}$.

则称 $\underset{\sim}{R}$ 是 X 上的一个**模糊等价关系**.若 $\underset{\sim}{R}$ 只满足(1)、(2),则称 $\underset{\sim}{R}$ 是 X 上的**模糊相似关系**.

若 $\boldsymbol{X}$ 为有限论域,模糊关系 $\underset{\sim}{R}$ 可表示为一个 n 阶方阵 $\boldsymbol{R}=(r_{ij})_{n\times n}$,则自反性就是 $r_{ii}=1$,对称性就是 $r_{ij}=r_{ji}$,即 $\boldsymbol{R}$ 是对称矩阵,传递性就是 $\boldsymbol{R}$ 包含着(包括等于)它与它自己的合成.模糊等价关系和模糊相似关系对应的矩阵分别称为**模糊等价矩阵**和**模糊相似矩阵**.可以证明[20]二者有下面的关系.

性质 4.4 设 $\boldsymbol{R}$ 是 n 阶模糊相似阵,则存在 $k\leqslant n$,使 $\boldsymbol{R}^k$ 是模糊等价阵,且对于 $m>k$,有 $\boldsymbol{R}^m=\boldsymbol{R}^k$.

例 4.24 设有模糊矩阵

$$\boldsymbol{R}=\begin{bmatrix}1&0.8&0.3\\0.8&1&0.8\\0.3&0.8&1\end{bmatrix},$$

(1)判断 $\boldsymbol{R}$ 是否模糊相似阵;(2)若是,再判断 $\boldsymbol{R}$ 是否模糊等价阵;(3)若不是,求出 $\boldsymbol{R}$ 经合成后的模糊等价阵.

解:(1) 由于 $\boldsymbol{R}$ 是主对角元为 1 的对称阵,故 $\boldsymbol{R}$ 是模糊相似阵.

(2) 由于

$$\boldsymbol{R}^2=\boldsymbol{R}\circ\boldsymbol{R}=\begin{bmatrix}1&0.8&0.3\\0.8&1&0.8\\0.3&0.8&1\end{bmatrix}\circ\begin{bmatrix}1&0.8&0.3\\0.8&1&0.8\\0.3&0.8&1\end{bmatrix}=\begin{bmatrix}1&0.8&0.8\\0.8&1&0.8\\0.8&0.8&1\end{bmatrix}\neq\boldsymbol{R},$$

故 $\boldsymbol{R}$ 不是模糊等价阵.

(3) 由于

$$\boldsymbol{R}^4=\boldsymbol{R}^2\circ\boldsymbol{R}^2=\begin{bmatrix}1&0.8&0.8\\0.8&1&0.8\\0.8&0.8&1\end{bmatrix}\circ\begin{bmatrix}1&0.8&0.8\\0.8&1&0.8\\0.8&0.8&1\end{bmatrix}=\begin{bmatrix}1&0.8&0.8\\0.8&1&0.8\\0.8&0.8&1\end{bmatrix}=\boldsymbol{R}^2,$$

故 $\boldsymbol{R}^2$ 是 $\boldsymbol{R}$ 经合成后的模糊等价阵.

不难验证,$\boldsymbol{R}^3=\boldsymbol{R}^2\circ\boldsymbol{R}=\boldsymbol{R}^2$.

定义 4.18　满足传递性的模糊矩阵称为**模糊传递矩阵**,设 $\boldsymbol{R}$ 是 n 阶模糊矩阵,称 n 阶方阵 $t(\boldsymbol{R})$ 为 $\boldsymbol{R}$ 的**传递闭包**,若 $t(\boldsymbol{R})$ 满足

(1) $(t(\boldsymbol{R}))^2\subset t(\boldsymbol{R})$;

(2) $t(\boldsymbol{R})\supset\boldsymbol{R}$;

(3) 对任传递阵 $\boldsymbol{S}\supset\boldsymbol{R}$,有 $\boldsymbol{S}\supset t(\boldsymbol{R})$.

即 $t(\boldsymbol{R})$ 是包含 $\boldsymbol{R}$ 的最小传递矩阵.

例 4.25　已知一个模糊相似阵为

$$\boldsymbol{R}=\begin{bmatrix}1&0&0.1&0&0.8&1&0.6\\0&1&0&1&0&0.8&1\\0.1&0&1&0.7&0.6&0&0.1\\0&1&0.7&1&0&0.9&0\\0.8&0&0.6&0&1&0.7&0.5\\1&0.8&0&0.9&0.7&1&0.4\\0.6&1&0.1&0&0.5&0.4&1\end{bmatrix},$$

求 $t(\boldsymbol{R})$.

解:可以验证,$\boldsymbol{R}^8=\boldsymbol{R}^4\circ\boldsymbol{R}^4=\boldsymbol{R}^4$,所以 $t(\boldsymbol{R})=\boldsymbol{R}^4$.

4.3　模糊灰集与灰关系

作为模糊集与模糊关系的一种推广，本节简介模糊灰集和灰关系的基本概念.

4.3.1　模糊灰集

定义 4.19　设 X 为论域，若对任意 $x\in X$，存在 $\bar{\mu}_G(x)$ 和 $\underline{\mu}_G(x)\in[0,1]$，且 $\underline{\mu}_G(x)\leqslant\bar{\mu}_G(x)$，则由 $\bar{\mu}_G$ 和 $\underline{\mu}_G$ 确定了 X 上的一个**模糊灰子集**（简称**灰子集**）G，称 $\bar{\mu}_G$ 和 $\underline{\mu}_G$ 分别为灰子集 G 的**上隶属函数**和**下隶属函数**，称 $\bar{\mu}_G(x)$ 和 $\underline{\mu}_G(x)$ 分别为 x 对 G 的**上隶属度**和**下隶属度**.

显然，当 $\bar{\mu}_G=\underline{\mu}_G$ 时，灰子集就是模糊子集，可见，灰集是模糊集的一种推广.

例 4.26　设 $X=\mathbf{R}^1$（实数域），$a,b\in X$，令

$$\bar{\mu}_G(x)=\begin{cases}1,x\in[a,b],\\0,x\notin[a,b],\end{cases}\quad\underline{\mu}_G(x)\equiv0,\quad x\in X,$$

则 $\bar{\mu}_G$ 和 $\underline{\mu}_G$ 都是 X 到 $[0,1]$ 的映射，且 $\underline{\mu}_G(x)\leqslant\bar{\mu}_G(x)$，所以它们确定了 X 上的一个灰子集 G. 这个灰子集也称**信息型灰数**.

基于扎德的模糊集表示法，可以给出灰集的表示法. 对于有限论域 $X=\{x_1,\cdots,x_n\}$，其上的灰集

$$G=\frac{[\bar{\mu}_G(x_1)\ \underline{\mu}_G(x_1)]}{x_1}+\cdots+\frac{[\bar{\mu}_G(x_n)\ \underline{\mu}_G(x_n)]}{x_n}.$$

对于一般情形，可将灰集 G 记为 $G=\int_X([\bar{\mu}_G(x)\ \underline{\mu}_G(x)]/x)$.

下面给出灰集的运算规则.

定义 4.20　设 G_1,G_2 是 X 的灰子集，若对任意 $x\in X$，有 $\underline{\mu}_{G_1}(x)\geqslant\bar{\mu}_{G_2}(x)$，则称 G_1 **包含** G_2（或称 G_2 **包含于** G_1），记 $G_2\subset G_1$. 若 $\bar{\mu}_{G_1}(x)\equiv\bar{\mu}_{G_2}(x)$，且 $\underline{\mu}_{G_1}(x)\equiv\underline{\mu}_{G_2}(x)$，则称 G_1 与 G_2 **相等**，记 $G_1=G_2$. G_1 与 G_2 的**并集** $G_1\cup G_2$，**交集** $G_1\cap G_2$ 以及 G_1 的**余集** $\bar{G}_1$ 的隶属函数分别定义为

$$\bar{\mu}_{G_1 \cup G_2}(x) = \bar{\mu}_{G_1}(x) \vee \bar{\mu}_{G_2}(x),$$
$$\underline{\mu}_{G_1 \cup G_2}(x) = \underline{\mu}_{G_1}(x) \vee \underline{\mu}_{G_2}(x),$$
$$\bar{\mu}_{G_1 \cap G_2}(x) = \bar{\mu}_{G_1}(x) \wedge \bar{\mu}_{G_2}(x),$$
$$\underline{\mu}_{G_1 \cap G_2}(x) = \underline{\mu}_{G_1}(x) \wedge \underline{\mu}_{G_2}(x),$$
$$\bar{\mu}_{\bar{G}_1}(x) = 1 - \underline{\mu}_{G_1}(x),$$
$$\underline{\mu}_{\bar{G}_1}(x) = 1 - \bar{\mu}_{G_1}(x).$$

4.3.2 灰关系

定义 4.21 设 X,Y 是论域,则 $X \times Y = \{(x,y) \mid x \in X, y \in Y\}$ 中的灰子集 R 称为 X 到 Y 的一个**灰关系**. 若 $Y = X$,则称 R 为 X 上的灰关系.

定义 4.22 设 R_1 与 R_2 是 X 上的灰关系,用 $R_1 \circ R_2$ 表示 R_1 与 R_2 的合成,其隶属函数为

$$\bar{\mu}_{R_1 \circ R_2}(x,y) = \bigvee_{z \in X} \{\bar{\mu}_{R_1}(x,z) \wedge \bar{\mu}_{R_2}(z,y)\},$$
$$\underline{\mu}_{R_1 \circ R_2}(x,y) = \bigvee_{z \in X} \{\underline{\mu}_{R_1}(x,z) \wedge \underline{\mu}_{R_2}(z,y)\}.$$

由于灰关系仍是灰集,所以关于灰集的运算规则仍适用于灰关系. 有关灰集与灰关系的更详细论述,可参阅文献[33].

4.4 应用举例一:模糊多元分析

第一章 1.7 中作为矩阵理论的应用介绍了多元统计分析中的一些内容. 实际中还广泛存在具有模糊信息的多元分析问题. 本节将作为模糊数学中模糊关系和模糊数等知识的应用来介绍模糊多元分析中的一些常用方法.

4.4.1 模糊聚类分析

模糊聚类分析是通过建立模糊相似关系而将事物进行分类的方法. 其基本步骤如下.

(1) 建立论域 X 中元素之间的模糊相似关系.

设 $X=\{x_1,\cdots,x_n\}$ 为待分类的对象全体,每一对象 x_i 由一组数据 $x_{i1},\cdots,x_{im}$ 表示它的特征,用这些数据建立 x_i 和 x_j 之间的相似关系,方法有多种[28],如绝对值减数法.该方法计算相似系数的公式如下:

$$r_{ij}=\begin{cases}1, & i=j,\\ 1-C\sum\limits_{k=1}^{m}|x_{ik}-x_{jk}|, & i\neq j.\end{cases}$$

其中 C 为适当选取的调整参数,使 $0\leqslant r_{ij}\leqslant 1$.也可采取主观评分法确定 r_{ij},从而构成相似矩阵 $\boldsymbol{R}=(r_{ij})_{n\times n}$.

(2) 求 $\boldsymbol{R}$ 的传递闭包 $t(\boldsymbol{R})$.

(3) 模糊聚类,即

① 选择适当的水平 $\lambda_1\leqslant 1$,求 $t(\boldsymbol{R})$ 关于 λ_1 的截阵 $t(\boldsymbol{R})_\lambda=(\bar{r}_{ij})_{n\times n}$,其中 $\bar{r}_{ij}=\begin{cases}1, r_{ij}\geqslant\lambda,\\ 0, r_{ij}<\lambda.\end{cases}$ ② 聚类:将 $\bar{r}_{ij}=1$ 的 x_i 和 x_j 合为一类. ③ 再取 $\lambda_2<\lambda_1$,重复①、②,直至全体 X 中的元素合成一类. ④ 将聚类过程用**谱系聚类图**表示(如例 4.20).选择适当的 λ,确定对 X 中元素的分类.

例 4.27　已知 $X=\{x_1,x_2,x_3\}$,模糊相似阵为

$$\boldsymbol{R}=\begin{bmatrix}1 & 0.8 & 0.5\\ 0.8 & 1 & 0\\ 0.5 & 0 & 1\end{bmatrix},$$

试对 X 中元素进行模糊聚类.

解: $\boldsymbol{R}^2=\boldsymbol{R}\circ\boldsymbol{R}=\begin{bmatrix}1 & 0.8 & 0.5\\ 0.8 & 1 & 0.5\\ 0.5 & 0.5 & 1\end{bmatrix}$,

$$\boldsymbol{R}^2\circ\boldsymbol{R}^2=\begin{bmatrix}1 & 0.8 & 0.5\\ 0.8 & 1 & 0.5\\ 0.5 & 0.5 & 1\end{bmatrix}=\boldsymbol{R}^2=t(\boldsymbol{R}).$$

取 $\lambda_1=1$,有

$$\boldsymbol{R}_1^2 = \begin{bmatrix} 1 & & \\ & 1 & \\ & & 1 \end{bmatrix},$$

相应的分类为:$\{x_1\}$,$\{x_2\}$,$\{x_3\}$.

再取 $\lambda_2 = 0.8$,有

$$\boldsymbol{R}_{0.8}^2 = \begin{bmatrix} 1 & 1 & \\ & 1 & \\ & & 1 \end{bmatrix},$$

相应的分类为$\{x_1, x_2\}$,$\{x_3\}$.

取 $\lambda_3 = 0.5$,有

$$\boldsymbol{R}_{0.5}^2 = \begin{bmatrix} 1 & 1 & 1 \\ & 1 & 1 \\ & & 1 \end{bmatrix},$$

相应的分类为$\{x_1, x_2, x_3\}$.

将分类过程用谱系聚类图表示如图 4.18.

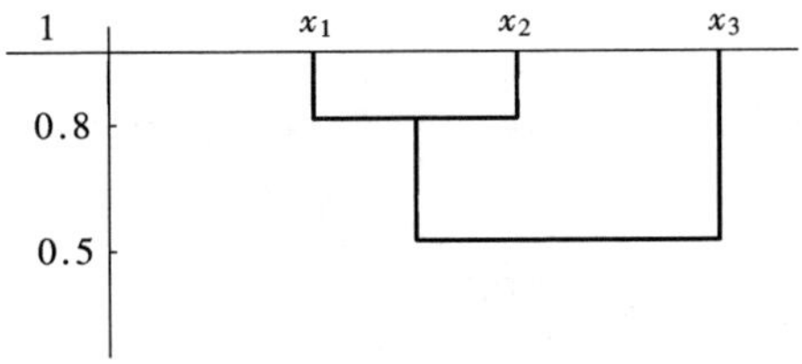

图 4.18　谱系聚类图

例 4.28　设 $X = \{$ Ⅰ, Ⅱ, Ⅲ, Ⅳ, Ⅴ $\}$ 是北京东南郊 5 个环境单元集合. 每个环境单元有空气、水分、土壤、作物 4 个要素. 环境单元的污染情况由污染物在 4 个要素中含量的超限度来描写. 设各个单元的污染数据如下:

Ⅰ(5,5,3,2),Ⅱ(2,3,4,5),Ⅲ(5,5,2,3),

Ⅳ(1,5,3,1),Ⅴ(2,4,5,1).

采用绝对值减数法,取 $C = 0.1$,得到模糊相似矩阵

$$\boldsymbol{R}=\begin{bmatrix}1 & 0.1 & 0.8 & 0.5 & 0.3\\ 0.1 & 1 & 0.1 & 0.2 & 0.4\\ 0.8 & 0.1 & 1 & 0.3 & 0.1\\ 0.5 & 0.2 & 0.3 & 1 & 0.6\\ 0.3 & 0.4 & 0.1 & 0.6 & 1\end{bmatrix}.$$

$$\boldsymbol{R}^2=\boldsymbol{R}\circ\boldsymbol{R}=\begin{bmatrix}1 & 0.3 & 0.8 & 0.5 & 0.5\\ 0.3 & 1 & 0.2 & 0.4 & 0.4\\ 0.8 & 0.2 & 1 & 0.5 & 0.3\\ 0.5 & 0.4 & 0.5 & 1 & 0.6\\ 0.5 & 0.4 & 0.3 & 0.6 & 1\end{bmatrix},$$

$$\boldsymbol{R}^4=\boldsymbol{R}^2\circ\boldsymbol{R}^2=\begin{bmatrix}1 & 0.4 & 0.8 & 0.5 & 0.5\\ 0.4 & 1 & 0.4 & 0.4 & 0.4\\ 0.8 & 0.4 & 1 & 0.5 & 0.5\\ 0.5 & 0.4 & 0.5 & 1 & 0.6\\ 0.5 & 0.4 & 0.5 & 0.6 & 1\end{bmatrix},$$

$$\boldsymbol{R}^8=\boldsymbol{R}^4\circ\boldsymbol{R}^4=\begin{bmatrix}1 & 0.4 & 0.8 & 0.5 & 0.5\\ 0.4 & 1 & 0.4 & 0.4 & 0.4\\ 0.8 & 0.4 & 1 & 0.5 & 0.5\\ 0.5 & 0.4 & 0.5 & 1 & 0.6\\ 0.5 & 0.4 & 0.5 & 0.6 & 1\end{bmatrix}=\boldsymbol{R}^4,$$

所以，$t(\boldsymbol{R})=\boldsymbol{R}^4$.

取 $\lambda_1=1$，有

$$\boldsymbol{R}_1^4=\begin{bmatrix}1 & & & & \\ & 1 & & & \\ & & 1 & & \\ & & & 1 & \\ & & & & 1\end{bmatrix},$$

相应分类：{Ⅰ}，{Ⅱ}，{Ⅲ}，{Ⅳ}，{Ⅴ}.

取 $\lambda_2=0.8$，有

$$R_{0.8}^4=\begin{bmatrix}1 & & 1 & & \\ & 1 & & & \\ 1 & & 1 & & \\ & & & 1 & \\ & & & & 1\end{bmatrix},$$

相应分类:{Ⅰ,Ⅲ},{Ⅱ},{Ⅳ},{Ⅴ}.

取 $\lambda_3=0.6$,有

$$R_{0.6}^4=\begin{bmatrix}1 & & 1 & & \\ & 1 & & & \\ 1 & & 1 & & \\ & & & 1 & 1\\ & & & 1 & 1\end{bmatrix},$$

相应分类:{Ⅰ,Ⅲ},{Ⅱ},{Ⅳ,Ⅴ}.

取 $\lambda_4=0.5$,有

$$R_{0.5}^4=\begin{bmatrix}1 & & 1 & 1 & 1\\ & 1 & & & \\ 1 & & 1 & 1 & 1\\ 1 & & 1 & 1 & 1\\ 1 & & 1 & 1 & 1\end{bmatrix},$$

相应分类:{Ⅰ,Ⅲ,Ⅳ,Ⅴ},{Ⅱ}.

取 $\lambda_5=0.4$,有

$$R_{0.4}^4=\begin{bmatrix}1 & 1 & 1 & 1 & 1\\ 1 & 1 & 1 & 1 & 1\\ 1 & 1 & 1 & 1 & 1\\ 1 & 1 & 1 & 1 & 1\\ 1 & 1 & 1 & 1 & 1\end{bmatrix},$$

相应分类:{Ⅰ,Ⅱ,Ⅲ,Ⅳ,Ⅴ}.

聚类过程的谱系聚类图如图4.19.

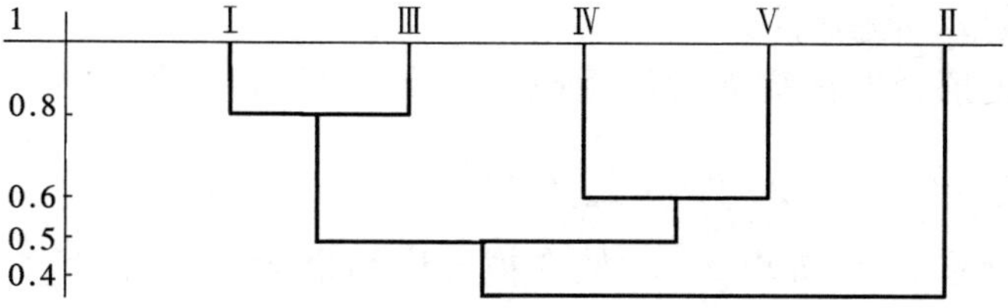

图 4.19　谱系聚类图

根据问题的实际情况,可选取不同的 λ,得到相应的分类.

4.4.2　模糊数量化方法 I

数量化方法是处理含定性变量的多元分析问题的统计方法. 数量化方法 I 可看作是回归分析的扩展,用于估计若干个解释变量(包括定性变量)对于因变量(定量变量)的线性关系式. 在数量化理论中,常将因变量称为**目标变量**或**基准变量**,将定性的解释变量(即自变量)称作**类目**.

模糊数量化方法 I 是基于模糊集理论和数量化方法 I 估计多个类目对于目标变量的模糊线性关系式的方法. 其基本步骤如下.

(1) 获取样本观测值.

设目标变量为 Y,k 个类目为 $x_1,\cdots,x_k$,共观测了 n 个样品 $1,\cdots,n$. 样品 i 关于 Y 的观测值 $Y_i=[\underline{Y}_i,\overline{Y}_i]$ 是模糊数,关于 $x_1,\cdots,x_k$ 的观测值 $x_{ij}\in[0,1]$ 为样品 i 对于类目 j 的隶属度,如表 4.10.

表 4.10　样品观测值

样品序号	目标变量	类目 x_1	…	类目 x_k
1	Y_1	x_{11}		x_{1k}
⋮	⋮	⋮	…	⋮
n	Y_n	x_{n1}		x_{nk}

(2) 估计模糊线性模型系数.

设所估计的模糊线性模型为

$$Y^{0i}=\sum_{j=1}^{k}\underset{\sim}{A}^{j}x_{ij},$$

其中系数 $\underset{\sim}{A}^j$ 是模糊数.

给定拟合度标准 h^*,记相应于 $\lambda = h^*$ 的 λ 截集 $A_{h^*}^j = [\underline{a}_j, \overline{a}_j]$, $Y_{h^*}^{0i} = [\underline{Y}_{0i}, \overline{Y}_{0i}] = [\sum_{j=1}^{k} \underline{a}_j x_{ij}, \sum_{j=1}^{k} \overline{a}_j x_{ij}]$.

估计系数 $\underset{\sim}{A}^j$,即求 $\underline{a}_j, \overline{a}_j$,使在拟合度约束 $\underline{Y}_{0i} \leqslant \overline{Y}_i$ 和 $\underline{Y}_i \leqslant \overline{Y}_{0i}$ 下,使拟合的模糊度 $S = \sum_{j=1}^{k} (\overline{a}_j - \underline{a}_j)$ 达极小. 即求解下面的线性规划问题:

$$\min S = \sum_{j=1}^{k} (\overline{a}_j - \underline{a}_j)$$

$$\text{s.t.} \begin{cases} \underline{Y}_i \leqslant \sum_{j=1}^{k} \overline{a}_j x_{ij} (i = 1, \cdots, n) \\ \overline{Y}_i \geqslant \sum_{j=1}^{k} \underline{a}_j x_{ij} (i = 1, \cdots, n) \\ \underline{a}_j \leqslant \overline{a}_j (j = 1, \cdots, k). \end{cases}$$

上述方法还可推广于类目的观测值 x_{ij} 是[0,1]中的模糊数的情形. 有关内容可参阅文献[34].

4.4.3 模糊线性回归

模糊线性回归是在概率论中的普通线性回归基础上考虑可能的模糊因素而形成的分析方法,主要有两种类型:可能性线性回归和模糊最小二乘法.

1. 可能性线性系统

可能性线性系统指 $Y = A_1 x_1 + A_2 x_2 + \cdots + A_n x_n$,其中 $A_i (i = 1, 2, \cdots, n)$ 为对称 L-R 型模糊数. $\mu_{A_i}(a_i) = L\left(\frac{a_i - \alpha_i}{c_i}\right)$,记 $A_i = (\alpha_i, c_i)_L$,其中 α_i 为中心,c_i 为扩展(幅度)($c_i \geqslant 0$).

可以证明模糊输出 Y 的隶属函数为

$$\mu_Y(y) = L\left(\frac{y - \sum_{i=1}^{n} \alpha_i x_i}{\sum_{i=1}^{n} c_i |x_i|}\right),$$

即 Y 是以 $\sum_{i=1}^{n} \alpha_i x_i$ 为中心，$\sum_{i=1}^{n} c_i |x_i|$ 为扩展（幅度）的对称 L-R 模糊数.

2. 可能性线性回归

问题：已知输出变量 Y 与输入变量 $x_1, x_2, \cdots, x_n$ 构成可能性线性系统

$$Y_j = A_0 + A_1 x_{j1} + \cdots + A_n x_{jn}$$

其中 $A_i = (\alpha_i, c_i)_L$ 为对称的 $L-R$ 型模糊数，现欲求 A_i（在一定拟合度下）的估计值.

方法：采集输入、输出数据（$y_j, x_{j1}, \cdots, x_{jn}$）（$j=1,2,\cdots,N$），使估计的模糊数 Y_j 包含在拟合度 h 以上的范围来决定模糊系数 A_i，即 $\mu_{Y_j}(y_j) \geqslant h$（$j=1,2,\cdots,N$），直观上如图 4.20 所示. 而

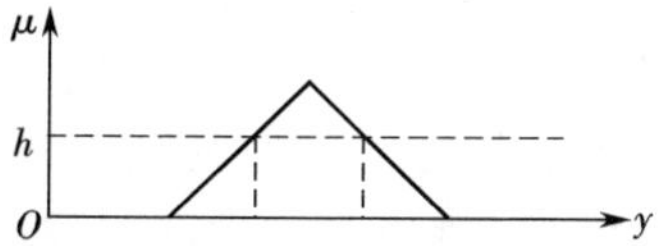

图 4.20　$\mu_{r_j(y_j)} \geqslant h$ 的图形表示

$$\mu_{Y_j}(y_j) = L\left(\frac{y_j - \sum_{i=1}^{n} \alpha_i x_{ji}}{\sum_{i=1}^{n} c_i |x_{ji}|}\right),$$

L 单值且在对称半侧单调，L^{-1} 存在. 由

$$\frac{y_j - \sum_{i=1}^{n} \alpha_i x_{ji}}{\sum_{i=1}^{n} c_i |x_{ji}|} = L^{-1}(h),$$

得
$$y_j - \sum_{i=1}^{n} \alpha_i x_{ji} = L^{-1}(h) \cdot \sum_{i=1}^{n} c_i |x_{ji}|.$$

故有 $-|L^{-1}(h)| \sum_{i=1}^{n} c_i |x_{ji}| \leqslant y_j - \sum_{i=1}^{n} \alpha_i x_{ji} \leqslant |L^{-1}(h)| \sum_{i=1}^{n} c_i |x_{ji}|.$

另一方面，使估计的 Y_j 的总幅度 $\sum_{j=1}^{N} \sum_{i=1}^{n} c_i |x_{ji}|$ 为最小来决定 A_i，于是将求 A_i 的问题归结为下面的线性规划.

$$\min z=\sum_{j=1}^{N}\sum_{i=1}^{n}c_i|x_{ji}|,$$

$$\text{s. t.}\begin{cases}y_j\leqslant\sum_{i=1}^{n}\alpha_i x_{ji}+|L^{-1}(h)|\sum_{i=1}^{n}c_i|x_{ji}|,\\ y_j\geqslant\sum_{i=1}^{n}\alpha_i x_{ji}-|L^{-1}(h)|\sum_{i=1}^{n}c_i|x_{ji}|,\\ c_i\geqslant 0,j=1,\cdots,N.\end{cases}$$

注:其中 $j=1,\cdots,N$ 表示将 j 组观测值代入形成 N 个式子.

例 4.29　日本某预制装配住宅 A 公司欲估计该公司住宅价格的可能性线性回归模型,设模糊系数为对称三角模糊数($L(x)=1-|x|$).

输入变量:x_1:材质优良等级;x_2:1 层床的面积;x_3:2 层床的面积;x_4:总房间数;x_5:日式房间数.

输出变量:Y:住宅销售价格(万日元).

解:首先采集数据(部分)如表 4.11.

表 4.11　观测数据

样本序号 j	y_j	x_{j1}	x_{j2}	x_{j3}	x_{j4}	x_{j5}
1	606	1	38.09	36.43	5	1
2	710	1	62.10	26.50	6	1
⋮	⋮	⋮	⋮	⋮	⋮	⋮
N	1 699	3	120.50	32.25	6	3

然后将数据代入以 α_i 和 c_i 为变元的线性规划得:

$$\min z=\sum_{j=1}^{N}\sum_{i=1}^{n}c_i|x_{ji}|,$$

$$\text{s. t.}\begin{cases}y_j\leqslant\sum_{i=1}^{n}\alpha_i x_{ji}+(1-h)\sum_{i=1}^{n}c_i|x_{ji}|,\\ y_j\geqslant\sum_{i=1}^{n}\alpha_i x_{ji}-(1-h)\sum_{i=1}^{n}c_i|x_{ji}|(j=1,2,\cdots,N),\\ c_i\geqslant 0(i=1,2,\cdots,n).\end{cases}$$

设 $h=0.5$,解得

$$A_0^*=(0,0)_L,\qquad A_1^*=(245.17,75.27)_L,$$

$$A_2^* = (5.85,0)_L,\ A_3^* = (4.79,0)_L,$$
$$A_4^* = (0,0)_L,\qquad A_5^* = (0,0)_L.$$

3. 一种基于最小二乘估计的模糊线性回归

问题：已知具有模糊输出 Y 与清晰（独立）输入 $x_1,\cdots,x_n$ 的模糊线性回归模型

$$Y^* = A_1x_1 + \cdots + A_nx_n,$$

其中 $A_j(c_j,\sigma_j)_R$ 为对称的 $L-R$ 型模糊数，现欲求 A_j 的最小二乘估计.

方法[35]：1）首先定义两个模糊数 $\underset{\sim}{A}$ 和 $\underset{\sim}{B}$ 的距离

$$d(\underset{\sim}{A},\underset{\sim}{B}) = \sqrt{\int_1^0 f(\lambda)d^2(A_\lambda,B_\lambda)\mathrm{d}\lambda},$$

其中 $A_\lambda = (a_1(\lambda),a_2(\lambda)),B_\lambda = (b_1(\lambda),b_2(\lambda))$ 为 $\underset{\sim}{A},\underset{\sim}{B}$ 的 λ 水平截集，$d^2(A_\lambda,B_\lambda) = (a_1(\lambda) - b_1(\lambda))^2 + (a_2(\lambda) - b_2(\lambda))^2$，$f(\lambda)$ 是 $[0,1]$ 上的增函数，$f(0) = 0,\int_0^1 f(\lambda)\mathrm{d}\lambda = \frac{1}{2}$.

2）采集输入与输出数据 $(Y_i,x_{i1},\cdots,x_{in})(i = 1,\cdots,m)$，其中 $Y_i = (y_1,\delta_i)_R$.

3）基于最小二乘的思想，使估计值与观测值的距离平方最小，且宽度非负，则有

$$\min S(A_1,\cdots,A_n) = \sum_{i=1}^m d^2(Y_i^*,Y_i) = \sum_{i=1}^m d^2(A_1x_{1i} + \cdots + A_nx_{in},Y_i),$$
$$\text{s.t. } \sigma_j \geqslant 0, j = 1,\cdots,n. \tag{1}$$

根据扩张原理和上面的距离定义，有

$$Y_i^* = (c_1x_{i1} + \cdots + c_nx_{in},\sigma_1x_{i1} + \cdots + \sigma_nx_{in})_R$$

由于 c_i 和 σ_i 是分离的，因此模型(1)可转化为两个优化问题：

$$\min S^{(1)}(c_1,\cdots,c_n) = \sum_{i=1}^m (c_1x_{i1} + \cdots + c_nx_{in} - y_i)^2, \tag{2}$$

$$\min S^{(2)}(\sigma_1,\cdots,\sigma_n) = \sum_{i=1}^m (\sigma_1x_{i1} + \cdots + \sigma_nx_{in} - \delta_i)^2,$$
$$\text{s.t. } \sigma_j \geqslant 0, j = 1,\cdots,n \tag{3}$$

其中(2)是普通最小二乘问题，当 $\boldsymbol{X}$ 的秩为 n 时有唯一解

$$\hat{\boldsymbol{c}}=(\hat{c}_1,\cdots,\hat{c}_n)^{\mathrm{T}}=(\boldsymbol{X}^{\mathrm{T}}\boldsymbol{X})^{-1}\boldsymbol{X}^{\mathrm{T}}\boldsymbol{Y}$$

其中

$$\boldsymbol{X}=\begin{bmatrix} x_{11} & \cdots & x_{1n} \\ \vdots & & \vdots \\ x_{m1} & \cdots & x_{mn} \end{bmatrix},\boldsymbol{Y}=\begin{bmatrix} y_1 \\ \vdots \\ y_m \end{bmatrix}.$$

而对于(3),当 $\boldsymbol{X}$ 的秩为 n 时也有唯一解 $\hat{\boldsymbol{\sigma}}=(\hat{\sigma}_1,\cdots,\hat{\sigma}_n)^{\mathrm{T}}$,$\hat{\boldsymbol{\sigma}}$ 可按下面的步骤计算:

①求 $\hat{\boldsymbol{\sigma}}=(\hat{\sigma}_1,\cdots,\hat{\sigma}_n)^{\mathrm{T}}=(\boldsymbol{X}^{\mathrm{T}}\boldsymbol{X})^{-1}\boldsymbol{X}^{\mathrm{T}}\boldsymbol{\delta}$,$\boldsymbol{\delta}=(\delta_1,\cdots,\delta_m)^{\mathrm{T}}$,若所有 $\hat{\sigma}_j\geqslant 0$,则 $\hat{\boldsymbol{\sigma}}$ 是(3)的解;若至少有一 $\hat{\sigma}_j<0$,转②;

②求解 $\min S_{I(k)}^{(2)}(\sigma_{j1},\cdots,\sigma_{jk})=\sum\limits_{i=1}^{m}(\sigma_{j1}x_{ij1}+\cdots+\sigma_{jk}x_{ijk}-\delta_i)^2$,其中 $I(k)=\{j_1,\cdots,j_k\}\subset\{1,\cdots,n\}$,$0\leqslant k\leqslant n-1$,记其中 $S_{I(0)}^{(2)}$ 和所有 $\hat{\sigma}_j$ 均 >0 的 $S_{I(\cdot)}^{(2)}$ 的最小值为 $S_{I(k_0)}^{(2)}(\hat{\sigma}_{q_1}^u,\cdots,\hat{\sigma}_{qk_0}^u)$,$1\leqslant q_1\leqslant\cdots\leqslant q_{k_0}\leqslant 0$,令

$$\hat{\sigma}_j=\begin{cases}\hat{\sigma}_j^u, & j\in\{q_1,\cdots,q_{k_0}\},\\ 0, & j\notin\{q_1,\cdots,q_{k_0}\},\end{cases}(j=1,\cdots,n)$$

则此 $\hat{\boldsymbol{\sigma}}$ 即为(3)的解.

由 $\hat{\boldsymbol{c}}$ 和 $\hat{\boldsymbol{\sigma}}$ 即可得 $A_1,\cdots,A_n$ 的估计.

4.5　应用举例二:模糊评价与优化

评价与优化是管理中有代表性的定量决策问题. 本节将作为模糊数学中模糊集及其隶属函数等知识的应用来介绍模糊评价与优化的一些常用方法.

4.5.1　模糊综合评价

实际中的一类多因素综合评价问题可以采用模糊合成的方法来解决. 记 $X=\{x_1,\cdots,x_m\}$ 表示评价指标的集合,也称因素集;$Y=\{y_1,\cdots,y_n\}$ 表示被评价对象的集合;$Z=\{z_1,\cdots,z_l\}$ 表示评价等级的集合,也称决策集. $X\times Y$ 上的模糊关系 A 表示 X 中的指标对于评价 Y 中元素的重要程度,$Y\times Z$ 上的模糊关系 R 表示 Y 中的元素在 X 中各指标下与 Z

中元素的贴近程度,则模糊合成 $A\circ R$ 可看作 $X\times Z$ 上的一个模糊关系,表示 X 中各指标综合评价某 Y 中对象时隶属于 Z 中各等级的程度. 显然,这时对 A 与 R 的合成,采用(+ , ·)更合理,这相当于普通矩阵的乘积 $A\cdot R$.

例如要评价服装,可设 $X=\{$花色式样,耐穿程度,舒适程度,价格$\}$,$Y=\{$儿童服装,青年服装,中老年服装$\}$,$Z=\{$优,良,中,差$\}$. 显然,对于 Y 中不同类型的服装,X 中评价指标的重要程度是不同的,即对不同的评价对象,同一组指标的权重分配可以不完全相同. 所以首先要确定对于被评价的服装而言,各指标的权重 $\boldsymbol{A}=[a_1\quad a_2\quad a_3\quad a_4]$,然后确定被评价的服装在各指标 $x_i(i=1,2,3,4)$下与各等级 $z_j(j=1,2,3,4)$的贴近程度 r_{ij},由此组成单因素评判矩阵 $\boldsymbol{R}=(r_{ij})_{4\times4}$. 则模糊合成 $\boldsymbol{A}\circ\boldsymbol{R}$ 即表示该服装从综合评价意义上看隶属于各等级的程度. 最后可由最大隶属度原则确定所属的评定等级.

通常只对 Y 中某一特定对象进行评价,这时可把模糊综合评价的一般步骤总结如下.

(1) 确定评价指标及其权重.

根据问题确定评价指标集 $X=\{x_1,\cdots,x_n\}$ 及各指标的权重集 $\boldsymbol{A}=(a_1,\cdots,a_n)$, $\sum\limits_{i=1}^{n}a_i=1, a_i>0$.

(2) 单因素评价.

首先确定评价结果等级即决策集 $Z=\{z_1,\cdots,z_m\}$,然后确定评价对象在各单项指标上的得分

$$\boldsymbol{r}_i=(r_{i1},\cdots,r_{im})\quad(i=1,\cdots,n),$$

其中 r_{ij}是评价对象在第 i 个指标上隶属于等级 z_j 的程度. 最后以 r_i 为行构成单因素评价矩阵 $\boldsymbol{R}=(r_{ij})_{n\times m}$.

例如,对某小学生进行综合评价,指标为德、智、体、美、劳,等级为优、良、中、差,其评价数据如表 4. 12.

表中的数据即构成单因素评价矩阵 $\boldsymbol{R}$.

表4.12　小学生单因素评价表

指标	等级			
	优	良	中	差
德	0.7	0.3	0	0
智	0.5	0.4	0.1	0
体	0.3	0.5	0.2	0
美	0.6	0.4	0	0
劳	0.5	0.4	0.1	0

(3) 综合评价.

计算模糊合成$A \circ R$,合成采用$(+,\cdot)$,即相当于普通矩阵乘法.对于合成结果可进行归一化,并按最大隶属度原则确定评价对象所属的等级.

例4.30　对某种中老年服装的销售情况进行评价,评价指标为U_1(花色式样)、U_2(耐穿程度)、U_3(舒适程度)、U_4(价格).权重各为0.2,0.1,0.4,0.3,评价等级为优、良、中、差.现由专家和顾客组成的小组对产品进行单因素评价,即给出该服装在各指标上分别隶属于各等级的程度U_1:(0.7,0.2,0.1,0),U_2:(0.2,0.4,0.3,0.1),U_3:(0.1,0.3,0.4,0.2),U_4:(0.4,0.3,0.2,0.1).试对该服装进行模糊综合评价.

解:由设$A=[0.2\quad 0.1\quad 0.4\quad 0.3]$,

$$R=\begin{bmatrix}0.7 & 0.2 & 0.1 & 0\\0.2 & 0.4 & 0.3 & 0.1\\0.1 & 0.3 & 0.4 & 0.2\\0.4 & 0.3 & 0.2 & 0.1\end{bmatrix},$$

则

$$A\circ R=[0.2\quad 0.1\quad 0.4\quad 0.3]\circ\begin{bmatrix}0.7 & 0.2 & 0.1 & 0\\0.2 & 0.4 & 0.3 & 0.1\\0.1 & 0.3 & 0.4 & 0.2\\0.4 & 0.3 & 0.2 & 0.1\end{bmatrix}$$

$$=[0.32\quad 0.29\quad 0.27\quad 0.12].$$

由最大隶属度原则,该服装的综合评价等级为优.

如果有同一类型的多个被评价对象，希望对其模糊综合评价等级做进一步区分，则可基于模糊合成的结果计算每个对象的一个综合得分. 具体方法是，先令每个等级对应一个数值（可称评价尺度），如优对应于90，良对应于80，中对应于70，差对应于60，用每个对象的（归一化的）模糊合成结果对各等级的数值加权平均，则可得各对象的得分.

当指标较多时，模糊综合评价中指标权重的确定可采用本书1.6中介绍的层次分析法.

例 4.31　某公司下属一企业为从国外引进一项先进技术，制订了两个替代方案 P_1 和 P_2. 为此，由企业引进办公室、企业技术部门、公司技术部门和上级主管部门共抽调 10 位专家组成一个评价小组，对两个替代方案的综合经济效益进行评价，经 10 位专家讨论结果，决定采用层次分析法和模糊综合评价法对此进行评价，并按以下程序进行.

（1）确定评价指标体系.

专家组经过讨论建立了如图 4.21 所示的指标体系，最终的指标为研究开发能力（C_1），产品竞争能力（C_2），国产化水平（C_3），节汇、创汇水平（C_4），资金利润率（C_5），人员技术素质（C_6），改善经营管理水平（C_7）.

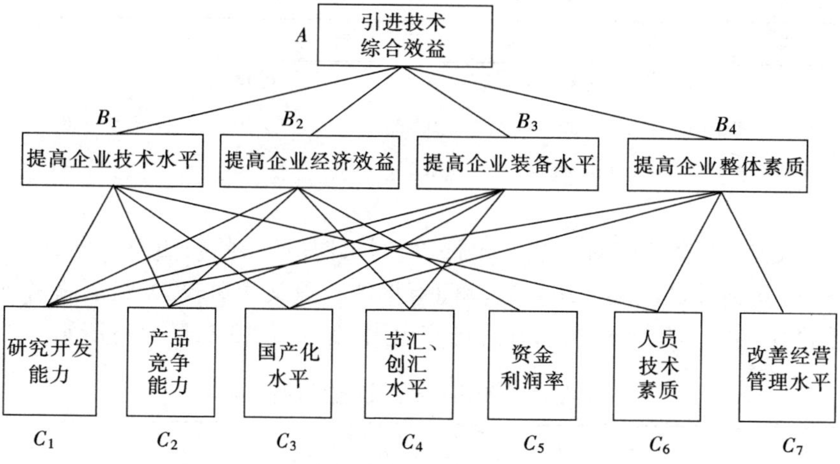

图 4.21　评价指标体系

(2) 确定指标权重.

首先确定 B 层的相对权重,由工厂引进办、工厂技术部门负责人、公司技术部门及上级主管部门专家分别进行比较评定.其中工厂引进办的判断结果如表 4.13.

表 4.13　工厂引进办的判断矩阵及 $B_1 \sim B_4$ 的权重

A	B_1	B_2	B_3	B_4	W	$C.R.$
B_1	1	$\frac{1}{3}$	$\frac{1}{2}$	1	0.147	
B_2	3	1	2	2	0.429	$C.I.=\frac{4.259-4}{4-1}=0.086$
B_3	2	$\frac{1}{2}$	1	$\frac{1}{2}$	0.194	$C.R.=0.974$
B_4	1	$\frac{1}{2}$	2	1	0.230	

同样,工厂技术部门、公司科技部门及上级主管部门等三方面的有关专家也可通过各自的判断矩阵和计算,得到 $B_1 \sim B_4$ 4 个评价准则的权重如表 4.14 所示.

表 4.14　工厂技术部门等三方面专家评定 $B_1 \sim B_4$ 的权重

部　门	B_1	B_2	B_3	B_4
工厂技术部门	0.306	0.377	0.141	0.176
公司技术部门	0.321	0.185	0.204	0.290
上级主管部门	0.312	0.312	0.137	0.239

显然,4 个部门对上述 4 个评价项目计算所得的权重是不同的.一般,公司科技部门和上级主管部门意见的权重又相对较大.最后将各评价准则的权重用加权和的方法计算出来,如表 4.15 最后一行所示.

表 4.15　各评价准则权重的加权和

部　门	专家权重	B_1	B_2	B_3	B_4
工厂引进办	0.2	0.147	0.429	0.194	0.230
工厂技术部门	0.2	0.306	0.377	0.141	0.176

续表

部　门	专家权重	B_1	B_2	B_3	B_4
公司科技部门	0.3	0.321	0.185	0.204	0.290
上级主管部门	0.3	0.312	0.312	0.137	0.239
加　权　和		0.281	0.311	0.169	0.239

接着,建立 C_1,C_2,C_3 及 C_6 对 B_1 的判断矩阵,以及 C_2,C_3,C_4 及 C_5 对 B_2 的判断矩阵等等,并据此计算出各评价项目的权重(计算过程从略).

最后,用计算层次总排序(综合权重)的方法计算出最后一层 $C_1 \sim C_7$ 的综合权重,结果如表 4.16 所示.

表 4.16　C 层评价指标对引进技术综合效益的综合权重

A	C_1	C_2	C_3	C_4	C_5	C_6	C_7
W	0.201	0.337	0.117	0.060	0.125	0.113	0.047

(3) 确定评价等级和相应尺度.

由上述 4 个部门专家共 10 人组成的评价小组来确定评价等级为Ⅰ、Ⅱ、Ⅲ、Ⅳ,相应评价尺度集 $E=\{e_1,e_2,e_3,e_4\}=\{1.00,0.80,0.50,0.25\}$.

(4) 确定单因素评价矩阵.

由专家组分别对两个方案评定在各指标上的得分(10 分制),其中 P_1 的结果如表 4.17.

表 4.17　方案 P_1 的单因素评分表

评价项目集(C)		研究开发能力(C_1)	产品竞争能力(C_2)	国产化水平(C_3)	节汇、创汇水平(C_4)	资金利润率(C_5)	人员技术素质(C_6)	经营管理水平(C_7)
综合权重		0.201	0.337	0.117	0.060	0.125	0.113	0.047
评价尺度	1.00	2	1	0	0	3	7	4
	0.80	7	9	5	6	5	3	5
	0.50	1	0	4	4	2	0	1
	0.25	0	0	1	0	0	0	0

根据表4.17所示信息,用得分除以10作为隶属度,可得方案 P_1 的单因素评价矩阵 $\boldsymbol{R}_1$ 如下:

$$\boldsymbol{R}_1=\begin{bmatrix}0.2 & 0.7 & 0.1 & 0.0\\0.1 & 0.9 & 0.0 & 0.0\\0.0 & 0.5 & 0.4 & 0.1\\0.0 & 0.6 & 0.4 & 0.0\\0.3 & 0.5 & 0.0 & 0.0\\0.7 & 0.3 & 0.0 & 0.0\\0.4 & 0.5 & 0.1 & 0.0\end{bmatrix}.$$

同样方法可得

$$\boldsymbol{R}_2=\begin{bmatrix}0.5 & 0.5 & 0.0 & 0.0\\0.3 & 0.6 & 0.1 & 0.0\\0.3 & 0.4 & 0.3 & 0.0\\0.4 & 0.4 & 0.2 & 0.0\\0.4 & 0.3 & 0.3 & 0.0\\0.0 & 0.4 & 0.4 & 0.2\\0.3 & 0.5 & 0.2 & 0.0\end{bmatrix}.$$

(5) 确定方案 P_1 和 P_2 的模糊综合评定向量 $\boldsymbol{S}_1$ 和 $\boldsymbol{S}_2$.

$$\boldsymbol{S}_1=[0.201\quad 0.337\quad 0.117\quad 0.060\quad 0.125\quad 0.113\quad 0.047]\begin{bmatrix}0.2 & 0.7 & 0.1 & 0.0\\0.1 & 0.9 & 0.0 & 0.0\\0.0 & 0.5 & 0.4 & 0.1\\0.0 & 0.6 & 0.4 & 0.0\\0.3 & 0.5 & 0.2 & 0.0\\0.7 & 0.3 & 0.0 & 0.0\\0.4 & 0.5 & 0.1 & 0.0\end{bmatrix}$$

$$=[0.2093\quad 0.6584\quad 0.1206\quad 0.0117],$$

$$
\boldsymbol{S}_2=[0.201\quad 0.337\quad 0.117\quad 0.060\quad 0.125\quad 0.113\quad 0.047]\begin{bmatrix}0.5 & 0.5 & 0.0 & 0.0\\ 0.3 & 0.6 & 0.1 & 0.0\\ 0.3 & 0.4 & 0.3 & 0.0\\ 0.4 & 0.4 & 0.2 & 0.0\\ 0.4 & 0.3 & 0.3 & 0.0\\ 0.0 & 0.4 & 0.4 & 0.2\\ 0.3 & 0.5 & 0.2 & 0.0\end{bmatrix}
$$

$$
=[0.2217\quad 0.4974\quad 0.2583\quad 0.0226].
$$

（6）计算方案 P_1 和 P_2 的优先顺序.

$$
\boldsymbol{S}_1\boldsymbol{E}=[0.2093\quad 0.6584\quad 0.1206\quad 0.0117]\begin{bmatrix}1.00\\ 0.80\\ 0.50\\ 0.25\end{bmatrix}=0.7792.
$$

$$
\boldsymbol{S}_2\boldsymbol{E}=[0.2217\quad 0.4974\quad 0.2583\quad 0.0226]\begin{bmatrix}1.00\\ 0.80\\ 0.50\\ 0.25\end{bmatrix}=0.7544.
$$

其中 $\boldsymbol{E}=[1.00\quad 0.80\quad 0.50\quad 0.25]^{\mathrm{T}}$

由上述计算可知，两个方案的优先顺序为 P_1、P_2.

4.5.2　模糊线性规划

普通线性规划的一般式为

$$
\max z=c_1x_1+\cdots+c_nx_n
$$

$$
\text{s. t.}\begin{cases}a_{11}x_1+\cdots+a_{1n}x_n\leqslant b_1,\\ \qquad\vdots\\ a_{m1}x_1+\cdots+a_{mn}x_n\leqslant b_m,\\ x_1,\cdots,x_n\geqslant 0,\end{cases}
$$

也可表示为矩阵式

$$
\max z=\boldsymbol{Cx},
$$

$$
\text{s. t.}\begin{cases}Ax\leqslant\boldsymbol{b},\\ \boldsymbol{x}\geqslant\boldsymbol{0}.\end{cases}
$$

其中

$$\boldsymbol{C}=[c_1 \quad \cdots \quad c_n],\boldsymbol{x}=[x_1 \quad \cdots \quad x_n]^{\mathrm{T}},\boldsymbol{A}=\begin{bmatrix} a_{11} & \cdots & a_{1n} \\ \vdots & & \vdots \\ a_{m1} & \cdots & a_{mn} \end{bmatrix},\boldsymbol{b}=\begin{bmatrix} b_1 \\ \vdots \\ b_m \end{bmatrix}.$$

线性规划模型中的系数 $\boldsymbol{C}$、$\boldsymbol{A}$、$\boldsymbol{b}$ 均为确定的常量. 记上面线性规划的最优值为 z_0.

1. 约束不等式有宽容度的模糊线性规划

在实际的优化问题中,有时目标函数或约束条件带有一定的模糊性. 例如,约束条件中的右端项 $b_i(i=1,\cdots,m)$ 往往表示某种资源的限量,但有时可能并不是绝对不能超过这一限量,而是有一个**容许(超出)量** $d_i(i=1,\cdots,m)$. 当所用的该资源量介于 b_i 和 d_i 之间时,决策者的满意度递减,这可表示为下面的函数表达式:

$$\mu_{\underset{\sim}{B_i}}(\boldsymbol{x})=\begin{cases} 1, & \text{当} \sum\limits_{j=1}^{n} a_{ij}x_j \leqslant b_i, \\ 1-\dfrac{\sum\limits_{j=1}^{n} a_{ij}x_j - b_i}{d_i}, & \text{当 } b_i < \sum\limits_{j=1}^{n} a_{ij}x_j \leqslant b_i+d_i, \\ 0, & \text{当} \sum\limits_{j=1}^{n} a_{ij}x_j > b_i+d_i. \end{cases}$$

其中 $\boldsymbol{x}=[x_1 \quad \cdots \quad x_n]^{\mathrm{T}}$, 若记 $\boldsymbol{x}=\sum\limits_{i=1}^{n} a_{ij}x_j$, 则图形如图 4.22 所示. 以 $\mu_{\underset{\sim}{B_i}}(\boldsymbol{x})$ 为隶属函数的模糊集 $\underset{\sim}{B_i}$ 就是第 i 个模糊约束, $\underset{\sim}{B_1},\cdots,\underset{\sim}{B_m}$ 的交集 $\underset{\sim}{B}$ 表示的整个模糊约束记为

$$\boldsymbol{Ax} \underset{\sim}{\leqslant} \boldsymbol{b}.$$

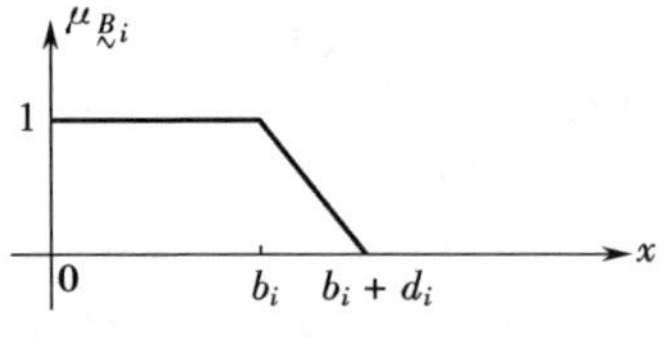

图 4.22　$\mu_{\underset{\sim}{B_i}}(x)$ 的图示

同样,目标也可以是模糊的. 设目标与 z_0 相差的容许量为 d_0,记

$$\mu_{\underset{\sim}{C}}(\boldsymbol{x})=\begin{cases}0, & \text{当} \sum_{j=1}^{n} c_j x_j \leqslant z_0, \\ \dfrac{\sum_{j=1}^{n} c_j x_j - z_0}{d_0}, & \text{当} z_0 < \sum_{j=1}^{n} c_j x_j \leqslant z_0 + d_0, \\ 1, & \text{当} \sum_{j=1}^{n} c_j x_j > z_0 + d_0.\end{cases}$$

以 $\mu_{\underset{\sim}{C}}(\boldsymbol{x})$ 为隶属函数的模糊集 $\underset{\sim}{C}$ 就是模糊目标,可记为

$$\boldsymbol{Cx} \underset{\sim}{\geqslant} z_0.$$

也可形式地记为

$$\max z \underset{\sim}{=} \boldsymbol{Cx}.$$

模糊目标与模糊约束的交集 $\underset{\sim}{B} \cap \underset{\sim}{C}$ 中隶属度最大的点 $\boldsymbol{x}^*$,即最大程度满足模糊约束和模糊目标的点,其相应的最大隶属度值

$$\begin{aligned}&\max_{\boldsymbol{x}\in X}\{\mu_{\underset{\sim}{B}}(\boldsymbol{x}) \wedge \mu_{\underset{\sim}{C}}(\boldsymbol{x})\} \\ &= \max\{\lambda \mid \mu_{\underset{\sim}{B_i}}(\boldsymbol{x}) \geqslant \lambda (i=1,\cdots,m), \mu_{\underset{\sim}{C}}(\boldsymbol{x}) \geqslant \lambda, \lambda \geqslant 0\}.\end{aligned}$$

于是求 $\boldsymbol{x}^*$ 的问题可归为解一个新的线性规划

$$\max \lambda$$

$$\text{s.t.}\begin{cases}1-\dfrac{\sum_{j=1}^{n} a_{ij} x_j - b_i}{d_i} \geqslant \lambda \quad (i=1,\cdots,m), \\ \dfrac{\sum_{j=1}^{n} c_j x_j - z_0}{d_0} \geqslant \lambda, \\ \lambda \geqslant 0, \quad x_1,\cdots,x_n \geqslant 0.\end{cases}$$

解得的最优解 $\boldsymbol{x}^*$ 即**模糊线性规划**

$$\max z \underset{\sim}{=} \boldsymbol{Cx},$$

$$\text{s.t.}\begin{cases}Ax \underset{\sim}{\leqslant} b, \\ x \geqslant \boldsymbol{0}\end{cases}$$

的**模糊最优解**,将 $\boldsymbol{x}^*$ 代入 z 的表达式即得**模糊最优值** z^*. 其中目标容

许量 d_0 的选取可参考例 4.30.

例 4.32 求解下面的模糊线性规划

$$\max z \underset{\sim}{=} 2x_1 + x_2,$$

$$\text{s.t.}\begin{cases} x_1 + x_2 \underset{\sim}{\leqslant} 5, \\ -x_1 + x_2 \underset{\sim}{\leqslant} 0, \\ 6x_1 + 2x_2 \underset{\sim}{\leqslant} 21, \\ x_1, x_2 \geqslant 0, \end{cases}$$

其中 3 个资源约束条件的容许量分别为 $d_1 = 1, d_2 = 2, d_3 = 3$.

解: 首先求解不加容许量的确定线性规划

$$\max z = 2x_1 + x_2,$$

$$\text{s.t.}\begin{cases} x_1 + x_2 \leqslant 5, \\ -x_1 + x_2 \leqslant 0, \\ 6x_1 + 2x_2 \leqslant 21, \\ x_1, x_2 \geqslant 0, \end{cases}$$

得其最优解为 $\boldsymbol{x}_0 = \begin{bmatrix} \frac{11}{4} & \frac{9}{4} \end{bmatrix}^{\mathrm{T}}$,最优值 $z_0 = \frac{31}{4}$.

然后写出考虑容许量的模糊约束的隶属函数

$$\mu_{\underset{\sim}{B_1}}(\boldsymbol{x}) = \begin{cases} 1, & \text{当 } x_1 + x_2 \leqslant 5, \\ 1 - \dfrac{x_1 + x_2 - 5}{1}, & \text{当 } 5 < x_1 + x_2 \leqslant 5 + 1, \\ 0, & \text{当 } x_1 + x_2 > 5 + 1; \end{cases}$$

$$\mu_{\underset{\sim}{B_2}}(\boldsymbol{x}) = \begin{cases} 1, & \text{当 } -x_1 + x_2 \leqslant 0, \\ 1 - \dfrac{-x_1 + x_2 - 0}{2}, & \text{当 } 0 < -x_1 + x_2 \leqslant 0 + 2, \\ 0 & \text{当 } -x_1 + x_2 > 0 + 2; \end{cases}$$

$$\mu_{\underset{\sim}{B_3}}(\boldsymbol{x}) = \begin{cases} 1, & \text{当 } 6x_1 + 2x_2 \leqslant 21, \\ 1 - \dfrac{6x_1 + 2x_2 - 21}{3}. & \text{当 } 21 < 6x_1 + 2x_2 \leqslant 21 + 3, \\ 0, & \text{当 } 6x_1 + 2x_2 > 21 + 3. \end{cases}$$

为了确定目标容许量 d_0，求解在最大容许量条件下的确定线性规划

$$\max z=2x_1+x_2,$$

$$\text{s.t.}\begin{cases}x_1+x_2\leqslant 6,\\ -x_1+x_2\leqslant 2,\\ 6x_1+2x_2\leqslant 24,\\ x_1,x_2\geqslant 0,\end{cases}$$

解得最优解 $\boldsymbol{x}_1=[3\quad 3]^{\mathrm{T}}$，最优值 $z_1=9$.

取 $d_0=9-\dfrac{31}{4}=\dfrac{5}{4}$，写出模糊目标的隶属函数

$$\mu_{\underset{\sim}{C}}(\boldsymbol{x})=\begin{cases}0, & \text{当 } 2x_1+x_2\leqslant\dfrac{31}{4},\\ \dfrac{2x_1+x_2-\dfrac{31}{4}}{\dfrac{5}{4}}, & \text{当 } \dfrac{31}{4}<2x_1+x_2\leqslant 9,\\ 1, & \text{当 } 2x_1+x_2>9.\end{cases}$$

最后求解模糊集 $\underset{\sim}{B}_1\cap\underset{\sim}{B}_2\cap\underset{\sim}{B}_3\cap\underset{\sim}{C}$ 上的最大值，即解普通线性规划

$$\max \lambda$$

$$\text{s.t.}\begin{cases}1-(x_1+x_2-5)\geqslant\lambda,\\ 1-\dfrac{1}{2}(-x_1+x_2)\geqslant\lambda,\\ 1-\dfrac{1}{3}(6x_1+2x_2-21)\geqslant\lambda,\\ \dfrac{4}{5}\left(2x_1+x_2-\dfrac{31}{4}\right)\geqslant\lambda,\\ \lambda\geqslant 0,x_1,x_2\geqslant 0,\end{cases}$$

解得其最优解和最优值为

$$x_1^*=\frac{23}{8},x_2^*=\frac{21}{8},\lambda^*=\frac{1}{2}.$$

所以 $\boldsymbol{x}^*=\left[\dfrac{23}{8}\quad\dfrac{21}{8}\right]^{\mathrm{T}}$ 即模糊最优解，代入 z 的表达式得 $z^*=\dfrac{67}{8}$ 即模糊最优值.

2. 系数是模糊数的模糊线性规划

模型：$\max \tilde{z} = \sum_{j=1}^{n} \tilde{c}_j x_j$,

$$\text{s.t.}\begin{cases}\sum_{j=1}^{n} \tilde{a}_{ij}x_j \leqslant \tilde{b}_i (i=1,\cdots,m-1),\\ \sum_{j=1}^{n} \tilde{a}_{mj}x_j = \tilde{b}_m,\\ x_j \geqslant 0 (j=1,\cdots,n_0),\\ x_j \leqslant 0 (j=n_0+1,\cdots,n).\end{cases}$$

求解思路：利用模糊数的截集化为**区间规划**.

方法：(1)取水平 λ，得相应的区间规划。

$$\max \tilde{z} = \sum_{j=1}^{n} [\underline{c}_j(\lambda),\bar{c}_j(\lambda)]x_j,$$

$$\text{s.t.}\begin{cases}\sum_{j=1}^{n} [\underline{a}_{ij}(\lambda),\bar{a}_{ij}(\lambda)]x_j \leqslant [\underline{b}_i(\lambda),\bar{b}_i(\lambda)] (i=1,\cdots,m-1),\\ \sum_{j=1}^{n} [\underline{a}_{mj}(\lambda),\bar{a}_{mj}(\lambda)]x_j = [\underline{b}_m(\lambda),\bar{b}_m(\lambda)],\\ x_j \geqslant 0 (j=1,\cdots,n_0),\\ x_j \leqslant 0 (j=n_0+1,\cdots,n).\end{cases}$$

(2)求解 LP_0

$$\max \bar{z}(\lambda,x) = \sum_{j=1}^{n_0} \bar{c}_j(\lambda)x_j + \sum_{j=n_0+1}^{n} \underline{c}_j(\lambda)x_j,$$

$$\text{s.t.}\begin{cases}\sum_{j=1}^{n_0} \underline{a}_{ij}(\lambda)x_j + \sum_{j=n_0+1}^{n} \bar{a}_{ij}(\lambda)x_j \leqslant \bar{b}_i(\lambda) (i=1,\cdots,m-1),\\ \sum_{j=1}^{n_0} \bar{a}_{mj}(\lambda)x_j + \sum_{j=n_0+1}^{n} \underline{a}_{mj}(\lambda)x_j \geqslant \underline{b}_m(\lambda),\\ \sum_{j=1}^{n_0} \underline{a}_{mj}(\lambda)x_j + \sum_{j=n_0+1}^{n} \bar{a}_{mj}(\lambda)x_j \leqslant \bar{b}_m(\lambda),\\ x_j \geqslant 0 (j=1,\cdots,n_0),\\ x_j \leqslant 0 (j=n_0+1,\cdots,n),\end{cases}$$

得最优解 $\boldsymbol{x}_0^*$，最优值 $\bar{z}^*(\lambda,\boldsymbol{x}_0^*)$.

可以证明，LP_0 的可行域是上面区间规划的最大可行域.

(3)求解 LP_1 和 LP_2.

$$LP_1:\max \underline{z}(\lambda,x)=\sum_{j=1}^{n_0}\underline{c}_j(\lambda)x_j+\sum_{j=n_0+1}^{n}\bar{c}_j(\lambda)x_j,$$

$$\text{s.t.}\begin{cases}\sum\limits_{j=1}^{n_0}\bar{a}_{ij}(\lambda)x_j+\sum\limits_{j=n_0+1}^{n}\underline{a}_{ij}(\lambda)x_j\leqslant\underline{b}_i(\lambda)\ (i=1,\cdots,m-1)\\ \sum\limits_{j=1}^{n_0}\bar{a}_{mj}(\lambda)x_j+\sum\limits_{j=n_0+1}^{n}\underline{a}_{mj}(\lambda)x_j=\underline{b}_m(\lambda),\\ x_j\geqslant 0(j=1,\cdots,n_0),\\ x_j\leqslant 0(j=n_0+1,\cdots,n),\end{cases}$$

得最优解 $\boldsymbol{x}_1^*$，最优值 $\underline{z}^*(\lambda,\boldsymbol{x}_1^*)$.

$$LP_2:\max \underline{z}(\lambda,x)=\sum_{j=1}^{n_0}\underline{c}_j(\lambda)x_j+\sum_{j=n_0+1}^{n}\bar{c}_j(\lambda)x_j,$$

$$\text{s.t.}\begin{cases}\sum\limits_{j=1}^{n_0}\bar{a}_{ij}(\lambda)x_j+\sum\limits_{j=n_0+1}^{n}\underline{a}_{ij}(\lambda)x_j\leqslant\underline{b}_i(\lambda)\ (i=1,\cdots,m-1)\\ \sum\limits_{j=1}^{n_0}\underline{a}_{mj}(\lambda)x_j+\sum\limits_{j=n_0+1}^{n}\bar{a}_{mj}(\lambda)x_j=\bar{b}_m(\lambda),\\ x_j\geqslant 0(j=1,\cdots,n_0),\\ x_j\leqslant 0(j=n_0+1,\cdots,n),\end{cases}$$

得最优解 $\boldsymbol{x}_2^*$，最优值 $\underline{z}^*(\lambda,\boldsymbol{x}_2^*)$.

可以证明，LP_1 或 LP_2 的可行域是上面区间规划的最小可行域.

(4)$\bar{z}^*(\lambda)=\bar{z}^*(\lambda,\boldsymbol{x}_0^*)$称为**最好最优值**，相应 $\boldsymbol{x}_0^*$ 为**最好最优解**(相应于最大可行域)，$\underline{z}^*(\lambda)=\min\{\underline{z}^*(\lambda,\boldsymbol{x}_1^*),\underline{z}^*(\lambda,\boldsymbol{x}_2^*)\}$称**最差最优值**，相应 $\boldsymbol{x}_1^*$ 或 $\boldsymbol{x}_2^*$ 为**最差最优解**(相应于最小可行域)，$v(\lambda)=[\underline{z}^*(\lambda),\bar{z}^*(\lambda)]$称为**最优区间值**(可证，当 $\lambda_1\leqslant\lambda_2$，有 $v(\lambda_1)\supset v(\lambda_2)$).

例 4.33　求解下面具有三角模糊系数的模糊线性规划.

$$\max \tilde{z}=(1,2,3)x_1+(2,3,5)x_2,$$

$$\text{s. t.}\begin{cases}(3,4,5)x_1-(-2,-1,1)x_2\leqslant(8,9,11),\\(1,3,5)x_1-(2,3,4)x_2\geqslant(4,6,7),\\(1,2,2)x_1+(1,1,1)x_2\geqslant(0,3,6),\\x_1\geqslant0,x_2\leqslant0.\end{cases}$$

解:取 $\lambda=0.8$,得

$$\max z=[1.8,2.2]x_1+[2.8,3.4]x_2,$$

$$\text{s. t.}\begin{cases}[3.8,4.2]x_1-[-1.2,-0.6]x_2\leqslant[8.8,9.4],\\[-3.4,-2.6]x_1+[2.8,3.2]x_2\leqslant[-6.6,-5.4],\\[1.8,2]x_1+[1,1]x_2=[2.4,3.6],\\x_1\geqslant0,x_2\leqslant0.\end{cases}$$

分别求解相应的 LP_0、LP_1 和 LP_2,得 $\boldsymbol{x}_0^*=[2\quad 0]^{\mathrm{T}}$,$\bar{z}^*(0.8)=4.4$,$\boldsymbol{x}_1^*=[1.5756\quad -0.7512]$,$\boldsymbol{x}_2^*=[2.1309\quad -0.2356]^{\mathrm{T}}$,$\underline{z}^*(0.8)=\min\{0.282\,2,3.034\,6\}=0.282\,2$,最优区间值 $v(0.8)=[0.282\,2,4.4]$.

当取 $\lambda=1$ 时,原模糊线性规划成为精确线性规划,$\boldsymbol{x}^*=\left[\frac{5}{3}\quad -\frac{1}{3}\right]^{\mathrm{T}}v(1)=2.333\,3$.

当无等式和非正变量约束时,方法变得更简单,这时,

模型:

$$\max z=\sum_{j=1}^{n}c_jx_j,$$

$$\text{s. t.}\begin{cases}\sum_{j=1}^{n}a_{ij}x_j\leqslant b_i(i=1,\cdots,m),\\x_j\geqslant0(j=1,\cdots,n).\end{cases}$$

方法:(1)取水平 λ,得相应的区间规划如下:

$$\max z=\sum_{j=1}^{n}[\underline{c}_j(\lambda),\bar{c}_j(\lambda)]x_j,$$

$$\text{s. t.}\begin{cases}\sum_{j=1}^{n}[\underline{a}_{ij}(\lambda),\bar{a}_{ij}(\lambda)]x_j\leqslant[\underline{b}_i(\lambda),\bar{b}_i(\lambda)](i=1,\cdots,m),\\x_j\geqslant0(j=1,\cdots,n).\end{cases}$$

(2)求解 LP_0.

LP_0:
$$\max \bar{z}(\lambda,x)=\sum_{j=1}^{n}\bar{c}_j(\lambda)x_j,$$
$$\text{s.t.}\begin{cases}\sum_{j=1}^{n}\underline{a}_{ij}(\lambda)x_j\leqslant\bar{b}_i(\lambda),\\ x_j\geqslant 0(j=1,\cdots,n),\end{cases}$$
得最优解 x_0^*,最优值 $\bar{z}^*(\lambda,x_0^*)$.

(3)求解 LP_1.

LP_1:
$$\max \underline{z}(\lambda,x)=\sum_{j=1}^{n}\underline{c}_j(\lambda)x_j,$$
$$\text{s.t.}\begin{cases}\sum_{j=1}^{n}\bar{a}_{ij}(\lambda)x_j\leqslant\underline{b}_i(\lambda),\\ x_j\geqslant 0(j=1,\cdots,n),\end{cases}$$
得最优解 x_1^*,最优值 $\underline{z}^*(\lambda,x_1^*)$.

(4) $\bar{z}^*(\lambda)=\bar{z}^*(\lambda,x_0^*)$ 为最好最优值,相应 x_0^* 为最好最优解;

$\underline{z}^*(\lambda)=\underline{z}^*(\lambda,x_1^*)$ 为最差最优值,相应 x_1^* 为最差最优解;

$v(\lambda)=[\underline{z}^*_{(\lambda)},\bar{z}^*_{(\lambda)}]$ 为最优区间值.

3. 区间线性规划

区间线性规划(IvLP)的一般模型如下:
$$\min z=\sum_{j=1}^{n}[\underline{c}_j,\bar{c}_j]x_j,$$
$$\text{s.t.}\begin{cases}\sum_{j=1}^{n}[\underline{a}_{ij},\bar{a}_{ij}]x_j\geqslant[\underline{b}_i,\bar{b}_i](i=1,\cdots,m),\\ x_j\geqslant 0(j=1,\cdots,n).\end{cases}$$

1)方法一

思路:与具有模糊系数的线性规划的截集区间规划求解相同,分别解相应于最大、小范围约束的确定规划问题.

方法:(1)解最好最优值模型:
$$\min z=\sum_{j=1}^{n}\underline{c}_jx_j,$$

$$\text{s.t.}\begin{cases}\sum_{j=1}^{n}\bar{a}_{ij}x_j \geqslant \underline{b}_i(i=1,\cdots,m),\\ x_j\geqslant 0(j=1,\cdots,n).\end{cases}$$

得最优值记为$\underline{z}$.

(2)解最差最优值模型：

$$\min z=\sum_{j=1}^{n}\bar{c}_j x_j,$$

$$\text{s.t.}\begin{cases}\sum_{j=1}^{n}\underline{a}_{ij}x_j \geqslant \bar{b}_i(i=1,\cdots,m),\\ x_j\geqslant 0(j=1,\cdots,n).\end{cases}$$

得最优值记为 $\bar{z}$.

(3)IvLP 的最优值为$[\underline{z},\bar{z}]$,相应的解分别为最好和最差最优解.

例 4.34　求解下面 IvLP 的最优值区间.

$$\min z=3x_1+[1,2]x_2,$$

$$\text{s.t.}\begin{cases}[1,2]x_1+[1,4]x_2\geqslant[2,4],\\ \qquad\qquad x_2\geqslant[0.25,1],\\ x_1,x_2\geqslant 0.\end{cases}$$

解：分别建立该 IvLP 的最好、最差模型.

$$\min z=3x_1+1x_2,\qquad \min z=3x_1+2x_2,$$

$$\text{s.t.}\begin{cases}2x_1+4x_2\geqslant 2,\\ \qquad x_2\geqslant 0.25,\\ x_1,\quad x_2\geqslant 0;\end{cases}\qquad \text{s.t.}\begin{cases}x_1+x_2\geqslant 4,\\ \qquad x_2\geqslant 1,\\ x_1,\ x_2\geqslant 0.\end{cases}$$

分别求解两个 LP,得 IvLP 的最优值区间为:[0.5,8].

2)方法二

思路:基于区间数的序关系,将 IvLP 化为一确定型 LP 并求解.

两个区间数 $A=\langle m(A),w(A)\rangle$、$B=\langle m(B),w(B)\rangle$,称

$$\lambda(A\leqslant B)=\frac{m(B)-m(A)}{w(A)+w(B)}$$

为 $A\leqslant B$ 的满意度.

当决策者给定满意度 λ_0,IvLP 中的约束

$$\sum_{j=1}^{n}[\underline{a}_{ij},\bar{a}_{ij}]x_j \geqslant [\underline{b}_i,\bar{b}_i] \Leftrightarrow \lambda\left(\sum_{j=1}^{n}[\underline{a}_{ij},\bar{a}_{ij}]x_j \geqslant [\underline{b}_i,\bar{b}_i]\right) \geqslant \lambda_0$$

$$\rightarrow \sum_{j=1}^{n}[(1+\lambda_0)\underline{a}_{ij}+(1-\lambda_0)\bar{a}_{ij}]x_j \geqslant (1-\lambda_0)\underline{b}_i+(1+\lambda_0)\bar{b}_i.$$

而关于目标,对一个区间$[\underline{c},\bar{c}]$取极小,可认为是对其中值和半宽均取极小,而一般首先是希望中值取极小. 因此,目标可近似表示为

$$\min z' = \frac{1}{2}\sum_{j=1}^{n}(\underline{c}_j+\bar{c}_j)x_j. \tag{3}$$

于是,IvLP 化为一个确定型 *LP*.

$$\min z' = \frac{1}{2}\sum_{j=1}^{n}(\underline{c}_j+\bar{c}_j)x_j,$$

$$\text{s.t.}\begin{cases}\sum_{j=1}^{n}[(1+\lambda_0)\underline{a}_{ij}+(1-\lambda_0)\bar{a}_{ij}]x_j \geqslant (1-\lambda_0)\underline{b}_i+(1+\lambda_0)\bar{b}_i \\ \qquad\qquad (i=1,\cdots,m), \\ x_j \geqslant 0(j=1,\cdots,n).\end{cases}$$

例 4.35　给定满意度 0.5,求解 IvLP.

$$\min z = 3x_1+[1,2]x_2,$$

$$\text{s.t.}\begin{cases}[1,2]x_1+[1,4]x_2 \geqslant [2,4], \\ x_2 \geqslant [0.25,1], \\ x_1,x_2 \geqslant 0.\end{cases}$$

解: 化为确定型 *LP*.

$$\min z = 3x_1+1.5x_2,$$

$$\text{s.t.}\begin{cases}2.5x_1+3.5x_2 \geqslant 7, \\ 2x_2 \geqslant 1.625, \\ x_1,x_2 \geqslant 0,\end{cases} \rightarrow \begin{array}{l}\boldsymbol{X}^* = (0,2)^{\mathrm{T}}, \\ z^* = 3.\end{array}$$

习　题　4

4.1　比较概率论中所研究的随机现象与模糊数学中所研究的模糊现象,评述二者的异同.

4.2　设论域 $X=\{x_1,x_2,x_3,x_4,x_5\}$ 上的模糊子集

$$\underset{\sim}{A}=\frac{0.2}{x_1}+\frac{0.5}{x_2}+\frac{0.1}{x_3}+\frac{0.6}{x_4}+\frac{0.8}{x_5},\quad \underset{\sim}{B}=\frac{0.7}{x_1}+\frac{0.8}{x_2}+\frac{0.4}{x_3}+\frac{0.5}{x_4}+\frac{0.2}{x_5}.$$

求 $\underset{\sim}{A}\cap\underset{\sim}{B},\underset{\sim}{A}\cup\underset{\sim}{B},\overline{\underset{\sim}{A}},\overline{\underset{\sim}{B}}$.

4.3　设论域 $X=\{x_1,x_2,x_3,x_4,x_5\}$ 上的模糊子集

$$\underset{\sim}{A}=\frac{0.8}{x_1}+\frac{0.4}{x_2}+\frac{0.5}{x_3}+\frac{1}{x_4}+\frac{0.3}{x_5},\quad \underset{\sim}{B}=\frac{0.6}{x_1}+\frac{0.4}{x_2}+\frac{0.8}{x_4}+\frac{0.2}{x_5},$$

$$\underset{\sim}{C}=\frac{0.5}{x_1}+\frac{0.4}{x_2}+\frac{0.7}{x_4}+\frac{0.3}{x_5},\quad \underset{\sim}{D}=\frac{0.4}{x_1}+\frac{0.6}{x_2}+\frac{0.2}{x_4}+\frac{0.8}{x_5}.$$

试判断下列关系是否成立：

(1) $\underset{\sim}{B}\subset\underset{\sim}{A}$；　(2) $\underset{\sim}{C}\subset\underset{\sim}{B}$；　(3) $\underset{\sim}{D}=\overline{\underset{\sim}{B}}$.

4.4　证明关于模糊集 $\underset{\sim}{A}$、$\underset{\sim}{B}$ 的 λ 截集有下列性质：

(1) $(\underset{\sim}{A}\cup\underset{\sim}{B})_\lambda=A_\lambda\cup B_\lambda$；　(2) $(\underset{\sim}{A}\cap\underset{\sim}{B})_\lambda=A_\lambda\cap B_\lambda$；

(3) 若 $\alpha,\beta\in[0,1]$，且 $\alpha<\beta$，则 $A_\beta\subset A_\alpha$.

4.5　设6种商品的集合 $X=\{x_1,x_2,\cdots,x_6\}$，X 上的滞销商品模糊集为

$$\underset{\sim}{A}=\frac{1}{x_1}+\frac{0.1}{x_2}+\frac{0}{x_3}+\frac{0.6}{x_4}+\frac{0.5}{x_5}+\frac{0.4}{x_6};$$

脱销商品模糊集为

$$\underset{\sim}{B}=\frac{0}{x_1}+\frac{0.1}{x_2}+\frac{0.6}{x_3}+\frac{0}{x_4}+\frac{0}{x_5}+\frac{0.05}{x_6};$$

畅销商品模糊集为

$$\underset{\sim}{C}=\frac{0}{x_1}+\frac{0.8}{x_2}+\frac{1}{x_3}+\frac{0.4}{x_4}+\frac{0.4}{x_5}+\frac{0.5}{x_6}.$$

(1)求不滞销商品模糊集 $\underset{\sim}{D}$；

(2)求 $\underset{\sim}{D}$ 与 $\underset{\sim}{C}$ 的关系；

(3)求又滞销又畅销的商品模糊集；

(4)当截集水平 $\lambda=0.7$ 时，分别求滞销、脱销和畅销商品.

4.6　设论域 $X=\{a,b,c,d,e\}$，已知模糊集 $\underset{\sim}{A}$ 的截集 A_λ 如下，求 $\underset{\sim}{A}$.

$$A_\lambda=\begin{cases}\{d\} & 0.7<\lambda\leqslant 0.8\\ \{c,d\} & 0.5<\lambda\leqslant 0.7\\ \{c,d,e\} & 0.3<\lambda\leqslant 0.5.\\ \{b,c,d,e\} & 0.1<\lambda\leqslant 0.3\\ \{a,b,c,d,e\} & 0\leqslant\lambda\leqslant 0.1\end{cases}$$

4.7　证明模糊数必为凸模糊集

4.8 设模糊矩阵

$$A=\begin{bmatrix}0.8&0&0.8&0.5\\0.2&0.3&0.2&0\\0.6&0.7&0&0\\0&1&0.6&0.1\end{bmatrix},B=\begin{bmatrix}0.6&0.5&0.7&0\\0.7&0&0.6&0\\0.3&0.3&0&0.8\\1&0&0&0.3\end{bmatrix},$$

求$\boldsymbol{A}^2,\boldsymbol{B}^2,\boldsymbol{A}\circ\boldsymbol{B},\boldsymbol{B}\circ\boldsymbol{A}$.

4.9 某基金委欲对某申请项目进行等级评定.设评价指标为U_1(选题新颖性)、U_2(技术方法先进性)、U_3(完成可行性),权重各为0.5,0.3,0.2.评价等级设为优、良、中、差.现由专家对项目进行单因素评价,结果为U_1:(0.6,0.3,0.1,0),U_2:(0.4,0.3,0.2,0.1),U_3:(0.3,0.4,0.3,0).试据此对该项目进行模糊综合评价,并由最大隶属度原则确定该项目的等级.

4.10 设模糊矩阵

$$R=\begin{bmatrix}1&0.4&0.9&0.6\\0.4&1&0.7&0.5\\0.9&0.7&1&0.8\\0.6&0.5&0.8&1\end{bmatrix},$$

求证:$\boldsymbol{R}^4=\boldsymbol{R}^3$.

4.11 设模糊相似阵

$$R=\begin{bmatrix}1&0.2&0.5&0.8\\0.2&1&0.7&0.4\\0.5&0.7&1&0.6\\0.8&0.4&0.6&1\end{bmatrix},$$

求$\boldsymbol{R}$的传递闭包$t(\boldsymbol{R})$.

4.12 已知论域$X=\{\mathrm{I},\mathrm{II},\mathrm{III}\}$中元素的模糊相似阵为

$$R=\begin{bmatrix}1&0.6&0.4\\0.6&1&0.2\\0.4&0.2&1\end{bmatrix},$$

试将$\boldsymbol{X}$中元素进行模糊聚类.

4.13 (新疆玉米种植农业区划的模糊聚类)设论域$X=\{x_1,\cdots,x_{10}\}$,其中x_1=阿勒泰,x_2=塔城,x_3=伊宁,x_4=昌吉,x_5=奇台,x_6=阿克苏,x_7=库车,x_8=喀什,x_9=和田,x_{10}=吐鲁番.取影响玉米生长的主要因素y_1,y_2,y_3,y_4为y_1:≥10 ℃积温,y_2:无霜期,y_3:6~8月平均气温,y_4:5~9月降水量.将这些因子的实际观测值经标准化(即每个因子的观测值均减去该因子均值并除以该因子标准

差)处理,得数据阵如表4.18.

表4.18　数据

元素	因子			
	y_1	y_2	y_3	y_4
x_1	-1.4	-1.3	-0.9	0.3
x_2	-1.1	-1.4	-1.0	1.2
x_3	-0.4	-0.5	-0.7	1.7
x_4	-0.5	-0.7	-0.2	0.6
x_5	-0.9	-1.0	-0.5	0.9
x_6	0.1	0.5	-0.4	-0.6
x_7	0.7	1.1	0.5	-0.9
x_8	0.6	1.0	0.2	-0.7
x_9	0.8	1.2	0.2	-1.1
x_{10}	2.1	0.9	2.6	-1.4

(1) 用绝对值减数法计算地区 x_i 和 x_j 的相似系数 r_{ij},并写出相似矩阵 $\boldsymbol{R}=(r_{ij})_{10\times 10}$,取调整系数 $C=0.08$.

(2) 对 X 中的地区进行模糊聚类,并画出谱系聚类图,写出相应于 $\lambda=0.848$ 时的分类结果.

第五章　随机过程

随机过程(stochastic processes)是研究随时间演变的随机现象规律的一个数学分支,产生于20世纪初期,在物理学、生物学、通信与控制、管理科学等领域有广泛的应用. 本章介绍随机过程的基本概念及其应用.

5.1　随机过程的一般概念

5.1.1　随机过程的直观背景与定义

1. 直观背景

为了描述随机现象,在概率论的基本理论中首先建立了概率空间,并进一步定义了随机变量和它的分布函数,用以刻画随机现象的统计规律. 在那里,只讨论了一个随机变量或几个随机变量(随机向量). 然而,在客观中存在的随机现象是极其复杂的,有时就需要用无穷多个按照一定关系联系起来的随机变量才能描述它. 请看下面若干例子.

例5.1　以$\xi(t,\omega)$表示某电话站在$(0,t]$内所收到的呼唤次数. 对于每个固定的时刻t,$0\leqslant t<+\infty$,$\xi(t,\omega)$是一个随机变量,它可以取所有非负整数:0,1,2,…. 随着t的变动,就得到一族无穷多个相互有关的随机变量.

例5.2　悬浮在液体中的微粒,由于分子的随机碰撞而作布朗(Brown)运动,以$\xi_1(t,\omega)$,$\xi_2(t,\omega)$分别表示在时刻$t(0\leqslant t<+\infty)$某微粒所处的位置的x_1和x_2坐标,则$\boldsymbol{\xi}(t,\omega)=[\xi_1(t,\omega)\quad \xi_2(t,\omega)]$表示在时刻$t$,微粒在平面坐标系中的位置. 它是一个二元随机向量. 当t变动时,得到一族二元随机向量.

例5.3　设有一生物群体,由于繁殖而产生下一代,令$\xi_n(\omega)$表示

第 n 代的生物体个数,$\xi_n(\omega)$ 可取非负整数值 0,1,2,…,则 $\xi_n(\omega)$($n=1,2,\cdots$)就是无穷多个相互有关的随机变量.

这样的例子在实际中大量存在. 它要求从理论上扩大概率论的研究范围. 随机过程论正是为此而建立起来的.

因此,从直观上看,可以将随机过程理解为受统计规律支配的随时间而发展的过程. 它描述了随时间而变化的随机现象.

由此可见,随机过程作为概率论的一个分支,是概率论的继续和发展,但是它有别于概率论. 如果认为概率论是研究"静止"(不考虑时间因素)的随机现象,那么,随机过程可认为是研究"运动"(考虑时间因素)的随机现象. 例如,在排队论中,要求受到服务的"顾客"的数量不仅是随机的,而且随着时间在变化. 因此,只有应用随机过程的理论才能较好地描述这一随机现象.

2. 随机过程的定义

定义 5.1　设已给概率空间 $(\Omega,\mathscr{F},P)$ 和一个参数集 T(一般地 $T\subset\mathbf{R}^1$). 对于每一个 $t\in T$,都有一个 $(\Omega,\mathscr{F},P)$ 上的随机变量 $\xi(t,\omega)$ $(\omega\in\Omega)$,则称随机变量族 $\{\xi(t,\omega),t\in T\}$ 为一**随机过程**.

如果不强调概率空间,为了书写简洁起见,有时可不明显地写出 ω,而把随机过程写为 $\{\xi(t),t\in T\}$,或 $\{\xi_t,t\in T\}$,或 ξ_T.

为了使叙述形象化,参数集 T 一般表示时间参数集(见上面的例子). T 可以取下面几种情形之一.

$$\mathbf{R}^1=(-\infty,\infty);\mathbf{R}_+=[0,\infty);\mathbf{N}=\{\cdots,-1,0,+1,\cdots\};$$
$$\mathbf{N}_0=\{0,1,2,\cdots\}.$$

当 $T=\mathbf{R}^1$ 或 $T=\mathbf{R}_+$ 时,称 ξ_T 为**连续时间的随机过程**,如例 5.1、例 5.2;当 $T=\mathbf{N}$ 或 $T=\mathbf{N}_0$ 时,称 ξ_T 为**离散时间的随机过程**,如例 5.3,也称为**随机序列**.

随机过程 ξ_T 的值域即是每个随机变量 $\xi(t)$ $(t\in T)$ 的共同值域,称为**状态空间** $\mathscr{E}$. 状态空间可以是非负整数,即 $\mathscr{E}=\{0,1,2,\cdots\}$(如例 5.1、例 5.3),也可以是 n 维欧氏空间,$\mathscr{E}=\mathbf{R}^n$(如例 5.2),甚至可以是其他抽象元素构成的空间. 当 $\xi(t)$ 取复值时,称 ξ_T 为**复值随机过程**,但是通常只取 $\mathscr{E}=\mathbf{R}^1$(这时可称 ξ_T 为**实过程**),或 $\mathscr{E}=\mathbf{N}_0$.

从数学的观点看，可以将随机过程 $\{\xi(t,\omega)t\in T\}$ 看成是定义在 $T\times\Omega$ 上的一个二元函数. 当 $t\in T$ 固定时，$\xi(t,\cdot)$ 是样本空间 Ω 上的随机变量；当 $\omega\in\Omega$ 固定时，$\xi(\cdot,\omega)$ 是一个 $t\in T$ 的函数，称此函数为随机过程 ξ_T 的**样本函数**，有时也称为**轨道**或**现实**. 直观地讲，一个样本函数对应着一个试验(观察)ω 的一个可能结果.

5.1.2　有限维分布函数族与条件数学期望

1. 有限维分布函数族

研究随机现象主要是研究它的统计规律性. 对于随机过程，问题不仅在于如何定义它，更主要的是如何刻画它的统计规律.

定义 5.2　设随机过程 ξ_T 的状态空间为 $\mathbf{R}^1$(或 $\mathbf{N}$)，对于任何自然数 n，任何 $t_1,\cdots,t_n\in T$，n 个随机变量 $\xi_{t_1},\cdots,\xi_{t_n}$ 的(n 元)联合分布函数为

$$F_{t_1,\cdots,t_n}(x_1,\cdots,x_n)=P(\xi_{t_1}<x_1,\cdots,\xi_{t_n}<x_n),$$

所有这些分布函数的集合

$$\{F_{t_1,\cdots,t_n}(x_1,\cdots,x_n),t_1,\cdots,t_n\in T,n\geqslant 1\}$$

构成了随机过程 ξ_T 的**有限维分布函数族**.

给出了 ξ_T 的有限维分布函数族，便可知道该随机过程的任意有限个随机变量的联合分布，也就能完全刻画这有限个随机变量之间的相互关系. 例如，$F_t(x),t\in T$，描述了所有随机变量 $\xi(t)$ 的分布规律，$F_{t_1,t_2}(x_1,x_2),t_1,t_2\in T$ 描述了随机过程 ξ_T 的任意两个时刻 t_1,t_2 之间的统计关系等等.

例 5.4　设 $T=\{1,\cdots,n\}$，则 $\boldsymbol{\xi}_T=[\xi_1\ \cdots\ \xi_n]$ 是一 n 维随机向量. 对于这种随机过程，只要给出它的 n 元联合分布函数 $F_{\xi_1,\cdots,\xi_n}(x_1,\cdots,x_n)$，便可得到它的各级边缘分布函数[38]，从而也就得到它的有限维分布函数族. 它说明，有限维随机向量被它的联合分布函数完全描述. 这和概率论中的结论是一致的.

例 5.5　设 $T=\{1,2,3,\cdots\}$，$\xi_T=\{\xi_1,\xi_2,\xi_3,\cdots\}$ 是一种独立随机变量序列，也称 ξ_T 为**独立随机过程**(序列). 对任意 $n\geqslant 1$ 及 ξ_T 中任意 n 个随机变量 $\xi_{t_1},\cdots,\xi_{t_n}$，它的 n 元联合分布函数为(由独立性)

$$F_{t_1,\cdots,t_n}(x_1,\cdots,x_n)=F_{t_1}(x_1)\cdots F_{t_n}(x_n).$$

由此,对于独立随机过程,只要给出它的所有一维分布函数 $F_t(x)$ $(t\in T)$,就可完全确定它的有限维分布函数族. 对于这种极为简单的随机过程,概率论中已经充分讨论过.

由多元分布函数的性质[38],容易证明有限维分布函数族的如下性质.

性质 5.1(对称性)　对 $(t_1,\cdots,t_n)$ 的任一排列 $(t_{j_1},\cdots,t_{j_n})$ 有

$$F_{t_1,\cdots,t_n}(x_1,\cdots,x_n)=F_{t_{j_1},\cdots,t_{j_n}}(x_{j_1},\cdots,x_{j_n}).$$

性质 5.2(相容性)　设 $m<n$,则有

$$\begin{aligned}&F_{t_1,\cdots,t_m}(x_1,\cdots,x_m)\\=&\lim_{\substack{x_j\to\infty\\ j=m+1,\cdots,n}}F_{t_1,\cdots,t_n}(x_1,\cdots,x_n)\\=&F_{t_1,\cdots,t_n}(x_1,\cdots,x_m,\infty,\cdots,\infty).\end{aligned}$$

将性质 5.1 和 5.2 称为随机过程 ξ_T 的有限维分布函数族 $\{F_{t_1,\cdots,t_n}(x_1,\cdots,x_n),n\geqslant1,t\in T\}$ 的**相容性条件**.

现在考虑反面的问题:已给一分布函数族满足相容性条件,问是否存在一随机过程,它的有限维分布函数族与已给出的分布函数族相重合. 下面的柯尔莫哥洛夫(Kolmogorov)存在性定理肯定地回答了这一问题,但证明需要较多的测度论工具,本书不加证明地叙述如下.

定理 5.1　设分布函数族 $\{F_{t_1,\cdots,t_n}(x_1,\cdots,x_n),n\geqslant1,t_1,\cdots,t_n\in T\}$ 满足相容性条件,则必存在一概率空间 $(\Omega,\mathscr{F},P)$ 及其上的一个随机过程 ξ_T,使 ξ_T 的有限维分布函数族与 $\{F_{t_1,\cdots,t_n}(x_1,\cdots,x_n),n\geqslant1,t_1,\cdots,t_n\in T\}$ 相重合.

虽然有限维分布函数族能较好地描述随机过程的统计特性,但是除少数特殊情况外,大部分随机过程的有限维分布函数族是难以给出的. 因此在很多情况下,研究随机过程的各种数字特征具有理论与实际的意义(这一点与概率论中讨论数字特征的意义类似). 它们一方面能反映出随机过程的局部特性;另一方面,在一些特别情形,它们也可以完全决定有限维分布函数(例如:正态分布被一阶矩和二阶矩唯一决定). 这一点在下面的例子中可以看出.

如果对于每个 $t \in T$,随机变量 $\xi(t)$ 的数学期望存在,则

$$m(t) = E\xi(t), t \in T$$

称为 ξ_T 的**均值函数**. 如果对每个 $t \in T$,$\xi(t)$ 的二阶矩存在,则称二元函数

$$\Gamma(s,t) = E(\xi(s) - m(s))(\xi(t) - m(t)), s,t \in T,$$

为 ξ_T 的**协方差函数**. 特别当 $s = t$ 时

$$\Gamma(t,t) = E(\xi(t) - m(t))^2 = D\xi(t).$$

它是 $\xi(t)$ 的**方差**. 与概率论的情况类似,均值函数 $m(t)$ 表现了随机过程的平均状态,协方差函数 $\Gamma(s,t)$ 表现了 ξ_T 的相关性质,而方差 $\Gamma(t,t)$ 则表现出 $\xi(t)$ 取值的分散程度.

此外,还可以定义 ξ_T 的有限维特征函数

$$\begin{aligned}\varphi_{t_1,\cdots,t_n}(\theta_1,\cdots,\theta_n) &= E\{\exp[\mathrm{i}(\theta_1\xi(t_1) + \cdots + \theta_n\xi(t_n))]\}\\ &= \int_{-\infty}^{\infty}\cdots\int_{-\infty}^{\infty}\exp[\mathrm{i}(\theta_1 x_1 + \cdots + \theta_n x_n)]\mathrm{d}F_{t_1,\cdots,t_n}(x_1,\cdots,x_n),\end{aligned}$$

并称 $\{\varphi_{t_1,\cdots,t_n}(\theta_1,\cdots,\theta_n), n \geqslant 1, t_1,\cdots,t_n \in T\}$ 为随机过程 ξ_T 的**有限维特征函数族**.

可以证明[39],有限维分布函数族与有限维特征函数族相互唯一决定.

下面再举一个简单例子来说明随机过程的概率描述问题.

例 5.6　设 $\xi(t) = \xi\cos\theta t + \eta\sin\theta t, t \geqslant 0$,其中 ξ,η 是两个相互独立的正态随机变量 $N(0,\sigma^2)$,θ 为一实常数. 对固定的 t,$\xi(t)$ 是正态随机变量的线性组合,从而是正态随机变量. 对于任何 $n \geqslant 1$,任何 $t_1,\cdots,t_n \in T$,$\xi(t_1),\cdots,\xi(t_n)$ 是 n 元正态的. 它们的联合分布函数是 n 元正态分布函数. 由概率论可知,它被一阶矩和二阶矩完全决定. 因此,只要求出 ξ_T 的均值函数和协方差函数就可确定它的有限维分布函数族.

于是有

$$\begin{aligned}m(t) &= E\xi(t) = E(\xi\cos\theta t + \eta\sin\theta t) = 0,\\ \Gamma(s,t) &= E(\xi\cos\theta s + \eta\sin\theta s)(\xi\cos\theta t + \eta\sin\theta t)\\ &= \sigma^2(\cos\theta s\cos\theta t + \sin\theta s\sin\theta t)\\ &= \sigma^2 \cdot \cos\theta(s - t).\end{aligned}$$

由 $m(t)$ 和 $\Gamma(s,t)$，可按概率论所述，给出 ξ_T 的有限维分布函数族或有限维特征函数族.

各种随机过程虽然有各自的特点，但是研究所有随机过程的一个基本任务就是讨论有限维分布函数族或者有关的数字特征.

2. 条件概率与条件数学期望

研究随机过程理论时，离开条件概率与条件数学期望是不行的，因为只有通过条件期望(概率)才能分析并表现出各个随机变量之间的关系. 某些随机过程(例如鞅过程，马尔可夫(Markov)过程等)还直接用条件期望(概率)来定义. 从应用上看，随机过程的预测理论、控制论等都与条件期望(概率)有密切关系.

但是，条件期望的严格论述需要较深的测度论[40]知识. 严格论述已超出了本书的范围. 为了系统地叙述条件期望的基本性质，采用较直观的手法引出条件期望的基本概念. 对于初学者，并不要求弄清所有论述，只要了解一些基本性质即可.

设 ξ,η 为 $(\Omega,\mathscr{F},P)$ 上的两个随机变量，A,B 为 $\mathbf{R}^1$ 上的波雷尔(Borel)集(可测集[31]经交、并、余等运算所得的集)，且 $P(\xi\in A)>0$，由概率论可知，事件 $(\eta\in B)$ 关于事件 $(\xi\in A)$ 的条件概率为

$$P(\eta\in B|\xi\in A)=\frac{P(\xi\in A,\eta\in B)}{P(\xi\in A)}.$$

以 $q(B|A)$ 记 $P(\eta\in B|\xi\in A)$，$q(A,B)$ 记 $P(\xi\in A,\eta\in B)$，$q(A)$ 记 $P(\xi\in A)$. 这里不加证明地列示条件概率的基本性质.

(1) 乘法公式：对任何波雷尔集 A,B，有

$$q(A,B)=q(A)q(B|A).$$

(2) 全概率公式：若 $\Omega=\bigcup\limits_{n=1}^{\infty}A_n$，$q(A_n)>0$，$A_n$ 互不相交，则

$$q(B)=\sum_{n=1}^{\infty}q(A_n)q(B|A_n).$$

(3) 贝叶斯公式：若 $\Omega=\bigcup\limits_{n=1}^{\infty}A_n$，$q(A_n)>0$，$q(B)>0$，$A_n$ 互不相交，则

$$q(A_i|B)=\frac{q(A_i)q(B|A_i)}{\sum_{n=1}^{\infty}q(A_n)q(B|A_n)}.$$

(4) 若ξ、η独立，则

$$q(B|A)=q(B).$$

(5) 条件概率$P(\eta\in B|\xi\in A)$实际上是限制在$(\xi\in A)$（当然也是Ω）上的概率测度.

在这些性质中，(1)和(2)是本质的，(3)是(1)与(2)的结合，(4)等价于独立性定义，(5)可由(1)得到.

现在再来考虑条件期望的概念.

设$[\xi\quad\eta]$为二元离散型随机变量，它取的可能值是$[x_i\quad y_j]$ $(i,j=1,2,\cdots)$，令$p_{ij}=P(\xi=x_i,\eta=y_j)$，$p_i=P(\xi=x_i)>0$，显然，事件$(\eta=y_j)$关于事件$(\xi=x_i)$的条件概率是

$$p(y_j|x_i)=P(\eta=y_j|\xi=x_i)=\frac{p_{ij}}{p_i}.\tag{5.1.1}$$

由条件概率的性质(5)，可知$P(\cdot|x_i)$是一概率分布，如η的期望存在，定义η关于事件$(\xi=x_i)$的条件期望为

$$E(\eta|\xi=x_i)=\sum_j y_jP(y_j|x_i).$$

由式(5.1.1)得

$$E(\eta|\xi=x_i)=\frac{1}{p_i}\sum_j y_jp_{ij},\tag{5.1.2}$$

$$E\eta=\sum_i\sum_j y_jp_{ij}=\sum_i p_iE(\eta|\xi=x_i),\tag{5.1.3}$$

$$|E(\eta|\xi=x_i)|\leqslant E(|\eta||\xi\Rightarrow(i)).\tag{5.1.4}$$

由式(5.1.3)与式(5.1.4)可知，如$E|\eta|<+\infty$，则η（关于某事件）的条件期望存在.

令A为x_i的一个集合，$I_A(\xi)$表示A的示性函数，即当$\xi(\omega)\in A$时，$I_A(\xi)=1$；当$\xi(\omega)\notin A$时，$I_A(\xi)=0$. 考虑$\eta I_A(\xi)$关于$(\xi=x_i)$的条件期望，与上面类似，可以得到

$$E(\eta I_A(\xi)|\xi=x_i)=\frac{1}{p_i}I_A(x_i)\sum_j y_jp_{ij}$$

$$= I_A(x_i)E(\eta | \xi = x_i). \tag{5.1.5}$$

于是

$$E\eta I_A(\xi) = \sum_{x_i \in A} p_i E(\eta | \xi = x_i). \tag{5.1.6}$$

前面已经表明,条件概率的性质(1)和(2)是本质的,现在关于条件期望的性质式(5.1.5)完全概括了(1)和(2),而且更为一般化. 事实上,如果取 $A = \{x_i\}$ 并以 $I_{\{y_j\}}(\eta)$ 替换 η,则可得(1);如取 $A = \{x_1, x_2, \cdots\}$ 并以 $I_B(\eta)$ 替换 η,则可得性质(2).

上面所定义的条件概率(期望)要求 $P(\xi = x_i) > 0$. 因此,它是有局限性的,不能运用于一般情形. 既然式(5.1.6)刻画了条件概率(期望)的本质特性,能否考虑用此式定义条件概率(期望)呢? 如果记 $g(x_i) = E(\eta | \xi = x_i)$,则式(5.1.6)也可以写成

$$E\eta I_A(\xi) = Eg(\xi) I_A(\xi), \tag{5.1.7}$$

其中 A 为 $\{x_1, x_2, \cdots\}$ 的任意子集.

能否定义 η 关于 $(\xi = x)$ 的条件期望就是使式(5.1.7)对满足某些条件的 A 成立的函数 $g(x)$?

在一般情形,首先可证明满足式(5.1.7)的 $g(x)$ 的存在性和唯一性[29],此时就可定义 $g(x)$ 为 η 关于事件 $(\xi = x)$ 的条件期望. 它是上面所讨论的情形的推广.

定义 5.3　设 η 是期望存在的随机变量 $\mathscr{Y}$ 是 $\mathscr{F}$ 的子 σ 域[28],称具有下面两个性质的随机变量是 $E(\eta | \mathscr{Y})$ 为 η 关于 $\mathscr{Y}$ 的**条件数学期望**.

(1) $E(\eta | \mathscr{Y})$ 关于 $\mathscr{Y}$ 可测;

(2) 对任何 $\Lambda \in \mathscr{Y}$,有 $E(E(\eta | \mathscr{Y}) I_\Lambda) = E(\eta I_\Lambda)$.

5.1.3　几种重要的随机过程

作为概率论的继续,随机过程理论是非常丰富的,具有各种特征的随机过程也很多,但是从理论的完整性和在经济管理中应用的广泛性考虑,马尔可夫随机过程是最重要的一类,下一节叙述它的基本理论. 这里,只对其余的一些有理论和实用意义的随机过程作简要介绍.

1. 平稳过程

定义 5.4　对每个 $t\in T$,如果随机过程 ξ_T 的均值和方差都存在,则称它为**二阶矩过程**. 一个二阶矩过程 ξ_T 称为**宽平稳的**或**宽平稳过程**,如果它的均值函数

$$m(t)=m=\text{常数},$$

而它的协方差函数 $\Gamma(s,t)$ 只与 $s-t$ 有关,而与 s,t 本身无关,亦即如果存在一个一元函数 $B(\tau)$,使

$$\Gamma(s,t)=B(s-t),s,t\in T,$$

其中 $B(\tau)$ 称为宽平稳过程的**协方差函数**.

宽平稳过程的协方差函数有下列性质:

(1) 埃密特性,即 $B(-\tau)=\overline{B(\tau)}$;

(2) 非负定性,即对任意有限个 $t_1,t_2,\cdots,t_n\in T$ 和任意的普通函数 $\theta(t)(t\in T)$,有

$$\sum_{k=1}^{n}\sum_{j=1}^{n}B(t_k-t_j)\theta(t_k)\overline{\theta(t_j)}\geqslant 0.$$

由波赫纳尔-辛钦定理[28]可知,对于满足上述性质的 $B(\tau)$,若 $B(\tau)$ 在 $\tau=0$ 连续,则存在一个非降的实值函数 $F(\lambda)$,使

$$B(\tau)=\int_{-\infty}^{\infty}\mathrm{e}^{i\tau\lambda}\mathrm{d}F(\lambda),$$

其中 $F(\lambda)$ 称为宽平稳过程的**谱函数**,上式称为**宽平稳过程协方差函数的谱分解**. 特别地,如果 $F'(\lambda)=f(\lambda)$ 存在,则上式变为

$$B(\tau)=\int_{-\infty}^{\infty}\mathrm{e}^{i\tau\lambda}f(\lambda)\mathrm{d}\lambda,$$

其中 $f(\lambda)\geqslant 0$(因为 $F(\lambda)$ 非降)称为宽平稳过程的**谱密度**.

如果过程是实的,则相应的 $B(\tau)$ 也是实的. 当 $f(\lambda)$ 存在时,有

$$B(\tau)=\overline{B(\tau)}=\int_{-\infty}^{\infty}\mathrm{e}^{i\tau\lambda}f(\lambda)\mathrm{d}\lambda=\int_{-\infty}^{\infty}\mathrm{e}^{-i\tau\lambda}f(\lambda)\mathrm{d}\lambda=\int_{-\infty}^{\infty}\mathrm{e}^{i\tau\lambda}f(-\lambda)\mathrm{d}\lambda.$$

由于上式对一切 τ 成立,所以 $f(\lambda)=f(-\lambda)$. 若取 $f_1(\lambda)=2f(\lambda)$,则

$$B(\tau)=\int_{-\infty}^{\infty}\mathrm{e}^{i\tau\lambda}f(\lambda)\mathrm{d}\lambda=\int_{0}^{\infty}\cos(\tau\lambda)f_1(\lambda)\mathrm{d}\lambda.$$

而对一般的实过程,若取 $F_1(\lambda)=2F(\lambda)+C$,则协方差函数谱分解可写为

$$B(\tau)=\int_0^{\infty}\cos\tau\lambda\mathrm{d}F_1(\lambda).$$

例 5.7　$\xi_T=\{\xi_n, n=0,\pm 1,\cdots\}$ 为实的互不相关随机变量序列,且 $E\xi_n=0, D\xi_n=\sigma^2$,则因为

$$E\xi_n=0=\text{常数},$$

$$E\xi_n\xi_m=\begin{cases}\sigma^2, & n=m,\\ 0, & n\neq m,\end{cases}$$

即协方差函数只与 $n-m$ 有关,所以它是一个平稳过程.

在物理和工程技术上,常把该平稳过程称作**白噪声**. 它普遍地存在于各种波动现象中(如电流的波动、声波的波动等).

与宽平稳过程相对应的,有所谓严平稳过程. 一个随机过程 ξ_T 称为**严平稳的**或**严平稳过程**,如果它的有限分布对时间推移不变,即如果对任意有限个 $t_1,t_2,\cdots,t_n\in T$ 和任意实数 τ,当 $t_1+\tau,t_2+\tau,\cdots,t_n+\tau\in T$ 时有

$$\begin{aligned}&F(t_1,t_2,\cdots,t_n;x_1,x_2,\cdots,x_n)=P(\xi(t_1)<x_1,\cdots,\xi(t_n)<x_n)\\&=P(\xi(t_1+\tau)<x_1,\cdots,\xi(t_n+\tau)<x_n)\\&=F(t_1+\tau,\cdots,t_n+\tau;x_1,\cdots,x_n).\end{aligned}$$

容易看出,一般的严平稳过程未必有二阶矩,因而不一定是宽平稳过程. 反之,宽平稳过程也不一定是严平稳过程. 但对于后面将介绍的正态过程而言,宽平稳与严平稳是一致的.

由于随机过程中的宽平稳过程受到更多的研究,因此常把宽平稳过程简称为**平稳过程**.

2. 独立增量过程

在以后的讨论中,$(\Omega,\mathscr{F},P)$ 是指定的概率空间,参数集 T 或是 $\mathbf{R}_+=[0,\infty)$ 或是 $\mathbf{N}_0=\{0,1,2,\cdots\}$,除非另有声明.

定义 5.5　随机过程 ξ_T 称为是**具有独立增量的**(简称**独立增量过程**),如果对任意 $n\geqslant 2$,任意 $t_0<t_1<\cdots<t_n, t_i\in T$, n 个随机变量 $\xi_{t_1}-\xi_{t_0},\xi_{t_2}-\xi_{t_1},\cdots,\xi_{t_n}-\xi_{t_{n-1}}$ 是相互独立的.

除此之外，如果对所有 $t_1<t_2,t_1,t_2\in T,h>0$，随机变量

$$\xi_{t_2+h}-\xi_{t_1+h}\text{与}\xi_{t_2}-\xi_{t_1}$$

有相同的分布，则称 ξ_T 为**平稳独立增量过程**.

对于任意 $t\in T$，如果取 $t_0=0$，且 $P(\xi_0=x_0)=1$，则

$$\xi_t=\xi_0+(\xi_{t_1}-\xi_0)+\cdots+(\xi_t-\xi_{t_n}),0<t_1<\cdots<t_n<t.$$

可见 ξ_t 可表为独立随机变量之和，因此，只要知道每个增量 $\xi_{t_i}-\xi_{t_{i-1}}$ 的分布，就可决定 ξ_T 的有限维分布函数，特别如 $T=\{0,1,2,\cdots\}$. 令 $\eta_n=\xi_n-\xi_{n-1},n\geqslant1,\eta_0=\xi_0$，则 $\{\eta_n,n\geqslant0\}$ 是独立随机变量序列，而且

$$\xi_n=\eta_0+\eta_1+\cdots+\eta_n\text{（独立随机变量之和）},$$

因此由每个 η_n 的分布函数（或特征函数）就可完全决定 ξ_T 的有限维分布函数族.

下面介绍两个重要的独立增量过程.

例 5.8　维纳（Wiener）过程　在随机过程论及其应用中，维纳过程起着基本的作用. 例如，在理论上，它是建立随机微分方程的基石；在应用上，它是布朗运动和电路中热噪声的随机模型. 因此，有时也称维纳过程为布朗运动，现在就来分析这一模型的概率特征.

1827 年，英国植物学家罗伯特 · 布朗发现，悬浮在液体或气体中的质点不停顿地作不规则的运动，人们把这种现象称为布朗运动现象. 1905 年，爱因斯坦认为，这是质点受周围介质分子不断碰撞的结果. 这一理论为以后的实验加以证实. 布朗运动现象的解释是统计力学和动力学理论的重大成功.

设 $\xi(t)$ 表示（布朗运动）质点在时刻 t 的位置（不妨假设 $\xi(0)=0$，即质点在开始时位于坐标原点），则 $\xi(t)$ 也表示质点直到时刻 t 所作的位移. 因此在时间 $(s,t),s<t$ 内，它所作的位移是 $\xi(t)-\xi(s)$. 由于在 (s,t) 内质点受到周围分子的大量碰撞，每次碰撞的结果产生了一个小的位移，故 $\xi(t)-\xi(s)$ 是众多个小位移之和，由中心极限定理 $\xi(t)-\xi(s)$ 应有正态分布. 由于介质处于平衡状态，因此，质点在一区间上的位移的统计规律只与区间长度有关，而与开始观测的时刻无关，它表明 $\xi(t+h)-\xi(s+h)$ 与 $\xi(t)-\xi(s)$ 有相同的概率分布. 由于分子运动的独立性和无规则性，可以认为质点在不同时间内受到的碰撞是独立的，

故所产生的位移也应是独立的.

基于以上考虑,维纳和列维(lévy)给出了维纳过程的定义:随机过程$\{\xi_t, t \geqslant 0\}$称为维纳过程,如果

(1) ξ_T有平稳独立增量,$\xi(0)=0$;

(2) 对每个$t>0$,$\xi(t)$服从正态分布;

(3) 对每个$t \in T$,$E\xi(t)=0$.

由于$\xi(t)-\xi(s)$是正态分布的,它的分布由期望和方差完全确定,而且$E(\xi(t)-\xi(s))=0$,因此,只须求出方差$D(\xi_t-\xi_s)$. 由条件(1)可以证明

$$D(\xi(t)-\xi(s))=\sigma^2(t-s), t \geqslant s.$$

常数σ^2表现了不同维纳过程的各自特征. 它可以根据观测资料确定.

例 5.9　泊松(Poisson)过程　泊松过程是另一个重要的随机过程,它考虑的是一类计数的随机现象. 例如顾客到达服务设施的个数. 这里顾客和服务设施不应作狭义的理解,顾客可以是商品、机床、飞机、电话呼唤或者事故,服务设施可以是售货员、仓库管理员、维修工人、机场跑道、电话线等.

随机过程$\{\xi(t), t \geqslant 0\}$称为是参数为$\lambda$的泊松过程,如果

(1) ξ_T有平稳独立增量,$\xi(0)=0$;

(2) 增量$\xi(t)-\xi(s)$,$(s \leqslant t)$服从均值为$\lambda(t-s)$的泊松分布:

$$P(\xi_t-\xi_s=k)=\mathrm{e}^{-\lambda(t-s)}\frac{[\lambda(t-s)]^k}{k!}(k=0,1,2,\cdots),$$

参数$\lambda>0$反映了各种不同的泊松过程各自的特征.

上述的许多实际计数随机现象大多数是以泊松过程为模型的[38]. 因此,这类随机过程在排队论中有重要应用.

3. 鞅(Martingale)过程

最近几十年才迅速发展起来的现代鞅(过程)论,是概率论的一个重要分支. 它给探讨一些理论(如随机过程论、随机微分方程等)提供了基本工具.

由于情况类似,这里仅介绍鞅序列(即$T=\{1,2,3,\cdots\}$)的基本概念.

定义 5.6　设 $\xi_1,\xi_2,\cdots$ 为一随机序列，$E|\xi_n|<+\infty$，称 $\xi_T=\{\xi_1,\xi_2,\cdots\}$ 为一**鞅序列**，如果

$$E(\xi_{n+1}|\xi_1,\cdots,\xi_n)=\xi_n,(a,s),n\geq 1.$$

其中符号 (a,s) 表示几乎处处成立. 如果将上式中的 = 号换为 ≤ 号，则称 ξ_T 为**上鞅**(**序列**)，如 = 号换为 ≥ 号，则称 ξ_T 为**下鞅**(**序列**).

类似地，如取 $T=[0,\infty)$，$E|\xi_t|<+\infty$，$t\in T$，如果

$$E(\xi_t|\xi_u,u\leq t)=\xi_u,(a,s),$$

则称 ξ_T 为**连续时间鞅**(相应地，上鞅与下鞅).

既然鞅是用条件期望来定义的，因此可作如下直观理解：设 ξ_n 表示赌徒在第 n 次赌博时的资本，ξ_1 是他最初的赌本(这是一个常数)，而由于赌博的输和赢，$\xi_n(n\geq 2)$ 却是一个随机变量. 如果赌博是公平的，那么每次他的资本增益的期望是 0，亦即他在进行以后($\geq n+1$)的赌博中，他的资本的期望值还是他最近一次赌博完的资本数 ξ_n. 用数学模型表示，就是定义中的等式，因此，鞅就表示了一种“公平的”赌博，上鞅或下鞅表示了一方赢利的赌博.

例 5.10　设 $\{\eta_n,n\geq 1\}$ 为独立随机变量序列，且 $E\eta_n=0$，令 $\xi_n=\sum\limits_{i=1}^{n}\eta_i$，则 $\{\xi_n,n\geq 1\}$ 是一鞅.

由此易知，维纳过程是一连续时间鞅.

鞅有许多重要性质，这里只列出它的收敛性而不加证明，因为这在许多场合是很有用的.

定理 5.2(下鞅收敛定理)　如果 $\{\xi_n,n\geq 1\}$ 是一下鞅(当然鞅也是下鞅)，且 $\{E|\xi_n|\}$ 有界，则存在一随机变量 ξ_∞，使

$$P(\lim_{n\to\infty}\xi_n=\xi_\infty)=1.$$

此定理对上鞅也是成立的，因为如 $\{\xi_n\}$ 是上鞅，则 $\{-\xi_n\}$ 就是下鞅.

4. 正态(高斯)过程

由中心极限定理可知，正态分布在概率论中是一个既应用广泛又具有重要理论意义的分布. 基于同样的原因，正态随机过程在随机过程

中也起着重要的作用. 重要性具体地表现在两方面:一方面是正态过程可以作为许多实际随机过程的近似;另一方面是正态过程比别的随机过程更便于进行数学处理.

定义 5.7 随机过程 ξ_T 称为**正态过程**,如果对于任何 $n \geqslant 1$,任何 $t_1,\cdots,t_n \in T$,n 个随机变量 $\xi_{t_1},\cdots,\xi_{t_n}$ 的联合分布是 n 元正态分布函数,相应的 n 元(联合)特征函数是

$$\varphi_{t_1,\cdots,t_n}(\theta_1,\cdots,\theta_n) = \exp\left[\mathrm{i}\sum_{k=1}^{n} \theta_k m_k - \frac{1}{2}\sum_{j=1}^{n}\sum_{k=1}^{n} \theta_j \lambda_{jk} \theta_k\right],$$

其中 $\theta_1,\cdots,\theta_n$ 为 n 个实变数,$m_k = E\xi_{t_k}$,$\lambda_{jk} = \Gamma(t_j,t_k)$,即 λ_{jk} 是 ξ_{t_j} 与 ξ_{t_k} 的协方差.

使用向量记号,可使上式更为简洁. 令 $\boldsymbol{m} = [m_1 \quad \cdots \quad m_n]$,$\boldsymbol{\theta} = [\theta_1 \quad \cdots \quad \theta_n]$.

$$\boldsymbol{\Lambda} = \begin{bmatrix} \lambda_{11} & \cdots & \lambda_{1n} \\ \vdots & & \vdots \\ \lambda_{n1} & \cdots & \lambda_{nn} \end{bmatrix}$$

为协方差矩阵. 此时,n 元特征函数可写为

$$\varphi_{t_1,\cdots,t_n}(\theta) = \exp\left[\mathrm{i}\boldsymbol{m}\boldsymbol{\theta}^{\mathrm{T}} - \frac{1}{2}\boldsymbol{\theta}\boldsymbol{\Lambda}\boldsymbol{\theta}^{\mathrm{T}}\right].$$

由概率论可知 $\boldsymbol{\Lambda}$ 是非负定的,即对任何实数 $\alpha_1,\cdots,\alpha_n$,有

$$\sum_{j=1}^{n}\sum_{k=1}^{n} \lambda_{jk}\alpha_j\alpha_k \geqslant 0.$$

如果 $\geqslant$ 号换为 $>$ 号,则 $\boldsymbol{\Lambda}$ 是正定的.

当 $\boldsymbol{\Lambda}$ 是正定时,它的行列式 $|\boldsymbol{\Lambda}| \neq 0$,故有逆矩阵 $\boldsymbol{\Lambda}^{-1}$. 此时,它的 n 元分布密度是($\boldsymbol{x} = [x_1 \quad \cdots \quad x_n]$ 为一向量)

$$f_{t_1,\cdots,t_n}(\boldsymbol{x}) = \frac{1}{(2\pi)^{\frac{n}{2}}|\boldsymbol{\Lambda}|^{\frac{1}{2}}}\exp\left[-\frac{1}{2}(\boldsymbol{x}-\boldsymbol{m})\boldsymbol{\Lambda}^{-1}(\boldsymbol{x}-\boldsymbol{m})^{2}\right].$$

由于正态分布完全被一阶矩和二阶矩所决定,因此,对于正态过程主要就是讨论均值函数 $m(t) = E\xi(t)$ 和协方差函数 $\Gamma(s,t) = E(\xi(s) - m(s))(\xi(t) - m(t))$.

实际上,判断一随机过程是否是正态过程,并不是根据它的联合分布密度(或联合特征函数)的如上表达式判断,而是利用正态过程的如下性质.

定理 5.3　设 $\xi_1,\cdots,\xi_n$ 是 n 个正态随机变量,$\eta_1,\cdots,\eta_m$ 是 $\xi_1,\cdots,\xi_n$ 的线性函数,即

$$\boldsymbol{\eta}^{\mathrm{T}}=\boldsymbol{A}\boldsymbol{\xi}^{\mathrm{T}},$$

其中 $\boldsymbol{A}$ 是 $m\times n$ 阶矩阵,$\boldsymbol{\xi}=[\xi_1\ \cdots\ \xi_n]$,则 $\boldsymbol{\eta}=[\eta_1\ \cdots\ \eta_m]$ 是 m 维正态分布的变量.

由定理 5.3 不难验证维纳过程是正态过程. 事实上,对任意 $t_1<t_2<\cdots<t_n$,令 $\eta_1=\xi_{t_1},\eta_2=\xi_{t_2}-\xi_{t_1},\cdots,\eta_n=\xi_{t_n}-\xi_{t_{n-1}}$,由于 $\eta_1,\cdots,\eta_n$ 是独立的正态变量,故它们是联合正态的,而 n 个随机变量 $\xi_{t_1},\cdots,\xi_{t_n}$ 可以写成 $\eta_1,\cdots,\eta_n$ 的线性变换. 因此,由定理 5.3 即知,$\xi_{t_1},\cdots,\xi_{t_n}$ 是 n 元正态分布的随机向量,从而即可证明 ξ_T 是正态过程.

5.2　马尔可夫过程

5.2.1　马尔可夫过程的定义

1. 马尔可夫性(无后效性)

从 5.1 的讨论中已经看出,统计特性最容易描述的随机过程是独立随机过程,因为过程在时刻 t 的概率性质与其前(后)时刻发生的事件(观测值)无关,它表明不同时刻的随机变量之间没有依赖关系.

在非独立的随机过程中,有一种相关性很弱的随机过程,把它称为马尔可夫过程. 它的相依关系仅仅表现在相邻两时刻之间的统计关系,以后过程的概率特性只依赖于最近时刻观测的结果,而与以前发生的任何情形无关. 具体地讲,如在时刻 t_0(现在)有一个观测结果 x_0,即 $\xi(t_0)=x_0$,则 t_0 以后(将来)过程 $\xi(t)\ (t>t_0)$ 的概率特性只与事件 $\{\xi_{t_0}=x_0\}$ 有关,而与 t_0 以前(过去)的历史(即对 $\xi(s),s<t$ 的所有观测情形)无关.

把上面所述的这种“无后效”的性质,称为马尔可夫性,具有马尔可夫性的随机过程称为马尔可夫过程.

上面对马尔可夫过程的特征所作的直观性描述,虽然并不能作为马尔可夫过程的数学定义,但仍然是很必要的. 一方面可以加深对数学定义的理解,更主要的也是对实际中的随机现象进行判断的重要依据.

例如,用所述的马尔可夫性检验5.1的例5.1和例5.2. 在例5.1中,如果已知在$[0,t_0)$内有x_0个呼唤来到,即事件$(\xi_{t_0}=x_0)$发生,那么在$[0,t)(t>t_0)$内收到的呼唤次数ξ_t(随机变量)显然是在$[0,t_0)$收到的呼唤次数$\xi_{t_0}(=x_0)$与(t_0,t)内收到的呼唤次数之和(第一个数是x_0,已确定了). 这个数与t_0以前呼唤来到的历史情况无关. 在例5.2中,如果已知在时刻t_0质点位于平面的x_0处,那么在以后的时刻t,质点运动到何处只决定于出发点x_0和在$[t_0,t)$内所受到的分子碰撞,而与它在t_0以前是怎样运动的历史情况无关.

设$T=[0,\infty)$或$T=\{0,1,2,\cdots\}$,ξ_T为一随机过程,它的状态空间$\mathscr{E}=\mathbf{R}^1$,或$\mathbf{R}^1$中的波雷尔集.

定义5.8 称随机过程ξ_T为**马尔可夫过程**,如果

$$E(\xi_s|\xi_u,u\leqslant t)=E(\xi_s|\xi_t),s\geqslant t,(a,s). \tag{5.2.1}$$

条件式(5.2.1)称为**马尔可夫性**,它是前述直观马尔可夫性的数学抽象. 它从数量上表现了在已知“现在”ξ_t的条件下,“将来”$\xi_s(s\geqslant t)$不依赖于“过去”$\xi_u(u<t)$这句话的含义.

由于定义5.8采用了抽象测度和积分的工具,因此,对于一般的需要来说,可采用下面的定义.

定义5.9 称ξ_T为一**马尔可夫过程**,如果对T中任意有穷多个点,$s_1\leqslant s_2\leqslant\cdots\leqslant s_n\leqslant s\leqslant t$,任意$\mathscr{E}$中点$x_i(i=1,\cdots,n)$,$x$,以及任意$\mathscr{E}$中波雷尔集$A$,都有

$$P(\xi_t\in A|\xi_{s_1}=x_1,\cdots,\xi_{s_n}=x_n,\xi_s=x)=P(\xi_t\in A|\xi_s=x). \tag{5.2.2}$$

条件式(5.2.2)也从数量上表现了直观上的马尔可夫性. 它是用概率论中的条件概率定义的,因此要求

$$P(\xi_{s_1}=x_1,\cdots,\xi_{s_n}=x_n,\xi_s=x)>0, \tag{5.2.3}$$

或者此分母的概率虽为 0,但可作为正概率的极限来处理[38].

马尔可夫过程可以根据时间集 T 和状态空间 $\mathscr{E}$ 从形式上分成 4 种类型:时间与状态都可数(离数);时间连续,状态可数;时间可数,状态非可数;时间与状态都非可数. 前两种,一般称为马尔可夫链,后两种习惯称为马尔可夫过程. 第二种有时也称为可数状态的马尔可夫过程. 它们之间都有一定的联系,讨论的问题有许多相似之处. 因此在本书只讨论前两种情形,这也是为了便于采用定义 5.9.

以下例子是由定义 5.9 来证明它们是马尔可夫过程的.

例 5.11　设 ξ_T 为一独立随机过程(即对任意 n 个 $t_1,\cdots,t_n\in T$, $\xi_{t_1},\cdots,\xi_{t_n}$ 总体独立),则 ξ_T 为一马尔可夫过程.

事实上,设 $s_1<s_2<\cdots<s_n<s<t$,由于 $\xi_{s_1},\cdots,\xi_{s_n},\xi_s,\xi_t$ 总体独立,故事件 $(\xi_t\in A)$,$(\xi_s=x)$,$(\xi_{s_1}=x_1)$,$\cdots$,$(\xi_{s_n}=x_n)$ 也是独立的(由定义). 故有

$$P(\xi_t\in A\mid\xi_{s_1}=x_1,\cdots,\xi_{s_n}=x_n,\xi_s=x)=P(\xi_t\in A),$$
$$P(\xi_t\in A\mid\xi_s=x)=P(\xi_t\in A),$$

于是即得式(5.2.2).

例 5.12　设 $\mathscr{E}=\mathbf{R}^1$, $\{\eta_n,n\geqslant1\}$ 为独立随机变量序列,令 $\xi_1=\eta_1$, $\xi_n=\sum\limits_{k=1}^{n}\eta_k$,则 $\{\xi_n,n\geqslant1\}$ 为一马尔可夫过程.

事实上,由所给的条件可知随机变量 $\xi_{s_1},\xi_{s_2}-\xi_{s_1},\cdots,\xi_{s_n}-\xi_{s_{n-1}}$, $\xi_{s_{n+k}}-\xi_{s_n}$ 是总体独立的,其中 $s_1<s_2<\cdots<s_n$, $k\geqslant1$,令 $x_1,\cdots,x_n\in\mathscr{E}$, A 为 $\mathscr{E}$ 中波雷尔集, $A_n=\{x:x=y-x_n,y\in A\}$, A_n 也是 $\mathscr{E}$ 中波雷尔集,于是下面事件总体独立:

$$(\xi_{s_1}=x_1),(\xi_{s_2}-\xi_{s_1}=x_2-x_1),\cdots,(\xi_{s_n}-\xi_{s_{n-1}}=x_n-x_{n-1}),$$

$(\xi_{s_{n+k}}-\xi_{s_n}\in A_n)$,而且有

$$\begin{aligned}&P(\xi_{s_{n+k}}\in A\mid\xi_{s_1}=x_1,\cdots,\xi_{s_n}=x_n)\\=&P(\xi_{s_{n+k}}-\xi_{s_n}\in A_n\mid\xi_{s_1}=x_1,\xi_{s_2}-\xi_{s_1}=x_2-x_1,\cdots,\xi_{s_n}-\xi_{s_{n-1}}=x_n-x_{n-1})\\=&P(\xi_{s_{n+k}}-\xi_{s_n}\in A_n).\end{aligned}$$

同理,因 $\xi_{s_{n+k}}-\xi_{s_n}$ 与 ξ_{s_n} 独立,故有

$$\begin{aligned}&P(\xi_{s_{n+k}}\in A\mid\xi_{s_n}=x_n)=P(\xi_{s_{n+k}}-\xi_{s_n}\in A_n\mid\xi_{s_n}=x_n)\\&=P(\xi_{s_{n+k}}-\xi_{s_n}\in A_n).\end{aligned}$$

即证明了式(5.2.2),从而 $\{\xi_n,n\geqslant 1\}$ 是一马尔可夫过程.

例 5.13 设 ξ_T 为一独立增量过程,且 $P(\xi(0)\equiv\text{常数})=1$,则 ξ_T 为一马尔可夫过程.

可利用例 5.12 的结论证明此题.

由此可见,在 5.1 中叙述的维纳过程和泊松过程都是马尔可夫过程.

2. 转移概率

定义马尔可夫性的式(5.2.2)可以叙述为"已知在 s 时刻过程位于状态 x 的条件下,将来的事件($\xi_t\in A$)的条件概率与过去的事件($\xi_{s_1}=x_1,\cdots,\xi_{s_n}=x_n$)无关".

以 $P(s,x,t,A)$ 记式(5.2.2)的右端:

$$P(s,x,t,A)=P(\xi_t\in A\mid\xi_s=x),t\geqslant s.\tag{5.2.4}$$

它表示($\xi_t\in A$)关于($\xi_s=x$)的条件概率. 这是一个四(变)元(s,x,t,A)函数. 其中 $s\leqslant t,s,t\in T,x\in\mathscr{E}$(状态空间),$A$ 为 $\mathscr{E}$ 中的波雷尔集.

由式(5.2.4)定义的四元函数 $P(s,x,t,A)$ 既然作为马尔可夫过程的条件概率,它应具有如下性质.

性质 5.3 设 ξ_T 是一马尔可夫过程,则

(1) 对任何 $s\leqslant t,x\in\mathscr{E},A$ 为波雷尔集,有

$$0\leqslant P(s,x,t,A)\leqslant 1,$$

而且当 $t=s$ 时,

$$P(s,x,s,A)=I_A(x)=\begin{cases}1,\text{当 } x\in A \text{ 时},\\0,\text{当 } x\notin A \text{ 时}.\end{cases}$$

(2) 固定 $s,x,t,P(s,x,t,\cdot)$ 作为 A 的函数是 $\mathscr{E}$ 上的概率测度;

(3) 固定 $s,t,A,P(s,\cdot,t,A)$ 作为 x 的函数是 $\mathscr{E}$ 上的波雷尔可测函数[31](当 $\mathscr{E}$ 为可数时,显然满足);

(4) 满足查普曼-柯尔莫哥洛夫(Chapman-Kolmogorov)方程

$$P(s,x,t,A)=\int_{\mathscr{E}} P(u,y,t,A)\,\mathrm{d}_y P(s,x,u,y),$$

其中 $s\leqslant u\leqslant t,\quad s,u,t\in T.$　(5.2.5)

性质 5.3 中的(1)、(2)是条件概率的固有性质,(3)是为了数学上的需要,如在式(5.2.5)中,只有 $P(u,y,t,A)$ 是 y 的波雷尔可测函数才有积分运算. 性质(4)是马尔可夫性的表现,它反映出马尔可夫过程的特征,而不是对所有随机过程都成立. 因此,(4)是马尔可夫过程一切分析性质的基石.

现在对可数状态空间 $\mathscr{E}=\{x_1,x_2,\cdots\}$ 证明(4). 此时式(5.2.5)可写为

$$P(s,x,t,A)=\sum_{n=1}^{\infty} P(s,x,u,x_n)P(u,x_n,t,A).\qquad(5.2.6)$$

由式(5.2.4),对 $s<u$,有

$$P(s,x,t,A)=P(\xi_t\in A\mid\xi_s=x)=\frac{P(\xi_t\in A,\xi_s=x)}{P(\xi_s=x)}$$

$$=\sum_{n=1}^{\infty}\frac{P(\xi_t\in A,\xi_u=x_n,\xi_s=x)}{P(\xi_s=x)}$$

$$=\sum_{n=1}^{\infty}\frac{P(\xi_t\in A,\xi_u=x_n,\xi_s=x)}{P(\xi_u=x_n,\xi_s=x)}\cdot\frac{P(\xi_u=x_n,\xi_s=x)}{P(\xi_s=x)},$$

由马尔可夫性式(5.2.2)有

$$\frac{P(\xi_t\in A,\xi_u=x_n,\xi_s=x)}{P(\xi_u=x_n,\xi_s=x)}=P(\xi_t\in A\mid\xi_s=x,\xi_u=x_n)$$

$$=P(\xi_t\in A\mid\xi_u=x_n),$$

以此代入上一式即得式(5.2.6).

定义 5.10　满足性质(1)~(4)的四元函数 $P(s,x,t,A)$ ($s\leqslant t,s,t\in T,x\in\mathscr{E},A$ 为 $\mathscr{E}$ 中波雷尔集)称为转移概率函数. 如果 $P(s,x,t,A)$ 是由马尔可夫过程 ξ_T 通过式(5.2.4)定义的,则它称为马尔可夫过程 ξ_T 的**转移概率函数**.

定义 5.11　设 ξ_T 为一马尔可夫过程,对于每一个 $t\in T,\xi_t$ 的分布

$$P_t(A)=P(\xi_t\in A)\quad(A\text{ 为 }\mathscr{E}\text{ 中波雷尔集})$$

称为 ξ_T 的**绝对分布**. 设 T 有一个初始时刻 t_0(一般设 $t_0=0$),则 $P_0(A)$

$=P(\xi_0 \in A)$称为 ξ_T 的**初始分布**.

性质5.4 设已给出马尔可夫过程 ξ_T 的初始分布 $P_0(A)$ 及转移概率函数 $P(s,x,t,A)$,则对于任何自然数 n,任何 $t_1,\cdots,t_n \in T, t_1 < \cdots < t_n$,任何 $A_1,\cdots,A_n \in B_1$($\mathscr{E}$ 中波雷尔集)都成立关系

$$
\begin{aligned}
&P(\xi_{t_1} \in A_1,\cdots,\xi_{t_n} \in A_n)\\
&= \int_{\mathscr{E}} P_0(\mathrm{d}x) \int_{A_1} \mathrm{d}_{y_1} P(0,x,t_1,y_1)\\
&\cdots \int_{A_{n-1}} P(t_{n-1},y_{n-1},t_n,A_n)\,\mathrm{d}_{y_{n-1}} P(t_{n-2},y_{n-2},t_{n-1},y_{n-1}).
\end{aligned}
\tag{5.2.7}
$$

如果 $\mathscr{E}$ 为可数状态空间,则式(5.2.7)也可写为

$$
\begin{aligned}
&P(\xi_{t_1} \in A_1,\cdots,\xi_{t_n} \in A_n)\\
&= \sum_{x \in \mathscr{E}} P_0(x) \sum_{y_1 \in A_1} P(0,x,t_1,y_1)\\
&\cdots \sum_{y_{n-1} \in A_{n-1}} P(t_{n-2},y_{n-2},t_{n-1},y_{n-1}) P(t_{n-1},y_{n-1},t_n,A_n).
\end{aligned}
\tag{5.2.8}
$$

证: 用数学归纳法只对可数状态空间 $\mathscr{E}$ 证明式(5.2.8).

当 $n=1$ 时,利用全概率公式

$$
\begin{aligned}
P(\xi_{t_1} \in A_1) &= \sum_{x \in \mathscr{E}} P(\xi_0 = x, \xi_{t_1} \in A_1)\\
&= \sum_{x \in \mathscr{E}} P_0(x) P(0,x,t_1,A_1).
\end{aligned}
$$

设 $n=k$ 时,式(5.2.8)成立,要证 $n=k+1$ 时式(5.2.8)也成立.事实上,由马尔可夫性有

$$
\begin{aligned}
&P(\xi_{t_1} \in A_1,\cdots,\xi_{t_k} \in A_k,\xi_{t_{k+1}} \in A_{k+1})\\
&= \sum_{y_k \in A_k} P(\xi_{t_1} \in A_1,\cdots,\xi_{t_k} = y_k,\xi_{t_{k+1}} \in A_{k+1})\\
&= \sum_{y_k \in A_k} P(\xi_{t_1} \in A_1,\cdots,\xi_{t_k} = y_k) \cdot P(\xi_{t_{k+1}} \in A_{k+1} \mid \xi_{t_1} \in A_1,\cdots,\xi_{t_k} = y_k)\\
&= \sum_{y_k \in A_k} P(\xi_{t_1} \in A_1,\cdots,\xi_{t_k} = y_k) \cdot P(\xi_{t_{k+1}} \in A_{k+1} \mid \xi_{t_k} = y_k)\\
&= \sum_{y_k \in A_k} P(\xi_{t_1} \in A_1,\cdots,\xi_{t_k} = y_k) \cdot P(t_k,y_k,t_{k+1},A_{k+1}).
\end{aligned}
$$

由于归纳法已假定 $n=k$ 时，式(5.2.8)成立，代入上式即证式(5.2.8)对 $n=k+1$ 也成立.

性质5.4表明，只要知道了马尔可夫过程 ξ_T 的初始分布 $P(x)$ 和转移概率函数 $P(s,x,t,A)$，也就可通过式(5.2.8)得到 ξ_T 的有限维分布，因此也就完全刻画出马尔可夫过程的统计特性. 这类似于由初始条件和运动方程完全决定微分方程的解(即质点的运动状态). 初始分布就是 ξ_0 的分布. 这在概率论中已有所讨论. 因此，研究转移概率函数是研究马尔可夫过程的主要问题之一.

特别，在式(5.2.4)中，如取 $A=(-\infty,y)$，则称

$$F(s,x,t,y)=P(s,x,t,A)=P(\xi_t\leqslant y|\xi_s=x)$$

为马尔可夫过程 ξ_T 的**转移概率分布**. 当 s,x,t 固定时，它关于 y 是 $\mathbf{R}^1$ 上的条件分布函数. 如果它关于 y 的导数存在，且

$$F(s,x,t,y)=\int_{-\infty}^{y}\frac{\partial}{\partial z}F(s,x,t,z)\,\mathrm{d}z,$$

则 $\frac{\partial}{\partial y}F(s,x,t,y)$ 显然是一条件分布密度，称

$$f(s,x,t,y)=\frac{\partial}{\partial y}F(s,x,t,y)$$

为马尔可夫过程 ξ_T 的**转移概率密度**.

查普曼-柯尔莫哥洛夫方程用转移概率分布和转移概率密度可分别表示如下：

$$F(s,x,t,y)=\int_{-\infty}^{\infty}F(u,z,t,y)\,\mathrm{d}_zF(s,x,u,z),s<u<t,$$

$$f(s,x,t,y)=\int_{-\infty}^{\infty}f(u,z,t,y)f(s,x,u,z)\,\mathrm{d}z,s<u<t.$$

定义5.12　称转移概率(或转移密度)为**齐次**的，如果 $P(s,x,t,A)$(或 $f(s,x,t,y)$)只依赖于 $t-s$ 而不依赖于 s,t；称马尔可夫过程 ξ_T 为**齐次**的，如果它的转移概率(或转移密度)是齐次的.

对于齐次马尔可夫过程 ξ_T，以 $P(t,x,A)$(或 $f(t,x,y)$)表示它的转移概率(或转移密度)，显然有

$$P(t,x,A)=P(s,x,s+t,A)\quad(\text{对任意 } s\geqslant 0,t\geqslant 0),$$

或者

$$f(t,x,y)=f(s,x,s+t,y)\quad (对任意\ s\geqslant 0,t\geqslant 0).$$

例如,前面所叙述的维纳过程和泊松过程都是齐次马尔可夫过程.维纳过程的转移概率密度

$$f(t,x,y)=(2\pi\sigma^2 t)^{-\frac{1}{2}}\exp\left[-\frac{(y-x)^2}{2\sigma^2 t}\right],x,y\in\mathbf{R}^1,t>0,$$

其中 $\sigma^2>0$ 为一常数.

泊松过程的转移概率函数是

$$P(t,x,y)=\mathrm{e}^{-\lambda t}\frac{(\lambda t)^{y-x}}{(y-x)!},x,y\in\mathbf{N}_0,y\geqslant x,t>0,$$

其中 $\lambda>0$ 为一常数.

在以下讨论的马尔可夫过程,都不加申明地是齐次马尔可夫过程.

5.2.2 马尔可夫链

1. 马尔可夫链的基本概念

本节只研究时间和状态都取可数离散值的马尔可夫过程 ξ_T,称它为**马尔可夫链**(Markov chain).为了方便,时刻用 n(第 n 次观测)($n=0,1,2,\cdots$)表示,因此状态空间 $\mathscr{E}=\{0,1,2,\cdots\}$.当然 $\mathscr{E}$ 也可以取为 $\{\cdots,-1,0,1,\cdots\}$ 或其他可数集.因此马尔可夫链就是一取值于 $\mathscr{E}$ 的具有马尔可夫性的随机变量序列 $\xi_T=\{\xi_0,\xi_1,\xi_2,\cdots\}$.

为了使叙述更形象,将"第 n 次观测结果为 i"即"$(\xi_n=i)$"这一事件称为"系统在时刻 n 位于状态 i",将"已知第 m 次观测为 i,第 $n+m$ 次观测为 j 的条件概率"即 $P(\xi_{n+m}=j|\xi_m=i)$ 称为**在时刻 m 系统由状态 i 出发,经 n 步转移到 j 的(转移)概率**.由于假定马尔可夫链是齐次的,故

$$P(\xi_{n+m}=j|\xi_m=i)=P(\xi_n=j|\xi_0=i)=P(n,i,j)\quad (对任何\ m\geqslant 0).$$

用符号 $p_{ij}^{(n)}$ 表示上面的条件概率,简称为**经 n 步由 i 到 j 的转移概率**,称 $\{p_{ij}^{(n)},i,j\in\mathscr{E}\}$ 为 **n 步转移概率**.

转移概率是一条件概率.它具有如下性质:

$$p_{ij}^{(n)}\geqslant 0,i,j\in\mathscr{E},n\geqslant 0,\tag{5.2.9}$$

$$\sum_{j\in\mathscr{E}} p_{ij}^{(n)}=1, i\in\mathscr{E}, n\geqslant 0, \tag{5.2.10}$$

$$p_{ij}^{(m+n)}=\sum_{k\in\mathscr{E}} p_{ik}^{(m)} p_{kj}^{(n)}, i,j\in\mathscr{E}, m,n\geqslant 0. \tag{5.2.11}$$

性质式(5.2.9)～式(5.2.11)就是性质5.1在马尔可夫链上的具体表现. 其中式(5.2.11)就是马尔可夫链的查普曼-柯尔莫哥洛夫方程. 注意,在这些式子中,当 $n=0$ 时,由条件概率可知

$$p_{ij}^{(0)}=\delta_{ij}=\begin{cases}1, \text{当 } i=j \text{ 时}, \\ 0, \text{当 } i\neq j \text{ 时}.\end{cases} \tag{5.2.12}$$

由式(5.2.11)可知,$n(n\geqslant 2)$ 步转移概率可以通过一步转移概率求出,即

$$p_{ij}^{(n+1)}=\sum_{k\in\mathscr{E}} p_{ik}^{(1)} p_{kj}^{(n)}=\sum_{k\in\mathscr{E}} p_{ik}^{(n)} p_{kj}^{(1)} (n=1,2,\cdots). \tag{5.2.13}$$

因此,对于齐次马尔可夫链,重要的是确定它的一步转移概率$\{p_{ij}^{(1)}, i,j\in\mathscr{E}\}$. 对于一步转移概率,有时也写为$\{p_{ij}, i,j\in\mathscr{E}\}$.

将转移概率写成矩阵的形式有时既方便又简明,称

$$\boldsymbol{P}^{(n)}=\begin{bmatrix} p_{00}^{(n)} & p_{01}^{(n)} & p_{02}^{(n)} & \cdots \\ p_{10}^{(n)} & p_{11}^{(n)} & p_{12}^{(n)} & \cdots \\ \cdots & \cdots & \cdots & \cdots \end{bmatrix}, n\geqslant 0 \tag{5.2.14}$$

为马尔可夫链的 **n 步转移矩阵**,特别 $\boldsymbol{P}^{(0)}=\boldsymbol{\Delta}=(\delta_{ij})$ 是一单位矩阵(恒等矩阵),$\boldsymbol{P}=\boldsymbol{P}^{(1)}$ 是一步转移矩阵,用矩阵符号,可将查普曼-柯尔莫哥洛夫方程写为

$$\boldsymbol{P}^{(m+n)}=\boldsymbol{P}^{(m)}\cdot\boldsymbol{P}^{(n)}, m,n\geqslant 0.$$

特别,式(5.2.13)可写为

$$\boldsymbol{P}^{(n)}=\boldsymbol{P}\cdot\boldsymbol{P}\cdot\cdots\cdot\boldsymbol{P}=(\boldsymbol{P})^{n},$$

这里$(\boldsymbol{P})^n$ 表示矩阵 $\boldsymbol{P}$ 自乘 n 次.

由此及性质5.14,对于齐次马尔可夫链,如果已给出初始分布,则它的统计规律完全由一步转移矩阵 $\boldsymbol{P}$ 完全决定. 因此,不管是在实际上还是在理论上,都是通过给出一步转移矩阵来确定马尔可夫链的.

例 5.14　随机徘徊(随机游动 random walk)

随机徘徊是一个马尔可夫链$\{\xi_n, n\geqslant 0\}$. 它的状态空间为所有整

数或所有非负整数. 它的随机运动的规则是,如果系统处于状态 $i \in \mathscr{E}$,则下一步它以概率 p 运动到状态 $i-1$,以概率 $q(q=1-p)$ 运动到状态 $i+1$. 如果 $p=q=\frac{1}{2}$,此种情形称为**对称随机徘徊**. 有人用醉汉的行走比喻随机徘徊是很形象的. 醉汉失去理智的控制,因而他在 x 轴上的行动完全是随机的,每一步或向左、或向右走一个单位距离.

随机徘徊的特性由它在边界上的行为决定,给出如下几种.

(1) 如 $\mathscr{E}=\{\cdots,-1,0,+1,\cdots\}$,在 $\pm\infty$ 的边界上不作任何限制,称此种为**自由随机徘徊**(这就是说对醉汉的行动不加任何限制和阻碍). 它的一步转移矩阵是

$$
\boldsymbol{P}=\begin{bmatrix}
\cdots\cdots\cdots\cdots\cdots\cdots\cdots\cdots\cdots\cdots\cdots\cdots \\
\cdots & 0 & p & 0 & q & 0 & \cdots & \cdots \\
\cdots & \cdots & 0 & p & 0 & q & 0 & \cdots \\
\cdots\cdots\cdots\cdots\cdots\cdots\cdots\cdots\cdots\cdots\cdots\cdots
\end{bmatrix}.
$$

(2) 如取 $\mathscr{E}=\{0,1,2,\cdots\}$,且规定 $p_{00}=1$,则称此种为**一个吸收壁**(为状态0)**的随机徘徊**(例如,在 x 轴的原点 O 处挖一陷阱,当醉汉行走到 O 处时,掉入陷阱,以后永远停在陷阱(O)内). 它的一步转移矩阵是

$$
\boldsymbol{P}=\begin{bmatrix}
1 & 0 & 0 & 0 & \cdots & \cdots \\
p & 0 & q & 0 & \cdots & \cdots \\
0 & p & 0 & q & 0 & \cdots \\
\cdots\cdots\cdots\cdots\cdots\cdots\cdots\cdots
\end{bmatrix}.
$$

(3) 如取 $\mathscr{E}=\{0,1,\cdots,n_0\}$,且规定 $p_{00}=1$, $p_{n_0n_0}=1$,则称此种为**两个吸收壁**(0 和 n_0)**的随机徘徊**. 它的一步转移矩阵是

$$
\boldsymbol{P}=\begin{bmatrix}
1 & 0 & 0 & 0 & \cdots & \cdots & \cdots & 0 \\
p & 0 & q & 0 & \cdots & \cdots & \cdots & 0 \\
\cdots\cdots\cdots\cdots\cdots\cdots\cdots\cdots\cdots\cdots\cdots \\
0 & 0 & 0 & \cdots & 0 & p & 0 & q \\
0 & 0 & 0 & \cdots & \cdots & 0 & 0 & 1
\end{bmatrix}.
$$

对多维情形,具有吸收边界的随机徘徊可作为求拉普拉斯(Laplace)方程的狄利克雷(Dirichlet)问题的近似解的随机模型,在随机模拟中经常用到它.

(4) 取 $\mathscr{E}=\{0,1,2,\cdots\}$,并设 $p_{00}=\alpha,p_{01}=\beta,\alpha+\beta=1$,如取 $\alpha=1$,这就是情形(2).如 $0<\alpha<1$,则称此种为**一个弹性壁(状态0)的随机徘徊**.它的一步转移概率矩阵是

$$\boldsymbol{P}=\begin{bmatrix}\alpha & \beta & 0 & 0 & \cdots & \cdots\\ p & 0 & q & 0 & \cdots & \cdots\\ 0 & p & 0 & q & 0 & \cdots\\ \cdots & \cdots & \cdots & \cdots & \cdots & \cdots\end{bmatrix}.$$

如 $\alpha=0,\beta=1$ 则称此种为**一个反射壁(状态0)的随机徘徊**.它的一步转移矩阵是

$$\boldsymbol{P}=\begin{bmatrix}0 & 1 & 0 & 0 & \cdots & \cdots\\ p & 0 & q & 0 & \cdots & \cdots\\ 0 & p & 0 & q & 0 & \cdots\\ \cdots & \cdots & \cdots & \cdots & \cdots & \cdots\end{bmatrix}.$$

类似地,还可定义**两个弹性壁(或反射壁)的随机徘徊**.

设 η 为只取 -1(概率为 p)和 $+1$(概率为 q)的随机变量,$\eta_k(k=0,1,2,\cdots)$为相互独立而且都与 η 同分布的随机变量列,则随机徘徊可看作是$\{\eta_k,k\geqslant 0\}$的部分和 $\xi_n=\sum\limits_{k=0}^{n}\eta_k$.事实上,广义随机徘徊就是定义为独立同分布的整值随机变量之和.因此随机徘徊的一些概率性质可用概率论中的方法导出.但在后面会看到,用马尔可夫过程理论导出会更方便.

随机徘徊也具有广泛的实际背景.从历史上看,著名的赌徒输光问题就是一例.参加赌博的甲方有赌本 k(元).按如下规则进行赌博:如甲输,则付出一元;如甲胜,则收进一元.甲输的可能性为 p,胜的可能性为 $q(p+q=1)$.如此赌下去,直到甲的赌本输完为止(赌博停止).有关赌博停止的概率、停止的时刻等问题,就是所谓赌徒输光问题,用马尔可夫链的眼光看,就是以状态0为吸收壁的随机徘徊.如果规定甲的赌本输光赌博停止或到甲的赌本增加到 $n_0(n_0\geqslant k)$ 时赌博停止,那

么这种赌博过程就是上述(3)中的以0和n_0为吸收壁的随机徘徊.如果规定当甲输完后仍可进行“欠账式”的赌博(即赌本是负整数),则赌博可无限制地进行下去,这就得到(1)中的自由随机徘徊,总之修改赌博规则就可得到各种边界的随机徘徊.

如果用物理概念讲,随机徘徊也可作为质点扩散运动过程的近似模型(特别当$p=q=\frac{1}{2}$时,可作为布朗运动的近似模型).例如在原子核反应中,考虑一个中子(质点)在容器中的运动情况,容器的器壁边界是用一种能够吸收中子的材料(例如镉)做成的.中子在没有到达边界之前,由于受到各种粒子的碰撞而按照一定的统计规律不停地运动.一旦到达边界,由于它被吸收而停止运动,因此这一运动过程完全可以用多维空间中具有吸收边界的随机徘徊描述.

虽然,一步转移概率能完全决定马尔可夫链的统计规律,但是仍然有许多理论上和实际上的问题需要进一步讨论.例如,当$n\to\infty$时,n步绝对概率和n步转移概率的极限性态,由某状态出发趋于边界的性态和状态之间的到达关系等等.为此,先从研究状态的特性入手.

2. 状态的分类

定义5.13　约定$\min\varnothing=\infty$,令

$$T_j(\omega)=\min\{n>0,\xi_n(\omega)=j\}$$

表示系统首次(初次)到达状态j的时刻,称为状态j的**首达时**.

不难证明,T_j是取正整数值的随机变量.令

$$f_{ij}^{(n)}=P(T_j=n\mid\xi_0=i)\ (n=1,2,\cdots),$$

它表示系统自i出发,经n步首次到达j的概率.可见,$\{f_{ij}^{(n)},n\geqslant1\}$是自$i$出发,$j$的首达时的(条件)概率分布.

如何用转移概率p_{ij}表现$f_{ij}^{(n)}$呢?由马尔可夫性或性质5.4和式(5.2.8)可得

$$\begin{aligned}f_{ij}^{(n)}&=P(\xi_n=j,\xi_m\neq j,1\leqslant m<n\mid\xi_0=i)\\&=\sum_{i_1\neq j}\cdots\sum_{i_{n-1}\neq j}p_{ii_1}\cdots p_{i_{n-2}i_{n-1}}p_{i_{n-1}j}\quad(n\geqslant1).\end{aligned}\tag{5.2.15}$$

进一步，还有以下转移概率与首达概率之间的基本关系.

定理 5.4　对任何状态 $i,j\in\mathscr{E},n\geqslant 1$ 有

$$p_{ij}^{(n)}=\sum_{l=1}^{n}f_{ij}^{(l)}p_{jj}^{(n-l)}. \tag{5.2.16}$$

证：

$$\begin{aligned}p_{ij}^{(n)}&=P(\xi_n=j\mid\xi_0=i)\\&=P(\bigcup_{l=1}^{n}\{\xi_n=j,\xi_l=j,\xi_m\neq j,1\leqslant m\leqslant l\}\mid\xi_0=i)\\&=\sum_{l=1}^{n}P(\xi_n=j,\xi_l=j,\xi_m\neq j,1\leqslant m<l\mid\xi_0=i)\\&=\sum_{l=1}^{n}P(\xi_l=j,\xi_m\neq j,1\leqslant m<l\mid\xi_0=i)\times P(\xi_n=j\mid\xi_0=i,\\&\quad\xi_m\neq j,1\leqslant m\leqslant l,\xi_l=j).\end{aligned}$$

利用马尔可夫性，有

$$\begin{aligned}&P(\xi_n=j\mid\xi_0=i,\xi_m\neq j,1\leqslant m\leqslant l,\xi_l=j)\\&=P(\xi_n=j\mid\xi_l=j)=p_{jj}^{(n-l)}.\end{aligned}$$

又由式(5.2.15)的前一等式，有

$$p(\xi_l=j,\xi_m\neq j,1\leqslant m<l\mid\xi_0=i)=f_{ij}^{(l)}.$$

结合以上各式，即证式(5.2.16). 定理 5.4 证毕.

令

$$f_{ij}=\sum_{n=1}^{\infty}f_{ij}^{(n)}=P(T_j<+\infty\mid\xi_0=i),$$

它表示系统从 i 出发(在有限时间内)，迟早到达 j 的概率. 显然

$$0\leqslant f_{ij}^{(n)}\leqslant f_{ij}\leqslant 1,n\geqslant 1. \tag{5.2.17}$$

特别，取 $j=i$，则 f_{ii} 表示从 i 出发，迟早返回 i 的概率. 令

$$\mu_i=\sum_{n=1}^{\infty}nf_{ii}^{(n)}=E(T_i\mid\xi_0=i),i\in\mathscr{E},$$

则 μ_i 表示自 i 出发，首次返回 i 所需时间(步数)的数学期望，称为 i 的**平均返回时间**.

定义 5.14　状态 i 称为**常返的**，如 $f_{ii}=1$；若 $f_{ii}<1$，称为**非常返的**；i 称为**零常返的**，如 $f_{ii}=1$，且 $\mu_i=+\infty$；i 称为**正常返的**，如 $f_{ii}=1$，且 μ_i

$< +\infty$;状态 i 称为**有周期** $t(t=2,3,\cdots)$,如正整数集 $\{n\geqslant 1 \mid p_{ii}^{(n)}>0\}$ 的最大公因数是 t;i 称为**非周期**的,如 $\{n\geqslant 1 \mid p_{ii}^{(n)}>0\}$ 的最大公因数是 1;i 称为**遍历**的,如它非周期且正常返.

定理 5.5　状态 i 是常返的充要条件是

$$\sum_{n=1}^{\infty} p_{ii}^{(n)} = +\infty. \tag{5.2.18}$$

证:设式(5.2.18)成立,在式(5.2.16)中取 $j=i$,得

$$p_{ii}^{(n)} = \sum_{l=1}^{n} f_{ii}^{(l)} p_{ii}^{(n-l)},$$

两边对 n 从 1 到 N 求和,得

$$\begin{aligned}\sum_{n=1}^{N} p_{ii}^{(n)} &= \sum_{n=1}^{N}\sum_{l=1}^{n} f_{ii}^{(l)} p_{ii}^{(n-l)} = \sum_{l=1}^{N}\sum_{n=l}^{N} f_{ii}^{(l)} p_{ii}^{(n-l)} \\ &\leqslant \sum_{l=1}^{N} f_{ii}^{(l)} \sum_{n=0}^{N} p_{ii}^{(n)},\end{aligned} \tag{5.2.19}$$

于是得到

$$\frac{\sum\limits_{n=1}^{N} p_{ii}^{(n)}}{\sum\limits_{n=0}^{N} p_{ii}^{(n)}} \leqslant \sum_{l=1}^{N} f_{ii}^{(l)}.$$

令 $N\to\infty$,取极限即得 $\sum\limits_{l=1}^{\infty} f_{ii}^{(l)} = f_{ii} = 1$,充分性即证. 再证必要性. 在式(5.2.19)的等式中,取 $N' < N$,则

$$\begin{aligned}\sum_{n=1}^{N} p_{ii}^{(n)} &= \sum_{l=1}^{N}\sum_{n=l}^{N} f_{ii}^{(l)} p_{ii}^{(n-l)} \geqslant \sum_{l=1}^{N'}\sum_{n=l}^{N} f_{ii}^{(l)} p_{ii}^{(n-l)} \\ &= \sum_{l=1}^{N'} f_{ii}^{(l)} \sum_{n=0}^{N-l} p_{ii}^{(n)} \geqslant \sum_{l=1}^{N'} f_{ij}^{(l)} \sum_{n=0}^{N-N'} p_{ii}^{(n)}.\end{aligned}$$

于是,得

$$\frac{\sum\limits_{n=1}^{N} p_{ii}^{(n)}}{\sum\limits_{n=0}^{N-N'} p_{ii}^{(n)}} \geqslant \sum_{l=1}^{N'} f_{ii}^{(l)}.$$

注意 $p_{ii}^{(0)}=1$,假设 $\sum_{n=1}^{\infty} p_{ii}^{(n)}=\alpha<+\infty$,则在上式中先令 $N\to\infty$,得

$$1>\frac{\alpha}{1+\alpha}\geqslant\sum_{l=1}^{N'} f_{ii}^{(l)}.$$

再令 $N'\to\infty$,得

$$1>\frac{\alpha}{1+\alpha}\geqslant f_{ii},$$

i 为非常返,矛盾,必要性得证.

推论 5.1 如 i 非常返,则必有 $\lim_{n\to\infty} p_{ii}^{(n)}=0$.

还可证明[29]定理 5.6.

定理 5.6 设 i 为常返状态,有周期 $t(t\geqslant1)$,则

$$\lim_{n\to\infty} p_{ii}^{(nt)}=\frac{t}{\mu_i}.$$

由以上两个定理容易得到关于状态分类的判别法.

定理 5.7 以⇔表示等价关系(充要条件),则

(1) i 非常返$\Leftrightarrow\sum_{n=1}^{\infty} p_{ii}^{(n)}<+\infty\Rightarrow\lim_{n\to\infty} p_{ii}^{(n)}=0$;

(2) i 零常返$\Leftrightarrow\sum_{n=1}^{\infty} p_{ii}^{(n)}=+\infty$ 且 $\lim_{n\to\infty} p_{ii}^{(n)}=0$;

(3) i 正常返$\Leftrightarrow\sum_{n=1}^{\infty} p_{ii}^{(n)}=+\infty$ 且 $\overline{\lim_{n\to\infty}} p_{ii}^{(n)}>0$($\overline{\lim_{n\to\infty}}$表示上极限);

(4) i 遍历$\Leftrightarrow\sum_{n=1}^{\infty} p_{ii}^{(n)}=+\infty$ 且 $\lim_{n\to\infty} p_{ii}^{(n)}=\frac{1}{\mu_i}$.

3. 状态空间的分解

称状态 j **可到达**状态 k,如存在正整数 $n\geqslant1$,有

$$p_{jk}^{(n)}>0,\text{记为}:j\to k.$$

称 j 和 k 是**相通**的,如 $j\to k$,同时 $k\to j$,记为 $j\leftrightarrow k$.

由查普曼-柯尔莫哥洛夫方程可得

$$p_{jk}^{(m+n)}\geqslant p_{ij}^{(m)}p_{jk}^{(n)},\text{对任何 } m,n\geqslant0, \tag{5.2.20}$$

由此不难证明下面的性质.

性质 5.5 设 $i,j,k\in\mathscr{E}$,

(1) 如 $i \to j, j \to k$,则 $i \to k$.

(2) 相通关系有对称性和传递性,即如 $j \leftrightarrow k$,则 $k \leftrightarrow j$,如 $i \leftrightarrow j, j \leftrightarrow k$,则 $i \leftrightarrow k$.

(3) 如 $i \leftrightarrow j (j \neq i)$,则 $i \leftrightarrow i$,此性质说明,只要有不同状态相通,则相通关系有自反性.

性质 5.6 $i \leftrightarrow j$ 的充要条件是 $f_{ij} > 0$.

证: 设 $f_{ij} > 0$,则存在 $n \geqslant 1$,使 $f_{ij}^{(n)} > 0$,由定理 5.4 得

$$p_{ij}^{(n)} = \sum_{l=1}^{\infty} f_{ij}^{(l)} p_{jj}^{(n-l)} \geqslant f_{ij}^{(n)} p_{jj}^{(0)} > 0.$$

于是 $i \to j$(其中利用了 $p_{jj}^{(0)} = 1$).

现设 $i \to j$,则存在 $n \geqslant 1$,使 $p_{ij}^{(n)} > 0$. 由式(5.2.16)可知在 $f_{ij}^{(l)}$ $(1 \leqslant l \leqslant n)$ 中至少有一个不为 0,于是 $f_{ij} > 0$.

推论 5.2 $i \leftrightarrow j$ 的充要条件是 $f_{ij} f_{ji} > 0$.

性质 5.7 如 $i \leftrightarrow j (i \neq j)$,则有

(1) i 与 j 或同为常返,或同为非常返;

(2) 在常返情形,i 与 j 或同为正常返,或同为 0 常返;

(3) i 与 j 或同为非周期,或有相同的周期.

证: 由于 $i \leftrightarrow j$,存在 $m, n \geqslant 1$ 使

$$p_{ij}^{(m)} = \alpha > 0, \quad p_{ji}^{(n)} = \beta > 0.$$

由查普曼-柯尔莫哥洛夫方程有

$$p_{ii}^{(m+l+n)} \geqslant p_{ij}^{(m)} p_{jj}^{(l)} p_{ji}^{(n)} = \alpha\beta p_{jj}^{(l)}, \tag{5.2.21}$$

$$p_{jj}^{(m+l+n)} \geqslant p_{ji}^{(n)} p_{ii}^{(l)} p_{ij}^{(m)} = \alpha\beta p_{ii}^{(l)}, \tag{5.2.22}$$

然后利用定理 5.7 即可证得(1)和(2),下面再证(3).

由于 $p_{ii}^{(m+n)} \geqslant p_{ij}^{(m)} p_{ji}^{(n)} = \alpha\beta > 0$,如果 i 有周期 t,则 $m+n$ 必为 t 的整数倍. 类似地,$p_{jj}^{(m+n)} \geqslant \alpha\beta > 0$,如 j 有周期 t',则 $m+n$ 也是 t' 的整数倍,由式(5.2.21),如 $p_{jj}^{(l)} > 0$,则 $p_{ii}^{(m+l+n)} > 0$. 它说明如 t' 是 l 的因子,则 t 是 $m+l+n$ 的因子. 因此,t 必是 l 的因子,于是 t 是 t' 的因子. 利用式(5.2.22)可得到相反的结论,即证 $t = t'$.

此性质说明,相通的状态具有共同的性质,这是分解状态空间的基础.

如果 C 内每一个状态都不能到达 C 外的任何状态,称状态的集合 C 为**闭集**.

显然,状态空间 $\mathscr{E}$ 是最大的闭集,吸收状态 i(即 $p_{ii}=1$)是最小的闭集(例如吸收壁随机徘徊中的状态 0 和 n_0).

性质 5.8　在转移矩阵 $\boldsymbol{P}$(或 $\boldsymbol{P}^n$)中,将对应于闭集 C 外状态的所有行和列都删去,则余下的矩阵仍为一转移矩阵,其中查普曼-柯尔莫哥洛夫方程成立.它对应着一个状态空间为 C 的马尔可夫链,称为原马尔可夫链的**子链**.

闭集 C 称为**不可分**的,如果它不含有闭的真子集,马尔可夫链称为不可分的,如果它的状态空间 $\mathscr{E}$ 是它的不可分闭集(亦即除 $\mathscr{E}$ 外,不存在其他闭集).

性质 5.9　闭集 C 为不可分的充要条件是 C 中所有状态相通.

为了得到状态空间的分解,令

$$\alpha_i^N(\omega)=\sum_{n=1}^{N}I_i(\xi_n(\omega))\quad(N=1,2,\cdots),$$

其中 I_i 表示 i 的示性函数,α_i^N 表示在时刻 N 前系统到达状态 i 的次数.令

$$\alpha_i(\omega)=\lim_{N\to\alpha}\alpha_i^N=\sum_{n=1}^{\infty}I_i(\xi_n).$$

显然可见,α_i^N,α_i 都是随机变量,α_i 可取 $+\infty$ 值,它表示系统到达 i 的总次数,令

$$g_{ij}^{(n)}=P(\alpha_j\geqslant n\mid\xi_0=i)\,(i,j\in\mathscr{E},n=1,2,\cdots),$$

它表示从 i 出发,系统至少有 n 次到达 j 的概率.不难证明,

$$g_{ij}^{(1)}=f_{ij}=P(\alpha_j\geqslant 1\mid\xi_0=i).$$

而 $g_{ij}^{(\infty)}$ 表示从 i 出发,系统到达 j 有 ∞ 多次,由马尔可夫链的齐次性和马尔可夫性,可以证明

$$g_{ij}^{(N)}=P(\alpha_j-\alpha_j^n\geqslant N\mid\xi_n=i)\,(N=1,2,\cdots),\tag{5.2.23}$$

$$g_{ij}^{(\infty)}=P(\alpha_j-\alpha_j^n=\infty\mid\xi_n=i)=P(\alpha_j=\infty\mid\xi_n=i),\tag{5.2.24}$$

进一步有如下定理.

定理 5.8　对任意 $i,j\in\mathscr{E}$,有

(1) $g_{ij}^{(\infty)}=f_{ij}g_{jj}^{(\infty)}=f_{ii}g_{ij}^{(\infty)}$;

(2) $g_{ii}^{(\infty)}=\lim_{n\to\infty}(f_{ii})^n$.

证:(1) 由马尔可夫性及式(5.2.24)得

$$\begin{aligned}
g_{ij}^{(\infty)} &= P(\alpha_j=\infty \mid \xi_0=i)=\sum_{n=1}^{\infty}P(\alpha_j=\infty, T_j=n \mid \xi_0=i)\\
&=\sum_{n=1}^{\infty}f_{ij}^{(n)}P(\alpha_j=\infty \mid \xi_0=i, T_j=n)\\
&=\sum_{n=1}^{\infty}f_{ij}^{(n)}P(\alpha_j=\infty \mid \xi_0=i,\xi_m\neq j,1\leqslant m<n,\xi_n=j)\\
&=\sum_{n=1}^{\infty}f_{ij}^{(n)}P(\alpha_j=\infty \mid \xi_n=j)=f_{ij}g_{jj}^{(\infty)}.
\end{aligned}$$

类似地不难证明(1)的后一等式.

(2) 由马尔可夫性及式(5.2.23)得

$$\begin{aligned}
g_{ii}^{(N)} &= P(\alpha_i\geqslant N \mid \xi_0=i)=\sum_{n=1}^{\infty}P(\alpha_i\geqslant N, T_i=n \mid \xi_0=i)\\
&=\sum_{n=1}^{\infty}f_{ii}^{(n)}P(\alpha_i\geqslant N \mid \xi_0=i, T_i=n)\\
&=\sum_{n=1}^{\infty}f_{ii}^{(n)}P(\alpha_i-\alpha_i^{(n)}\geqslant N-1 \mid \xi_0=i,\xi_m\neq i,1\leqslant m<n,\xi_n=i)\\
&=\sum_{n=1}^{\infty}f_{ii}^{(n)}P(\alpha_i-\alpha_i^{(n)}\geqslant N-1 \mid \xi_n=i)\\
&=\sum_{n=1}^{\infty}f_{ii}^{(n)}P(\alpha_i\geqslant N-1 \mid \xi_0=i)=f_{ii}g_{ii}^{(N-1)}.
\end{aligned}$$

由此可得 $g_{ii}^{(N)}=(f_{ii})^N$,而且

$$g_{ii}^{(\infty)}=\lim_{N\to\infty}g_{ii}^{(N)}=\lim_{N-\infty}(f_{ii})^N.$$

推论 5.3(0-1 律) $g_{ii}^{(\infty)}=0$ 或 $1\Leftrightarrow f_{ii}<1$ 或 $=1\Leftrightarrow$状态 i 是非常返或常返$\Leftrightarrow \sum_{n=1}^{\infty}P_{ii}^{(n)}<\infty$ 或 $=\infty$.

定理 5.8 的证明方法是有启发性的. 它可诱导近代马尔可夫过程中许多有用的结果.

定理 5.9 一个马尔可夫链的所有常返状态构成闭集 C.

证:因 C 外状态都是非常返的,上述结论等价于由常返状态不能到达非常返状态. 故只需证明,如 $i\in C$(常返),$i\to j$,则 j 也是常返的.

为证 j 是常返的,利用马尔可夫性及式(5.2.23),有

$$\begin{aligned} g_{ii}^{(\infty)} &= P(\alpha_i = \infty \mid \xi_0 = i) \\ &= \sum_{k \in \mathscr{E}} P(\alpha_i = \infty, \xi_n = k \mid \xi_0 = i) \\ &= \sum_{k \in \mathscr{E}} P_{ik}^{(n)} P(\alpha_i = \infty \mid \xi_0 = i, \xi_n = k) \\ &= \sum_{k \in \mathscr{E}} P_{ik}^{(n)} g_{ki}^{(\infty)}, \text{对任何 } n \geqslant 1. \end{aligned} \tag{5.2.25}$$

由于 i 常返,由推论 5.3,$g_{ii}^{(\infty)} = 1$,由 $i \to j$,存在 $n \geqslant 1$,使 $P_{ij}^{(n)} > 0$,利用 $\sum_{k \in \mathscr{E}} P_{ik}^{(n)} = 1$,及以上结果可得 $g_{ji}^{(\infty)} = 1$,于是

$$1 = g_{ji}^{(\infty)} \leqslant g_{ji}^{(1)} = f_{ji} \leqslant 1 \Rightarrow f_{ji} = 1.$$

它说明 $j \to i$,即 $i \leftrightarrow j$,再利用性质 5.7,即知 j 常返.

推论 5.4　如 $i \leftrightarrow j$,i 常返,则 $f_{ij} f_{ji} = 1$.

今后以 C 记所有常返状态构成的闭集.

定理 5.10　$C = \bigcup_{n=1}^{\infty} C_n$,其中

(1) C_n 内所有状态相通;

(2) 当 $m \neq n$ 时,C_m 与 C_n 中状态不相通;

(3) C_n,$n \geqslant 1$ 为闭集.

证:因为在 C 中相通关系 $i \leftrightarrow j$ 是等价关系,即有:①自反性 $i \leftrightarrow i$(因 $f_{ii} = 1$);②对称性;③传递性. 因此可按相通关系将 C 中状态分类. 相通状态在同一类中,不相通状态在不同类中. 由于 C 中状态至多可数,故分类也至多可数,并分别记为 $C_1, C_2, \cdots$,且 C_n 为闭集.

称 C_n,$n \geqslant 1$ 为**基本常返闭集**.

由此定理,可得整个状态空间的分解如下:

$$\mathscr{E} = C_0 + C_1 + C_2 + \cdots,$$

其中 C_0 由所有非常返状态构成,$C_n(n \geqslant 1)$ 为基本常返闭集.

由上面的讨论可以形象地看出系统在 $\mathscr{E}$ 中运动的情况. 如从某个常返状态 $i \in C_n(n \geqslant 1)$ 出发,则系统永远在 C_n 内运动. 如从某个非常返状态 $i \in C_0$ 出发,则系统可能永远在 C_0 内运动,也可能在某个时刻进入某个 $C_n(n \geqslant 1)$,而后一直在 C_n 内运动.

由性质 5.8,每一闭集 $C_n(n \geqslant 1)$ 可产生一子马尔可夫链. 它的状态空间就是 C_n,而且 C_n 是不可分的. 因此在必要的时候只需在基本常

返闭集 C_n 内考虑子马尔可夫链即可. 下面许多极限性质的讨论就是在不可分的闭集内讨论的.

4. $P_{ij}^{(n)}$ 的遍历性(极限状态)

定理 5.11　设 j 是非常返或零常返状态,则

$$\lim_{n\to\infty} p_{ij}^{(n)} = 0 \quad (\text{对任何 } i \in \mathscr{E}).$$

证: 由定理 5.4 式(5.2.16)有

$$p_{ij}^{(n)} \leqslant \sum_{l=1}^{m} f_{ij}^{(l)} p_{jj}^{(n-l)} + \sum_{l=m+1}^{n} f_{ij}^{(l)}, 1 \leqslant m \leqslant n.$$

先令 $n\to\infty$,由定理 5.7(1)、(2)有

$$\overline{\lim_{n\to\infty}}\, p_{ij}^{(n)} \leqslant \sum_{l=m+1}^{\infty} f_{ij}^{(l)},$$

因 $\sum\limits_{l=1}^{\infty} f_{ij}^{(l)} \leqslant 1$,再令 $m\to\infty$,即得证.

推论 5.5　在有限状态的马尔可夫链中,不存在零常返状态,也不可能所有状态都非常返.

定理 5.12　设 j 是遍历状态,则

$$\lim_{n\to\infty} p_{ij}^{(n)} = \frac{f_{ij}}{\mu_j} \quad (\text{对任 } i \in \mathscr{E}).$$

证: 令 $\delta_n(l) = \begin{cases} 1, l \leqslant n, \\ 0, l > n, \end{cases}$ 则由式(5.2.16)有

$$p_{ij}^{(n)} = \sum_{l=1}^{\infty} f_{ij}^{(l)} p_{jj}^{(n-l)} \delta_n(l).$$

因 $\sum\limits_{n=1}^{\infty} f_{ij}^{(l)} \leqslant 1$,由控制收敛定理[40]及定理 5.7(4)有

$$\lim_{n\to\infty} p_{ij}^{(n)} = \sum_{l=1}^{\infty} \lim_{n\to\infty} f_{ij}^{(l)} p_{jj}^{(n-l)} \delta_n(l) = \sum_{l=1}^{\infty} f_{ij}^{(l)} \frac{1}{\mu_j} = \frac{f_{ij}}{\mu_j}.$$

推论 5.6　如 $j\to i$,则 $\lim\limits_{n\to\infty} p_{ij}^{(n)} = \dfrac{1}{\mu_j}$.

证: 因 j 常返,由定理 5.9 证明,可知 $f_{ij}=1$,即证.

设马尔可夫链是不可分的,由状态空间的分解可知,或者它的所有状态都非常返,此时称为**不可分的非常返链**;或者它的所有状态常返,称此链为**不可分的常返链**;在常返情形,进一步或它的所有状态为零状

态,此时称为**不可分的零常返链**;或者它的所有状态为正常返,此时称为**不可分的正常返链**;特别如果是非周期的,称此链为**可分的遍历链**.

以下研究不可分的马尔可夫链.

定理 5.13　不可分的马尔可夫链为常返链的充要条件是下列方程组没有非零的有界解

$$z_i = \sum_{j=1}^{\infty} p_{ij} z_j (j=1,2,\cdots). \qquad (5.2.26)$$

证: 证明路线是构造一个具体的解并证明它是有界解中最大者,然后证明它为0.

第一步,设

$$y_i^{(n)} = P(T_0 > n \mid \xi_0 = i)(n=1,2,\cdots),$$

它表示从 i 出发,首次到达状态 0 的时刻在 n 以后的概率. 显然,它非负,且关于 n 非增,因而下列极限存在:

$$\begin{aligned} y_i &= \lim_{n\to\infty} y_i^{(n)} = \lim_{n\to\infty} P(T_0 > n \mid \xi_0 = i) \\ &= 1 - \lim_{n\to\infty} P(T_0 \leqslant n \mid \xi_0 = i) = 1 - f_{i0}, \end{aligned}$$

y_i 表示从 i 出发永远不到达状态 0 的概率. 于是有

$$y_i^{(1)} = P(T_0 > 1 \mid \xi_0 = i) = P(\xi_1 \neq 0 \mid \xi_0 = i) = \sum_{j=1}^{\infty} p_{ij}.$$

一般地,由马尔可夫性及齐次性,有

$$\begin{aligned} y_i^{(n)} &= P(T_0 > n \mid \xi_0 = i) = P(\xi_m \neq 0, 1 \leqslant m \leqslant n \mid \xi_0 = i) \\ &= \sum_{j=1}^{\infty} P(\xi_1 = j \mid \xi_0 = i) P(\xi_m \neq 0, 2 \leqslant m \leqslant n \mid \xi_0 = i, \xi_1 = j) \\ &= \sum_{j=1}^{\infty} p_{ij} y_j^{(n-1)}. \end{aligned}$$

令 $n\to\infty$,由控制收敛定理有

$$y_i = \sum_{j=1}^{\infty} p_{ij} y_j.$$

它说明$\{y_i, i\geqslant 1\}$是方程(5.2.26)一个有界解.

第二步,证明$\{y_i, i\geqslant 1\}$是最大有界解,即如$\{z_i, i\geqslant 1\}$为任一个满足方程(5.2.26),且$|z_i|\leqslant 1, i\geqslant 1$ 的解,则必有$|z_i|\leqslant y_i(i=1,2,\cdots)$. 事实上,

$$|z_i| \leqslant \sum_{j=1}^{\infty} p_{ij} |z_j| \leqslant \sum_{j=1}^{\infty} p_{ij} = y_i^{(1)}, i\geqslant 1,$$

反复代入可得

$$|z_i|\leqslant\sum_{j=1}^{\infty}p_{ij}|z_j|\leqslant\sum_{j=1}^{\infty}p_{ij}y_j^{(1)}=y_i^{(2)},i\geqslant 1,$$

$$|z_i|\leqslant y_i^{(n)},n\geqslant 1\Rightarrow|z_i|\leqslant y_i,i\geqslant 1.$$

第三步,证明定理结论成立.

必要性. 设不可分链是常返的,由推论5.4,对所有 $i\in\mathscr{E}$,$f_{i0}=1$,$y_i=1-f_{i0}=0$,故(5.2.26)的所有有界解 $|z_i|=0$,即方程(5.2.26)没有非0的有界解.

充分性. 如方程(5.2.26)没有非0的有界解,则它的有界解必为0. 因此,必须有 $y_i=0,i\geqslant 1\Rightarrow f_{i0}=1,i\geqslant 1$. 为证链是常返的,只需证明0是常返状态,即 $f_{00}=1$. 事实上,有

$$\begin{aligned}
f_{00}&=P(1\leqslant T_0<\infty|\xi_0=0)\\
&=P(T_0=1|\xi_0=0)+P(2\leqslant T_0<\infty|\xi_0=0)\\
&=p_{00}+\sum_{j=1}^{\infty}P(2\leqslant T_0<\infty,\xi_1=j|\xi_0=0)\\
&=p_{00}+\sum_{j=1}^{\infty}p_{0j}P(2\leqslant T_0<\infty|\xi_0=0,\xi_1=j)\\
&=p_{00}+\sum_{j=1}^{\infty}p_{0j}P(1\leqslant T_0<\infty|\xi_1=j)\\
&=p_{00}+\sum_{j=1}^{\infty}p_{0j}f_{j0}=p_{00}+\sum_{j=1}^{\infty}p_{0j}=\sum_{j\in\mathscr{E}}p_{0j}=1.
\end{aligned}$$

即0为常返状态.

为了判断不可分链为正常链,引入平稳分布的概念.

一概率分布 $\{v_i,i\in\mathscr{E}\}$ 称为马尔可夫链的**平稳分布**,如果

$$v_j=\sum_{i\in\mathscr{E}}v_ip_{ij},j\in\mathscr{E}.$$

对于平稳分布,由归纳法可证

$$v_j=\sum_{i\in\mathscr{E}}v_ip_{ij}^{(n)},j\in\mathscr{E},n\geqslant 1.\tag{5.2.27}$$

因此,如马尔可夫链的初始分布(即 ξ_0 的分布)是平稳的,则对一切 $n\geqslant 1$,ξ_n 的分布也是平稳的. 它说明绝对分布不随时间而改变,这正是“平稳”名称的由来.

定理5.14　非周期不可分的常返链是正常返的充要条件是它存在平稳分布,且此平稳分布就是转移概率的极限.

证： 充分性. 设存在平稳分布$\{v_i,i\in\mathscr{E}\}$,由式(5.2.27)得

$$v_j=\sum_{j\in\mathscr{E}}v_ip_{ij}^{(n)},j\in\mathscr{E},n\geqslant1.$$

令$n\to\infty$,由有界收敛定理[31]及推论5.6有

$$v_j=\sum_{i\in\mathscr{E}}v_i\lim_{n\to\infty}p_{ij}^{(n)}=\sum_{i\in\mathscr{E}}v_i\frac{1}{\mu_j}=\frac{1}{\mu_j},j\in\mathscr{E}.$$

因此,$\sum\limits_{j\in\mathscr{E}}\frac{1}{\mu_j}=\sum\limits_{j\in\mathscr{E}}v_j=1$,故至少有一$k\in\mathscr{E}$,使$\mu_k<+\infty$,即$k$是正常返状态,从而链是正常返的.

再证明必要性. 设不可分链是正常返的,由推论5.6有

$$\lim_{n\to\infty}p_{ij}^{(n)}=\frac{1}{\mu_j}>0,j\in\mathscr{E}.$$

另一方面,可证[29]

$$\frac{1}{\mu_j}=\sum_{k\in\mathscr{E}}\frac{1}{\mu_k}p_{kj}^{(n)},j\in\mathscr{E},n\geqslant1.$$

令$n\to\infty$,并由有界收敛定理得

$$\frac{1}{\mu_j}=\sum_{k\in\mathscr{E}}\frac{1}{\mu_k}\frac{1}{\mu_j}>0,j\in\mathscr{E}.$$

即证$\sum\limits_{k\in\mathscr{E}}\frac{1}{\mu_k}=1$. 它说明$\{p_{ij}^{(n)}\}$的极限分布$\left\{\frac{1}{\mu_j},j\in\mathscr{E}\right\}$是一平稳分布.

推论5.7　非周期不可分正常返链(遍历链)的平稳分布是唯一的.

前面只讨论非周期链,这仅仅是为了避免由于复杂的说明而掩盖事物的本质. 实际上,在不可分周期链中,$p_{ij}^{(n)}$极限性态的刻画也容易从上面的讨论中导出. 如果所有状态都是非常返的或都是零状态,则对于任意$i,j\in\mathscr{E}$,$p_{ij}^{(n)}\to0$(见定理5.11). 下面只对不可分的周期为$t\geqslant2$的正常返链作如下描述而不加证明.

在不可分周期t的链中,状态可分为t类,即$G_1,\cdots,G_t$,使得从G_v $(1\leqslant v\leqslant t)$中的一个状态出发,经一步转移后总是到达$G_{v+1}$中的一个状态(如$v=t$,则$G_{v+1}=G_1$). 因此系统总是在$G_1,\cdots,G_t$中周期(为$t$)循环. 如果仅在时刻$0,t,2t,3t,\cdots$考虑此链,则得到一个新的马尔可夫链,它的转移矩阵为$\boldsymbol{P}^t$,并且以G_v为不可分闭集(状态空间). 设$i\in$

G_v,则得到一个以 G_v 为状态空间,以 $p_{ij}^{(t)}$,$j \in G_v$ 为一步转移概率的不可分非周期马尔可夫链,由定理5.12有

$$\lim_{n\to\infty} p_{ij}^{(nt)} = \begin{cases} \dfrac{t}{\mu_j}, & 当 j \in G_v \\ 0, & 当 j \notin G_v. \end{cases}$$

此处$\dfrac{t}{\mu_j}$为在新链中 j 的平均返回时间的倒数,而新链的一步对应原来链的 t 步,故多一因子 t.

类似地,有

$$\lim_{n\to\infty} p_{ij}^{(nt+l)} = \begin{cases} \dfrac{t}{\mu_j}, & 当 j \in G_{v+l}, \\ 0, & 当 j \notin G_{v+l}. \end{cases}$$

由此可见,$p_{ij}^{(n)}$ 是渐近周期的.

5. 一个应用例子

考虑一个离散分支过程的例子作为本小节理论的一个应用和模型.

设有这样一个群体(例如一群同类生物),其中的个体能够产生新的同类个体. 最初的个体称作第0代,其数目称为第0代的大小,以 ξ_0 表示. 第0代产生的所有个体(子女)组成第一代,其大小用 ξ_1 表示. 一般地,ξ_n 表示第 n 代(第 $n-1$ 代产生的子女)的大小. 假定不同个体产生的"子女"个数是独立同分布的随机变量,分布为

$$P(\eta = k) = q_k (k = 0,1,2,\cdots).$$

它表示一个个体产生 k 个"子女"的概率为 q_k. 因此,不难建立各代之间的关系:

$$\xi(n+1) = \eta_1 + \eta_2 + \cdots + \eta_{\xi(n)},$$

其中 $\{\eta_i\}$ 是相互独立且与 η 同分布的随机变量. 因此,只要观测到第 n 代的大小,比如 $\xi(n) = k$,则有

$$\xi(n+1) = \eta_1 + \eta_2 + \cdots + \eta_k.$$

这就是说,在已知 $\xi(n) = k$ 条件下,$\xi(n+1)$ 的概率分布完全被确定了,而与 n 以前的各代大小无关. 因此 $\{\xi(n), n \geqslant 0\}$ 构成一个马尔可夫

链,称它为**离散分支过程**. 它的状态空间是 $\mathscr{E}=\{0,1,2,\cdots\}$. 其中 0 是吸收状态,因为当系统到达状态 0 后,群体就灭种,以后永远处在状态 0,从而 $P_{00}=1$.

对离散分支过程所要研究的重要问题之一是在什么情况下群体灭种(即到达 0 状态)并且计算灭种的概率,以便能人为控制. 今后假定

$$q_0=P(\eta=0)>0,$$

即个体不产生下一代的概率为正数,否则如 $q_0=0$,则每个个体以概率 1 至少产生一个子女,因此群体不会灭种,这种情况无须讨论.

在 $q_0>0$ 的条件下,所有状态 $i\neq 0$ 都是非常返的. 这是因为

$$\begin{aligned}p_{i0}&=P(\xi_1=0\mid\xi_0=i)=P(\eta_1+\cdots+\eta_i=0)\\&=P(\eta_1=0,\cdots,\eta_i=0)=(q_0)^i>0\quad(i=1,2,\cdots),\end{aligned}$$

即 $i\to 0$(到达),0 为吸收状态,$0\not\to i$. 由式(5. 2. 25)可知 $i\neq 0$ 为非常返状态.

由上所述,计算群体灭种概率就是计算系统到达状态 0 的概率. 群体在第 n 代以前灭种的概率为

$$p_{i0}^{(n)}=P(\xi_n=0\mid\xi_0=i),i\geqslant 1.$$

它表示最初(第 0 代)有 i 个个体,而第 n 代的个体数为 0(灭种)的概率. 令 $\alpha_n=p_{10}^{(n)}$(最初有一个个体,第 n 代有 0 个个体的概率). 由于每个不同个体产生下一代个体数目是独立同分布的,因此,每个不同个体产生第 n 代的个体数目也是独立同分布的. 于是,可以说明

$$p_{i0}^{(n)}=(p_{10}^{(n)})^i=(\alpha_n)^i,i\geqslant 1.$$

故只需研究 α_n 就可知道第 n 代群体灭种的概率.

下面导出 α_n 所满足的关系:

$$\begin{aligned}&\alpha_1=p_{10}^{(1)}=P(\xi_1=0\mid\xi_0=1)=P(\eta_1=0)=q_0,\\&\alpha_{n+1}=p_{10}^{(n+1)}=P(\xi_{n+1}=0\mid\xi_0=1)\\&=\sum_{k\in\mathscr{E}}P(\xi_{n+1}=0,\xi_1=k\mid\xi_0=1)\\&=\sum_{k\in\mathscr{E}}p_{1k}p_{k0}^{(n)}=\sum_{k\in\varepsilon}p_{1k}(\alpha_n)^k=\sum_{k\in\mathscr{E}}q_k(\alpha_n)^k.\end{aligned}$$

定义[0,1]上的函数

$$G(x)=\sum_{k=0}^{\infty} q_k x^k, x\in[0,1].$$

由于 $q_k(k\in\mathscr{E})$ 是一概率分布,上式定义了一连续单调不减函数. 因此,有

$$\alpha_{n+1}=G(a_n), n\geqslant 1.$$

由 $G(x)$ 的单调性,可知 $\alpha_n(n\geqslant 1)$ 是一单调序列. 下面的极限存在:

$$\lim_{n\to\infty}\alpha_n=\alpha.$$

α 表示群体迟早灭种的概率,而且它满足方程(由 G 连续性)

$$\alpha=G(\alpha), 0\leqslant\alpha\leqslant 1. \tag{5.2.28}$$

进一步将证明 α 是方程(5.2.28)的最小正根. 事实上,设 x_0 是(5.2.28)的任一正根,由 G 的非降性有

$$\alpha_1=q_0=G(0)\leqslant G(x_0)=x_0,$$
$$\alpha_2=G(\alpha_1)\leqslant G(x_0)=x_0.$$

一般地有

$$\alpha_{n+1}=G(\alpha_n)\leqslant G(x_0)=x_0.$$

取极限($n\to\infty$)即得 $\alpha\leqslant x_0$,由此可得.

定理 5.15　离散分支过程的灭种概率 α 是方程(5.2.28)的最小正根.

令 $m=E\eta=\sum\limits_{k\in\mathscr{E}} kq_k$,表示每个个体产生下一代的平均个数,则有下面的定理.

定理 5.16　设 $q_0>0, 0<m<\infty$,则方程(5.2.28)在(0,1)内有根的充要条件是 $m>1$.

证:这个定理的证明是采用纯分析的方法.

由于 $G(x)$ 在 $[0,1]$ 内连续非降,且 $G(0)=q_0>0, G(1)=1$,因此,由图 5.1,方程(5.2.28)在(0,1)内有解的充要条件是 $G(x)<x$ 在 $x=1$ 的一个邻域内成立,或等价地

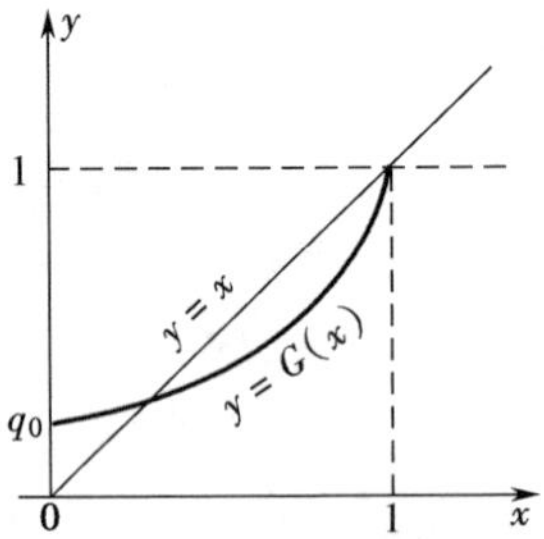

图 5.1　$G(x)$ 的图形

$$f(x)=\frac{G(x)}{x}<1$$

在 $x=1$ 的邻域内成立. 由于 $f(1)=1$,故只需证明 $f(x)$ 在 $x=1$ 处左导数为正,由 $G(x)$ 的定义不难得到

$$f'(1)=-q_0+q_2+2q_3+3q_4+\cdots=m-1>0,$$

即 $f'(1)>0$ 与 $m>1$ 等价,定理即证.

定理 5.16 表明,只要个体产生下一代的平均个数 $m>1$,则群体以正的概率($1-\alpha>0$)不灭种,这与直观上的结论吻合. 进一步有定理 5.17.

定理 5.17　设 $q_0>0, 0<m<\infty$,则

(1) 当 $m\leqslant 1$ 时,群体以概率 1($\alpha=1$)迟早灭种;

(2) 当 $m>1$ 时,群体以概率 α^i 迟早灭种,以概率 $1-\alpha^i$ 变为无穷.

其中 α 是方程(5.2.28)的最小正根,i 是第 0 代个体数.

证: 由定理 5.16,当 $m\leqslant 1$ 时,可知式(5.2.28)的最小正根 $\alpha=1$. 由定理 5.15 即得(1),类似地得(2)的前一结论.

由于状态 $j\neq 0$ 都是非常返的,由定理 5.11 有

$$\lim_{n\to\infty} p_{ij}^{(n)}=0, \text{对任意 } j\neq 0.$$

它表明(当 $n\to\infty$ 时)第 ∞ 代个体数目只有两种可能,或为 0,或为 ∞,而不能是任何有限数 $j\neq 0$. 为 0 的概率是 α^i,故为 ∞ 的概率是 $1-\alpha^i$,定理即证.

当 $\alpha<1$ 且 i 充分大时,$1-\alpha^i$ 接近于 1. 它说明在实际上当 $m>1$ 且 i 很大时,群体个数必然是要趋于 ∞ 的.

运用上述结论,可对原子弹的爆炸和原子核反应过程进行原理性解释.

原子核的反应利用了核裂变时释放的能量. 一定能量的中子冲击特定的核材料时可能发生以下几种情形:或者它不与任何原子核碰撞而终被吸收,或者与某原子核碰撞使该核分裂,释放能量同时产生一些新的中子. 这些中子可视为前述中子的下一代,它们又进行同样的行为. 如此进行下去,得到一个链锁反应. 它比较符合上述离散分支过程

的数学模型.

在一般情况下,中子与原子核碰撞而导致裂变的概率很小,因而产生下一代的平均个数 m 远比 1 小. 由定理 5.17,中子很快灭种而使裂变终止. 为了使裂变延续下去,必须增加碰撞的概率,并使释放更多的中子,以使 $m>1$. m 的大小决定了裂变反应的速度. 因此,制造原子弹或原子反应堆的原理就在于控制 m 的大小(用一种能吸收中子的材料(例如镉)来控制碰撞原子核的中子的个数,从而也就控制了 m 的大小). 当 $m<1$ 时,由于"灭种"而使裂变终止;当 $m>1$ 时,中子个数增大,释放能量不断增加而发生爆炸;当控制 m 接近于 1 时,就可以使裂变正常地进行而不发生爆炸. 这些已是技术上的问题了.

5.2.3 可数状态的马尔可夫过程

1. 转移概率函数的可微性

这里研究状态空间为 $\mathscr{E}=\{0,1,2,\cdots\}$,参数集为 $T=[0,\infty)$ 的齐次马尔可夫过程. 由 5.2.1 节已知,决定它的统计规律的是转移概率 $P(t,i,j),i,j\in\mathscr{E},t\in[0,\infty)$. 为了方便,记为 $P_{ij}(t)=P(t,i,j)=P(\xi(t)=j|\xi(0)=i)$. 由 5.2.1 节,它满足如下条件:

$$P_{ij}(t)\geqslant 0,\sum_{j\in\mathscr{E}}P_{ij}(t)=1,i,j\in\mathscr{E},t\in T. \tag{5.2.29}$$

$$P_{ij}(s+t)=\sum_{k\in\mathscr{E}}P_{ik}(s)P_{kj}(t),i,j\in\mathscr{E},t,s\in T. \tag{5.2.30}$$

此外还假定它有连续性条件

$$\lim_{t\to 0}P_{ij}(t)=\delta_{ij}=\begin{cases}1, & i=j,\\ 0, & i\neq j.\end{cases} \tag{5.2.31}$$

称满足式(5.2.29)至式(5.2.31)条件的马尔可夫过程(或转移概率)为**标准**的,以后不加申明所讨论的过程都是指的是齐次标准可数马尔可夫过程.

式(5.2.29)是条件概率的固有性质,式(5.2.30)是查普曼-柯尔莫哥洛夫方程,这些在 5.2.1 节已作说明. 式(5.2.31)在直观上表现了系统在状态 i 有一段时间的逗留,即在很短的时间内,以接近于 1 的概率系统不会立即离开原来状态.

例如,泊松过程是时间连续的标准可数马尔可夫过程.

性质 5.10　设 $P_{ij}(t)$ 是标准的,则 $P_{ii}(t)>0$ 在 $[0,\infty)$ 上恒成立.

证: 因 $P_{ii}(0)=1$,由式(5.2.31),在 0 的某邻域内 $P_{ii}(t)>0$. 又由式(5.2.30),$P_{ii}(t)\geqslant\left[P_{ii}\left(\frac{t}{n}\right)\right]^n$ 对任意 $t>0$ 和任意 $n\geqslant1$ 成立,于是即可证性质 5.10.

定理 5.18　设转移概率标准,则对每个 $i\in\mathscr{E}$,下面的极限

$$q_i\triangleq-P'_{ii}(0)=\lim_{t\to0^+}\frac{1-P_{ii}(t)}{t}$$

存在,但可能为无穷.

证: 由性质 5.10,可令 $\phi(t)=-\ln P_{ii}(t)$,显然 $\phi(t)$ 在 T 上非负有限,由式(5.2.30),有

$$P_{ii}(t+s)\geqslant P_{ii}(t)P_{ii}(s),$$

因此得

$$\phi(s+t)\leqslant\phi(s)+\phi(t).$$

令 $q_i=\sup\limits_{t>0}\frac{\phi(t)}{t}$,对 $t>0,h>0$,取 n 使 $t=nh+\varepsilon,0\leqslant\varepsilon<h$,由上式有

$$\frac{\phi(t)}{t}\leqslant\frac{\phi(nh)}{t}+\frac{\phi(\varepsilon)}{t}\leqslant\frac{n\phi(h)}{t}+\frac{\phi(\varepsilon)}{t}=\frac{nh}{t}\frac{\phi(h)}{h}+\frac{\phi(\varepsilon)}{t}.$$

令 $h\to0$,则 $\frac{nh}{t}\to1,\phi(\varepsilon)=-\ln P_{ii}(\varepsilon)\to0$,故

$$\frac{\phi(t)}{t}\leqslant\varliminf_{h\to0}\frac{\phi(h)}{h},\text{对任意 }t>0.$$

从而有

$$\varlimsup_{h\to0}\frac{\phi(h)}{h}\leqslant\sup_{t>0}\frac{\phi(t)}{t}\leqslant\varliminf_{h\to0}\frac{\phi(h)}{h}.$$

即证

$$\lim_{h\to0}\frac{\phi(h)}{h}=\sup_{t>0}\frac{\phi(t)}{t}=q_i,$$

$$\frac{1-P_{ii}(h)}{h}=\frac{1-\exp(-\phi(h))}{h}=(1+o(1))\frac{\phi(h)}{h}\to q_i(h\to0^+).$$

定理 5.18 证毕.

定理 5.19　对任何 $i,j\in\mathscr{E},i\neq j$ 都有

$$q_{ij}\triangleq P'_{ij}(0)=\lim_{t\to0^+}\frac{P_{ij}(t)}{t}<\infty.$$

证: 固定 $i\neq j$,对任意小的 $\varepsilon>0$,存在 $\delta>0$,使当 $0\leqslant t\leqslant\delta$ 时有

$$1-P_{ii}(t)<\varepsilon,1-P_{jj}(t)<\varepsilon.$$

取 $0<h<t,n=\left[\frac{t}{h}\right]$为不超过$\frac{t}{h}$的最大整数,考虑以 $P_{ij}(h)$ 为一步转移概率的马尔可夫链 $\xi(kh)$,它的 k 步转移概率是 $P_{ij}(kh)$. 记

$$f_{ij}^{(k)}=P(\xi(kh)=j,\xi(rh)\neq j,1\leqslant r<k|\xi(0)=i),k>1,$$

$$_jp_{ii}^{(k)}=P(\xi(kh)=i,\xi(rh)\neq j,1\leqslant r<k|\xi(0)=i),k\geqslant1.$$

由 5.2.2 中叙述,可知 $f_{ij}^{(k)}$ 表示从 i 出发,于第 k 步时首达状态 j 的概率;$_jp_{ii}^{(k)}$ 表示从 i 出发,第 k 步时返回 i,其中不到达状态 j 的概率. 由式(5.2.16)有

$$\begin{aligned}\varepsilon>1-P_{ii}(t)&=\sum_{k\neq i}P_{ik}(t)\geqslant P_{ij}(t)\\&\geqslant\sum_{k=1}^{n}f_{ij}^{(k)}P_{jj}(t-kh)\geqslant(1-\varepsilon)\sum_{k=1}^{n}f_{ij}^{(k)}.\end{aligned}$$

因此有

$$\sum_{k=1}^{n}f_{ij}^{(k)}<\frac{\varepsilon}{1-\varepsilon}.$$

另一方面有

$$_jp_{ii}^{(k)}\geqslant P_{ii}(kh)-\sum_{r=1}^{k-1}f_{ij}^{(r)}\geqslant1-\varepsilon-\frac{\varepsilon}{1-\varepsilon}\quad(\text{对任意 }k\leqslant n).$$

再利用式(5.2.16)式及上式得

$$\begin{aligned}P_{ij}(t)&=\sum_{k=1}^{n}f_{ij}^{(k)}P_{jj}(t-kh)\\&\geqslant\sum_{k=1}^{n}{}_jp_{ii}^{(k-1)}P_{ij}(h)P_{jj}(t-kh)\\&\geqslant n\left(1-\varepsilon-\frac{\varepsilon}{1-\varepsilon}\right)P_{ij}(h)(1-\varepsilon)\geqslant n(1-3\varepsilon)P_{ij}(h),\end{aligned}$$

于是即得

$$P_{ij}(h)\leqslant\frac{P_{ij}(t)}{n}\frac{1}{1-3\varepsilon}.$$

两端除以 h,得

$$\frac{P_{ij}(h)}{h}\leqslant\frac{P_{ij}(t)}{nh}\frac{1}{1-3\varepsilon}\leqslant\frac{P_{ij}(t)}{t-h}\frac{1}{1-3\varepsilon},\tag{5.2.32}$$

令 $h\to0^+$,得

$$\overline{\lim_{h\to0^+}}\frac{P_{ij}(h)}{h}\leqslant\frac{P_{ij}(t)}{t}\frac{1}{1-3\varepsilon}<+\infty.$$

再令 $t\to0^+$,得

$$\overline{\lim_{h\to0^+}}\frac{P_{ij}(h)}{h}\leqslant\underline{\lim_{t\to0^+}}\frac{P_{ij}(t)}{t}\frac{1}{1-3\varepsilon},$$

因 ε 任意,即得证定理 5. 19.

推论 5. 8 设矩阵 $\boldsymbol{P}(t)$ 为标准的,则

$$\sum_{j\neq i}q_{ij}\leqslant-q_i\ 或\sum_{j\in\mathscr{E}}q_{ij}\leqslant0\quad(对任意\ i\in\mathscr{E}).\tag{5.2.33}$$

证: 因有

$$\frac{1-P_{ii}(t)}{t}=\sum_{j\neq i}\frac{P_{ij}(t)}{t},$$

令 $t\to0^+$,并应用法图(Fatou)引理[40]和定理 5. 18、定理 5. 19 即可证明.

由上可见,$q_{ij}=P'_{ij}(0)$表示 $P_{ij}(t)$在 $t=0$ 点的右导数,所有 q_{ij}构成的矩阵记为 $\boldsymbol{Q}=(q_{ij})$,称为转移矩阵 $\boldsymbol{P}(t)$(或相应的马尔可夫过程 ξ_T)的**密度矩阵**(也称为 **$\boldsymbol{Q}$ 矩阵**). Q 矩阵可由转移矩阵 $\boldsymbol{P}(t)$在 $t=0$ 的一个邻域的值所决定. 在很多情形,转移矩阵 $\boldsymbol{P}(t)$也可通过解方程(如下面提到的柯尔莫哥洛夫向前、向后方程)由 Q 矩阵所唯一决定. Q 矩阵是一个矩阵,转移矩阵 $\boldsymbol{P}(t)$($t\in T$)是一族矩阵. 因此 $\boldsymbol{Q}$ 比 $\boldsymbol{P}(t)$容易求得,故研究 Q 矩阵具有重要的意义.

q_i 的取值决定于状态的性质. 当 $q_i=0$ 时,显然有 $P_{ii}(t)=1$ 对所有 $t\in T$ 成立. 它说明从 i 出发不发生转移,故此时称 i 为**吸引状态**. 如 $q_i=\infty$,称 i 为**瞬时状态**;如 $0<q_i<\infty$,称 i 为**逗留状态**. 如果令 $\tau(\omega)$

表示系统一直停留在出发状态的时间长度,则可以证明 $E\tau=\frac{1}{q_i}$,即$\frac{1}{q_i}$表示停留在状态 i 的平均时间长度.

2. 柯尔莫哥洛夫向后(向前)方程

由前所述,如何由矩阵 $\boldsymbol{Q}$ 确定转移概率 $\boldsymbol{P}(t)$ 具有理论和实际意义. 这里将建立联系 $\boldsymbol{Q}$ 与 $\boldsymbol{P}(t)$ 之间的一组微分方程.

性质 5.11　设 $\boldsymbol{P}(t)$ 是标准的,则 $P_{ij}(t)$ 在 $t\in T$ 上一致连续. 且这种连续性关于 $j\in\mathscr{E}$ 也是一致成立的.

证: 由式(5.2.30)和式(5.2.31),$|P_{ij}(t)-P_{ij}(s)|\leqslant 1-P_{ii}(|t-s|)\to 0$,对任意 $j\in\mathscr{E}$,显然极限只与差 $(t-s)$ 有关,而与起点 s(或 t)及 j 无关.

定理 5.20　设 $q_i<+\infty$,$i\in\mathscr{E}$,且连续性条件式(5.3.31)关于所有状态 $i\in\mathscr{E}$ 一致成立,即 $\lim\limits_{t\to 0^+}P_{ii}(t)=1$ 关于 $i\in\mathscr{E}$ 一致,则 $P_{ij}(t)$ 关于 t 有连续的一阶导数 $P'_{ij}(t)$,$i,j\in\mathscr{E}$. 它满足下面方程组:

$$P'_{ij}(t)=-q_iP_{ij}(t)+\sum_{k\neq i}q_{ik}P_{kj}(t),\quad i,j\in\mathscr{E}. \tag{5.2.34}$$

方程组(5.2.34)称为**柯尔莫哥洛夫向后方程组**.

证: 由定理条件,对任意小的 $\varepsilon>0$,存在 $\delta>0$,使当 $0\leqslant t\leqslant\delta$ 时,有

$$1-P_{ii}(t)<\varepsilon\quad(\text{对所有 } i\in\mathscr{E}\text{ 成立}).$$

完全类似于定理 5.19 中的论述可证式(5.2.32)对所有 $i,j\in\varepsilon$ 成立,即

$$\frac{P_{ij}(h)}{h}\leqslant\frac{P_{ij}(\delta)}{\delta-h}\frac{1}{1-3\varepsilon}.$$

故存在常数 $M>0$,对 $h=0$ 的充分小邻域有

$$\frac{P_{ij}(h)}{h}\leqslant MP_{ij}(\delta),i,j\in\mathscr{E},M\text{ 与 }\delta\text{ 有关}. \tag{5.2.35}$$

由查普曼-柯尔莫哥洛夫方程,有

$$\frac{P_{ij}(t+h)-P_{ij}(t)}{h}=-\left(\frac{1-P_{ii}(h)}{h}\right)P_{ij}(t)+\sum_{k\neq j}\frac{P_{ik}(h)}{h}P_{kj}(t),$$

令 $h\to 0^+$,由式(5.2.35),用控制收敛定理于上式,得

$$\lim_{h\to0^+}\frac{P_{ij}(t+h)-P_{ij}(t)}{h}=-q_iP_{ij}(t)+\sum_{k\neq i}q_{ik}P_{kj}(t),\quad(5.2.36)$$

由式(5.2.33)和性质5.11,利用控制收敛定理于上式右端求和项,可证上式右端作为 t 的函数是连续的. 式(5.2.36)说明,$P_{ij}(t)$ 有连续的右导数. 引用一个分析的结论:设 $f(t)$ $(t\geqslant0)$ 有连续的右导数 $\frac{\mathrm{d}^+f(t)}{\mathrm{d}t}$,则导数 $f'(t)=\frac{\mathrm{d}f(t)}{\mathrm{d}t}$ 存在且等于 $\frac{\mathrm{d}^+f(t)}{\mathrm{d}t}$. 于是即可证明定理.

推论5.9　在定理5.20的条件下,有

$$P'_{ij}(t)=-P_{ij}(t)q_j+\sum_{k\neq j}P_{ik}(t)q_{kj},i,j\in\mathscr{E}.\qquad(5.2.37)$$

(5.2.37)称为**柯尔莫哥洛夫向前方程组**.

证: 由查普曼-柯尔莫哥洛夫方程,有

$$\frac{P_{ij}(t+h)-P_{ij}(t)}{h}=-P_{ij}(t)\frac{1-P_{jj}(h)}{h}+\sum_{k\neq j}P_{ik}(t)\cdot\frac{P_{kj}(h)}{h},$$

由定理5.20可知,$P'_{ij}(t)$ 存在且连续. 因此在上式中令 $h\to0^+$. 由式(5.2.35)和控制收敛定理,即可得式(5.2.37).

对于已给的密度矩阵 $\boldsymbol{Q}$,在一定的条件下,可以通过柯尔莫哥洛夫向后(向前)方程组求解转移概率 $P_{ij}(t)$.

如果用矩阵符号,则上述问题更加明显. 例如,定理5.18表示 $P(t)$ 在0点有右导数为 $\boldsymbol{Q}=\boldsymbol{P}'(t)|t=0$. 定理5.20则表示

$\boldsymbol{P}'(t)=\boldsymbol{P}(t)\boldsymbol{Q}$　　(柯尔莫哥洛夫向后方程),

$\boldsymbol{P}'(t)=\boldsymbol{Q}\boldsymbol{P}(t)$　　(柯尔莫哥洛夫向前方程).

它们将 $\boldsymbol{P}(t)$ 与 $\boldsymbol{Q}$ 之间的关系清楚地表现出来.

以上考虑了 $P_{ij}(t)$ 在 $t\to0$ 时的极限性态,现在研究 $t\to\infty$ 时,$P_{ij}(t)$ 的极限性态. 可完全用类似于5.2.2节中的办法讨论它. 事实上,取 $h>0$ 固定,并以 $P_{ij}(h)$ 作为一步转移概率,则 n 步转移概率为 $P_{ij}^{(n)}(h)=P_{ij}(nh)$. 为简化起见,假定所有状态是相通的,即对任何 i,j,存在 $s>0,t>0$,使 $P_{ij}(s)>0,P_{ji}(t)>0$,故马尔可夫过程是一不可分的齐次标准马尔可夫过程.

性质5.12　$\{P_{ij}(h)\}$ 是非周期的,且对任意 $i,j\in\mathscr{E}$,有

$$\lim_{n\to\infty} P_{ij}^{(n)}(h)=\lim_{n\to\infty} P_{ij}(nh)=\pi_j(h). \tag{5.2.38}$$

证： 非周期性可由性质5.10得到，式(5.2.38)可由5.2.2节中定理5.11、定理5.12得到.

性质5.13 对一切 $i,j\in\mathscr{E}$，下面极限存在且与 i 无关：

$$\lim_{t\to\infty} P_{ij}(t)=\pi_j.$$

证明可由性质5.11、性质5.12得出.

性质5.14 $\{\pi_j,j\in\mathscr{E}\}$ 有如下性质：

(1) $\pi_j>0,\sum_{j\in\mathscr{E}}\pi_j\leqslant 1$；

(2) 对任意 $t>0$，有

$$\pi_j=\sum_{i\in\mathscr{E}}\pi_i P_{ij}(t).$$

证： 应用法图引理于 $\sum_{j\in\mathscr{E}}P_{ij}(t)=1$ 即可证得(1)，再用法图引理于 $P_{ij}(t+s)=\sum_{k\in\mathscr{E}}P_{ik}(s)P_{kj}(t)$，令 $s\to\infty$，得

$$\pi_j\geqslant\sum_{k\in\mathscr{E}}\pi_k P_{kj}(t),$$

上式两端对 $j\in\mathscr{E}$ 求和，得

$$\sum_{j\in\mathscr{E}}\pi_j\geqslant\sum_{j\in\mathscr{E}}\sum_{k\in\mathscr{E}}\pi_k P_{kj}(t)=\sum_{k\in\mathscr{E}}\pi_k,$$

于是得证(2).

当 $\pi_j>0$ 时，状态 j 是正常返的，故也是遍历的.

性质5.15 若某状态 j 是遍历的，则所有状态都是遍历的，而且

$$\sum_{j\in\mathscr{E}}\pi_j=1;$$

$$\sum_{i\neq j}\pi_i q_{ij}=\pi_j q_j,j\in\mathscr{E}. \tag{5.2.39}$$

证： 前两结论可直接引用5.2.2中结果，只需证式(5.2.39). 在定理5.20的条件下，它可完全采用证式(5.2.37)的办法证明，这里从略.

以上性质表明，$\{\pi_i,i\in\mathscr{E}\}$ 是一满足式(5.2.39)的平稳分布. 它可以由密度矩阵 $\boldsymbol{Q}$ 通过式(5.2.39)解出.

3. 生灭过程

一个状态空间为 $\mathscr{E}=\{0,1,2,\cdots\}$ 且有连续参数的齐次马尔可夫过程 $\{\xi_t,t\geqslant 0\}$ 称为**生灭过程**，如果它的密度矩阵是

$$\boldsymbol{Q}=\begin{bmatrix} -\lambda_0 & \lambda_0 & 0 & 0 & \cdots & \cdots & \cdots \\ \mu_1 & -(\mu_1+\lambda_1) & \lambda_1 & 0 & \cdots & \cdots & \cdots \\ 0 & \mu_2 & -(\mu_2+\lambda_2) & \lambda_2 & 0 & \cdots & \cdots \\ 0 & 0 & \mu_3 & -(\mu_3+\lambda_3) & \lambda_3 & 0 & \cdots \\ \cdots & \cdots & \cdots & \cdots & \cdots & \cdots & \cdots \end{bmatrix}$$

(5.2.40)

由密度矩阵 $\boldsymbol{Q}$ 的定义可见，生灭过程的转移概率应有如下的性质：设 $t>0$ 为充分小的时间，$i\in\mathscr{E}$，有

$$P_{ii+1}(t)=\lambda_i t+o(t),(\lambda_i>0),$$
$$P_{ii-1}(t)=\mu_i t+o(t),(\mu_i>0,\mu_0=0)i\geqslant 1,$$
$$P_{ii}(t)=1-(\lambda_i+\mu_i)t+o(t),$$
$$P_{ij}(t)=o(t),|i-j|\geqslant 2.$$

由此可见，如果忽略 t 的高级无穷小量 $o(t)$ 不计，则生灭过程的状态变化只有三种情形：或由 $i\to i+1$，即增加 1（如果 ξ_t 是群体人数，则表明“生”了一个个体）；或由 $i\to i-1$，即减少 1（表明群体“死”了一个个体）；或由 $i\to i$ 表明群体个数没有变化. 由此即知生灭过程的所有状态是相通的. 但在很短时间内，只能在两个相邻状态内变化（或状态无变化，或“生”一个，或“死”一个，故有生灭过程之称）.

如在上述的密度矩阵 $\boldsymbol{Q}$ 中，$\mu_i=0,i\in\mathscr{E}$，则群体个数减少的概率为0，故称此为**纯生过程**，例如泊松过程是纯生过程. 反之如在 $\boldsymbol{Q}$ 中 $\lambda_i=0,i\in\mathscr{E}$，对相应的群体个数增加的概率为 0，称此为**纯灭过程**.

相应于上述生灭过程的柯尔莫哥洛夫向后方程组是

$$\begin{cases} P'_{ij}(t)=-(\mu_i+\lambda_i)P_{ij}(t)+\lambda_i P_{i+1,j}(t)+\mu_i P_{i-1,j}(t),i\geqslant 1, \\ P'_{0j}(t)=-\lambda_0 P_{0j}(t)+\lambda_0 P_{ij}(t)\quad(t\geqslant 0,j\in\mathscr{E}). \end{cases}$$

(5.2.41)

柯尔莫哥洛夫向前方程组是

$$\begin{cases} P'_{ij}(t) = -(\mu_j+\lambda_j)P_{ij}(t)+\lambda_{j-1}P_{i,j-1}(t)+\mu_{j+1}P_{i,j+1}(t) \quad (j>0), \\ P'_{i0}(t) = -\lambda_0 P_{i0}(t)+\mu_1 P_{i1}(t) \quad (t\geqslant 0, i\in \mathscr{E}). \end{cases} \tag{5.2.42}$$

类似于柯尔莫哥洛夫向前方程,极限概率亦有如下的方程组:

$$\begin{cases} P'_j(t) = -(\mu_j+\lambda_j)P_j(t)+\lambda_{j-1}P_{j-1}(t)+\mu_{j+1}P_{j+1}(t), j\geqslant 1, \\ P'_0(t) = -\lambda_0 P_0(t)+\mu_1 P_1(t). \end{cases} \tag{5.2.43}$$

设由密度矩阵 Q 所对应的生灭过程存在平稳分布 $\{\pi_i, i\in\mathscr{E}\}$(只要假定它的状态有一个是遍历的即可),则由性质 5.15 的式(5.2.39)可知 $\{\pi_i, i\in\mathscr{E}\}$ 可通过式(5.2.39)求出. 事实上此时有

$$\begin{cases} -(\mu_i+\lambda_i)\pi_i+\lambda_{i-1}\pi_{i-1}+\mu_{i+1}\pi_{i+1}=0, \\ -\lambda_0\pi_0+\mu_1\pi_1=0. \end{cases} \tag{5.2.44}$$

可用递推的方法求出

$$\pi_1=\frac{\lambda_0}{\mu_1}\pi_0, \quad \pi_2=\frac{\lambda_1}{\mu_2}\pi_1=\frac{\lambda_1\lambda_0}{\mu_2\mu_1}\pi_0, \cdots$$

$$\pi_n=\frac{\lambda_{n-1}\cdots\lambda_0}{\mu_n\cdots\mu_1}\pi_0 (n=1,2,\cdots),$$

因 $\sum\limits_{i\in\mathscr{E}}\pi_i=1$,故可求得平稳分布如下

$$\begin{cases} \pi_0=\left(1+\sum\limits_{n=1}^{\infty}\dfrac{x_0\cdots x_{n-1}}{\mu_1\cdots\mu_n}\right)^{-1}, \\ \pi_n=\dfrac{\lambda_0\cdots\lambda_{n-1}}{\mu_1\cdots\mu_n}\pi_0 (n=1,2,\cdots). \end{cases} \tag{5.2.45}$$

可以证明,在级数 $1+\sum\limits_{n=1}^{\infty}\dfrac{\lambda_0\cdots\lambda_{n-1}}{\mu_1\cdots\mu_n}$ 收敛的条件下,以 $\boldsymbol{Q}$ 为密度矩阵的生灭过程存在平稳分布. 由 5.2.2 节中讨论可知,它可作为绝对概率当 t 充分大时的近似.

5.3　二阶矩过程及均方分析

二阶矩过程是具有一阶和二阶矩的随机过程. 5.1 节中所述的宽

平稳过程、维纳过程、高斯过程都是二阶矩过程. 一阶矩、二阶矩是随机过程容易获取的特征,能反映随机过程很多特性,对某些随机过程而言,如高斯过程,一阶矩和二阶矩可以完全确定随机过程的全部特性. 借助二阶矩过程,可以引出更多概念,如本节均方分析的内容(随机微积分),从而可以讨论更复杂的随机过程.

5.3.1　二阶矩过程

在 5.1 节定义 5.4 中,已经给出了二阶矩过程的定义,即对若任意 $t \geqslant 0$,随机变量 $X(t)$ 的均值和方差都存在,则 $\{X(t), t \geqslant 0\}$ 为一个二阶矩过程. 对于二阶矩过程而言,除了均值、方差外,另外一个重要的数字特征是自相关函数.

定义 5.15　$\{X(t), t \geqslant 0\}$ 为一个二阶矩过程,定义

$$R_X(s,t) = E[X(s)X(t)],$$

称其为 $X(t)$ 的**自相关函数**. 自相关函数与协方差函数具有如下关系:

$$\begin{aligned}\Gamma(s,t) &= E[(X(s) - E[X(s)])(X(t) - E[X(t)])] \\ &= E[X(s)X(t)] - E[X(s)]E[X(t)] \\ &= R_X(s,t) - E[X(s)]E[(X(t)].\end{aligned}$$

协方差函数或者自相关函数反映了随机过程任意两个时刻的相关性,是随机过程重要的数字特征. 例如当 $X(t)$ 的自相关函数与 s,t 的具体位置无关,只与间隔长度 $\tau = t - s$ 相关,即 $R_X(s, s+\tau) = R_X(\tau)$,则 $X(t)$ 是一个宽平稳过程(广义平稳过程、弱平稳过程). 自相关函数是一般的二元函数,借助对该一般二元函数的分析可以判断后面均方可导或均方可积等性质.

5.3.2　均方极限和均方连续

定义 5.16　概率空间 (Ω, F, P) 上全部二阶矩存在的随机变量全体组成的空间称为 H **空间**,表示为 $H = \{X: E[X^2] < \infty\}$.

可以验证 H 是 $\mathbf{R}$ 上线性空间. 进而,还可在 H 中引入内积、范数和距离.

对任意 $X, Y \in H$,定义 $(X, Y) = E[XY]$. 易知 (X, Y) 为 H 中 X, Y

的内积. 对任意 $X\in H$, 定义 $\|X\|=(X,X)^{\frac{1}{2}}$. 易知 $\|X\|$ 为 H 中 X 的范数. 对任意 $X,Y\in H$, 定义 $d(X,Y)=\|X-Y\|$. 易知 $d(X,Y)$ 为 H 中 X 与 Y 的距离.

有了内积、范数和距离，可以类似欧式空间,定义极限和收敛的概念.

定义 5.17　设 $\{X,X_n,n\geqslant 1\}\subset H$. 若 $\lim\limits_{n\to\infty}d(X_n,X)=0$, 即

$$\lim_{n\to\infty}\|X_n-X\|=\lim_{n\to\infty}(E[(X_n-X)^2])^{\frac{1}{2}}=0,$$

则称 X 为序列 $\{X_n,n\geqslant 1\}$ 的**均方极限**,记作

$$\lim_{n\to\infty}X_n\overset{\text{m. s.}}{=}X\quad(\text{m. s. 为均方的简记符号}).$$

简记 $\lim\limits_{n\to\infty}X_n=X$ 或 $X_n\overset{\text{m. s.}}{=}X\quad(n\to\infty)$, 也称序列 $\{X_n,n\geqslant 1\}$ 均方收敛于 X.

若 $\{X_n,n\geqslant 1\}\subset H$,则 $\{X_n,n\geqslant 1\}$ 均方收敛的充要条件是 $\lim\limits_{\substack{n\to\infty\\ m\to\infty}}E|X_m-X_n|^2=0$.

例 5.15　设 $\{X_n,n\geqslant 1\}$ 是相互独立的随机变量序列,其分布律为

$$X_n\sim\begin{bmatrix} n & 0\\ \dfrac{1}{n^2} & 1-\dfrac{1}{n^2}\end{bmatrix}.$$

讨论此序列是否均方收敛.

解: 可知 $E|X_m-X_n|^2=EX_m^2+EX_n^2-2EX_mX_n$,其中

$$EX_m^2=m^2\frac{1}{m^2}=1,EX_n^2=n^2\frac{1}{n^2}=1.$$

当 $m\neq n$ 时,$EX_mX_n=EX_mEX_n=m\dfrac{1}{m^2}n\dfrac{1}{n^2}=\dfrac{1}{mn}$. 于是,当 $m\neq n$ 时

$$\lim_{\substack{n\to\infty\\ m\to\infty}}E|X_m-X_n|^2=\lim_{\substack{n\to\infty\\ m\to\infty}}\left(2-\frac{2}{mn}\right)=2.$$

因此该序列不均方收敛.

引入均方极限之后就可以介绍均方微积分的内容,即均方连续、均方可导和均方积分.

定义 5.18 设二阶矩过程$\{X(t),t\in T\}$,对任意$t_0\in T$有$\lim\limits_{t\to t_0}X(t)\overset{\text{m.s.}}{=}X(t_0)$,则称$\{X(t):t\in T\}$**在$t_0$均方连续**. 若$\{X(t),t\in T\}$对任意$t\in T$都均方连续,则称$\{X(t):t\in T\}$**在$T$上均方连续**.

在高等数学中,函数连续在某点连续意味着当自变量趋于该点时,函数也趋于它在该点的取值. 而均方连续则意味着随机过程在均方意义下保持连续,可以理解为$X(t)$在t_0发生间断的概率是0,但不一定不发生间断.

均方连续判定准则: 对二阶矩过程$\{X(t):t\in T\}$,记自相关函数为$R_X(s,t)=E[X(s)X(t)]=(X(s),X(t))$, 则

(1) $\{X(t):t\in T\}$在t_0均方连续的充要条件是$R_X(s,t)$在(t_0,t_0)处连续;

(2) $\{X(t):t\in T\}$在T上均方连续的充要条件是$R_X(s,t)$在$\{(t,t),t\in T\}$(对角线)上连续.

由上面准则可知, 随机过程的均方连续等价于自相关函数(普通的二元函数)的连续, 可以利用高等数学中微积分的知识进行判定.

例 5.16 设$X(t)=At^2+Bt+C$,其中A,B,C是相互独立的标准正态随机变量,试分析随机过程$\{X(t):t\in(-\infty,+\infty)\}$是否均方连续.

解: $R_X(s,t)=E[X(s)X(t)]=E[A^2s^2t^2+B^2st+C^2]=s^2t^2+st+1$, 显然自相关函数是连续函数,因此该过程是均方连续的.

5.3.3 均方导数

定义 5.19 若$\{X(t):t\in T\}$是二阶矩过程,对$t_0\in T$, 如果

$$\lim_{h\to 0}\frac{X(t_0+h)-X(t_0)}{h}$$

存在,称为$X(t)$**在t_0处的均方可导或可微**. 此极限记为$X'(t_0)$或者$\left.\frac{\mathrm{d}X(t)}{\mathrm{d}t}\right|_{t=t_0}$, 称为$X(t)$**在$t_0$处的均方导数**,称$X'(t_0)\mathrm{d}t$为$X(t)$**在$t_0$处的均方微分**.

若$X(t)$对任意$t\in T$均方可导, 则称$\{X(t):t\in T\}$在T上是均方

可导. 此时记

$$\lim_{h\to 0}\frac{X(t+h)-X(t)}{h}=X'(t),$$

称 $X'(t)\left(\text{或}\dfrac{\mathrm{d}X(t)}{\mathrm{d}t}\right)$与 $X'(t)\mathrm{d}t$ 为 $X(t)$**在 T 上的均方导数与均方微分**.

根据均方导数定义,可以由$\{X(t):t\in T\}$得到一个新的随机过程$\{X'(t):t\in T\}$,称它为**导过程**. 由导过程可以得到进一步的导过程,即高阶导过程.

随机过程是否均方可导也可以根据自相关函数的可导性来判断. 首先需要定义一般二元函数的广义二阶可导.

定义 5.20　对于二元函数 $R(s,t)$,如果

$$\lim_{h,k\to 0}\frac{R(s+h,t+k)-R(s+h,t)-R(s,t+k)+R(s,t)}{hk}$$

存在,则称 $R(s,t)$在(s,t)处广义二阶可导,并称此极限为广义二阶导数.

定理 5.21　二阶矩过程$\{X(t):t\in T\}$在 $t_0\in T$ 处均方可导的充要条件是 $R_X(s,t)$在(t_0,t_0)处广义二阶可导.

下面不加证明地介绍如下均方导数的性质[42].

性质 5.16　若$\{X(t):t\in T\}$, $\{X_k(t):t\in T\}$$(k=1,2)$在 T 上均方可导, $f(t)$为一般函数且 T 上可导, 则:

(1) $X(t),X_k(t)$必均方连续;

(2) 对任意的 $a,b\in\mathbf{R}$,$aX_1(t)+bX_2(t)$在 T 上均方可导,且

$$(aX_1(t)+bX_2(t))'=aX_1'(t)+bX_2'(t);$$

(3) $\dfrac{\mathrm{d}}{\mathrm{d}t}(f(t)X(t))=X(t)\dfrac{\mathrm{d}f(t)}{\mathrm{d}t}+f(t)\dfrac{\mathrm{d}X(t)}{\mathrm{d}t}$;

(4) $E[X'(t)]=\dfrac{\mathrm{d}E[X(t)]}{\mathrm{d}t}$;

(5) $(X'(s),X'(t))=\dfrac{\partial^2 R_X(s,t)}{\partial s\partial t}$,其中,$R_X(s,t)=E[X(s)X(t)]=(X(s),X(t))$.

例 5.17　针对例 5.16 的过程,试分析随机过程$\{X(t):t\in(-\infty,$

$+\infty)\}$是否均方可导；若均方可导，请给出均方导数.

解：由例 5.16，可知 $R_X(s,t)=s^2t^2+st+1$，于是广义二阶导数

$$\lim_{h,k\to 0}\frac{R_X(t+h,t+k)-R_X(t+h,t)-R_X(t,t+k)+R_X(t,t)}{hk}$$

$$=\lim_{h,k\to 0}\frac{k(2t+k)h(2t+h)+hk}{hk}$$

$$=4t^2+1.$$

显然对任意的 $t\in(-\infty,+\infty)$，$R_X(s,t)$ 在 (t,t) 处广义二阶可导，则随机过程 $\{X(t):t\in(-\infty,+\infty)\}$ 均方可导. 进而，由定义可得 $X'(t)=2At+B$.

5.3.4　均方积分

定义 5.21　如果随机过程 $\{X(t):t\in[a,b]\}$ 是二阶矩过程，$f(t)$，$t\in T$ 为一普通函数，且 $[a,b]\subset T$. 在区间 $[a,b]$ 内取 $n+1$ 个分点，$a=t_0<t_1<\cdots<t_n=b$，设 $\Delta t_i=t_i-t_{i-1}$，$\Delta t=\max\limits_{1\leqslant i\leqslant n}\Delta t_i$. 在每个区间 $[t_{i-1},t_i]$ 上任意一点 $u_i(i=1,2,3,\cdots,n)$. 做和式

$$s_n=\sum_{i=1}^{n}f(u_i)X(u_i)\Delta t_i,$$

若 $\Delta t\to 0$ 时，上面和式均方收敛，即均方极限 $\lim\limits_{\Delta t\to 0}s_n$ 存在且极限与区间划分、u_i 取法无关，称 $f(t)X(t)$ 在区间 $[a,b]$ 上**黎曼均方可积**，简称为**均方可积**，此积分记为 $\int_a^b f(t)X(t)\,\mathrm{d}t$.

如果 $f(t)=1$，则可得到 $X(t)$ 在区间 $[a,b]$ 上黎曼均方可积. 进而，如果 $\lim\limits_{b\to+\infty}\int_a^b X(t)\,\mathrm{d}t$ 存在，则称 $X(t)$ 在区间 $[a,+\infty]$ 上**广义黎曼均方可积**，记作 $\int_a^\infty X(t)\,\mathrm{d}t$. 类似，可以定义 $X(t)$ 在区间 $[-\infty,b]$，$[-\infty,+\infty]$ 上的广义黎曼均方可积.

定理 5.22　若 $\int_a^b\int_a^b f(s)\overline{f(t)}R_X(s,t)\,\mathrm{d}s\mathrm{d}t$ 存在，则 $\int_a^b f(t)X(t)\,\mathrm{d}t$ 存在. 其中，$R_X(s,t)$ 为 $X(t)$ 的自相关函数.

下面不加证明地介绍如下均方积分的性质[42].

性质 5.17 $f(t), t\in T$ 为一普通函数,区间 $[a,b]\subset T$,若 $f(t)X(t)$,$f(t)Y(t)$ 在区间 $[a,b]$ 上均方可积,则:

(1) $E\left[\int_a^b f(t)X(t)\mathrm{d}t\right]=\int_a^b f(t)E[X(t)]\mathrm{d}t$;

(2) 对任意的 α,β,有

$$\int_a^b[\alpha f(t)X(t)+\beta f(t)Y(t)]\mathrm{d}t=\alpha\int_a^b f(t)X(t)\mathrm{d}t+\beta\int_a^b f(t)Y(t)\mathrm{d}t;$$

(3) 对任意 $c\in[a,b]$,有

$$\int_a^b f(t)X(t)\mathrm{d}t=\int_a^c f(t)X(t)\mathrm{d}t+\int_c^b f(t)X(t)\mathrm{d}t.$$

例 5.18 针对例 5.16 的过程,试分析随机过程 $\{X(t):t\in(a,b),a,b\in\mathbf{R}^1\}$ 是否均方可积;若均方可积,请给出均方积分.

解: 由例 5.16,可知 $R_X(s,t)=s^2t^2+st+1$,为连续函数,积分 $\int_a^b\int_a^b R_X(s,t)\mathrm{d}s\mathrm{d}t$ 显然存在,则 $\int_a^b X(t)\mathrm{d}t$ 存在,即随机过程 $\{X(t):t\in(a,b),a,b\in\mathbf{R}^1\}$ 均方可积. 进而,由定义可得 $\int_a^b X(t)\mathrm{d}t=\int_a^b(At^2+Bt+C)\mathrm{d}t=\frac{1}{3}A(b^3-a^3)+\frac{1}{2}B(b^2-a^2)+C(b-a)$.

性质 5.18 若 $X(t)$ 在区间 $[a,b]$ 上均方连续,则:

(1) $X(t)$ 在区间 $[a,b]$ 上均方可积;

(2) $\left\|\int_a^b X(t)\mathrm{d}t\right\|\leqslant\int_a^b\|X(t)\|\mathrm{d}t$.

性质 5.19 若 $X(t)$ 在区间 $[a,b]$ 上均方连续,定义均方积分过程为

$$Y(t)=\int_a^t X(u)\mathrm{d}u,\ t\in[a,b],$$

则 $Y(t)$ 在区间 $[a,b]$ 上均方连续、均方可导,且 $Y'(t)=X(t)$.

推论 5.10 若 $X'(t)$ 在区间 $[a,b]$ 上均方连续,则

$$X(t)-X(a)=\int_a^t X'(u)\mathrm{d}u.$$

下面介绍另外类型的均方积分.

定义 5.22　如果随机过程$\{X(t):t\in[a,b]\}$是二阶矩过程,$f(t)$,$t\in T$为一普通函数,且$[a,b]\subset T$. 在区间$[a,b]$内取$n+1$个分点,$a=t_0<t_1<\cdots<t_n=b$,设$\Delta t_i=t_i-t_{i-1}$, $\Delta t=\max\limits_{1\leqslant i\leqslant n}\Delta t_i$. 在每个区间$[t_{i-1},t_i]$上任意一点$u_i(i=1,2,3,\cdots,n)$. 做和式

$$s_n=\sum_{i=1}^{n}f(u_i)(X(t_i)-X(t_{i-1})),$$

若$\Delta t\to 0$时，上面和式均方收敛，即均方极限$\lim\limits_{\Delta t\to 0}s_n$存在且极限与区间划分和$u_i$取法无关，称此极限为$f(t)$对$X(t)$在区间$[a,b]$上的**黎曼-斯蒂尔切斯(Riemann-Stieltjes)均方积分**,简称为 **R-S 均方可积**,记为$\int_a^b f(t)\mathrm{d}X(t)$.

定义 5.23　如果随机过程$\{X(t):t\in[a,b]\}$是实二阶矩过程,$\{B(t),t\geqslant 0\}$为标准布朗运动. 在区间$[a,b]$内取$n+1$个分点,$a=t_0<t_1<\cdots<t_n=b$,设$\Delta t_i=t_i-t_{i-1}$, $\Delta t=\max\limits_{1\leqslant i\leqslant n}\Delta t_i$. 做和式

$$s_n=\sum_{i=1}^{n}X(t_i)(B(t_i)-B(t_{i-1})),$$

若$\Delta t\to 0$时，上面和式均方收敛，即均方极限$\lim\limits_{\Delta t\to 0}s_n$存在且极限与区间划分无关,称此极限为$X(t)$关于$B(t)$在区间$[a,b]$上的**伊藤(Ito)积分**,记为$\int_a^b X(t)\mathrm{d}B(t)$.

5.4　应用举例—:排队系统分析

排队论中的典型问题是电话呼唤问题,同类型的问题还有顾客的服务问题、机器维修问题、存货控制问题等等,用概率的语言讲,它们都是群体中个体的“生”和“灭”的概率变化规律的问题. 本节将作为随机过程中生灭过程等知识的应用,简介排队系统分析中一些基本问题.

5.4.1　排队问题描述

考虑一个电话交换台,用户在(随机)时刻$t_1,t_2,t_3,\cdots(0<t_1<t_1<$

…)打电话,假如呼唤相继到达的时间间隔 $\tau_1=t_1,\tau_2=t_2-t_1,\tau_3=t_3-t_2,\cdots$ 是独立的且有相同的指数分布,即 $P(\tau_n>t)=\mathrm{e}^{-\lambda t}$,常数 $\lambda>0$,显然 $E\tau_n=\lambda^{-1}$ 表示平均的时间间隔长度,故 λ 表示单位时间内呼唤的平均次数(也称 λ 为**输入强度**). 由于在时刻 t_n 到达的呼唤通话长度是一个随机变量,用 S_n 表示第 n 个呼唤的持续时间(或服务时间). 假定 $S_1,S_2,S_3,\cdots$ 是相互独立的有相同指数分布的随机变量,$P(S_n>t)=\mathrm{e}^{-\mu t}$,常数 $\mu>0$. 显然 $ES_n=\mu^{-1}$ 表示平均服务的时间长度,故 μ 表示单位时间内的服务次数(称为**服务强度**).

如果有空闲的线路可供使用,则一个新到达的呼唤就立即被接通(接受服务),可供使用的线路数目或是有限 M 个,或是 ∞(实际上是指足够多). 在后一种情形,所有呼唤到达就立即接通. 在前一种情形,只有 M 条线路,如只有 n 个呼唤来到,$n\leqslant M$,则这 n 个呼唤都会被接通. 但如呼唤超过 M 个,而新呼唤到达时所有线路都被占用,则将出现排队. 此时需要给出排队规则,或者新到达的呼唤按先后次序排队等待到有一线路空闲时为止,或者在没有空闲线路时,新到达的呼唤不准排队而马上离开.

5.4.2 平稳分布求解

首先考虑有无穷多条线路的情形. 设 $\xi(t)$ 表示一个有无穷多条线路的电话交换台在时刻 t 被占用的线路个数. 在上面的假设下,ξ_T 是一生灭过程. 它的

$$\lambda_n=\lambda,\quad \mu_n=n\mu(n=0,1,2,\cdots).$$

事实上,如果有 n 条线路被占用,则系统处于状态 n. 此时在时间 $(t,t+h)$ 内一个新呼唤到达的概率是 $\lambda h+o(h)\ (h\to0)$,两个以上呼唤到达的概率是 $o(h)$,故 $\lambda_n=\lambda$. 另一方面,各会话的持续时间相互独立. 因此在状态为 n 时(即有 n 条线路被占用),在 $(t,t+h)$ 内有一条线路结束服务(即空闲下来)的概率是 $n\mu h+o(h)$. 其他情况出现的概率都为 $o(h)$,于是 $\mu_n=n\mu$.

在此种情形下,可以用分析的方法求出式(5.2.43)的解. 它的平稳分布由式(5.2.45)可得

$$\pi_n = e^{-\rho}\frac{\rho^n}{n!} \quad (n=0,1,2,\cdots),$$

其中$\rho=\frac{\lambda}{\mu}$,表示此服务系统的业务繁忙强度,而平稳分布是具有参数ρ的泊松分布.

假设线路数目有限(为M),其他条件不变,这将得出一个更现实的模型.

现在规定,如果M条线路都被占用,则每个新来到的呼唤必须参加排队直等到有一条线路空闲为止. 所有线路有一个公共的排队列,将所有在通话或排队的人的总数n称为系统处于状态n. 仅当$n>M$时,才会出现排队. 此时参加排队的有$n-M$人.

只要有一条线路空闲,则情况和上面情形完全一样. 如果系统处于状态n,而$n>M$,则仅有M个会话在进行. 因而,当$n<M$时,$\mu_n=n\mu$;当$n\geqslant M$时,$\mu_n=M\mu$. 而$\lambda_n=\lambda$和以前一样. 此时,如

$$\rho=\frac{\lambda}{M\mu}<1,$$

则级数$\sum_{n=M}^{\infty}\rho^n<+\infty$收敛,此时存在平稳分布为

$$\begin{cases}\pi_0=\left(\sum_{n=0}^{M-1}\frac{(M\rho)^n}{n!}+\frac{(M\rho)^M}{M!\ (1-\rho)}\right)^{-1},\\ \pi_n=\pi_0\frac{(M\rho)^n}{n!}, n\leqslant M,\\ \pi_n=\pi_M\rho^{n-M}, \quad n>M.\end{cases}$$

当$M=1$时,表示只有一条线路(或一个服务员),此时如平稳分布存在,则是一几何分布,即

$$\pi_0=1-\rho,\pi_n=(1-\rho)\rho^n,n\geqslant 1 \quad \left(\rho=\frac{\lambda}{\mu}<1\right).$$

如$\rho\not<1$,则平稳分布不存在,这表明排队人数逐渐增加至无穷.

在有M条线路时,如果排队规则定为:当所有线路都被占用,新到达的呼唤不排队等候而消失,此时

$$\lambda_n=\lambda,0\leqslant n<M;\lambda_n=0,n\geqslant M;$$

$$\mu_n = n\mu, n \leqslant M; \mu_n = 0, n > M.$$

由此得到平稳分布如下:

$$\pi_n = \frac{\frac{e^n}{n!}}{\sum_{k=0}^{M} \frac{\rho^k}{k!}}, 0 \leqslant n \leqslant M; \pi_n = 0, n > M.$$

其中 $\rho = \frac{\lambda}{\mu}$ 称为**爱尔朗(Erlang)公式**,是排队论中的重要公式.

5.5 应用举例二:随机微分方程

随机过程可以用来描述随机现象随时间的演变规律,如股票价格的动态波动、利率的变化等.但是现象变化往往呈现不均匀性,很难直接找到一个合适随机过程描述所观测现象.此时,可以利用导数描述现象的变化特征,利用微分方程描述现象变化规律,进而通过解微分方程得到现象的函数表达.简单地讲,随机微分方程就是含有未知随机过程及其各阶导数的方程.本节将作为随机过程中均方分析等知识的应用来介绍随机微分方程的一些基本内容及其在金融领域的应用.

对于简单随机微分方程,在定义了均方导数和均方积分之后,可以采取类似普通微分方程的方法在均方意义下求解. 例如, 线性随机常微分方程

$$\begin{cases} \frac{dY}{dt} = X(t), t > 0, \\ Y(0) = Y_0. \end{cases}$$

其中,$X(t)$,$Y(t)$是$[0, +\infty]$上二阶矩过程,Y_0 为二阶矩随机变量.对微分方程在$(0,t)$上积分并带入初值条件,可得如下的随机过程:

$$Y(t) = Y_0 + \int_0^t X(u)\,du.$$

可见,从形式上看上面随机微分方程与一般微分方程类似,只是方程中变量或函数部分为随机过程或随机变量.

5.5.1　伊藤随机微分方程

接下来,介绍一种特殊的随机微分方程——伊藤随机微分方程.

定义 5.24　若随机过程$\{X(t):t\geqslant 0\}$满足方程

$$\mathrm{d}X(t)=a(t,X(t))\mathrm{d}t+b(t,X(t))\mathrm{d}B(t), \tag{5.5.1}$$

其中,$a(t,x)$,$b(t,x)$是二元连续函数,且对任意$x\in\mathbf{R}$,$|a(t)|^{\frac{1}{2}}$,$b(t)\in L_T^2$[42],$B(t)$是标准布朗运动,称过程$\{X(t),t\geqslant 0\}$为**伊藤随机过程**,称公式(5.5.1)中的方程为**伊藤随机微分方程**.

伊藤随机微分方程的直观含义. 在$\mathrm{d}t$时间内随机过程$X(t)$的改变量$\mathrm{d}X(t)=X(t+\mathrm{d}t)-X(t)$由两部分组成,一部分是由速度为$a(t,X(t))$的决定性运动产生的位移$a(t,X(t))\mathrm{d}t$,称为漂移项;另一部分是随机位移,它等于标准布朗运动在$\mathrm{d}t$内的位移$\mathrm{d}B(t)=B(t+\mathrm{d}t)-B(t)$与随机系数$b(t,X(t))$的乘积,称$b(t,X(t))\mathrm{d}B(t)$为扩散项.

上式是伊藤过程的微分形式,其对应的积分形式为

$$X(t)-X(t_0)=\int_{t_0}^{t}a(s,X(s))\mathrm{d}s+\int_{t_0}^{t}b(s,X(s))\mathrm{d}B(s) \tag{5.5.2}$$

称该式为**伊藤随机积分方程**.

定理 5.23　对随机微分方程

$$\begin{cases}\mathrm{d}X(t)=a(t,X(t))\mathrm{d}t+b(t,X(t))\mathrm{d}B(t),\\ X(t_0)=X_0,\end{cases}$$

设$a(t,x)$,$b(t,x)$,$t\in T$,$x\in\mathbf{R}$满足下列条件:

(1) 都是二元连续的,而且是关于t和x的一致连续函数;

(2) 满足增长条件:

$|a(t,x)|^2\leqslant K^2(1+x^2)$,$|b(t,x)|^2\leqslant K^2(1+x^2)$,$t\in T$,$x\in\mathbf{R}$;

(3) 利普希茨(Lipschitz)条件:

$$|a(t,X_1)-a(t,X_2)|\leqslant K|X_2-X_1|,$$
$$|b(t,X_1)-b(t,X_2)|\leqslant K|X_2-X_1|,$$

其中K为正数. 则随机微分方程存在唯一解.

定理 5.24 设随机过程$\{X(t),t\geqslant 0\}$是一个伊藤过程,即满足公式(5.5.1). 二元函数$f(t,x)$具有连续偏导数$\frac{\partial f}{\partial t},\frac{\partial f}{\partial x},\frac{\partial^2 f}{\partial x^2}$. 令$Y(t)=f(t,X(t))$,则过程$\{Y(t),t\geqslant 0\}$也是随机过程,且对任意$0\leqslant t_0<t$满足如下的伊藤积分方程:

$$Y(t)-Y(t_0)=\int_{t_0}^{t}\left(\frac{\partial f}{\partial t}+a\frac{\partial f}{\partial x}+\frac{b^2}{2}\frac{\partial^2 f}{\partial x^2}\right)(s,X(s))\,\mathrm{d}s+\int_{t_0}^{t}b\frac{\partial f}{\partial x}(s,X(s))\,\mathrm{d}B(s), \tag{5.5.3}$$

或者等价的微分形式

$$\mathrm{d}Y(t)=\left(\frac{\partial f}{\partial t}+a\frac{\partial f}{\partial x}+\frac{b^2}{2}\frac{\partial^2 f}{\partial x^2}\right)(t,X(t))\,\mathrm{d}t+b\frac{\partial f}{\partial x}(t,X(t))\,\mathrm{d}B(t). \tag{5.5.4}$$

证明:证明过程可参考[42].

上面的积分或者微分式即为著名的伊藤公式,有非常广泛的应用,可求解随机微分方程.

例 5.19 (人口增长模型) 设$N(t)$为t时刻的人口数,且满足

$$\mathrm{d}N(t)=aN(t)\,\mathrm{d}t+bN(t)\,\mathrm{d}B(t),$$

其中a,b为常数. 令$B(0)=0$,求解该随机微分方程.

解:利用伊藤公式进行求解. 令$f(t,x)=\ln x$,$Y(t)=f(t,N(t))$,则$\frac{\partial f}{\partial t}=0,\frac{\partial f}{\partial x}=\frac{1}{x},\frac{\partial^2 f}{\partial x^2}=-\frac{1}{x^2}$. 由公式(5.5.4),则有

$$\mathrm{d}Y(t)=\left(0+aN(t)\frac{1}{N(t)}-\frac{b^2N^2(t)}{2}\frac{1}{N^2(t)}\right)\mathrm{d}t+bN(t)\frac{1}{N(t)}\mathrm{d}B(t),$$

即

$$\mathrm{d}(\ln N(t))=\left(a-\frac{b^2}{2}\right)\mathrm{d}t+b\,\mathrm{d}B(t).$$

左右两边在$(0,t)$上做积分可得

$$\ln N(t)-\ln N(0)=\left(a-\frac{b^2}{2}\right)t+b(B(t)-B(0)).$$

由$B(0)=0$,则有$\ln\frac{N(t)}{N(0)}=\left(a-\frac{b^2}{2}\right)t+bB(t)$,可得

$$N(t)=N(0)e^{\left(a-\frac{b^2}{2}\right)t+bB(t)}=N(0)e^{\left(a-\frac{b^2}{2}\right)t}e^{bB(t)}.$$

在例5.15中，$bN(t)dB(t)$可以理解为随机干扰项，若无该项，方程为一确定的常微分方程，该方程描述的人口预测模型称为马尔萨斯(Malthus)人口模型. a表示单位时间单位人口增长量，在此为常数，则$aN(t)$表示单位时间人口增长量.

5.5.2　伊藤随机微分方程在金融领域的应用

伊藤随机微分方程对求解金融系统的随机模型具有重要作用，如几何布朗运动、O-U过程，等等.

例5.20　布莱克-舒尔斯(Black-Scholes)模型　设$X(t)$为股票的价格，如果$X(t)$满足如下方程

$$dX(t)=X(t)(\mu dt+\sigma dB(t)).$$

其中，μ表示为股票价格收益率，σ为股票价格波动率，$B(t)$服从标准布朗运动，则称该股票价格服从几何布朗运动. 假设股票价格初值为$X_0>0$，请给出上面微分方程的解.

解：此模型与例5.19的人口模型类似，只是将其中的a,b替换为μ,σ. 因此该例中随机微分方程的解为$X(t)=X_0e^{\sigma B(t)+\left(\mu-\frac{1}{2}\sigma^2\right)t}$.

几何布朗运动是资产价格的经典模型. 由$E[X(t)]=X_0e^{\mu t}$，可知资产价格的运动走势主要由漂移项μ控制，这意味着对于趋势上升的市场可做价值投资、长期持股，可忽视股价短期波动. 进一步，若例5.20中的μ,σ随时间动态变化，即随机过程$\{X(t):t\geqslant 0\}$满足方程$dX(t)=X(t)(\mu(t)dt+\sigma(t)dB(t))$，其中，函数$\mu(t),\sigma(t)$满足$\int_0^t|\mu(s)|ds<\infty$，$\int_0^t\sigma^2(s)ds<\infty$，称该过程为广义几何布朗运动. 广义几何布朗运动的解为

$$X(t)=X(0)e^{\int_0^t\sigma(s)dB(s)+\int_0^t\left(\mu(s)-\frac{1}{2}\sigma^2(s)\right)ds}.$$

例5.21　奥恩斯坦-乌伦贝克(Ornstein-Uhlenbeck)过程　设$X(t)$表示随机市场利率，如果$X(t)$满足如下方程

$$dX(t)=\alpha(\bar{x}-X(t))dt+\sigma dB(t)$$

其中,α 为利率调整速度, $\bar{x}$ 为利率参考水平, σ 为利率波动率,$B(t)$ 服从标准布朗运动,则称该市场利率服从奥恩斯坦-乌伦贝克过程. 假设利率初值为 $X_0 \in \mathbf{R}^1$,请给出上面微分方程的解.

解:令 $\mu = \alpha\bar{x}$, 则随机微分方程形式为 $\mathrm{d}X(t) = (\mu - \alpha X(t))\mathrm{d}t + \sigma\mathrm{d}B(t)$. 利用伊藤公式求解. 令 $f(t,x) = \mathrm{e}^{\alpha t}x, Y(t) = f(t,X(t))$, 则 $\frac{\partial f}{\partial t} = a\mathrm{e}^{at}x, \frac{\partial f}{\partial x} = \mathrm{e}^{at}, \frac{\partial^2 f}{\partial x^2} = 0$. 由公式(5.5.4),则有

$$\begin{aligned}\mathrm{d}Y(t) &= (a\mathrm{e}^{at}X(t) + (\mu - aX(t))\mathrm{e}^{at})\mathrm{d}t + \sigma\mathrm{e}^{at}\mathrm{d}B(t)\\&= \mu\mathrm{e}^{at}\mathrm{d}t + \sigma\mathrm{e}^{at}\mathrm{d}B(t)\end{aligned}$$

则 $Y(t) = Y(0) + \mu\int_0^t \mathrm{e}^{\alpha s}\mathrm{d}s + \sigma\int_0^t \mathrm{e}^{\alpha s}\mathrm{d}B(s)$. 由 $Y(t) = \mathrm{e}^{\alpha t}X(t)$,则

$$\begin{aligned}X(t) &= \mathrm{e}^{-\alpha t}Y(t) = \mathrm{e}^{-\alpha t}\left(Y(0) + \mu\int_0^t \mathrm{e}^{\alpha s}\mathrm{d}s + \sigma\int_0^t \mathrm{e}^{\alpha s}\mathrm{d}B(s)\right)\\&= X_0 + \mu\int_0^t \mathrm{e}^{\alpha(s-t)}\mathrm{d}s + \sigma\int_0^t \mathrm{e}^{\alpha(s-t)}\mathrm{d}B(s).\end{aligned}$$

奥恩斯坦乌伦贝克过程更抽象的形式可表示为 $\mathrm{d}X(t) = \mu X(t)\mathrm{d}t + \sigma\mathrm{d}B(t)$,其中 μ,σ 是常数. 进一步,如果随机利率服从 $\mathrm{d}X(t) = X(t)(\mu X(t)\mathrm{d}t + \sigma\mathrm{d}B(t))$,则称随机过程 $\{X(t), t \geqslant 0\}$ 为指数奥恩斯坦-乌伦贝克过程. 仍然可利用伊藤公式求解上述随机微分方程.

尽管随机微分方程在很多领域都有广泛应用,但是由于随机微分方程的复杂性,仅有比较特殊的方程能给出解析解,而很多实际问题的随机微分方程都很难给出解析解,在此情况下,可通过数值解法求解,可参阅文献[43].

习 题 5

5.1 设 $u_1, u_2, \cdots, u_n, \cdots$ 是相互独立的随机变量,试问下列的 $\{x_n, n \geqslant 1\}$ 是不是马尔可夫过程,并说明理由:

(1) $x_n = u_1 + u_2 + \cdots + u_n$;

(2) $x_n = (u_1 + u_2 + \cdots + u_n)^2$;

(3) $x_n = \rho x_{n-1} + u_n$,其中 ρ 是一已知常数,$x \equiv 0$.

5.2　设某金工车间有 M 台车床,由于经常需要测量和调换刀具等原因,各车床总是时而停止,时而工作. 假定在时刻 t 时,一台车床正在工作,但在时刻 $t+\Delta t$ 时停止工作的概率为 $\mu\Delta t+o(\Delta t)$. 再假定在时刻 t 时,一台车床不工作,而在时刻 $t+\Delta t$ 时开始工作的概率为 $\lambda\Delta t+o(\Delta t)$. 而各车床的工作情况是相互独立的. 如用 $N(t)$ 表示时刻 t 正在工作的车床数,试

(1) 说明 $\{N(t),t\geqslant 0\}$ 是一个齐次马尔可夫过程.

(2) 求出它的平稳分布 $\{p_i\}$.

(3) 特别当 $M=10,\lambda=60,\mu=30$ 时,求出平稳态时有一半以上车床在工作的概率.

5.3　设 $\{X_n,n=1,2,\cdots\}$ 为随机变量序列,其中 X_n 满足:$P\{X_n=1\}=\dfrac{1}{n}$, $P\{X_n=0\}=1-\dfrac{1}{n}$,验证:$\{X_n\}$ 均方收敛于 0.

5.4　讨论维纳过程的均方可积性.

5.5(等待系统)　一个服务站有 M 个服务员,顾客不断来到请求服务. 假定在 Δt 时间中,来到一个顾客的概率为 $\lambda\Delta t+o(\Delta t)$,没有顾客来到的概率为 $1-\lambda\Delta t+o(\Delta t)$,来到两个或两个以上顾客的概率为 $o(\Delta t)$. 来到的顾客当有空着的服务员时,立即接受服务,否则排队等待,直到有一个正在服务的顾客结束服务,服务员腾出来再去为排队的顾客服务. 假定每个在时刻 t 正在接受服务的顾客在时刻 $t+\Delta t$ 结束服务的概率为 $M_0 t+o(\Delta t)$,并假定各顾客的来到时刻和他们的服务时间等都是相互独立的.

如用 $N(t)$ 表示时刻 t 时要求服务的顾客数(包括正在服务的和等待的),试

(1) 说明 $N(t)$ 是一个马尔可夫过程.

(2) 列出 $P_{ij}(t)=P\{N(t)=j|N(0)=i\}$ 所满足的方程.

(3) 写出它的平稳分布.

5.6　求方程 $\mathrm{d}X(t)+aX(t)\mathrm{d}t=b\mathrm{d}B(t),X(0)=1$ 的解.

5.7　求方程 $\mathrm{d}X(t)=X(t)(\mu-\alpha\ln X(t))\mathrm{d}t+\sigma X(t)\mathrm{d}B(t),X(0)=x$ 的解.

习题解答

习题1

1.1 （1）记 n 阶实对称矩阵的全体为 $X=\{\boldsymbol{A}=(a_{ij})_{n\times n}\mid a_{ij}=a_{ji}$为实数$\}$,则显然对任 $\boldsymbol{A}_1,\boldsymbol{A}_2\in X,\boldsymbol{A}_1+\boldsymbol{A}_2\in X,k\boldsymbol{A}_1\in X,k\in\mathbf{R}$,$X$ 中有零元 $\boldsymbol{O}_{n\times n}$,加法与数乘的其他条件均满足. 故 X 是 $\mathbf{R}$ 上的线性空间.

（2）次数等于 $m(m\geqslant1)$ 的实系数多项式的全体中不存在零元,故它不是 $\mathbf{R}$ 上的线性空间.

1.2 （1）记 $X=\left\{\boldsymbol{x}=[x_1\ \cdots\ x_n]^{\mathrm{T}}\ \middle|\ \sum\limits_{i=1}^{n}x_i=0,x_i\in\mathbf{R},i=1,\cdots,n\right\}$,则对任 $\boldsymbol{x},\boldsymbol{y}\in X$,显然,$\boldsymbol{x}+\boldsymbol{y}\in X,k\boldsymbol{x}\in X,k\in\mathbf{R}$,由于 $\mathbf{R}^n$ 是线性空间,X 对加法与数乘封闭,故 X 是 $\mathbf{R}^n$ 中的线性子空间.

（2）记 $X=\left\{\boldsymbol{x}=[x_1\ \cdots\ x_n]^{\mathrm{T}}\ \middle|\ \sum\limits_{i=1}^{n}x_i=1,x_i\in\mathbf{R},i=1,\cdots,n\right\}$,则对任 $\boldsymbol{x}\in X,k\neq1,k\boldsymbol{x}\notin X$,即 X 对数乘不封闭,故 X 不是 $\mathbf{R}^n$ 中的线性子空间.

1.3 （1）设由前一组基到后一组基的过渡矩阵为 $\boldsymbol{P}$,则 $[a_1\ \ a_2\ \ a_3\ \ a_4]=[e_1\ \ e_2\ \ e_3\ \ e_4]P$,所以

$$\boldsymbol{P}=[e_1\ \ e_2\ \ e_3\ \ e_4]^{-1}[a_1\ \ a_2\ \ a_3\ \ a_4]=[a_1\ \ a_2\ \ a_3\ \ a_4]$$

$$=\begin{bmatrix}2&0&5&6\\1&3&3&6\\-1&1&2&1\\1&0&1&3\end{bmatrix}.$$

（2）设 $\boldsymbol{x}$ 在后一组基下的坐标为 $\boldsymbol{y}=[y_1\ \ y_2\ \ y_3\ \ y_4]^{\mathrm{T}}$,则

$$\boldsymbol{x}=[e_1\ \ e_2\ \ e_3\ \ e_4]\begin{bmatrix}x_1\\x_2\\x_3\\x_4\end{bmatrix}=[a_1\ \ a_2\ \ a_3\ \ a_4]\begin{bmatrix}y_1\\y_2\\y_3\\y_4\end{bmatrix},\text{故}$$

$$\begin{bmatrix} y_1 \\ y_2 \\ y_3 \\ y_4 \end{bmatrix} = [a_1 \quad a_2 \quad a_3 \quad a_4]^{-1} \begin{bmatrix} x_1 \\ x_2 \\ x_3 \\ x_4 \end{bmatrix} = \begin{bmatrix} \frac{4}{9} & \frac{1}{3} & -1 & -\frac{11}{9} \\ \frac{1}{27} & \frac{4}{9} & -\frac{1}{3} & -\frac{23}{27} \\ \frac{1}{3} & 0 & 0 & -\frac{2}{3} \\ -\frac{7}{27} & -\frac{1}{9} & \frac{1}{3} & \frac{26}{27} \end{bmatrix} \begin{bmatrix} x_1 \\ x_2 \\ x_3 \\ x_4 \end{bmatrix}$$

$$= \begin{bmatrix} \frac{4}{9}x_1 + \frac{1}{3}x_2 - x_3 - \frac{11}{9}x_4 \\ \frac{1}{27}x_1 + \frac{4}{9}x_2 - \frac{1}{3}x_3 - \frac{23}{27}x_4 \\ \frac{1}{3}x_1 - \frac{2}{3}x_4 \\ -\frac{7}{27}x_1 - \frac{1}{9}x_2 + \frac{1}{3}x_3 + \frac{26}{27}x_4 \end{bmatrix}.$$

(3) 设在两组基下有相同坐标的向量为 $\boldsymbol{z}$,则

$$\boldsymbol{z} = [e_1 \quad e_2 \quad e_3 \quad e_4] \begin{bmatrix} z_1 \\ z_2 \\ z_3 \\ z_4 \end{bmatrix} = [a_1 \quad a_2 \quad a_3 \quad a_4] \begin{bmatrix} z_1 \\ z_2 \\ z_3 \\ z_4 \end{bmatrix}, \text{即}$$

$$\begin{bmatrix} z_1 \\ z_2 \\ z_3 \\ z_4 \end{bmatrix} = \begin{bmatrix} 2 & 0 & 5 & 6 \\ 1 & 3 & 3 & 6 \\ -1 & 1 & 2 & 1 \\ 1 & 0 & 1 & 3 \end{bmatrix} \begin{bmatrix} z_1 \\ z_2 \\ z_3 \\ z_4 \end{bmatrix}, \text{解得} \begin{bmatrix} z_1 \\ z_2 \\ z_3 \\ z_4 \end{bmatrix} = c \begin{bmatrix} 1 \\ 1 \\ 1 \\ -1 \end{bmatrix}, c \text{ 为任意实数.}$$

1.4 (1) 对 $\boldsymbol{x} = [x_1 \quad x_2 \quad x_3]^{\mathrm{T}}$ 和 $\boldsymbol{y} = [y_1 \quad y_2 \quad y_3]^{\mathrm{T}} \in \mathbf{R}^3$, $T(\boldsymbol{x} + \boldsymbol{y}) = [(x_1 + y_1)^2 \quad x_1 + y_1 + x_2 + y_2 \quad x_3 + y_3]$,而 $T\boldsymbol{x} + T\boldsymbol{y} = [x_1^2 + y_1^2 \quad x_1 + y_1 + x_2 + y_2 \quad x_3 + y_3] \neq T(\boldsymbol{x} + \boldsymbol{y})$,故 T 不是线性变换.

(2) 对任 $f_1, f_2 \in C[a,b]$ 和 $\alpha, \beta \in \mathbf{R}$, $T[\alpha f_1 + \beta f_2] = \int_a^x [\alpha f_1(t) + \beta f_2(t)]\mathrm{d}t = \alpha\int_a^x f_1(t)\mathrm{d}t + \beta\int_a^x f_2(t)\mathrm{d}t = \alpha Tf_1 + \beta Tf_2$. 故 T 是线性变换.

1.5 (1) 设由 x_1, x_2, x_3 到 x_1', x_2', x_3' 的过渡矩阵为 $\boldsymbol{P}$,即 $[x_1' \quad x_2' \quad x_3'] = [x_1 \quad x_2 \quad x_3]\boldsymbol{P}$,故 $\boldsymbol{P} = [x_1 \quad x_2 \quad x_3]^{-1}[x_1' \quad x_2' \quad x_3'] =$

$$\begin{bmatrix}1&2&1\\0&1&1\\1&0&1\end{bmatrix}^{-1}\begin{bmatrix}1&2&2\\2&2&-1\\-1&-1&-1\end{bmatrix}=\begin{bmatrix}-2&-\frac{3}{2}&\frac{3}{2}\\1&\frac{3}{2}&\frac{3}{2}\\1&\frac{1}{2}&-\frac{5}{2}\end{bmatrix}.$$

(2) 设 T 在 x_1,x_2,x_3 下的矩阵为 $\boldsymbol{A}$,即$[Tx_1\quad Tx_2\quad Tx_3]=[x_1\quad x_2\quad x_3]\boldsymbol{A}$. 由于 $Tx_i=x_i',i=1,2,3$,故$[Tx_1\quad Tx_2\quad Tx_3]=[x_1'\quad x_2'\quad x_3']=[x_1\quad x_2\quad x_3]\boldsymbol{P}$,所以 $\boldsymbol{A}=\boldsymbol{P}$(见(1)).

(3) $\boldsymbol{B}=\boldsymbol{P}^{-1}\boldsymbol{A}\boldsymbol{P}=\boldsymbol{P}$.

1.6 特征值 $\lambda_1=\lambda_2=-1,\lambda_3=5$;相应于 -1 的特征向量为 $k_1\boldsymbol{X}_1+k_2\boldsymbol{X}_2,\boldsymbol{X}_1=[1\quad 0\quad -1]^{\mathrm{T}},\boldsymbol{X}_2=[0\quad 1\quad -1]^{\mathrm{T}},k_1,k_2$ 不全为0,相应于5的特征向量为 $k_3[1\quad 1\quad 1]^{\mathrm{T}},k_3\neq 0$.

1.7 (1) 因为 $\boldsymbol{A}\sim\boldsymbol{B}$,即存在可逆阵 $\boldsymbol{P}$,使 $\boldsymbol{B}=\boldsymbol{P}^{-1}\boldsymbol{A}\boldsymbol{P}$. 故 $|\boldsymbol{B}|=|\boldsymbol{P}^{-1}\boldsymbol{A}\boldsymbol{P}|=|\boldsymbol{P}^{-1}|\cdot|\boldsymbol{A}|\cdot|\boldsymbol{P}|=|\boldsymbol{A}|$.

(2) 因为 $\boldsymbol{A}\sim\boldsymbol{B}$,所以 $\boldsymbol{A}$ 与 $\boldsymbol{B}$ 有全同的初等因子,从而 $\boldsymbol{A}$ 与 $\boldsymbol{B}$ 有相同的若当形,因而 $\boldsymbol{A}$ 与 $\boldsymbol{B}$ 秩相同.

1.8 (1) $D_3(\lambda)=(\lambda+2)^3,D_2(\lambda)=D_1(\lambda)=1.\ d_1(\lambda)=d_2(\lambda)=1,d_3(\lambda)=(\lambda+2)^3$.

(2) $D_3(\lambda)=(\lambda-4)^3,D_2(\lambda)=\lambda-4,D_1(\lambda)=1.\ d_1(\lambda)=1,d_2(\lambda)=\lambda-4,d_3(\lambda)=(\lambda-4)^2$.

1.9 (1) $|\lambda\boldsymbol{E}-\boldsymbol{A}|=(\lambda-1)(\lambda-2)(\lambda+1),\boldsymbol{J}=\begin{bmatrix}1&&\\&2&\\&&-1\end{bmatrix}$.

(2) $D_4(\lambda)=(\lambda-1)^4,D_3(\lambda)=D_2(\lambda)=D_1(\lambda)=1$.

$d_1(\lambda)=d_2(\lambda)=d_3(\lambda)=1,d_4(\lambda)=(\lambda-1)^4$. 故 $\boldsymbol{J}=\begin{bmatrix}1&1&&\\&1&1&\\&&1&1\\&&&1\end{bmatrix}$.

(3) $\lambda\boldsymbol{E}-\boldsymbol{A}\to\begin{bmatrix}1&&&\\&1&&\\&&\lambda-1&\\&&&(\lambda-1)(\lambda^2-14\lambda+19)\end{bmatrix}$,故 $\boldsymbol{A}$ 的初等因子为 λ

$-1,\lambda-1,\lambda-7+\sqrt{30},\lambda-7-\sqrt{30}$. 所以

$$J=\begin{bmatrix}1&&&\\&1&&\\&&7-\sqrt{30}&\\&&&7+\sqrt{30}\end{bmatrix}.$$

1.10 (1) $D_3(\lambda)=(\lambda-1)^3,D_2(\lambda)=\lambda-1,D_1(\lambda)=1$. $d_1(\lambda)=1,d_2(\lambda)=\lambda-1,d_3(\lambda)=(\lambda-1)^2$. 故 $J=\begin{bmatrix}1&&\\&1&1\\&&1\end{bmatrix}$. 设相似变换阵为 $P=[P_1\quad P_2\quad P_3]=\begin{bmatrix}p_{11}&p_{12}&p_{13}\\p_{21}&p_{22}&p_{23}\\p_{31}&p_{32}&p_{33}\end{bmatrix}$, P_i 为 P 中第 i 列($i=1,2,3$),由 $PJ=AP$,得 $\begin{cases}P_1=AP_1,\\P_2=AP_2,\\P_2+P_3=AP_3,\end{cases}$ 解之,得 $P_1=\begin{bmatrix}c_1+c_2\\c_1\\c_2\end{bmatrix}$, $P_2=\begin{bmatrix}c_3+c_4\\c_3\\c_4\end{bmatrix}$, $P_3=\begin{bmatrix}c_3+c_4+c_5+c_6\\c_5\\c_6\end{bmatrix}$,取 $c_1=1,c_2=0,c_3=2,c_4=-1,c_5=1,c_6=0$,则 $P=\begin{bmatrix}1&1&2\\1&2&1\\0&-1&0\end{bmatrix}$.

(2) $D_3(\lambda)=(\lambda-1)^2(\lambda-2),D_2(\lambda)=1,D_1(\lambda)=1$. $d_1(\lambda)=1,d_2(\lambda)=1,d_3(\lambda)=(\lambda-1)^2(\lambda-2)$. 初等因子 $(\lambda-1)^2,(\lambda-2)$,故 $J=\begin{bmatrix}1&1&\\&1&\\&&2\end{bmatrix}$. 设相似变换阵为 $P=[P_1\quad P_2\quad P_3]$,由 $PJ=AP$,得

$\begin{cases}P_1=AP_1,\\P_1+P_2=AP_2,\\2P_3=AP_3,\end{cases}$ 解得 $P_1=\begin{bmatrix}0\\0\\c_1\end{bmatrix}$, $P_2=\begin{bmatrix}-\dfrac{c_1}{2}\\0\\c_2\end{bmatrix}$, $P_3=\begin{bmatrix}-\dfrac{2}{5}c_3\\-\dfrac{1}{5}c_3\\c_3\end{bmatrix}$,取 $c_1=1,c_2=2,c_3=5$,则 $P=\begin{bmatrix}0&-1&-2\\0&0&-1\\1&2&5\end{bmatrix}$.

1.11　$|\lambda E-A|=(\lambda-1)(\lambda+5)(\lambda-5)$,故 $J=\begin{bmatrix}1&&\\&5&\\&&-5\end{bmatrix}$. 记相似变换阵 $P=[P_1\ \ P_2\ \ P_3]$. 由 $PJ=AP$,得 $\begin{cases}P_1=AP_2,\\5P_2=AP_2,\\-5P_3=AP_3,\end{cases}$ 解之,得 $P_1=\begin{bmatrix}c_1\\0\\0\end{bmatrix}$,$P_2=\begin{bmatrix}c_2\\0\\c_2\end{bmatrix}$,

$P_3=\begin{bmatrix}c_3\\-2c_3\\c_3\end{bmatrix}$,取 $c_1=1,c_2=1,c_3=1$,则 $P=\begin{bmatrix}1&1&1\\0&0&-2\\0&1&1\end{bmatrix}$,

$P^{-1}=\begin{bmatrix}1&-\frac{1}{2}&0\\0&\frac{1}{2}&1\\0&-\frac{1}{2}&0\end{bmatrix}$. $A^5=(PJP^{-1})^5=PJ^5P^{-1}=P\begin{bmatrix}1&&\\&5^5&\\&&(-5)^5\end{bmatrix}P^{-1}=$

$$\begin{bmatrix}1&-\frac{1}{2}+5^5&5^5\\0&-5^5&0\\0&5^5&5^5\end{bmatrix}.$$

1.12　(1) $D_3(\lambda)=(\lambda-2)(\lambda+1)^2$,$D_2(\lambda)=\lambda+1$,$D_1(\lambda)=1$. $d_1(\lambda)=1$,$d_2(\lambda)=\lambda+1$,$d_3(\lambda)=(\lambda+1)(\lambda-2)=\lambda^2-\lambda-2$. 故 $L=\begin{bmatrix}-1&&\\&0&1\\&2&1\end{bmatrix}$.

(2) $\lambda E-A\to\begin{bmatrix}1&&&\\&1&&\\&&1&\\&&&[b^2+(\lambda+a)^2]^2\end{bmatrix}$. $d_4(\lambda)=[b^2+(\lambda+a)^2]^2=\lambda^4+4a\lambda^3+(6a^2+2b^2)\lambda^2+4a(a^2+b^2)\lambda+(a^2+b^2)^2$. 故

$$L=\begin{bmatrix}0&1&&\\&0&1&\\&&0&1\\-(a^2+b^2)^2&-4a(a^2+b^2)&-(6a^2+2b^2)&-4a\end{bmatrix}.$$

1.13 $\lambda E-A\to\begin{bmatrix}1&&\\&1&\\&&\lambda(\lambda+1)^2\end{bmatrix}$,故 $d_3(\lambda)=\lambda(\lambda+1)^2=\lambda^3+2\lambda^2+\lambda$,初等因子为 $\lambda,(\lambda+1)^2$,故

$$J=\begin{bmatrix}0&&\\&-1&1\\&&-1\end{bmatrix},L=\begin{bmatrix}0&1&\\&0&1\\0&-1&-2\end{bmatrix}.$$

1.14 (1) $|\lambda E-A|=(\lambda-ai)(\lambda+ai)$,故 $J=\begin{bmatrix}ai&\\&-ai\end{bmatrix}$,记相似变换阵 $P=[P_1\quad P_2]$,则 P_1 与 P_2 分别为 ai 和 $-ai$ 的特征向量,由 $\begin{cases}aiP_1=AP_1\\-aiP_2=AP_2\end{cases}$,解得 $P_1=\begin{bmatrix}c_1\\c_1\mathrm{i}\end{bmatrix},P_2=\begin{bmatrix}c_2\mathrm{i}\\c_2\end{bmatrix}$,取 $c_1=1,c_2=\mathrm{i}$,则 $P=\begin{bmatrix}1&-1\\\mathrm{i}&\mathrm{i}\end{bmatrix}$.

(2) $D_3(\lambda)=(\lambda-1)^2(\lambda+1),D_2(\lambda)=\lambda-1,D_1(\lambda)=1$. $d_1(\lambda)=1,d_2(\lambda)=\lambda-1,d_3(\lambda)=(\lambda-1)(\lambda+1)$. $J=\begin{bmatrix}1&&\\&1&\\&&-1\end{bmatrix}$. 设相似变换阵为 $P=[P_1\quad P_2\quad P_3]$,由 $PJ=AP$ 得 $\begin{cases}P_1=AP_1,\\P_2=AP_2,\\-P_3=AP_3,\end{cases}$ 解得 $P_1=\begin{bmatrix}c_2\\c_1\\c_2\end{bmatrix},P_2=\begin{bmatrix}c_3\\c_4\\c_3\end{bmatrix},P_3=\begin{bmatrix}-c_5\\0\\c_5\end{bmatrix}$,取 $c_1=c_3=0,c_2=c_4=c_5=1$,则 $P=\begin{bmatrix}1&0&-1\\0&1&0\\1&0&1\end{bmatrix}$.

(3) $\lambda E-A\to\begin{bmatrix}1&&&\\&1&&\\&&1&\\&&&(\lambda-1)(\lambda+1)(\lambda-2)^2\end{bmatrix}$,初等因子中有二次式,故 A 不相似于对角阵.

1.15 (1) $\lambda+\mathrm{i},\lambda-\mathrm{i},\lambda+1,\lambda+\mathrm{i},\lambda-\mathrm{i}$.

(2) $\boldsymbol{J}=\begin{bmatrix} -\mathrm{i} & & & & \\ & \mathrm{i} & & & \\ & & -1 & & \\ & & & -\mathrm{i} & \\ & & & & \mathrm{i} \end{bmatrix}$.

(3) $(\lambda+1)(\lambda^2+1)=\lambda^3+\lambda^2+\lambda+1$,$\boldsymbol{L}=\begin{bmatrix} 0 & 1 & & & \\ -1 & 0 & & & \\ & & 0 & 1 & \\ & & & 0 & 1 \\ & & -1 & -1 & -1 \end{bmatrix}$.

1.16 $\boldsymbol{A}$ 的初等因子为$(\lambda-1)^2$,$(\lambda-2)$,$(\lambda-2)^2$,故 $\boldsymbol{A}$ 的不变因子 $d_5(\lambda)=(\lambda-1)^2(\lambda-2)^2=\lambda^4-6\lambda^3+13\lambda^2-12\lambda+4$,$d_4(\lambda)=\lambda-2$. 所以

$$\boldsymbol{L}=\begin{bmatrix} 2 & & & & \\ & 0 & 1 & & \\ & & 0 & 1 & \\ & & & 0 & 1 \\ & -4 & 12 & -13 & 6 \end{bmatrix}.$$

1.17 $G_1(\boldsymbol{A})=\{\lambda \mid |\lambda-1|\leqslant 0.6\}$,$G_2(\boldsymbol{A})=\{\lambda \mid |\lambda-3|\leqslant 0.8\}$,$G_3(\boldsymbol{A})=\{\lambda \mid |\lambda+1|\leqslant 1.8\}$,$G_4(\boldsymbol{A})=\{\lambda \mid |\lambda+4|\leqslant 0.6\}$,$A$ 的特征值均属于$\bigcup\limits_{i=1} G_i$. 图见例 1.22.

1.18 $G_1(\boldsymbol{A})=\{\lambda \mid |\lambda-\mathrm{i}|\leqslant 0.43\}$,$G_2(\boldsymbol{A})=\{\lambda \mid |\lambda|\leqslant 1.02\}$,$G_3(\boldsymbol{A})=\{\lambda \mid |\lambda|\leqslant 0.051\}$,取 $b_1=b_2=1$,$b_3=\dfrac{1}{100}$,得 $S_1=\{\lambda \mid |\lambda-\mathrm{i}|\leqslant 0.034\}$,$S_2=\{\lambda \mid |\lambda|\leqslant 0.03\}$,$S_3=\{\lambda \mid |\lambda-2|\leqslant 5.1\}$. A 的特征值范围:$|\lambda_1-\mathrm{i}|\leqslant 0.034$,$|\lambda_2-2|\leqslant 0.03$,$|\lambda_3-2|\leqslant 0.051$.

1.19 取 $\boldsymbol{B}=\begin{bmatrix} 1 & & & \\ & 1 & & \\ & & 1 & \\ & & & \dfrac{4}{5} \end{bmatrix}$,则 $\boldsymbol{B}^{-1}=\begin{bmatrix} 1 & & & \\ & 1 & & \\ & & 1 & \\ & & & \dfrac{5}{4} \end{bmatrix}$,

$$D=B^{-1}AB=\begin{bmatrix}\frac{1}{4}&\frac{1}{4}&\frac{1}{4}&\frac{1}{5}\\ \frac{1}{5}&\frac{2}{5}&\frac{1}{5}&\frac{4}{25}\\ \frac{1}{6}&\frac{1}{6}&\frac{3}{6}&\frac{2}{15}\\ \frac{5}{28}&\frac{5}{28}&\frac{5}{28}&\frac{3}{7}\end{bmatrix}, v=\max_t\{\sum_t |d_{ij}|\}=\frac{29}{30},\text{所以}\ \rho(D)\leqslant\frac{29}{30}<1,$$

而 $A\sim D$,故 $\rho(A)=\rho(D)<1$.

1.20 $\lambda_1=4, x_6=[1\quad 1]^{\mathrm{T}}$.

1.21 $W=[0.264\quad 0.345\quad 0.391]^{\mathrm{T}}, \lambda_{\max}=5.2$.

1.22 $\lim\limits_{k\to\infty}A_k=\begin{bmatrix}0&1\\2&\mathrm{e}^{-2}\end{bmatrix}$.

1.23 令 $A_k=\begin{bmatrix}\frac{1}{k}&\\&\frac{1}{k}\end{bmatrix}$,则 A_k 可逆,但 $\lim\limits_{k\to\infty}A_k=\begin{bmatrix}0&0\\0&0\end{bmatrix}$不可逆.

1.24 (1) $\rho(A)\leqslant 0.8<1$,故 A 幂收敛.

(2) $|\lambda E-A|=(\lambda-0.2)(\lambda^2-0.2\lambda+0.8)$, $|\lambda|<1$,故 A 幂收敛.

1.25 计算 $|\lambda I-A|=(\lambda+c)^2(\lambda-2c)$,得 $\lambda=-c, \lambda=2c$;又计算初等因子均为一次式;由幂收敛的条件, $-1<\lambda\leqslant 1$,即 $-\frac{1}{2}<c\leqslant\frac{1}{2}$.

1.26 (1)考虑幂级数 $\sum\limits_{k=0}^{\infty}x^k$,因为 $\lim\frac{a_{k+1}}{a_k}=1$,所以幂级数 $\sum\limits_{k=0}^{\infty}x^k$ 的收敛半径为 1. 由定理 1.16,当 $\rho(A)<1$ 时, $\sum\limits_{k=0}^{\infty}A^k$ 收敛.

(2)因为 $\sum\limits_{k=0}^{\infty}A^k$ 收敛,所以 $\sum\limits_{k=1}^{\infty}A^k$ 也收敛. 又因为 $\sum\limits_{k=0}^{\infty}A^k=E+A+A^2+\cdots=E+\sum\limits_{k=1}^{\infty}A^k$,所以 $\sum\limits_{k=0}^{\infty}A^k-\sum\limits_{k=1}^{\infty}A^k=E$,即 $\sum\limits_{k=0}^{\infty}A^k(E-A)=E$. 两边同乘 $(E-A)^{-1}$ 可得 $\sum\limits_{k=0}^{\infty}A^k=(E-A)^{-1}$.

1.27 $f(x)=\sum\limits_{k=0}^{\infty}\frac{x^k}{2^k}=\left(1-\frac{x}{2}\right)^{-1}$,半径 $R=2$. $|\lambda E-A|=(\lambda-1)^2$, $|\lambda|<2$,故级数收敛. $J=\begin{bmatrix}1&1\\&1\end{bmatrix}$, $P=[P_1\quad P_2]$,由 $PJ=AP$ 得 $\begin{cases}P_1=AP_1,\\P_1+P_2=AP_2,\end{cases}$ 解得 $P_1=$

$\begin{bmatrix} \frac{1}{2}c_1 \\ c_1 \end{bmatrix}$, $P_2 = \begin{bmatrix} \frac{1}{2}(c_1+c_2) \\ c_2 \end{bmatrix}$. 取 $c_1=2, c_2=0$, 则

$$P = \begin{bmatrix} 1 & 1 \\ 2 & 0 \end{bmatrix}, P^{-1} = \begin{bmatrix} 0 & \frac{1}{2} \\ 1 & -\frac{1}{2} \end{bmatrix}.\ \text{又} f(x) = \left(1-\frac{x}{2}\right)^{-1}, f'(x) = \frac{1}{2}\left(1-\frac{x}{2}\right)^{-2},$$

故 $f(A) = \sum_{k=0}^{\infty} \frac{A^k}{2^k} = P\begin{bmatrix} f(1) & f'(1) \\ & f(1) \end{bmatrix}P^{-1} = \begin{bmatrix} 4 & -1 \\ 4 & 0 \end{bmatrix}$.

1.28 $\lim\limits_{k\to\infty} B^k = 0$.

1.29 $|\lambda E - A| = (\lambda-3)^2$, $J = \begin{bmatrix} 3 & 1 \\ & 3 \end{bmatrix}$, 令 $P = [P_1 \ \ P_2]$, 由 $PJ = AP$ 得

$\begin{cases} 3P_1 = AP_1, \\ P_1 + 3P_2 = AP_2, \end{cases}$ 解得 $P_1 = \begin{bmatrix} c_1 \\ c_1 \end{bmatrix}$, $P_2 = \begin{bmatrix} c_1+c_2 \\ c_2 \end{bmatrix}$, 取 $c_1=1, c_2=0$,

$$P = \begin{bmatrix} 1 & 1 \\ 1 & 0 \end{bmatrix}, P^{-1} = \begin{bmatrix} 0 & 1 \\ 1 & -1 \end{bmatrix}.\ e^A = P\begin{bmatrix} e^3 & e^3 \\ & e^3 \end{bmatrix}P^{-1} = \begin{bmatrix} 2e^3 & -e^3 \\ e^3 & 0 \end{bmatrix},$$

$$\sin A = P\begin{bmatrix} \sin 3 & \cos 3 \\ & \sin 3 \end{bmatrix}P^{-1} = \begin{bmatrix} \sin 3 + \cos 3 & -\cos 3 \\ \cos 3 & \sin 3 - \cos 3 \end{bmatrix},$$

$$\cos A = P\begin{bmatrix} \cos 3 & -\sin 3 \\ & \cos 3 \end{bmatrix}P^{-1} = \begin{bmatrix} \cos 3 - \sin 3 & \sin 3 \\ -\sin 3 & \cos 3 + \sin 3 \end{bmatrix}.$$

1.30 $\frac{d}{dt}A(t) = \begin{bmatrix} -\sin t & \cos t \\ -\cos t & -\sin t \end{bmatrix}$, $\int_0^{\pi} A(t)\,dt = \begin{bmatrix} 0 & 2 \\ -2 & 0 \end{bmatrix}$.

1.31 (1) $|\lambda E - A| = (\lambda+1)(\lambda+2)$, $J = \begin{bmatrix} -1 & \\ & -2 \end{bmatrix}$, 令 $P = [P_1 \ \ P_2]$, 由

$PJ = AP$ 得 $\begin{cases} -P_1 = AP_1 \\ -2P_2 = AP_2 \end{cases}$, 解得 $P_1 = \begin{bmatrix} -c_1 \\ c_1 \end{bmatrix}$, $P_2 = \begin{bmatrix} c_2 \\ -2c_2 \end{bmatrix}$, 取 $c_1=1, c_2=1$,

$$P = \begin{bmatrix} -1 & 1 \\ 1 & -2 \end{bmatrix}, P^{-1} = \begin{bmatrix} -2 & -1 \\ -1 & -1 \end{bmatrix}.$$

$$e^{At} = P\begin{bmatrix} e^{-t} & \\ & e^{-2t} \end{bmatrix}P^{-1} = \begin{bmatrix} 2e^{-t} - e^{-2t} & e^{-t} - e^{2t} \\ -2e^{-t} + 2e^{-2t} & -e^{-t} + 2e^{-2t} \end{bmatrix}.$$

(2) $|\lambda E - A| = (\lambda+1)(\lambda+2)(\lambda+3)$, $J = \begin{bmatrix} -1 & & \\ & -2 & \\ & & -3 \end{bmatrix}$, 令 $P = [P_1 \ \ P_2$

P_3],由 $PJ=AP$ 得$\begin{cases}-P_1=AP_1,\\-2P_2=AP_2,\\-3P_3=AP_3,\end{cases}$解得 $P_1=\begin{bmatrix}c_1\\-c_1\\c_1\end{bmatrix}$,$P_2=\begin{bmatrix}\frac{1}{4}c_2\\-\frac{1}{2}c_2\\c_2\end{bmatrix}$,

$P_3=\begin{bmatrix}\frac{1}{9}c_3\\-\frac{1}{3}c_3\\c_3\end{bmatrix}$,取 $c_1=1,c_2=4,c_3=9$,则 $P=\begin{bmatrix}1&1&1\\-1&-2&-3\\1&4&9\end{bmatrix}$,

$P^{-1}=\begin{bmatrix}3&\frac{5}{2}&\frac{1}{2}\\-3&-4&-1\\1&\frac{3}{2}&\frac{1}{2}\end{bmatrix}$. $e^{At}=P\begin{bmatrix}e^{-t}&&\\&e^{-2t}&\\&&e^{-3t}\end{bmatrix}P^{-1}$

$$=\begin{bmatrix}3e^{-t}-3e^{-2t}+e^{-3t}&\frac{5}{2}e^{-t}-4e^{-2t}+\frac{3}{2}e^{-3t}&\frac{1}{2}e^{-t}-e^{2t}+\frac{1}{2}e^{-3t}\\-3e^{-t}+6e^{-2t}-3e^{-3t}&-\frac{5}{2}e^{-t}+8e^{-2t}-\frac{9}{2}e^{-3t}&-\frac{1}{2}e^{-t}+2e^{-2t}-\frac{3}{2}e^{-3t}\\3e^{-t}-12e^{-2t}+9e^{-3t}&\frac{5}{2}e^{-t}-16e^{-2t}+\frac{27}{2}e^{-3t}&\frac{1}{2}e^{-t}-4e^{-2t}+\frac{9}{2}e^{-3t}\end{bmatrix}.$$

(3) A 已是若当形,$e^{At}=\begin{bmatrix}e^{3t}&&&\\&e^{-2t}&te^{-2t}&\frac{t^2}{2}e^{-2t}\\&&e^{-2t}&te^{-2t}\\&&&c^{-2t}\end{bmatrix}$.

1.32 $|\lambda E-A|=(\lambda+1)(\lambda+2)$,$J=\begin{bmatrix}-1&\\&-2\end{bmatrix}$,解得 $P=\begin{bmatrix}-1&-1\\1&2\end{bmatrix}$,

$P^{-1}=\begin{bmatrix}-2&-1\\1&1\end{bmatrix}$,$x(t)=e^{At}x(0)=P\begin{bmatrix}e^{-t}&\\&e^{-2t}\end{bmatrix}P^{-1}\begin{bmatrix}0\\1\end{bmatrix}$

$=\begin{bmatrix}e^{-t}-2e^{-2t}\\-e^{-t}+2e^{-2t}\end{bmatrix}$.

1.33 $A=\begin{bmatrix}0&1\\0&0\end{bmatrix}$已是若当形,$e^{At}=\begin{bmatrix}1&t\\0&1\end{bmatrix}$,$x(t)=e^{At}x(0)+\int_0^t e^{A(t-\tau)}$

$\begin{bmatrix}0\\1\end{bmatrix}\mathrm{d}\tau=\begin{bmatrix}1+t\\1\end{bmatrix}+\int_0^t\begin{bmatrix}t-\tau\\1\end{bmatrix}\mathrm{d}\tau=\begin{bmatrix}\frac{t^2}{2}+t+1\\t+1\end{bmatrix}$. $\boldsymbol{y}(t)=[1\quad 0]\boldsymbol{x}(t)=\frac{t^2}{2}+t+1$.

1.34 $|\lambda\boldsymbol{E}-\boldsymbol{A}|=\begin{vmatrix}\lambda+3&-1\\-1&\lambda+3\end{vmatrix}=(\lambda+2)(\lambda+4)$, $\boldsymbol{J}=\begin{bmatrix}-2&\\&-4\end{bmatrix}$. 解得 $\boldsymbol{P}=\begin{bmatrix}1&1\\1&-1\end{bmatrix}$, $\boldsymbol{P}^{-1}=\begin{bmatrix}\frac{1}{2}&\frac{1}{2}\\\frac{1}{2}&\frac{-1}{2}\end{bmatrix}$. $\boldsymbol{P}^{-1}\boldsymbol{b}=\boldsymbol{P}^{-1}\begin{bmatrix}1\\1\end{bmatrix}=\begin{bmatrix}1\\0\end{bmatrix}$,有一零分量,故系统不能控. $\boldsymbol{CP}=\begin{bmatrix}1&1\\1&-1\end{bmatrix}\boldsymbol{P}=\begin{bmatrix}2&\\&2\end{bmatrix}$,由于 $\boldsymbol{J}$ 中每个特征值只对应一个若当块,且 $\boldsymbol{CP}$ 中各列元素均不全为零,故系统能观.

1.35 $\boldsymbol{x}(k+1)=\begin{bmatrix}2&1&0\\5&0&1\\6&0&0\end{bmatrix}\boldsymbol{x}(k)$, $\boldsymbol{y}(k)=[1\quad 0\quad 0]\boldsymbol{x}(k)+u(k)$.

1.36 C 层总排序 $\boldsymbol{W}=[0.152\quad 0.087\quad 0.398\quad 0.080\quad 0.150\quad 0.028\quad 0.079\quad 0.026]^{\mathrm{T}}$,前三位主要因素为 C_3、C_1、C_5.

1.37 (1)

贡献率	0.419	0.287	0.240	0.054
累积贡献率	0.419	0.706	0.946	1

(2) 取前3个主成分. 第一主成分主要表示经济效益;第二主成分主要表示完成的可行性;第三主成分主要表示社会效益.

习题2

2.1 因为(1) $d(x,y)=\int_a^b|x(t)-y(t)|\mathrm{d}t\geqslant 0$,且 $d(x,y)=0\rightleftharpoons x(t)=y(t)$;(2) $|x(t)-y(t)|=|y(t)-x(t)|$,故 $d(x,y)=d(y,x)$;(3) $d(x,y)=\int_a^b|x(t)-z(t)+z(t)-y(t)|\mathrm{d}t\leqslant\int_a^b|x(t)-z(t)|\mathrm{d}t+\int_a^b|z(t)-y(t)|\mathrm{d}t=d(x,z)+d(z,y)$. 所以 $d(x,y)$ 是 $C[a,b]$ 上的距离.

2.2 取 $x=1,z=2,y=3$,则 $d(x,y)=(1-3)^2=4$, $d(x,z)=(1-2)^2=1$, $d(z,y)=(2-3)^2=1$,所以 $d(x,y)$ 不满足三角不等式,故不是 $\mathbf{R}^1$ 中的距离.

2.3 设 M 为 X 中任子集,对任 $x_0\in M$,取 $0<r\leqslant 1$,则 $B(x_0,r)=\{x_0\}\subset M$,故 M 为开集. 又 M 中任意点 x 的半径小于1的球形邻域中无异于 x 的 M 中点,故 x 不是 M 的聚点,即 $M'=\varnothing$, $\overline{M}=M$,所以 M 为闭集.

2.4 对于 $\mathbf{R}^n$ 中的任意柯西列 $\{\boldsymbol{x}^{(k)}\}$，记 $\boldsymbol{x}^{(k)}=[x_1^{(k)} \quad \cdots \quad x_n^{(k)}]$，当 $k,m\to\infty$ 时，$d(\boldsymbol{x}^{(k)},\boldsymbol{x}^{(m)})=\max\limits_i|x_i^{(k)}-x_i^{(m)}|\to 0$，故对 $i=1,\cdots,n$，有 $|x_i^{(k)}-x_i^{(m)}|\to 0$，即 $\{x_i^{(k)}\}$ 是 $\mathbf{R}^1$ 中的柯西列. 而 $\mathbf{R}^1$ 完备，故存在 $x_i\in\mathbf{R}^1$，$\lim\limits_k x_i^{(k)}=x_i$，$i=1,\cdots,n$. 令 $\boldsymbol{x}=[x_1 \quad \cdots \quad x_n]\in\mathbf{R}^n$，则 $d(\boldsymbol{x}^{(k)},\boldsymbol{x})=\max\limits_i|x_i^{(k)}-x_i|\to 0$，$k\to\infty$，即 $\lim\limits_k\boldsymbol{x}^{(k)}=\boldsymbol{x}$，所以 $\mathbf{R}^n$ 在该距离下完备.

2.5 取 X 中任一柯西列 $\{x_m\}$，则 $d(x_m,x_k)\to 0$，$k,m\to\infty$，设 $m>k$，有 $x_k=\cdots=x_m=\cdots$，故 $\lim\limits_{m\to\infty}x_m=x_k\in X$，所以 X 是完备的.

2.6 $d(Tx,Ty)=\left|\dfrac{1}{2}x+\dfrac{1}{x}-\dfrac{1}{2}y-\dfrac{1}{y}\right|=\left|\dfrac{1}{2}-\dfrac{1}{xy}\right|\cdot|x-y|$，因为 $x,y\in X=[1,+\infty)$，$0<\dfrac{1}{xy}\leqslant 1$，所以 $\left|\dfrac{1}{2}-\dfrac{1}{xy}\right|\leqslant\dfrac{1}{2}<\dfrac{2}{3}$. 从而 $d(Tx,Ty)<\dfrac{2}{3}d(x,y)$，$T$ 是压缩映射.

2.7 系数阵 $\boldsymbol{A}$ 中各行元素绝对值之和分别为 $\dfrac{8}{15},\dfrac{13}{15},\dfrac{5}{6}$，均小于 1，由推论 2.1，该方程组有唯一解.

2.8 $\mathbf{R}^n$ 是线性空间，且 $\|\boldsymbol{x}\|=\sum\limits_{i=1}^n|x_i|\geqslant 0$，$\|\boldsymbol{x}\|=0\rightleftharpoons x_i=0$，$i=1,\cdots,n$，即 $\boldsymbol{x}=\boldsymbol{0}$；$\|\alpha\boldsymbol{x}\|=\sum\limits_{i=1}^n|\alpha x_i|=|\alpha|\sum\limits_{i=1}^n|x_i|=|\alpha|\cdot\|\boldsymbol{x}\|$；$\|\boldsymbol{x}+\boldsymbol{y}\|=\sum\limits_{i=1}^n|x_i+y_i|\leqslant\sum\limits_{i=1}^n(|x_i|+|y_i|)=\|\boldsymbol{x}\|+\|\boldsymbol{y}\|$.

2.9 $\|x\|=\|x-y+y\|\leqslant\|x-y\|+\|y\|$，即 $\|x\|-\|y\|\leqslant\|x-y\|$，同理，$\|y\|-\|x\|\leqslant\|y-x\|=\|x-y\|$，故 $|\,\|x\|-\|y\|\,|\leqslant\|x-y\|$.

2.10 对任 $\boldsymbol{x},\boldsymbol{y}\in\mathbf{R}^2$，$\boldsymbol{x}=\begin{bmatrix}x_1\\x_2\end{bmatrix}$，$\boldsymbol{y}=\begin{bmatrix}y_1\\y_2\end{bmatrix}$，$\alpha,\beta\in\mathbf{R}^1$. $T_1(\alpha\boldsymbol{x}+\beta\boldsymbol{y})=[\alpha x_1+\beta y_1 \quad 0]=\alpha T_1\boldsymbol{x}+\beta T_1\boldsymbol{y}$，故 T_1 是线性算子. 几何意义：$T_1\boldsymbol{x}$ 是 $\boldsymbol{x}$ 在 x 轴上的投影. $T_2(\alpha\boldsymbol{x}+\beta\boldsymbol{y})=[0 \quad \alpha x_2+\beta y_2]=\alpha T_2\boldsymbol{x}+\beta T_2\boldsymbol{y}$，故 T_2 是线性算子. 几何意义：$T_2\boldsymbol{x}$ 是 $\boldsymbol{x}$ 在 y 轴上的投影. $T_3(\alpha\boldsymbol{x}+\beta\boldsymbol{y})=[\alpha x_2+\beta y_2 \quad \alpha x_1+\beta y_1]=\alpha T_3\boldsymbol{x}+\beta T_3\boldsymbol{y}$，故 T_3 是线性算子. 几何意义：$T_3\boldsymbol{x}$ 是 $\boldsymbol{x}$ 关于 $\boldsymbol{y}=\boldsymbol{x}$ 的对称点. $T_4(\alpha\boldsymbol{x}+\beta\boldsymbol{y})=[r(\alpha x_1+\beta y_1) \quad r(\alpha x_2+\beta y_2)]=\alpha(rx_1,rx_2)+\beta(ry_1,ry_2)=\alpha T_4\boldsymbol{x}+\beta T_4\boldsymbol{y}$，故 T_4 是线性算子. 几何意义：$T_4\boldsymbol{x}$ 是 $\boldsymbol{x}$ 的 r 倍.

2.11 对任 $x,y\in N(T)$，$Tx=Ty=0$. 故 $T(x+y)=Tx+Ty=0$，$T(\alpha x)=\alpha Tx=0$，即 T 对加法与数乘封闭，所以 $N(T)$ 是 $D(T)$ 中的子空间.

2.12　考虑 $k_1Tx_1+\cdots+k_nTx_n=0$,因为 T 线性,故 $T(k_1x_1+\cdots+k_nx_n)=0$,又 T^{-1}存在,故 $k_1x_1+\cdots+k_nx_n=0$,而 $x_1,\cdots,x_n$ 无关,故 $k_1=\cdots=k_n=0$,即 $Tx_1,\cdots,Tx_n$ 是 Y 中的无关组.

2.13　设 T 的不动点为 x,若其不唯一,即另外存在一不动点 $\bar{x}\neq x$,则由已知可得 $d(x,\bar{x})=d(Tx,T\bar{x})<d(x,\bar{x})$,矛盾. 所以不动点是唯一的.

2.14　由巴拿赫不动点定理证明,$x_1=Tx_0,x_n=Tx_{n-1}$,又

$$d(x_n,x_{n-1})=d(Tx_{n-1},Tx_{n-2})\leqslant \alpha d(x_{n-1},x_{n-2})\cdots\leqslant\alpha^n d(x_1,x_0),$$

$$\begin{aligned}d(x^*,x_n)&=d(Tx_0,Tx_{n-1})\leqslant d(Tx_0,Tx_1)+d(Tx_1,Tx_2)+\cdots+d(Tx_{n-2},Tx_{n-1})\\&\leqslant\alpha d(x_0,x_1)+\alpha^2d(x_0,x_1)+\cdots+\alpha^{n-1}d(x_0,x_1)\\&=\frac{\alpha^n}{1-\alpha}d(x_0,x_1)=\frac{\alpha^n}{1-\alpha}d(x_0,Tx_0).\end{aligned}$$

2.15　(1)由 d_1 的定义可知:$d_1(\boldsymbol{x},\boldsymbol{x})=0,d_1(\boldsymbol{x},\boldsymbol{y})=d(x,y)+1$. 因为 d 是距离,可得 $d_1\geqslant0$,即满足非负性;

又 $d_1(\boldsymbol{x},\boldsymbol{y})=d(\boldsymbol{x},\boldsymbol{y})+1=d(\boldsymbol{y},\boldsymbol{x})+1=d_1(\boldsymbol{y},\boldsymbol{x})$,即满足对称性;

又 $d_1(\boldsymbol{x},\boldsymbol{y})=d(\boldsymbol{x},\boldsymbol{y})+1\leqslant d(\boldsymbol{x},z)+d(z,\boldsymbol{y})+1\leqslant d(\boldsymbol{x},z)+1+d(z,\boldsymbol{y})+1=d_1(\boldsymbol{x},z)+d_1(z,\boldsymbol{y})$所以 d_1 是距离.

(2)因为 d 是由范数导出,则对于任意的 $0<\alpha<1,\boldsymbol{x}\neq\boldsymbol{y}$,有:

$$d(\alpha\boldsymbol{x},\alpha\boldsymbol{y})=|\alpha|\cdot\|\boldsymbol{x}-\boldsymbol{y}\|=|\alpha|\cdot d(\boldsymbol{x},\boldsymbol{y}).$$

使用反证法,假设 d_1 也可以由范数导出,则

$d_1(\alpha\boldsymbol{x},\alpha\boldsymbol{y})=\|\alpha\boldsymbol{x}-\alpha\boldsymbol{y}\|_1=|\alpha|\cdot\|\boldsymbol{x}-\boldsymbol{y}\|_1=|\alpha|\cdot d_1(\boldsymbol{x},\boldsymbol{y})=|\alpha|\cdot(d(\boldsymbol{x},\boldsymbol{y})+1)=|\alpha|\cdot d(\boldsymbol{x},\boldsymbol{y})+|\alpha|$,另一方面,由题目中距离的定义有:

$d_1(\alpha\boldsymbol{x},\alpha\boldsymbol{y})=d(\alpha\boldsymbol{x},\alpha\boldsymbol{y})+1=|\alpha|\cdot d(\boldsymbol{x},\boldsymbol{y})+1$,矛盾,所以 d_1 不可以由范数导出.

2.16　因为 $T(\alpha x+\beta y)=\mathrm{e}^t(\alpha x+\beta y)=\alpha\mathrm{e}^tx+\beta\mathrm{e}^ty=\alpha Tx+\beta Ty$,故 T 是线性算子. 在 $t\in[0,1]$, $\|Tx\|=\max\limits_t|\mathrm{e}^tx(t)|\leqslant\max\limits_t|\mathrm{e}^t|\max\limits_t|x(t)|=\mathrm{e}\|x\|$. 即 T 有界,且 $\|T\|=\sup\limits_{x\neq0}\dfrac{\|Tx\|}{\|x\|}\leqslant\mathrm{e}$,又若取 $x(t)=1$,则 $\|Tx\|=\mathrm{e}\|x\|$,说明 $\|T\|\geqslant\mathrm{e}$. 故 $\|T\|=\mathrm{e}$.

2.17　$f(\alpha x+\beta y)=\alpha x(t_0)+\beta y(t_0)=\alpha f(x)+\beta f(y)$,即 f 是线性泛函. $|f(x)|=|x(t_0)|\leqslant\max\limits_{a\leqslant t\leqslant b}|x(t)|=\|x\|$,即 f 有界,且 $\|f\|=\sup\limits_{x\neq0}\dfrac{|f(x)|}{\|x\|}\leqslant1$,又若取 $x(t)\equiv1$,则 $|f(x)|=\|x\|$,说明 $\|f\|\geqslant1$. 故 $\|f\|=1$.

2.18　$f(\alpha x+\beta y)=\int_a^b(\alpha x+\beta y)\mathrm{d}t=\alpha\int_a^bx\mathrm{d}t+\beta\int_a^by\mathrm{d}t=\alpha f(x)+\beta f(y)$,即 f 线

性. $|f(x)| = \left|\int_a^b x(t)\mathrm{d}t\right| \leqslant \int_a^b \max_t |x(t)|\mathrm{d}t = \max_t |x(t)|(b-a) = (b-a)\|x\|$, $t \in [a,b]$,即 f 有界. 又若取 $x(t)\equiv 1$,则 $|f(x)| = b-a$,故 $\|f\| = b-a$.

2.19 由例 2.25, $\delta f(x,h) = <\nabla f(x),h>$. $\delta f(x,\alpha h_1+\beta h_2) = <\nabla f(x),\alpha h_1+\beta h_2> = \alpha<\nabla f(x),h_1> + \beta<\nabla f(x),h_2> = \alpha\delta f(x,h_1)+\beta\delta f(x,h_2)$,即 δf 线性. $|\delta f(x,h)| = \left|\sum_i \frac{\partial f}{\partial x_i}h_i\right| \leqslant \sum_i \left|\frac{\partial f}{\partial x_i}\right|\cdot|h_i| \leqslant \max_i\left|\frac{\partial f}{\partial x_i}\right|\cdot\|h\|$,即 δf 有界.

2.20 (必要性)令 $\lambda = -\frac{(x,y)}{(y,y)}$,由于柯西-许瓦兹不等式等号成立,得到

$$(x-\lambda y,x-\lambda y) = (x,x) - \frac{|(x,y)|^2}{(y,y)} = 0,$$

由内积空间的性质可知,必有 $x=\lambda y$.

(充分性)若 $x=\lambda y$,则 $|(x,y)|^2 = |(\lambda y,y)|^2 = \lambda^2|(y,y)| = (x,x)(y,y)$,命题得证.

2.21 由内积定义, $(x,u-v)=0$ 对任何 $x\in X$ 成立. 令 $x=u-v$,则 $(u-v,u-v)=0$. 因此,必有 $u=v$.

2.22 当 $C[a,b]$ 的范数按通常定义所取得,则其不成为内积空间. 令 $x(t)=1$, $y(t)=\frac{t-a}{b-a}$,显然 $\|x\| = \|y\| = 1$,而 $x(t)+y(t) = 1+\frac{t-a}{b-a}$, $x(t)-y(t) = 1-\frac{t-a}{b-a}$. 因此, $\|x+y\| = 2$, $\|x-y\| = 1$,不满足平行四边形公式,即 $C[a,b]$ 的范数不能由内积得到.

2.23 设 $C[a,b]$ 连续函数的取值在复数域上,其内积定义为 $(f,g) = \int_a^b \overline{f(x)}g(x)\mathrm{d}x$,范数定义为 $\|f\| = \left(\int_a^b |f(x)|^2\mathrm{d}x\right)^{\frac{1}{2}}$. 该空间不是完备的,因此不构成希尔伯特空间.

2.24 $L = \dot{\boldsymbol{x}}^{\mathrm{T}}\begin{bmatrix}2 & 0\\0 & 2\end{bmatrix}\dot{\boldsymbol{x}} + \boldsymbol{x}^{\mathrm{T}}\begin{bmatrix}0 & 2\\2 & 0\end{bmatrix}\boldsymbol{x} = 2\dot{x}_1^2 + 2\dot{x}_2^2 + 4x_1x_2$,欧拉方程: $L_x - L_{\dot{x}\dot{x}}\ddot{\boldsymbol{x}} = \begin{bmatrix}4x_2\\4x_1\end{bmatrix} - \begin{bmatrix}4\ddot{x}_1\\4\ddot{x}_2\end{bmatrix} = 0$,解得 $x_1 = c_1\mathrm{e}^t + c_2\mathrm{e}^{-t} - c_3\cos t - c_4\sin t$, $x_2 = c_1\mathrm{e}^t + c_2\mathrm{e}^{-t} + c_3\cos t + c_4\sin t$,由边界条件, $c_1=c_2=c_3=0$, $c_4=-1$,故 $x^*(t) = [\sin t \quad -\sin t]^{\mathrm{T}}$.

2.25 $H = 1+u^2+\lambda(-x+u)$, $H_u = 2u+\lambda = 0$, $H_x = -\dot{\lambda}$, $H_\lambda = -x+u = \dot{x}$. 解得 $u = -\frac{c_1}{2}\mathrm{e}^t$, $x = c_2\mathrm{e}^{-t} - \frac{c_1}{4}\mathrm{e}^t$,由初值, $c_1 = \frac{12}{\mathrm{e}^4-1}$, $c_2 = \frac{3\mathrm{e}^4}{\mathrm{e}^4-1}$,故 $u^* = \frac{-6\mathrm{e}^t}{\mathrm{e}^4-1}$, $x^* =$

$\frac{3e^4}{e^4-1}e^{-t}-\frac{3}{e^4-1}e^t$.

2.26　$H=\frac{1}{2}u^2+\lambda_1 u+\lambda_2 x_1$, $H_u=u+\lambda_1=0$, $\boldsymbol{H}_x=\begin{bmatrix}\lambda_2\\0\end{bmatrix}=-\begin{bmatrix}\dot{\lambda}_1\\\dot{\lambda}_2\end{bmatrix}$, $\boldsymbol{H}_\lambda=\begin{bmatrix}u\\x_1\end{bmatrix}=\begin{bmatrix}\dot{x}_1\\\dot{x}_2\end{bmatrix}$,解得 $u=c_1t-c_2$, $x_1=\frac{c_1}{2}t^2-c_2t+c_3$, $x_2=\frac{c_1}{6}t^3-\frac{c_2}{2}t^2+c_3t+c_4$,由初值,$c_1=-6$, $c_2=-4$, $c_3=c_4=0$,故 $u^*(t)=-6t+4$, $\boldsymbol{x}^*(t)=\begin{bmatrix}-3t^2+4t\\-t^3+2t^2\end{bmatrix}$.

2.27　$\max J=\int_0^T[x_1(t)+x_2(t)]\mathrm{d}t$,

$$\begin{cases}\dot{x}_1=u\alpha x_1-\beta x_1,\\\dot{x}_2=(1-u)\alpha x_1-\beta x_2,\\\boldsymbol{x}(0)=[x_1^0\ \ x_2^0]^{\mathrm{T}},\\u_0\leqslant u\leqslant u_1.\end{cases}$$

习题 3

3.1　任取 x 和 $y\in C_1\cap C_2$, $\lambda\in[0,1]$,因为 $x,y\in C_1$ 且 $x,y\in C_2$, C_1 和 C_2 为凸集,故 $\lambda x+(1-\lambda)y\in C_1$ 且 $\lambda x+(1-\lambda)y\in C_2$,即 $\lambda x+(1-\lambda)y\in C_1\cap C_2$, $C_1\cap C_2$ 是凸集.

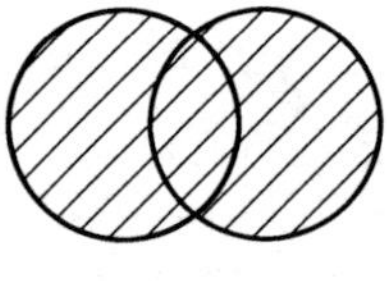

3.2　以二维平面中两圆(如左图示)为例,其并集显然已不再是凸集.

3.3　任取 $y_1,y_2\in T(A)$,则有 $x_1,x_2\in A$,使 $Tx_1=y_1$, $Tx_2=y_2$,对 $\lambda\in[0,1]$,由于 A 为凸集,故 $\lambda x_1+(1-\lambda)x_2\in A$,又 T 线性,$T(\lambda x_1+(1-\lambda)x_2)=\lambda Tx_1+(1-\lambda)Tx_2=\lambda y_1+(1-\lambda)y_2$,即 $\lambda y_1+(1-\lambda)y_2\in T(A)$,所以 $T(A)$ 是凸集.

3.4　因为 $0\notin C$,由定理 3.5,存在 $\boldsymbol{p}\in\mathbf{R}^n$, $\boldsymbol{p}\neq\boldsymbol{0}$,使对任 $\boldsymbol{x}\in C$,有 $\boldsymbol{p}^{\mathrm{T}}\boldsymbol{x}\geqslant\boldsymbol{p}^{\mathrm{T}}\boldsymbol{0}=\boldsymbol{0}$.

3.5　(1) $\boldsymbol{H}=\begin{bmatrix}2&&\\&2&\\&&-8\end{bmatrix}$非正、负定,故 f 不是凸(凹)函数.

(2) $\boldsymbol{H}=\begin{bmatrix}y^2e^{xy}&e^{xy}(1+xy)\\e^{xy}(1+xy)&x^2e^{xy}\end{bmatrix}$,其一阶主子式 $y^2e^{xy}\geqslant0$,但二阶主子式 $-e^{xy}(1+2xy)$既可能大于也可能小于等于零. 故 f 不是凸(凹)函数.

3.6 任取$[x_1\quad y_1]$,$[x_2\quad y_2]\in U$,$\lambda\in[0,1]$,由设,$U_1(\lambda x_1+(1-\lambda)x_2)\leqslant\lambda U_1(x_1)+(1-\lambda)U_1(x_2)\leqslant\lambda y_1+(1-\lambda)y_2\leqslant\lambda U_2(x_1)+(1-\lambda)U_2(x_2)\leqslant U_2(\lambda x_1+(1-\lambda)x_2)$,故$[\lambda x_1+(1-\lambda)x_2\quad \lambda y_1+(1-\lambda)y_2]\in U$,所以 U 是凸集.

3.7 任取 x,y 属于 C,$\lambda\in[0,1]$,$\lambda x+(1-\lambda)y=(\lambda x_1+(1-\lambda)y_1,\cdots,\lambda x_n+(1-\lambda)y_n)^{\mathrm{T}}$,$\sum\limits_{i=1}^{n}|\lambda x_i+(1-\lambda)y_i|\leqslant\lambda\sum\limits_{i=1}^{n}|x_i|+(1-\lambda)\sum\limits_{i=1}^{n}|y_i|\leqslant 1$,故 $\lambda x+(1-\lambda)y$ 也属于 C,即 C 是凸集.

3.8 $f^*(x^*)=\dfrac{1}{q}|x^*|^q$,其中 q 满足$\dfrac{1}{p}+\dfrac{1}{q}=1$.

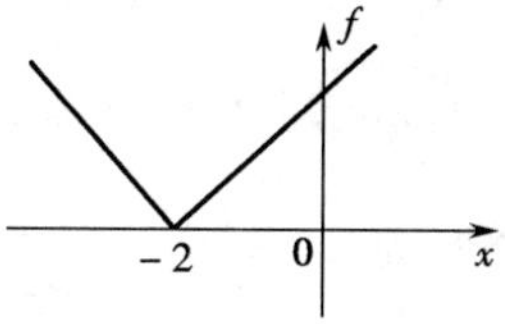

3.9 (1) $f(x)=\begin{cases}x+2, x\geqslant -2,\\ -x-2, x<-2\end{cases}$的图形如右图,由图可见 f 是凸函数.

(2) $f'_-(-2)=\lim\limits_{x\to-2^-}\dfrac{-x-2-0}{x+2}=-1$,$f'_+(-2)=\lim\limits_{x\to-2^+}\dfrac{x+2-0}{x+2}=-1$,故 $f'(-2)$不存在,f 在 -2 不可微.

(3) $\partial f(-2)=[-1,1]$.

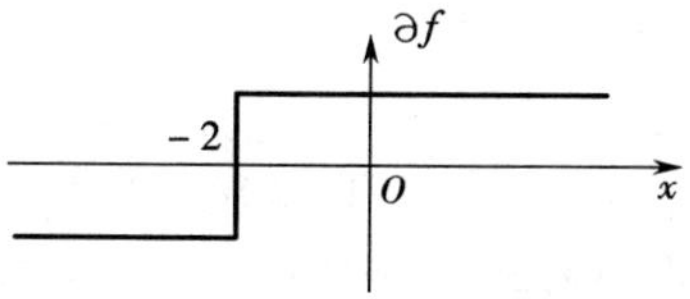

(4) 当 $x<-2$,$\partial f(x)=f'(x)=-1$,当 $x=-2$,$\partial f(x)=[-1,1]$,当 $x>-2$,$\partial f(x)=f'(x)=1$. 故

$$\partial f(x)=\begin{cases}-1, & x<-2,\\ [-1,1], & x=-2,\\ 1, & x>-2.\end{cases}$$

其图形如上图示.

3.10 (1) f 显然是仿射函数,令 $g=1-x_1^2-x_2^2$,$g_2=x_1$,$g_3=x_2$. 则 $\boldsymbol{H}_{g_1}=\begin{bmatrix}-2 & \\ & -2\end{bmatrix}<0$,故 g_1 为凹函数. $\boldsymbol{H}_{g_2}=\boldsymbol{H}_{g_3}=\begin{bmatrix}0 & \\ & 0\end{bmatrix}$. 故 g_2,g_3 为仿射函数. 所以此问题是一个凸规划.

(2) 此问题的 KKT 条件为

$$\begin{cases}-1+2x_1\lambda_1-\lambda_2=0,\\ -1+2x_2\lambda_1-\lambda_3=0,\\ \lambda_1(1-x_1^2-x_2^2)=0,\\ \lambda_2x_1=0,\\ \lambda_3x_2=0,\\ x_1^2+x_1^2\leqslant 1,\\ x_1,x_2,\lambda_1,\lambda_2,\lambda_3\geqslant 0,\end{cases}$$

其中 $\lambda_1,\lambda_2,\lambda_3$ 为 $K-T$ 乘子. 由此解得 $\lambda_1=\frac{\sqrt{2}}{2},\lambda_2=\lambda_3=0,x_1=x_2=\frac{\sqrt{2}}{2}$. 由于此为凸规划,故 $\boldsymbol{x}^*=\begin{bmatrix}\frac{\sqrt{2}}{2} & \frac{\sqrt{2}}{2}\end{bmatrix}^{\mathrm{T}}$ 是最优解.

3.11 $f(x)=\begin{cases}\frac{|x|}{x},x\neq 0;\\ 0,x=0.\end{cases}$是拟凸函数,但不是严格拟凸函数.

3.12 可以. 凹函数 $f(x)=\ln x,x>0$ 是严格拟凸函数.

3.13 不是. 凸函数类与严格拟凸函数类之间没有任何包含关系. 常值函数是凸函数,但不是严格拟凸函数.

3.14 (1) 必要性. 由函数的凸性直接可得.

充分性. 由条件可得,对任意的 $\lambda\in[0,1]$,

$f(\lambda x_1+(1-\lambda)x_2)\leqslant f(\lambda x_1)+f((1-\lambda)x_2)=\lambda f(x_1)+(1-\lambda)f(x_2)$.

(2) 必要性. 只需证明 f 满足次可加性,即 $f(x_1+x_2)\leqslant f(x_1)+f(x_2)$. 任取 $x_1,x_2\in\mathbf{R}^n\setminus\{0\}$,记 $y_i=f(x_i)>0,i=1,2$,由函数的线性正齐次性可得 $f\left(\frac{x_i}{y_i}\right)=1$, $i=1,2$. 由函数的拟凸性可得,对任意的 $t\in(0,1)$, $f\left((1-t)\frac{x_1}{y_1}+t\frac{x_2}{y_2}\right)\leqslant 1$. 令 $t=\frac{y_2}{y_1+y_2}$,得到 $f\left(\frac{x_1+x_2}{y_1+y_2}\right)\leqslant 1$. 再次利用函数的线性正齐次性即可证 f 具有次可加性.

充分性. 显然可得.

3.15
$$\begin{aligned}h(\lambda x_1+(1-\lambda)x_2)&=f(\lambda(Ax_1+b))+f((1-\lambda)(Ax_2+b))\\&\leqslant\max\{f(Ax_1+b),f(Ax_2+b)\}\\&=\max\{h(x_1),h(x_2)\}.\end{aligned}$$

习题 4

4.1 二者均为不确定现象,对其度量均在[0,1]中取值;随机事件是清晰集,不确定性表现在其出现与否的不确定,概率表示随机事件发生的可能程度;而模糊概念的外延是模糊集,不确定性表现在由于边界模糊而造成集合中元素构成的不确定,隶属度表示元素隶属于模糊集的程度.

4.2 $\underset{\sim}{A}\cap\underset{\sim}{B}=\frac{0.2}{x_1}+\frac{0.5}{x_2}+\frac{0.1}{x_3}+\frac{0.5}{x_4}+\frac{0.2}{x_5}$,$\underset{\sim}{A}\cup\underset{\sim}{B}=\frac{0.7}{x_1}+\frac{0.8}{x_2}+\frac{0.4}{x_3}+\frac{0.6}{x_4}+\frac{0.8}{x_5}$,

$\bar{\underset{\sim}{A}}=\frac{0.8}{x_1}+\frac{0.5}{x_2}+\frac{0.9}{x_3}+\frac{0.4}{x_4}+\frac{0.2}{x_5}$,$\bar{\underset{\sim}{B}}=\frac{0.3}{x_1}+\frac{0.2}{x_2}+\frac{0.6}{x_3}+\frac{0.5}{x_4}+\frac{0.8}{x_5}$.

4.3 (1) $\underset{\sim}{B}\subset\underset{\sim}{A}$ 成立;(2) $\underset{\sim}{C}\subset\underset{\sim}{B}$ 不成立;(3) $\underset{\sim}{D}=\bar{\underset{\sim}{B}}$ 不成立.

4.4 (1) 对任 $x\in(\underset{\sim}{A}\cup\underset{\sim}{B})_\lambda$,有 $\mu_{\underset{\sim}{A}\cup\underset{\sim}{B}}(x)\geqslant\lambda$ 或 $\mu_{\underset{\sim}{B}}(x)\geqslant\lambda$,即 $\max(\mu_{\underset{\sim}{A}}(x),\mu_{\underset{\sim}{B}}(x))\geqslant\lambda$,故 $\mu_{\underset{\sim}{A}}(x)\geqslant\lambda$,即 $x\in A_\lambda\subset A_\lambda\cup B_\lambda$. 又对任 $x\in A_\lambda\cup B_\lambda$,有 $x\in A_\lambda$ 或 $x\in B_\lambda$,即 $\mu_{\underset{\sim}{A}}(x)\geqslant\lambda$ 或 $\mu_{\underset{\sim}{B}}(x)\geqslant\lambda$,故 $\max(\mu_{\underset{\sim}{A}}(x),\mu_{\underset{\sim}{B}}(x))=\mu_{\underset{\sim}{A}\cup\underset{\sim}{B}}(x)\geqslant\lambda$,故 $x\in(\underset{\sim}{A}\cup\underset{\sim}{B})_\lambda$,所以 $(\underset{\sim}{A}\cup\underset{\sim}{B})_\lambda=A_\lambda\cup B_\lambda$.

(2) 对任 $x\in(\underset{\sim}{A}\cap\underset{\sim}{B})_\lambda$,有 $\mu_{\underset{\sim}{A}\cap\underset{\sim}{B}}(x)\geqslant\lambda$,故 $\mu_{\underset{\sim}{A}}(x)\geqslant\min(\mu_{\underset{\sim}{A}}(x),\mu_{\underset{\sim}{B}}(x))=\mu_{\underset{\sim}{A}\cap\underset{\sim}{B}}(x)\geqslant\lambda$,故 $x\in A_\lambda$,同理 $x\in B_\lambda$,于是 $x\in A_\lambda\cap B_\lambda$. 又对任 $x\in A_\lambda\cap B_\lambda$,有 $\mu_A(x)\geqslant\lambda$ 且 $\mu_B(x)\geqslant\lambda$,故 $\min(\mu_{\underset{\sim}{A}}(x),\mu_{\underset{\sim}{B}}(x))=\mu_{\underset{\sim}{A}\cap\underset{\sim}{B}}(x)\geqslant\lambda$,即 $x\in(\underset{\sim}{A}\cap\underset{\sim}{B})_\lambda$,所以 $(\underset{\sim}{A}\cap\underset{\sim}{B})_\lambda=A_\lambda\cap B_\lambda$.

(3) 对任 $x\in A_\beta$,有 $\mu_{\underset{\sim}{A}}(x)\geqslant\beta>\alpha$,故 $x\in A_\alpha$. 所以 $A_\beta\subset A_\alpha$.

4.5 (1) $\underset{\sim}{D}=\bar{\underset{\sim}{A}}=\frac{0}{x_1}+\frac{0.9}{x_2}+\frac{1}{x_3}+\frac{0.4}{x_4}+\frac{0.5}{x_5}+\frac{0.6}{x_6}$;

(2) $\underset{\sim}{C}\subseteq\underset{\sim}{D}$;

(3) $\underset{\sim}{A}\cap\underset{\sim}{C}=\frac{0}{x_1}+\frac{0.1}{x_2}+\frac{0}{x_3}+\frac{0.4}{x_4}+\frac{0.4}{x_5}+\frac{0.4}{x_6}$;

(4) 滞销商品:x_1,

脱销商品:无,

畅销商品:x_2,x_3.

4.6 $\underset{\sim}{A}=\frac{0.8}{d}+\frac{0.7}{c}+\frac{0.5}{e}+\frac{0.3}{b}+\frac{0.1}{a}$.

4.7 设 $\underset{\sim}{I}$ 是 $\mathbf{R}^1$ 中任一模糊数,即对任 $\lambda\in[0,1]$,I_λ 是一闭区间. 对任 $a<x<b$,取 $\lambda=\min(\mu_I(a),\mu_I(b))$,则 $a\in I_\lambda$ 且 $b\in I_\lambda$,而 I_λ 是一闭区间,故 $x\in I_\lambda$,即 $\mu_I(x)\geqslant\lambda=\min(\mu_I(a),\mu_I(b))$,所以 $\underset{\sim}{I}$ 是凸模糊集.

4.8 $\boldsymbol{A}^2=\begin{bmatrix}0.8&0.7&0.8&0.5\\0.2&0.3&0.2&0.2\\0.6&0.3&0.6&0.5\\0.6&0.6&0.2&0.1\end{bmatrix}$,$\boldsymbol{B}^2=\begin{bmatrix}0.6&0.5&0.6&0.7\\0.6&0.5&0.7&0.6\\0.8&0.3&0.3&0.3\\0.6&0.5&0.7&0.3\end{bmatrix}$,

$$\boldsymbol{A}\circ\boldsymbol{B}=\begin{bmatrix}0.6&0.5&0.7&0.8\\0.3&0.2&0.3&0.2\\0.7&0.5&0.6&0\\0.7&0.3&0.6&0.6\end{bmatrix},\boldsymbol{B}\circ\boldsymbol{A}=\begin{bmatrix}0.6&0.7&0.6&0.5\\0.7&0.6&0.7&0.5\\0.3&0.8&0.6&0.3\\0.8&0.3&0.8&0.5\end{bmatrix}.$$

4.9 由题设,$\boldsymbol{A}=[0.5\quad 0.3\quad 0.2]$,$\boldsymbol{U}=\begin{bmatrix}0.6&0.3&0.1&0\\0.4&0.3&0.2&0.1\\0.3&0.4&0.3&0\end{bmatrix}$,

$\boldsymbol{A}\cdot\boldsymbol{U}=[0.48\quad 0.32\quad 0.17\quad 0.30]$. 由最大隶属度原则,该项目可评为优.

4.10 $\boldsymbol{R}^2=\begin{bmatrix}1&0.7&0.9&0.8\\0.7&1&0.7&0.7\\0.9&0.7&1&0.8\\0.8&0.7&0.8&1\end{bmatrix}=\boldsymbol{R}^4$.

4.11 $\boldsymbol{R}^4=\boldsymbol{R}^8=\begin{bmatrix}1&0.6&0.6&0.8\\0.6&1&0.7&0.6\\0.6&0.7&1&0.6\\0.8&0.6&0.6&1\end{bmatrix}$,故 $t(\boldsymbol{R})=\boldsymbol{R}^4$.

4.12 $\boldsymbol{R}^2=\boldsymbol{R}^4=\begin{bmatrix}1&0.6&0.4\\0.6&1&0.4\\0.4&0.4&1\end{bmatrix}$,$t(\boldsymbol{R})=\boldsymbol{R}^2$.

$\boldsymbol{R}_1^2=\begin{bmatrix}1&&\\&1&\\&&1\end{bmatrix}$,相应分类为{Ⅰ},{Ⅱ},{Ⅲ}　$\boldsymbol{R}_{0.6}^2=\begin{bmatrix}1&1&\\1&1&\\&&1\end{bmatrix}$,相应分类为

{Ⅰ,Ⅱ},{Ⅲ},$\boldsymbol{R}_{0.4}^2=\begin{bmatrix}1&1&1\\1&1&1\\1&1&1\end{bmatrix}$,相应分类为{Ⅰ,Ⅱ,Ⅲ}. 谱系图如下图所示.

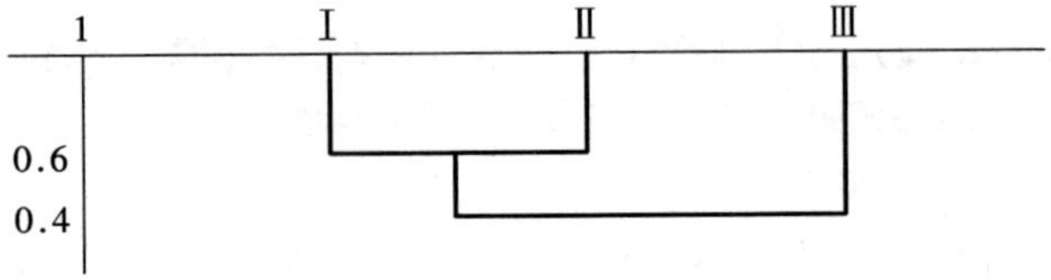

4.13 用绝对值减数法计算地区 x_i 和 x_j 的相似系数 r_{ij},

$$r_{ij}=\begin{cases}1, & i=j,\\ 1-0.08\sum_{k=1}^{4}|x_{ik}-x_{jk}|, & i\neq j.\end{cases}$$ 以 r_{ij} 组成相似矩阵 $\boldsymbol{R}$.

$$\boldsymbol{R}=\begin{bmatrix}1 \\ 0.888 & 1 \\ 0.728 & 0.808 & 1 \\ 0.800 & 0.784 & 0.848 & 1 \\ 0.856 & 0.888 & 0.848 & 0.896 & 1 \\ 0.624 & 0.560 & 0.672 & 0.744 & 0.672 & 1 \\ 0.432 & 0.368 & 0.480 & 0.584 & 0.480 & 0.808 & 1 \\ 0.488 & 0.424 & 0.536 & 0.640 & 0.536 & 0.864 & 0.944 & 1 \\ 0.424 & 0.360 & 0.488 & 0.576 & 0.472 & 0.800 & 0.944 & 0.936 & 1 \\ 0.128 & 0.224 & 0.176 & 0.280 & 0.176 & 0.504 & 0.664 & 0.442 & 0.656 & 1\end{bmatrix},$$

聚类结果如下面的谱系图所示.

若取 $\lambda=0.848$，则分为三类：$\{x_1,x_2,x_3,x_4,x_5\}$，$\{x_6,x_7,x_8,x_9\}$，$\{x_{10}\}$，表示北疆、南疆和吐鲁番地区. 各类的特点是：北疆适宜春播早、中熟品种，南疆适宜春播中、晚熟品种，夏播早熟品种，而吐鲁番不宜种玉米.

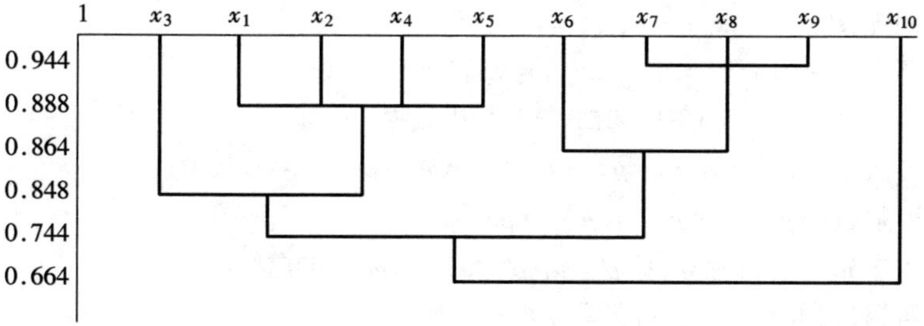

习题 5

5.1 (1) $x_n=u_1+u_2+\cdots+u_n$，对任意 s，$1\leqslant l_1<l_2<\cdots<l_s<n$.

因 $P\{x_n<y|x_{l_1}=x_1,\cdots,x_{l_s}=x_s\}$

$=P\{u_{l_s+1}+\cdots+u_n<y-x_s|u_1+u_2+\cdots+u_{l_1}=x_1,\cdots,u_1+u_2+\cdots+u_{l_s}=x_s\}$

$\xlongequal{\text{独立性}}P\{u_{l_s+1}+\cdots+u_n<y-x_s\}=P\{x_n-x_{l_s}<y-x_s\}$，

同理,$P\{x_n<y|x_{l_s}=x_s\}=P\{x_n-x_{l_s}<y-x_s\}$,

故 $P\{x_n<y|x_{l_1}=x_1,\cdots,x_{l_s}=x_s\}=P\{x_n<y|x_{l_s}=x_s\}$成立.

$\{x_n,n\geqslant 1\}$具有马尔可夫性,故它是马尔可夫过程.

(2) $x_n=(u_1+u_2+\cdots+u_n)^2$,对任意 $s,1\leqslant l_1<l_2<\cdots<l_s<n$.

因 $x_n=(u_1+u_2+\cdots+u_n)^2+2(u_1+\cdots+u_{l_s})(u_{l_s+1}+\cdots+u_n)$

$+(u_{l_s+1}+\cdots+u_n)^2$,

$P\{x_n\leqslant y^2|x_{l_1}=x_1^2,\cdots,x_{l_s}=x_s^2\}$

$=P\{(u_{l_s+1}+\cdots+u_n)^2+2\sqrt{x_s^2}(u_{l_s+1}+\cdots+u_n)\leqslant y^2-x_s^2|x_{l_1}=x_1^2,\cdots,x_{l_s}=x_s^2\}$

$=P\{(u_{l_s+1}+\cdots+u_n)^2+2|x_s|(u_{l_s+1}+\cdots+u_n)\leqslant y^2-x_s^2\}$.

(因 $u_{l_s+1}+\cdots+u_n$ 与 $x_{l_1},\cdots,x_{l_s}$独立)

同理,$P\{x_n\leqslant y^2|x_{l_s}=x_s^2\}=P\{(u_{l_s+1}+\cdots+u_n)^2+2|x_s|(u_{l_s+1}+\cdots+u_n)\leqslant y^2-x_s^2\}$,

故 $P\{x_n\leqslant y^2|x_{l_1}=x_1^2,\cdots,x_{l_s}=x_s^2\}=P\{x_n\leqslant y^2|x_{l_s}=x_s^2\}$成立.

$\{x_n,n\geqslant 1\}$具有马尔可夫性,故它是马氏过程.

(3) $x_n=\rho x_{n-1}+u_n$,其中 ρ 是已知常数,$x_0=0$.

方法一:$P\{x_n<y|x_1=x_1,\cdots,x_{n-1}=x_{n-1}\}=P\{\rho x_{n-1}+u_n<y|x_1=x_1,\cdots,x_{n-1}=x_{n-1}\}$

$=P\{u_n<y-\rho x_{n-1}|x_1=x_1,\cdots,x_{n-1}=x_{n-1}\}\xlongequal{\text{独立性}}P\{u_n<y-\rho x_{n-1}\}$.

同理,$P\{x_n<y|x_{n-1}=x_{n-1}\}=P\{u_n<y-\rho x_{n-1}\}$.

所以 $P\{x_n<y|x_1=x_1,\cdots,x_{n-1}=x_{n-1}\}=P\{x_n<y|x_{n-1}=x_{n-1}\}$.

$\{x_n,n\doteq 1\}$具有马尔可夫性,故为马氏过程.

方法二:因 $x_1=u_1,x_2=\rho u_1+u_2,x_3=\rho^2u_1+\rho u_2+u_3,\cdots$

一般,$x_n=\rho^{n-1}u_1+\rho^{n-2}u_2+\cdots+\rho u_n$.

由于 $u_1,\cdots,u_n$ 独立,故 $\rho^{n-1}u_1,\rho^{n-2}u_2,\cdots,\rho u_n$ 相互独立,

再据(1)知$\{x_n:\ n\geqslant 1\}$是马尔可夫过程.

5.2　$\{N(t),t\geqslant 0\}$,$T=\{0,1,2,\cdots,M\}$.

(1) 按题意,若已知"现在"t 时正在工作的车床数 $N(t)$,则"将来"$t+\Delta t$ 时,工作的车床数 $N(t+\Delta t)$的取值与 t 时以前即"过去"的工作车床数无关,所以$N(t)$为一马尔可夫过程.

因 $P_{ii+1}(\Delta t)=(M-i)\lambda\Delta t+o(\Delta t),i=0,1,\cdots,M-1,P_{MM+1}(\Delta t)=0$.

$P_{ii+1}(\Delta t)=i\mu\Delta t+o(\Delta t),i=1,2,\cdots,M,P_{01}(\Delta t)=0$.

$P_{ii}(\Delta t)=1-(M-i)\lambda\Delta t-i\mu\Delta t+o(\Delta t),i=1,\cdots,M$.

$P_{ij}(\Delta t)=o(\Delta t),|i-j|\geqslant 2.$

T 为有限集且转换概率与起始时间无关,故 $N(t)$ 为齐次有限马尔可夫过程.由生灭过程定义知它是一个生灭过程.

(2) $t_i=iM-j\mu,N_i=i\mu.$

设平稳分布为 $\{P_k\}$,则

$P_k=\dfrac{\lambda_0\lambda_1\cdots\lambda_{k-1}}{1\cdots k}P_0.$

因 $P_0=\left(1+\sum\limits_{k=1}^{M}\dfrac{\lambda_0\lambda_1\cdots\lambda_{k-1}}{M_1M_2\cdots M_k}\right)^{-1}=\left(1+\sum\limits_{k=1}^{M}\mathrm{C}_M^k\left(\dfrac{\lambda}{M}\right)^k\right)^{-1}=\left(\dfrac{M}{\lambda+\mu}\right)^M,$

所以 $P_k=\mathrm{C}_M^k\left(\dfrac{\lambda}{M}\right)^k\left(\dfrac{M}{\lambda+\mu}\right)^M=\mathrm{C}_M^k\left(\dfrac{M}{\lambda+\mu}\right)^{M-k},k=0,1,\cdots,M.$

(3) 当 $M=10,\lambda=60,\mu=30$ 时,

平稳状态时有一半以上车床在工作的概率 $P(x(t)>5)=1-P(N(t)\leqslant 5).$

故 $P_0=\dfrac{1}{3^{10}},P_1=\dfrac{20}{3^{10}},P_2=\dfrac{180}{3^{10}},P_3=\dfrac{960}{3^{10}},P_4=\dfrac{3\ 360}{3^{10}},P_5=\dfrac{8\ 064}{3^{10}}.$

则 $P(N(n)>5)\approx 0.786\ 9.$

5.3 证明:由 $E|X_n-0|^2=E(X_n)^2=\dfrac{1}{n}$,显然成立.

5.4 由于 $R_W(s,t)=\sigma^2\min(s,t)\ (s,t\geqslant 0)$,

则对任意的 $b>0$,二重积分

$$\begin{aligned}\int_0^b\int_0^b R_W(s,t)\,\mathrm{d}s\mathrm{d}t&=\int_0^b\int_0^b\sigma^2\min(s,t)\,\mathrm{d}s\mathrm{d}t\\&=\sigma^2\int_0^b\left(\int_0^s t\mathrm{d}t+\int_s^b s\mathrm{d}t\right)\mathrm{d}s=\frac{\sigma^2b^2}{3}.\end{aligned}$$

由定理5.22,则对任意的 $b>0$,维纳过程在 $[0,b]$ 上均方可积.

5.5 $\{N(t),t\geqslant 0\},T=\{0,1,2,\cdots\}$

(1) 按题意,若已知"现在"t 时要求服务的顾客数 $N(t)$,则"将来"$t+\Delta t$ 时 $N(t+\Delta t)$ 的取值与 t 时以前,即"过去"的顾客人数无关,故 $N(t)$ 为一马尔可夫过程.

因 $P_{ii+1}(\Delta t)=\lambda\Delta t+o(\Delta t)\quad i=0,1,2,\cdots$

$$P_{ii-1}(\Delta t)=\begin{cases}i\mu\Delta t+o(\Delta t), & 1\leqslant i\leqslant M,\quad P_{0-1}(\Delta t)=0,\\ M\mu(\Delta t)+o(\Delta t), & i>M,\end{cases}$$

$P_{ij}(\Delta t)=o(\Delta t),|i-j|\geqslant 2,$

$P_{ii}(\Delta t)=1-\lambda\Delta t-iM\Delta t+o(\Delta t),1\leqslant i\leqslant M,$

$P_{ii}(\Delta t)=1-\lambda\Delta t-M\mu\Delta t+o(\Delta t), i>M, P_{01}(\Delta t)=1-\lambda\Delta t+o(\Delta t).$

因转移概率与起始时间无关,所以 $N(t)$ 为一齐次马尔可夫过程,而且是一个生灭过程.

(2) 因 $q_1=\lim\limits_{\Delta t\to 0}\dfrac{1-P_{ii}(\Delta t)}{\Delta t}=\begin{cases}\lambda, & i=0\\ \lambda+\lambda M, & 1\leqslant i\leqslant M\\ \lambda+\lambda M, & i>M.\end{cases}$

$q_{ij}=\lim\limits_{\Delta t\to 0}\dfrac{P_{ij}(\Delta t)}{\Delta t}, q_{ii+1}=\lambda, q_{ii-1}=\begin{cases}i\mu, & 0\leqslant i\leqslant M,\\ MM, & i>M.\end{cases}$

$q_{ij}=0, |i-j|\geqslant 2.$

相应于柯尔莫哥洛夫向后方程为

$P'_{ij}(t)=-(\lambda+iM)P_{ij}(t)+i\mu P_{i-1j}(t)+\lambda P_{i+1j}(t), 0\leqslant i\leqslant M,$

$P'_{ij}(t)=-(\lambda+M\mu)P_{ij}(t)+M\mu P_{i-1j}(t)+\lambda P_{i+1j}(t), i>M.$

向前方程为

$P'_{ij}(t)=-(\lambda+j\mu)P_{ij}(t)+\lambda P_{ij-1}(t)+(j+1)MP_{ij+1}(t), 0\leqslant j<M,$

$P'_{ij}(t)=-(\lambda+M\mu)P_{ij}(t)+\lambda P_{ij-1}(t)+M\mu P_{ij+1}(t), j\geqslant M.$

(3) 因 $\lambda_i=\lambda, M_i=\begin{cases}i\mu, & 0\leqslant i<M,\\ M\mu, & i\geqslant M.\end{cases}$ 设平稳分布为 $\{P_k\}$,

$P_k=\dfrac{\lambda_0\lambda_1\cdots\lambda_{k-1}}{\mu_1\mu_2\cdots\mu_k}P_0,$

故当 $1\leqslant k\leqslant M$ 时,$P_k=\dfrac{\lambda^k}{k!\ M^k}P_0$;

$k>M$ 时,$P_k=\dfrac{\lambda^k}{M!\ M^{k-M}\mu^k}P_0.$

$P_0=\left(1+\sum\limits_{k=1}^{\infty}\dfrac{\lambda_0\lambda_1\cdots\lambda_{k-1}}{M_1M_2\cdots M_k}\right)^{-1}=\left[1+\sum\limits_{k=1}^{M}\dfrac{1}{k!}\left(\dfrac{\lambda}{M}\right)^k+\sum\limits_{k=M+1}^{\infty}\dfrac{M^m\lambda^k}{M!\ (M\mu)^k}\right]^{-1}.$

又因 $\sum\limits_{k=M+1}^{\infty}\dfrac{M^M}{M!}\left(\dfrac{\lambda}{M\mu}\right)^k=\dfrac{M^M}{M!}\sum\limits_{k=M+1}^{\infty}\left(\dfrac{\lambda}{M\mu}\right)^k$ 仅当 $\dfrac{\lambda}{M\mu}<1$ 时收敛,

所以当 $\dfrac{\lambda}{M\mu}<1$ 时,$P_0\neq 0$ 有平稳分布 $\{P_k\}$.

此时 $P_0=\left[1+\sum\limits_{k=1}^{M}\dfrac{1}{k!}\left(\dfrac{\lambda}{M}\right)^k+\dfrac{\lambda}{M!\ (M\mu-\lambda)}\left(\dfrac{\lambda}{M}\right)^M\right]^{-1},$

$P_k=\dfrac{1}{k!}\left(\dfrac{\lambda}{M}\right)^kP_0, 1\leqslant k\leqslant M,$

$P_k=\dfrac{M^M}{M!}\left(\dfrac{\lambda}{M\mu}\right)^kP_0, k>M.$

5.6 方程 $\mathrm{d}X(t)+aX(t)\mathrm{d}t=b\mathrm{d}B(t)$ 两边乘以 e^{at},则有

$$\mathrm{e}^{at}\mathrm{d}X(t)+a\mathrm{e}^{at}X(t)\mathrm{d}t=b\mathrm{e}^{at}\mathrm{d}B(t),$$

即 $\mathrm{d}(\mathrm{e}^{at}X(t))=b\mathrm{e}^{at}\mathrm{d}B(t)$,对上式两边积分可得

$$\mathrm{e}^{at}X(t)-\mathrm{e}^{0}X(0)=b\int_0^t \mathrm{e}^{as}\mathrm{d}B(s),$$

所以 $X(t)=b\mathrm{e}^{-at}\int_0^t \mathrm{e}^{as}\mathrm{d}B(s)$.

5.7 令 $Y(t)=\ln X(t)$,由 lto 公式

$$\mathrm{d}Y(t)=\frac{\mathrm{d}X(t)}{X(t)}-\frac{1}{2}\frac{1}{X^2(t)}\mathrm{d}[X,X]_t=\frac{\mathrm{d}X(t)}{X(t)}-\frac{1}{2}\sigma^2\mathrm{d}t,$$

$$\mathrm{d}Y(t)=\left(\mu-\frac{1}{2}\sigma^2-\alpha Y(t)\right)\mathrm{d}t+\sigma\mathrm{d}B(t),$$

类似例 5.21 可解得

$$X(t)=x\exp\left\{\left(\mu-\frac{1}{2}\sigma^2\right)\mathrm{e}^{-\alpha t}\int_0^t \mathrm{e}^{\alpha s}\mathrm{d}s+\sigma\mathrm{e}^{-\alpha t}\int_0^t \mathrm{e}^{\alpha s}\mathrm{d}B(s)\right\}$$

注意:$\mathrm{e}^{-\alpha t}\int_0^t \mathrm{e}^{\alpha s}\mathrm{d}s=\int_0^t \mathrm{e}^{-\alpha s}\mathrm{d}s,\mathrm{e}^{\alpha t}\int_0^t \mathrm{e}^{-\alpha s}\mathrm{d}s=\int_0^t \mathrm{e}^{\alpha s}\mathrm{d}s.$

附录　预备知识

这里介绍本书中用到的有关线性代数、微积分、概率论的一些最基本知识,详细内容请参阅专门书籍。

一、线性代数中的若干基本知识

1. 行列式

1) 2 阶行列式

用符号$\begin{vmatrix} a_{11} & a_{12} \\ a_{21} & a_{22} \end{vmatrix}$表示一个 2 阶行列式(横为行,纵为列). 它的值等于 $a_{11}a_{22}-a_{21}a_{12}$. $a_{ij}(i,j=1,2)$称为行列式的元素.

例 1　求$\begin{vmatrix} 2 & -1 \\ 1 & 0 \end{vmatrix}$的值.

解: $\begin{vmatrix} 2 & -1 \\ 1 & 0 \end{vmatrix}=2\times 0-(-1)\times 1=1.$

2) 3 阶行列式

用符号$\begin{vmatrix} a_{11} & a_{12} & a_{13} \\ a_{21} & a_{22} & a_{23} \\ a_{31} & a_{32} & a_{33} \end{vmatrix}$表示一个 3 阶行列式,它的值等于 $a_{11}a_{22}a_{33}+a_{12}a_{23}a_{31}+a_{21}a_{32}a_{13}-a_{13}a_{22}a_{31}-a_{12}a_{21}a_{33}-a_{23}a_{32}a_{11}$.

例 2　求$\begin{vmatrix} 3 & 0 & -1 \\ 1 & 2 & 1 \\ 0 & -1 & 2 \end{vmatrix}$的值.

解: $\begin{vmatrix} 3 & 0 & -1 \\ 1 & 2 & 1 \\ 0 & -1 & 2 \end{vmatrix}=3\times 2\times 2+0\times 1\times 0+1\times(-1)\times(-1)-$

$(-1)\times2\times0-0\times1\times2-1\times(-1)\times3=16.$

2 阶与 3 阶行列式均可由上述方法(称为对角线法则)直接求值，而 4 阶以上的行列式可由行列式的性质，按一行或一列展开，最终化为 3 阶或 2 阶行列式求值.

2. 矩阵

1）矩阵的定义

由 m 行 n 列元素组成的一个矩形数组

$$\begin{bmatrix} a_{11} & \cdots & a_{1n} \\ \vdots & & \vdots \\ a_{m1} & \cdots & a_{mn} \end{bmatrix}$$

为一个 $m\times n$ 阶矩阵，记为 $\boldsymbol{A}=(a_{ij})_{m\times n}$.

例 3　几种特殊的矩阵：

（1）方阵，即 $m=n$，这时元素 $a_{ii}(i=1,\cdots,n)$ 称主对角线元素(简称主对角元).

（2）三角阵，即主对角线元素的上三角或下三角的元素全为 0.

（3）对角阵，即只有主对角线元素不全为 0，而上、下三角元素全为 0.

（4）单位阵，即主对角元素全为 1 的对角阵，记为 $\boldsymbol{E}$.

（5）对称阵，即满足 $a_{ij}=a_{ji}$ 的方阵.

（6）向量，即只有一行或一列的矩阵.

2）矩阵的运算

（1）加法和减法：两个同阶矩阵 $\boldsymbol{A}$ 与 $\boldsymbol{B}$ 的加法和减法记为 $\boldsymbol{A}+\boldsymbol{B}$ 和 $\boldsymbol{A}-\boldsymbol{B}$，其法则是对应元素相加减，结果是一个与 $\boldsymbol{A}$ 和 $\boldsymbol{B}$ 同阶的矩阵.

例 4　设

$$\boldsymbol{A}=\begin{bmatrix} 2 & -1 \\ 1 & 0 \end{bmatrix},\boldsymbol{B}=\begin{bmatrix} 1 & 3 \\ 4 & -1 \end{bmatrix},$$

求 $\boldsymbol{A}+\boldsymbol{B}$ 和 $\boldsymbol{A}-\boldsymbol{B}$.

解： $\boldsymbol{A}+\boldsymbol{B}=\begin{bmatrix} 3 & 2 \\ 5 & -1 \end{bmatrix},\boldsymbol{A}-\boldsymbol{B}=\begin{bmatrix} 1 & -4 \\ -3 & 1 \end{bmatrix}.$

(2) 数乘:一个数 k 与一个矩阵 $\boldsymbol{A}$ 的数乘运算记为 $k\boldsymbol{A}$,法则是用 k 遍乘 $\boldsymbol{A}$ 中的元素.

例 5　设 $\boldsymbol{A}=\begin{bmatrix}2 & -1\\1 & 0\end{bmatrix}$,求 $2\boldsymbol{A}$.

解: $2\boldsymbol{A}=\begin{bmatrix}4 & -2\\2 & 0\end{bmatrix}$.

(3) 乘法:两个矩阵 $\boldsymbol{A}$ 与 $\boldsymbol{B}$ 的乘法运算记为 $\boldsymbol{AB}$,前提是 $\boldsymbol{A}$ 的列数等于 $\boldsymbol{B}$ 的行数. 运算法则是 $\boldsymbol{A}$ 的行与 $\boldsymbol{B}$ 的列对应元素相乘再相加. 即若 $\boldsymbol{A}=(a_{ij})_{m\times l}$,$\boldsymbol{B}=(b_{ij})_{l\times n}$,则 $\boldsymbol{AB}=(c_{ij})_{m\times n}$,$c_{ij}=\sum\limits_{k=1}^{l}a_{ik}b_{kj}$.

例 6　计算例 4 中 $\boldsymbol{A}$ 与 $\boldsymbol{B}$ 的乘积 $\boldsymbol{AB}$.

解: $\boldsymbol{AB}=\begin{bmatrix}2 & -1\\1 & 0\end{bmatrix}\begin{bmatrix}1 & 3\\4 & -1\end{bmatrix}=\begin{bmatrix}-2 & 7\\1 & 3\end{bmatrix}$.

乘法运算满足结合律与分配律,即 $\boldsymbol{A}(\boldsymbol{BC})=(\boldsymbol{AB})\boldsymbol{C}$,$\boldsymbol{A}(\boldsymbol{B}+\boldsymbol{C})=\boldsymbol{AB}+\boldsymbol{AC}$,其中 $\boldsymbol{A}$、$\boldsymbol{B}$、$\boldsymbol{C}$ 均为符合可乘阶数的矩阵,但不满足交换律,即 $\boldsymbol{AB}\neq\boldsymbol{BA}$. 另外,单位阵 $\boldsymbol{E}$ 乘以任何阵(符合可乘阶数)还得任何阵.

(4) 转置:一个矩阵 $\boldsymbol{A}=(a_{ij})_{m\times n}$ 的转置记作 $\boldsymbol{A}^{\mathrm{T}}=(a_{ji})_{n\times m}$.

例 7　求例 5 中 $\boldsymbol{A}$ 的转置.

解: $\boldsymbol{A}^{\mathrm{T}}=\begin{bmatrix}2 & 1\\-1 & 0\end{bmatrix}$.

(5) 逆阵:一个方阵 $\boldsymbol{A}$ 的逆阵记作 $\boldsymbol{A}^{-1}$. 它满足 $\boldsymbol{AA}^{-1}=\boldsymbol{A}^{-1}\boldsymbol{A}=\boldsymbol{E}$.

方阵 $\boldsymbol{A}$ 可逆的条件是 $\boldsymbol{A}$ 的行列式 $|\boldsymbol{A}|\neq0$. $\boldsymbol{A}^{-1}$ 的求法是将 $[\boldsymbol{A}\ \ \boldsymbol{E}]$ 经初等行变换化为 $[\boldsymbol{E}\ \ \boldsymbol{A}^{-1}]$.

3) 矩阵的初等变换

矩阵的下列变换:①互换矩阵的两行(列),②某一行(列)乘以非零数 k,③某一行(列)加上另一行的 k 倍,称为矩阵的初等行(列)变换. 矩阵的初等行变换和初等列变换统称为矩阵的初等变换.

矩阵的初等变换可用于求矩阵的逆阵、秩和解方程组等. 经初等变换的矩阵之间用→连接.

例 8　求例 5 中 $\boldsymbol{A}$ 的逆阵 $\boldsymbol{A}^{-1}$.

解：首先 $|\boldsymbol{A}| = \begin{vmatrix} 2 & -1 \\ 1 & 0 \end{vmatrix} = 1 \neq 0$，故 $\boldsymbol{A}$ 可逆.

$$[\boldsymbol{A} \mid \boldsymbol{E}] = \left[\begin{array}{cc:cc} 2 & -1 & 1 & 0 \\ 1 & 0 & 0 & 1 \end{array}\right] \to \left[\begin{array}{cc:cc} 1 & -\frac{1}{2} & \frac{1}{2} & 0 \\ 1 & 0 & 0 & 1 \end{array}\right] \to \left[\begin{array}{cc:cc} 1 & \frac{1}{2} & \frac{1}{2} & 0 \\ 0 & \frac{1}{2} & -\frac{1}{2} & 1 \end{array}\right]$$

$$\to \left[\begin{array}{cc:cc} 1 & -\frac{1}{2} & \frac{1}{2} & 0 \\ 0 & 1 & -1 & 2 \end{array}\right] \to \left[\begin{array}{cc:cc} 1 & 0 & 0 & 1 \\ 0 & 1 & -1 & 2 \end{array}\right],$$

故 $\boldsymbol{A}^{-1} = \begin{bmatrix} 0 & 1 \\ -1 & 2 \end{bmatrix}$.

经验证，$\boldsymbol{A}\boldsymbol{A}^{-1} = \boldsymbol{A}^{-1}\boldsymbol{A} = \boldsymbol{E}$.

3. 线性方程组

线性方程组的一般式为

$$\begin{cases} a_{11}x_1 + \cdots + a_{1n}x_n = b_1, \\ \quad\vdots \\ a_{m1}x_1 + \cdots + a_{mn}x_n = b_m, \end{cases}$$

记

$$\boldsymbol{A} = \begin{bmatrix} a_{11} & \cdots & a_{1n} \\ \vdots & & \vdots \\ a_{m1} & \cdots & a_{mn} \end{bmatrix}, \boldsymbol{x} = [x_1 \quad \cdots \quad x_n]^{\mathrm{T}}, \boldsymbol{b} = \begin{bmatrix} b_1 \\ \vdots \\ b_m \end{bmatrix},$$

则线性方程组的一般式的矩阵形式为

$$\boldsymbol{A}\boldsymbol{x} = \boldsymbol{b}.$$

附录图 1　阶梯形

线性方程组有解的充要条件是系数阵 $\boldsymbol{A}$ 的秩 $r(\boldsymbol{A})$ 等于增广阵 $\overline{\boldsymbol{A}} = [\boldsymbol{A} \quad \boldsymbol{b}]$ 的秩 $r(\overline{\boldsymbol{A}})$. 解法是先将 $\overline{\boldsymbol{A}}$ 用初等行变换化为阶梯形（附录图 1），这时可看出是否有 $r(\boldsymbol{A}) = r(\overline{\boldsymbol{A}}) = r$，然后求解阶梯形相应的方程组（与原方程组同解），求解时将阶梯形阵的对角元素对应的 r 个变量留

在等式左边(称基础变量),而将其余$(n-r)$个变量移至等式的右边(称自由变量),令自由变量全为0,便可得方程组的一个特解$\boldsymbol{x}_0$. 再令方程组的右端项全为0(即$\boldsymbol{b}=\boldsymbol{0}$,称方程组相应的齐次组),求出其线性无关的$(n-r)$个解,称基础解系. 方程组的全部解即基础解系的线性组合加上一个特解$\boldsymbol{x}_0$.

例 9 求方程组

$$\begin{cases} x_1 + x_2 + x_3 + x_4 + x_5 = 2, \\ 2x_1 + 3x_2 + x_3 + x_4 - 3x_5 = 0, \\ x_1 + 2x_3 + 2x_4 + 6x_5 = 6, \\ 4x_1 + 5x_2 + 3x_3 + 3x_4 - x_5 = 4 \end{cases}$$

的全部解.

解:

$$\overline{A} = \begin{bmatrix} 1 & 1 & 1 & 1 & 1 & 2 \\ 2 & 3 & 1 & 1 & -3 & 0 \\ 1 & 0 & 2 & 2 & 6 & 6 \\ 4 & 5 & 3 & 3 & -1 & 4 \end{bmatrix} \to \begin{bmatrix} 1 & 0 & 2 & 2 & 6 & 6 \\ 0 & 1 & -1 & -1 & -5 & -4 \\ 0 & 0 & 0 & 0 & 0 & 0 \\ 0 & 0 & 0 & 0 & 0 & 0 \end{bmatrix}$$

$$r(\overline{\boldsymbol{A}}) = r(\boldsymbol{A}) = 2.$$

阶梯形阵相应的方程组为

$$\begin{cases} x_1 + 2x_3 + 2x_4 + 6x_5 = 6, \\ x_2 - x_3 - x_4 - 5x_5 = -4, \end{cases}$$

即

$$\begin{cases} x_1 = -2x_3 - 2x_4 - 6x_5 + 6, \\ x_2 = x_3 + x_4 + 5x_5 - 4. \end{cases}$$

令自由变量$x_3 = x_4 = x_5 = 0$,得

$$\boldsymbol{x}_0 = [6 \quad -4 \quad 0 \quad 0 \quad 0]^{\mathrm{T}}.$$

在相应的齐次组

$$\begin{cases} x_1 = -2x_3 - 2x_4 - 6x_5, \\ x_2 = x_3 + x_4 + 5x_5 \end{cases}$$

中依次令$[x_3 \quad x_4 \quad x_5]^{\mathrm{T}}$等于$[1 \quad 0 \quad 0]^{\mathrm{T}}$,$[0 \quad 1 \quad 0]^{\mathrm{T}}$,$[0 \quad 0 \quad 1]^{\mathrm{T}}$,

得基础解系

$$\boldsymbol{\eta}_1=[-2\quad 1\quad 1\quad 0\quad 0]^{\mathrm{T}},$$
$$\boldsymbol{\eta}_2=[-2\quad 1\quad 0\quad 1\quad 0]^{\mathrm{T}},$$
$$\boldsymbol{\eta}_3=[-6\quad 5\quad 0\quad 0\quad 1]^{\mathrm{T}}.$$

方程组的全部解为

$$\boldsymbol{x}=\boldsymbol{x}_0+k_1\boldsymbol{\eta}_1+k_2\boldsymbol{\eta}_2+k_3\boldsymbol{\eta}_3.$$

二、微积分中的若干基本知识

1. 极限与连续

1）数列的极限

数列就是按一定规律排列着的一列数；$x_1,\cdots,x_n,\cdots$，记$\{x_n\}$. 如1，$\frac{1}{2},\frac{1}{3},\frac{1}{4},\cdots,\frac{1}{n},\cdots$，表示数轴上的一列点(附录图2).

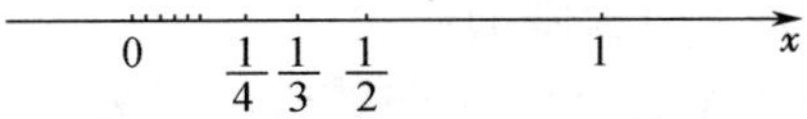

附录图2　数列$\left\{\frac{1}{n}\right\}$图示

由附录图2易见，当n充分大时，数列$\left\{\frac{1}{n}\right\}$无限趋近于0，称0为$\left\{\frac{1}{n}\right\}$的极限，或$\left\{\frac{1}{n}\right\}$收敛于0，记$\lim\limits_{n\to\infty}\frac{1}{n}=0$.

一般地，若对于任给的$\varepsilon>0$，总存在$N>0$，使当$n>N$时，$|x_n-x_0|<\varepsilon$，则称数列$\{x_n\}$收敛于x_0，x_0称为$\{x_n\}$的极限，记$\lim\limits_{n\to\infty}x_n=x_0$(或$x_n\to x_0,n\to\infty$).

例10　求$\lim\limits_{n\to\infty}(\sqrt{n+1}-\sqrt{n-1})$.

解： 因为　$(\sqrt{n+1}-\sqrt{n-1})$

$$=\frac{(\sqrt{n+1}-\sqrt{n-1})(\sqrt{n+1}+\sqrt{n-1})}{\sqrt{n+1}+\sqrt{n-1}}$$

$$= \frac{2}{\sqrt{n+1} + \sqrt{n-1}}.$$

对于任给 $\varepsilon > 0$,取 N 为大于 $\frac{1}{\varepsilon^2} + 1$ 的正整数,则当 $n > N$ 时,有

$$\frac{2}{\sqrt{n+1} + \sqrt{n-1}} \leqslant \frac{1}{\sqrt{n-1}} < \frac{1}{\sqrt{N-1}} < \frac{1}{\sqrt{\frac{1}{\varepsilon^2} + 1 - 1}} = \varepsilon,$$

故 $\lim\limits_{n\to\infty}(\sqrt{n+1} - \sqrt{n-1}) = 0$.

2) 函数的极限

函数 $f(x)$ 的极限(只考虑有限极限的情形)可分为两种情况:即 x 趋于正或负无穷大时和当 x 趋于点 x_0 时的极限.

首先,类似于数列的极限,可给出函数 $f(x)$ 当 x 趋于正无穷大时的极限定义:若对于任给的 $\varepsilon > 0$,总存在 $X > 0$,当使 $x > X$ 时,有 $|f(x) - A| < \varepsilon$,则称 A 为当 x 趋于正无穷大时的极限,记 $\lim\limits_{x\to+\infty} f(x) = A$. 类似可给出 x 趋于负无穷大时极限的概念.

其次给出 $f(x)$ 当 x 趋于点 x_0 时的极限定义:若对于任给的 $\varepsilon > 0$,存在 $\delta > 0$,使当 $0 < |x - x_0| < \delta$ 时,有 $|f(x) - A| < \varepsilon$,则称 A 为 $f(x)$ 当 x 趋于 x_0 时的极限,记 $\lim\limits_{x\to x_0} f(x) = A$.

有限个有极限函数的和、差、积、商(商的分母极限不为0)的极限等于其极限的和、差、积、商. 多项式函数或有理分式函数当自变量的极限值代入分母不为0时,其极限计算相当于把自变量的极限值直接代入函数. 还有两个有用的重要极限:

$$\lim_{x\to 0}\frac{\sin x}{x} = 1, \quad \lim_{n\to\infty}\left(1 + \frac{1}{n}\right)^n = \mathrm{e}.$$

例 11　求 $\lim\limits_{x\to 0}\frac{1 - \cos x}{x^2}$.

解: $\lim\limits_{x\to 0}\frac{1 - \cos x}{x^2} = \lim\limits_{x\to 0}\frac{2\sin^2\frac{x}{2}}{4\cdot\frac{x^2}{4}} = \frac{1}{2}$.

3） 函数的连续性

若$f(x)$当x趋于x_0时有极限A，且$A=f(x_0)$（这当然要求$f(x)$在x_0有定义），则称$f(x)$在x_0连续. 若$f(x)$在区间$[a,b]$上处处连续，则称$f(x)$在$[a,b]$上连续.

一个连续函数的直观意义是表示一条连续的曲线. 若$f(x)$在x_0不连续，称x_0为$f(x)$的间断点. 一切初等函数（即能用一个分析式子表示的由常数与基本初等函数经有限次四则运算或复合而成的函数）在其定义区间内都是连续的. 闭区间上的连续函数必能取得最大、最小值.

2. 导数与微分

1） 导数

若函数$f(x)$在x_0点有定义，且极限

$$\lim_{x\to x_0}\frac{f(x)-f(x_0)}{x-x_0}$$

存在，则称此极限为$f(x)$在x_0的导数，记$f'(x_0)$或$\left.\dfrac{\mathrm{d}f}{\mathrm{d}x}\right|_{x=x_0}$.

导数定义中的表达式$\dfrac{f(x)-f(x_0)}{x-x_0}$即增量之比，也可记为$\dfrac{\Delta y}{\Delta x}$，其中$\Delta x=x-x_0$，$\Delta y=f(x)-f(x_0)$. 导数的几何意义可由附录图3说明.

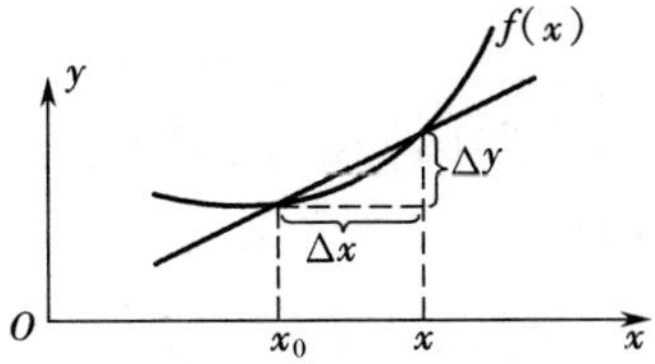

附录图3　导数的几何意义

由附录图3可见，$\dfrac{\Delta y}{\Delta x}$即经过$(x_0,f(x_0))$和$(x,f(x))$的割线的斜率. 当$\Delta x\to 0$时，割线趋于$f(x)$在$x_0$的切线. 因此，导数$f'(x_0)$的几何意义是$f(x)$在$x_0$点切线的斜率.

如果当x从x_0的左边趋于x_0（记$x\to x_0^-$）时极限

$$\lim_{x \to x_0^-} \frac{f(x) - f(x_0)}{x - x_0}$$

存在,则称此极限为 $f(x)$ 在 x_0 的左导数,记 $f'_-(x_0)$,同样可定义右导数 $f'_+(x_0)$. $f(x)$ 在 x_0 可导的充要条件是 $f'_-(x_0) = f'_+(x_0)$.

例 12　求 $f(x) = \begin{cases} -\sin x, & x \geqslant 0 \\ -x, & x < 0 \end{cases}$ 在 $x = 0$ 点的导数.

解: $f'_-(0) = \lim\limits_{x \to 0^-} \dfrac{f(x) - f(0)}{x - 0} = \lim\limits_{x \to 0^-} \dfrac{-x}{x} = -1$,

$$f'_+(0) = \lim_{x \to 0^+} \frac{f(x) - f(0)}{x - 0} = \lim_{x \to 0^+} \frac{-\sin x}{x} = -1,$$

$f(x)$ 在 0 的左、右导数存在且相等,故 $f'(0) = -1$.

可导函数 $u(x)$ 与 $v(x)$ 的和、差、积、商(商的分母导数不为 0)的导数运算有下列法则:

$$(u \pm v)' = u' \pm v', (uv)' = u'v \pm uv', \left(\frac{u}{v}\right)' = \frac{u'v - uv'}{v^2}.$$

复合函数 $f(\varphi(x))$ 的导数 $\dfrac{\mathrm{d}f}{\mathrm{d}x} = \dfrac{\mathrm{d}f}{\mathrm{d}\varphi} \cdot \dfrac{\mathrm{d}\varphi}{\mathrm{d}x}$,其中 $\dfrac{\mathrm{d}f}{\mathrm{d}\varphi}$ 和 $\dfrac{\mathrm{d}\varphi}{\mathrm{d}x}$ 均存在.

例 13　求 $f(x) = \sqrt{1 + x^2} + \ln \cos x$ 的导数.

解: $f'(x) = \dfrac{2x}{2\sqrt{1 + x^2}} + \dfrac{1}{\cos x}(-\sin x) = \dfrac{x}{\sqrt{1 + x^2}} - \tan x$.

2) 微分

若 $f(x)$ 在 x_0 点可导,则 $f(x)$ 在 x_0 的微分记为 $\mathrm{d}y = f'(x_0)\mathrm{d}x$. 微分的几何意义如附录图 4 所示.

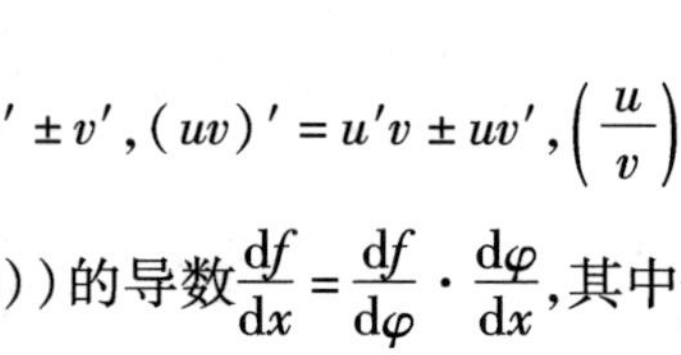

附录图 4　微分的几何意义

由附录图 4，当 $\Delta x\to 0$ 时，$dy\approx\Delta y$.

3. 积分

若 $F'(x)=f(x)$，即 $f(x)$ 是 $F(x)$ 的导函数，则 $F(x)$ 称 $f(x)$ 的原函数. 显然，若 $F(x)$ 是 $f(x)$ 的一个原函数，则对任常数 c，$F(x)+c$ 都是 $f(x)$ 的原函数.

称 $f(x)$ 的所有原函数的全体为 $f(x)$ 的不定积分，记 $\int f(x)\,dx=F(x)+c$.

若 $f(x)$ 在区间 $[a,b]$ 上连续，用分点 $a=x_0<x_1<\cdots<x_{n-1}<x_n=b$ 将 $[a,b]$ 分为 n 个小区间 $[x_{i-1},x_i]$，区间长度 $\Delta x_i=x_i-x_{i-1}(i=1,\cdots,n)$，任取 $\xi_i\in[x_{i-1},x_i]$，做和式

$$S_n=\sum_{i=1}^{n}f(\xi_i)\Delta x_i,$$

若不论对 $[a,b]$ 怎样分法，也不论在 $[x_{i-1},x_i]$ 上点 ξ_i 怎样取法，极限 $I=\lim\limits_{\lambda\to 0}S_n(\lambda=\max\limits_i|\Delta x_i|)$ 存在，则称 I 为 $f(x)$ 在 $[a,b]$ 上的定积分，记 $\int_a^b f(x)\,dx$，a,b 称积分下、上限.

定积分的计算可以通过不定积分的计算来解决，即若 $\int f(x)\,dx=F(x)+c$，则 $\int_a^b f(x)\,dx=F(b)-F(a)$.

例 14 求 $\int_0^{\frac{\pi}{4}}\frac{x^2}{1+x^2}dx$.

解： $\int_0^{\frac{\pi}{4}}\frac{x^2}{1+x^2}dx=\int_0^{\frac{\pi}{4}}\left[1-\frac{1}{1+x^2}\right]dx=[x-\arctan x]_0^{\frac{\pi}{4}}=-\frac{\pi}{4}.$

4. 级数

级数可看作是数列 $a_1,\cdots,a_n,\cdots$ 的各项之和，记为 $\sum\limits_{n=1}^{\infty}a_n$. 若 $\{a_n\}$ 的前 n 项和 $S_n=\sum\limits_{k=1}^{n}a_k$ 的极限 $\lim\limits_{n\to\infty}S_n$ 存在并等于 S，则称级数 $\sum\limits_{n=1}^{\infty}a_n$ 收敛于 S，S 称作级数的和；如果极限 $\lim\limits_{n\to\infty}S_n$ 不存在，则称级数是发散的，

S_n 称为级数的部分和.

级数 $\sum_{n=1}^{\infty} a_n$ 收敛的必要条件是 $\lim_{n\to\infty} a_n = 0$.

当 $a_n > 0$,称 $\sum_{n=1}^{\infty} a_n$ 为正项级数. 对于正项级数 $\sum_{n=1}^{\infty} a_n$,若

$$\lim_{n\to\infty} \frac{a_{n+1}}{a_n} = r,$$

则在 $r < 1$ 时级数收敛,而在 $r > 1$ 时级数发散.

例 15 判断级数 $\sum_{n=1}^{\infty} r^n$ 的敛散性($r > 0$).

解: 当 $r < 1$, $\lim_{n\to\infty} \frac{r^{n+1}}{r^n} = r < 1$,故级数收敛.

当 $r \geqslant 1$, $\lim_{n\to\infty} r^n \neq 0$,故级数发散.

三、概率论中的若干基本知识

1. 概率空间

集合 $\Omega = \{\omega\}$ 中的一些子集 A 所成的集 $\mathscr{F}$ 称为 Ω 中的一个 σ-代数,若 $\mathscr{F}$ 满足①$\Omega \in \mathscr{F}$;②若 $A \in \mathscr{F}$,则 $\bar{A} \in \mathscr{F}$;③若 $A_m \in \mathscr{F}(m = 1, 2, \cdots)$,则 $\bigcup_{m=1}^{\infty} A_m \in \mathscr{F}$.

设 $P(A)$ 是定义在 σ-代数 $\mathscr{F}$ 上的实值集函数,若它满足①对任何 $A \in \mathscr{F}$, $0 \leqslant P(A) \leqslant 1$,②$P(\Omega) = 1$,③对 $A_m \in F$, $A_iA_j = \varnothing$, $i \neq j$,则 $P(\bigcup_{m=1}^{\infty} A_m) = \sum_{m=1}^{\infty} P(A_m)$,则称 $P(A)$ 为 $\mathscr{F}$ 上的概率测度,简称概率,称 ω 为基本事件,A 称事件,三元总体$(\Omega, \mathscr{F}, P)$称为概率空间.

2. 随机变量及其分布函数

设$(\Omega, \mathscr{F}, P)$是一概率空间,$\xi(\omega)$是定义在 Ω 上的单值实函数. 若对任一实数 x,$(\xi(\omega) \leqslant x) \in \mathscr{F}$,则称 $\xi(\omega)$ 为随机变量,称 $F_\xi(x) = P(\xi(\omega) \leqslant x)$ 为 ξ 的分布函数.

称分布函数 $F(x)$ 为离散型的,若存在一个行数为 2,列数为有限

或可列的矩阵

$$\begin{bmatrix} x_0 & x_1 & \cdots \\ p_0 & p_1 & \cdots \end{bmatrix}, \tag{1}$$

其中 $x_i \in \mathbf{R}^1, p_i \geqslant 0, \sum_{i=0}^{\infty} p_i = 1$,使对任意 $x \in \mathbf{R}^1$,有

$$F(x) = \sum_{x_i \leqslant x} p_i.$$

如果随机变量 ξ 的分布函数是离散型的,则称 ξ 为离散型的,矩阵(1)称为 ξ 的密度矩阵,简称密度.

称分布函数 $F(x)$ 为连续型的,若存在非负的函数 $f(x)$ 使对任意 $x \in \mathbf{R}^1$,有

$$F(x) = \int_{-\infty}^{x} f(t)\,\mathrm{d}t.$$

如果随机变量 ξ 的分布函数是连续型的,则称 ξ 是连续型的,$f(x)$ 称为 ξ 的密度函数,简称密度.

虽然分布函数 $F_{\xi}(x)$ 完全刻画了随机变量 ξ 的全部概率性质,但在许多实际问题中并不需要知道 ξ 的一切概率性质,而只需了解它的某一方面性质. 刻画 ξ 的某些重要概率性质的量称为数字特征,主要有数学期望和方差.

设离散型随机变量 ξ 的密度矩阵为 $\begin{bmatrix} x_0 & x_1 & \cdots \\ p_0 & p_1 & \cdots \end{bmatrix}$,则 ξ 的数学期望

$$E\xi = \sum_{i=0}^{\infty} x_i p_i,$$

ξ 的方差

$$D\xi = \sum_{i=0}^{\infty} (x_i - E\xi)^2 p_i.$$

设连续型随机变量 ξ 的密度函数为 $f(x)$,则 ξ 的数学期望

$$E\xi = \int_{-\infty}^{+\infty} x f(x)\,\mathrm{d}x,$$

ξ 的方差

$$D\xi = \int_{-\infty}^{+\infty} (x - E\xi)^2 f(x)\,\mathrm{d}x.$$

数学期望 $E\xi$ 反映了 ξ 的平均取值,方差 $D\xi$ 反映了 ξ 对 $E\xi$ 的分散程度.

例 16 (泊松分布) 称具有密度矩阵

$$\begin{bmatrix} 0 & 1 & 2 & \cdots \\ p_0 & p_1 & p_2 & \cdots \end{bmatrix}, p_k = \mathrm{e}^{-\lambda}\frac{\lambda^k}{k!}, \lambda > 0$$

的随机变量 ξ 为服从泊松分布. $E\xi = D\xi = \lambda$.

泊松分布的重要实际背景是泊松流,如到达某服务系统的顾客形成的流.

例 17 (正态分布) 称具有密度函数

$$f(x) = \frac{1}{\sigma\sqrt{2\pi}}\mathrm{e}^{-\frac{(x-\mu)^2}{2\sigma^2}}, x \in R^1$$

的随机变量 ξ 为服从正态分布. $E\xi = \mu, D\xi = \sigma^2$.

正态分布的实际背景之一是某些量的量度,如在生产条件不变的前提下,许多产品的某些量度(如螺丝的口径、灯泡的使用时数、青砖的抗压强度、细纱的强力等)都近似服从正态分布.

由期望和方差的定义,方差可表示为 $E(\xi - E\xi)^2$. 一般地,可考虑随机变量 ξ 的函数 $g(\xi)$ 的期望(以连续型为例)

$$Eg(\xi) = \int_{-\infty}^{+\infty} g(x)f(x)\,\mathrm{d}x,$$

当 $g(x) = x^k (k \geq 0)$,称 $E\xi^k$ 为 ξ 的 k 阶原点矩,记为 m_k;当 $g(x) = (x - E\xi)^k$ 时,称 $Eg(\xi)$ 为 ξ 的 k 阶中心矩. ξ 的一阶原点矩为数学期望,二阶中心矩为方差.

3. 随机变量序列的收敛性

设 $\xi_n(\omega)(n = 1, 2, \cdots)$ 及 $\xi(\omega)$ 都是定义在 (Ω, F, P) 上的随机变量,当 $\omega \in \Omega$ 固定时,如果

$$P(\omega: \lim_{n\to\infty} \xi_n(\omega) = \xi(\omega)) = 1,$$

则称 $\{\xi_n(\omega)\}$ 几乎处处(或以概率 1)收敛到 $\xi(\omega)$,记为

$$\lim_{n\to\infty} \xi_n = \xi, (a, s).$$

如果对任意 $\varepsilon > 0$，有

$$\lim_{n \to \infty} P(|\xi_n(\omega) - \xi(\omega)| \geqslant \varepsilon) = 0,$$

则称 $\{\xi_n(\omega)\}$ 依概率收敛于 $\xi(\omega)$，记为

$$\xi_n \to \xi, (P).$$

参考文献

1 北京大学数学系前代数小组(编),王萼芳,石生明(修订).高等代数[M].5版.北京:高等教育出版社,2019.

2 GENE H GOLUB, CHARLES F VAN LOAN. Matrix computations[M]. 3e. Baltimore: Johns Hopkins University Press, 1996.

3 王耕禄,史荣昌.矩阵理论[M].北京:国防工业出版社,1988.

4 程云鹏,张凯院,徐仲.矩阵论[M].4版.西安:西北工业大学出版社,2013.

5 陈大新.矩阵理论[M].修订版.上海:上海交通大学出版社,1997.

6 李继根,张新发.矩阵分析与计算[M].武汉:武汉大学出版社,2013.

7 熊洪允,曾绍标,毛云英.应用数学基础[M].4版.天津:天津大学出版社,2004.

8 蔡锁章.计算方法[M].北京:中国科学技术出版社,1993.

9 刘豹,唐万生.现代控制理论[M].3版.北京:机械工业出版社,2011.

10 张钟俊,周斯富,司春林,等.经济控制论[M].西安:西安电子科技大学出版社,1991.

11 许树柏.层次分析法[M].天津:天津大学出版社,1988.

12 唐守正.多元统计分析方法[M].北京:中国林业出版社,1986.

13 张尧庭,方开泰.多元统计分析引论[M].北京:科学出版社,1982.

14 夏道行,吴卓人,严绍宗,等.实变函数与泛函分析上下册[M].2版.北京:高等教育出版社,2010.

15 柳重堪.应用泛函分析[M].北京:国防工业出版社,1986.

16 ERWIN KREYSZING. Introductory functional analysis with applications[M]. Manhattan: John Wiley & Sons, 1978.

17 龚怀云,寿纪麟,王绵森.应用泛函分析[M].西安:西安交通大学出版社,1985.

18 T M 菲赫金哥尔茨.微积分学教程[M].北京:人民教育出版社,1978.

19 张恭庆,林源渠.泛函分析讲义[M].2版.北京:北京大学出版社,2021.

20 史树中.凸分析[M].上海:上海科学技术出版社,1990.

21 刘光中.凸分析与极值问题[M].北京:高等教育出版社,1991.

22 ROCKAFELLAR R T. Convex analysis[M]. New Jersey: Princeton University Press, 1972.

23 杨新民,戎卫东. 广义凸性及其应用[M].北京:科学出版社,2016.

24 LUENBERGER D G, YINYU YE. Linear and nonlinear programming[M]. 5e. Switzerland: Springer International Publishing, 2021.

25 潘吉勋.数理经济学原理[M].吉林:吉林大学出版社,1989.

26 周志华.机器学习[M]. 北京:清华大学出版社,2016.

27 汪培庄.模糊集合论及其应用[M].上海:上海科学技术出版社,1983.

28 张振良.应用模糊数学[M].重庆:重庆大学出版社,1991.

29 李洪兴,汪培庄.模糊数学[M].北京:国防工业出版社,1994.

30 寺野寿郎,浅居喜代治,菅野道夫.模糊系统理论及应用[M].刘维仲,徐萍,姜延宏,译.天津:天津大学出版社,1991.

31 张文修,王国俊,刘旺金,等.模糊数学引论[M].陕西:西安交通大学出版社,1991.

32 肖位枢.模糊数学基础及其应用[M].北京:航空工业出版社,1992.

33 吴和琴,岳常安,刘风雷,等.灰色数学引论[M].石家庄:河北人民出版社,1990.

34 和多田淳三.模糊多元分析的理论及其应用[M].重庆:科学技术文献出版社重庆分社,1987.

35 王宁,张文修.模糊线性回归模型的约束最小二乘估计[J].模糊系统与数学,2006,20(5):117-124.

36 李荣钧.模糊多准则决策理论[M].北京:科学出版社,2002.

37 汪应洛,陶谦坎.运筹学与系统工程[M].北京:机械工业出版社,1993.

38 王梓坤.概率论基础及其应用[M].北京:科学出版社,1979.

39 复旦大学.概率论[M].北京:人民教育出版社,1981.

40 И.П.那汤松.实变函数论[M].5 版.北京:高等教育出版社,2010.

41 河北大学数学系.随机过程基础(讲义).河北大学,1982.

42 林元烈. 应用随机过程[M],北京:清华大学出版社,2002.

43 ECKHARD PLATEN, NICOLA BRUTI-LIBERATI. Numerical solution of stochastic differential equations with jumps in finance[M]. 影印本. 北京:世界图书出版公司北京公司,2016.

44 SHELDON ROSS. Stochastic process[M]. 2e. New York: John Wiley & Sons, lnc, 1996.

45 杜纲. 管理数学基础[M]. 天津:天津人民出版社,1996.